宁波文化研究工程·专门史研究　ZM08.201101

宁波教育史

NING BO JIAO YU SHI

辜筠芳　著

ZHEJIANG UNIVERSITY PRESS
浙江大学出版社

序

在过去的一百年里,中国教育史走过了从无到有,从初创到发展、兴盛的历程。尤其在改革开放以后,中国教育史研究更是取得了令人瞩目的进展,使中国教育史初步形成了完备的学科体系,成为教育科学领域里相对来说比较成熟的一门学科。但是,对过去中国教育史的研究忽视地区差异,特别是边远地区、地域色彩浓厚地区的教育发展以及各民族教育交流融合的历史,因此,很大程度上我们还不能在更大范围内如实反映整个中国教育史的全貌。开展地方教育史研究的目的则能够弥补这一不足。

宁波教育史作为研究教育现象的空间与时间的组合,不仅是对中国教育历史作富有地域色彩的诠释或新的挖掘,同时,也是对宁波历史文化研究的延伸与加强。因此,地方教育特色成为研究宁波教育史的关键。

宁波,历史悠久,素有"文化之邦"的美誉。早在7000年前,先民们就在这里繁衍生息,创造了灿烂的河姆渡文化。由此,也拉开了宁波富有地域特色的教育活动的序幕。今天,宁波教育在知识经济的召唤下,正大踏步地迈向开放、合作的现代化教育。这一现代化进程既要充分地融合及吸纳时代的价值及文化,又要从教育历史文化中不断地发掘其内在精神及文化传统,并培植及增加新的内容。作为一名教育工作者,只有学习和总结宁波的教育历史,了解宁波教育的昨天和今天,才能更有远见地把握宁波教育的明天,这也将为建设富有宁波地方特色的教育事业提供有益的历史经验。鉴于此,《宁波教育史》的出版对于我们更好地继承和发展悠久的历史传统,应该具有一定的理论和实践价值。

宁波教育源远流长,重教兴学世代相承。据《后汉书》(卷 21)记载:余姚人黄昌(？—142 年)"本出孤微。居近学宫,数见诸生修庠序之礼,因奇之,遂就经学。又晓习文法,仕郡为决曹"。可见,早在东汉,宁波境内就有学宫。唐开元年间建立州学,经宋、元、明、清各朝,书院、学塾遍布城乡,教育长盛不衰,人文荟萃,贤才辈出,如远至东汉的隐士严子陵、西汉的大儒虞翻,近至清代的历史学家万斯同、全祖望,以及著名画家潘天寿、书法家沙孟海、生物学家童第周,等等,他们都对宁波、乃至全国范围内的社会、经济、文化的发展产生深远的影响。

在悠远的历史长河中,宁波孕育了像孙郃、"庆历五先生"、"甬上四先生"、高闶、王应麟、程端礼、王阳明、钱德洪、徐爱、方孝孺、朱舜水、黄宗羲、陈训正、杨贤江、经亨颐等有影响力的教育思想家或教育活动家,他们都为宁波的教育事业作出了不朽的贡献。

宁波教育的近代化起步较早。1844 年 1 月 1 日,宁波正式开埠通商之后,经过"洋务运动"、"维新运动"、晚清十年"新政"、民国初期的教育改革及"五四运动"的洗礼,近代意义上的教育制度、课程内容、教学方法等逐渐深入人心,近代教育制度也得到一定程度的实质性体现。在此过程中,还形成了独特的"宁波帮"办学现象。

然而,普通大众真正能享受平等的教育,则是在中华人民共和国成立以后。解放后,宁波各级各类教育都得到了很大的发展,其间,也有历史进程中的曲折和教训。

将上述这些内在的精神及文化特质整理出来,对于我们了解宁波教育发展演变的轨迹,从而汲取有益的经验和教训,特别有意义。所谓"前事不忘后事之师"盖莫如此!

《宁波教育史》一书是宁波市文化研究工程项目的研究成果之一。全书在宏观把握中国教育史总体发展脉络的基础上,尽可能地挖掘地方历史素材,充分地展现宁波教育发展的历史过程和地域特色。通读全书,可以发现该书具有如下特色:第一,以历史唯物主义的视野,实事求是地记述宁波地方教育发展的史实,科学地梳理、分析宁波地方教育的发展特点;第二,侧重儒学价值体系在宁波地区的植入过程,以说明宁波地区古老的文化人格,如何从历史上沉淀下来的远离皇城的边缘化意识走向与中原文化相融合的文化追求进程;第三,主要从地方教育建制和甬籍教育家思想两方面对宁波的教育现象展开研究,以说明宁波教育的特殊性与个性。

当前,宁波市委、市政府制定了《宁波市中长期教育改革和发展规划》,同时提出了"两个率先"的战略目标,即在全省教育现代化中,宁波要率先实现;在全市现代化建设中,教育要率先实现。以此为蓝图,宁波教育正在努力加快现代化的建设步伐。在这一愿景的指引下,我们需要踏踏实实地面对教育改革和发展的实际,借鉴历史的经验与教训,扬长避短,改革创新,开拓前进。这样,《宁波教育史》也就起到了"存史"、"资政"的作用。

希望本书能给教育理论与实践工作者们了解宁波的地方教育发展提供帮助,能够给教育研究人员结合时代背景开展宁波的地方教育研究提供启发。辜筠芳博士,作为一名普通的教育工作者,多年来,能够耐住性子,认真学习,关注教育实践和变革,持续地探索教育理论和实践的真谛。我以为,这是教育研究者最为可贵的品质。

是为序。

张松茂

2011 年 6 月 10 日

自　　序

　　历史,与自然界不同,是人类自己创造的;另一方面,我们的人性是共同的。因此,当我们试图理解历史的时候,在一定意义上是可以参与到历史的生活和生产中去的,以一种区别于旁观者的身份来认识历史。

　　带着这样的历史意识,笔者以一个"充满想象的历史唯物论者"的姿态来看待历史,在本书的编撰过程中,试图运用想象和移情活动梳理宁波的教育发展。通过想象和移情,笔者参与到宁波教育的历史发展之中,并从内部理解这一发展过程。

　　基于此,拙书考察了史前河姆渡文化时期与生产、生活结合在一起的宁波教育概况;儒学成为宁波地方文化主流之前佛、道的教化状况,阐述这一点不仅是想说明佛、道在化民成俗方面所起的作用,而且也试图理解当时人们的精神面貌;宁波在唐开元二十六年(738)建州之后的教育发展,其间主要考察以儒学为主的学校教育、私学、书院教育等教育现象,以及具有代表性的教育家思想;宁波教育近代化的曲折历程;新中国成立后 27 年的教育发展概况。通过这一系列的历史考察,让宁波教育自古至今发生、发展、嬗变的历史过程及其演变的基本线索显现出来。作为小史,拙书未求巨著之节略,姓名、学派之清单。故不少内容,例如,宋之后的宗教教化虽绵延不绝,文中却不曾细述。

　　此小史耳,于史料选材,勉竭绵薄;于文才学识,才疏学浅。然意在梳理,若读者能从中窥见宁波教育发展之轮廓,乃知足矣。

　　拙书在编撰过程中,承蒙宁波大学张伟教授、原宁波市教育科学研究所顾问任奕山老先生的帮助,对书稿内容进行了细致、严谨的审阅,受益匪浅,书此志谢。

2010年1月至2011年5月,笔者参与宁波市文化研究工程项目,因著此书。此书得到宁波市社科联资助,乘此书出版之际,致以谢意。宁波市社科联王仕龙老师为此书安排出版,亦表谢意。最后,还要特别感谢宁波教育学院科研处处长陈国明老师在此书编撰过程中的鼓励和支持。

辜筠芳

2011年5月

目　　录

第一编　古代部分 …………………………………………………… (1)

　概　述 ……………………………………………………………… (2)

　第一章　宁波教育的肇始 ………………………………………… (4)

　　第一节　从河姆渡文化看宁波教育的起源 …………………… (4)

　　第二节　于越族文化与越国历史中的宁波教育概况 ………… (9)

　第二章　秦汉魏晋南北朝时期的宁波教育 …………………… (15)

　　第一节　秦汉六朝时期的教育初兴 …………………………… (16)

　　第二节　魏晋南北朝时期家学的兴盛——以余姚虞氏为例

　　　　　　 ………………………………………………………… (22)

　　第三节　魏晋南北朝时期的宗教教化 ………………………… (27)

　第三章　隋唐五代时期的宁波教育 …………………………… (35)

　　第一节　隋唐五代时期的宁波教育概况 ……………………… (35)

　　第二节　富有成效的宗教教化 ………………………………… (41)

　　第三节　吴越国时期的宁波教育 ……………………………… (48)

　第四章　宋元时期的宁波教育 ………………………………… (51)

　　第一节　明州地方官学的繁荣 ………………………………… (51)

　　第二节　明州书院教育的兴盛 ………………………………… (64)

　　第三节　明州蒙学教育的发展 ………………………………… (81)

　　第四节　高闶、王应麟的教学活动与教育思想 …………… (86)

　　第五节　程端礼和他的《读书分年日程》 ………………… (89)

　第五章　明朝时期的宁波教育 ………………………………… (95)

　　第一节　官方教育的加强 ……………………………………… (96)

　　第二节　书院教育的发展 …………………………………… (100)

　　第三节　王阳明的教育思想 ……………………………………（105）

　　第四节　钱德洪、徐爱的教育思想 ………………………………（116）

　　第五节　方孝孺的教育思想 ……………………………………（120）

第六章　清代前、中期的宁波教育 …………………………………（124）

　　第一节　宁波府、县学与社学、义学的发展 ……………………（124）

　　第二节　科举取士与宁波教育 …………………………………（130）

　　第三节　书院教育的发展 ………………………………………（135）

　　第四节　文字狱及其影响 ………………………………………（141）

　　第五节　朱之瑜的教育思想 ……………………………………（143）

　　第六节　黄宗羲的教育思想 ……………………………………（148）

第二编　近现代部分 …………………………………………………（161）

　概　述 ………………………………………………………………（162）

　第七章　晚清时期的宁波教育 ……………………………………（164）

　　第一节　宁波教育近代化的萌芽 ………………………………（164）

　　第二节　宁波教育近代化进程的发展 …………………………（173）

　第八章　中华民国北京政府时期（1912—1927）的宁波教育

　　　　　　………………………………………………………………（185）

　　第一节　民国初期的宁波教育 …………………………………（186）

　　第二节　20 世纪 20 年代的宁波教育 …………………………（191）

　第九章　中华民国国民政府时期（1927—1949）的宁波教育 …（205）

　　第一节　宁波教育的发展背景 …………………………………（205）

　　第二节　抗战爆发之前（1927—1937）的宁波教育 …………（209）

　　第三节　抗战时期（1937—1945）的宁波教育 ………………（220）

　　第四节　抗战胜利之后（1945—1949）的宁波教育 …………（226）

　第十章　民国时期的宁波籍教育家 ………………………………（229）

　　第一节　陈训正的办学活动 ……………………………………（229）

　　第二节　蒋梦麟的教育思想 ……………………………………（232）

　　第三节　张雪门的教育思想 ……………………………………（243）

　　第四节　杨贤江的教育思想 ……………………………………（250）

第三编　当代部分 ……………………………………………………（259）

　概　述 ………………………………………………………………（260）

第十一章　改造旧教育、创建社会主义教育时期的宁波教育
　　　　　……………………………………………………（261）
　　第一节　接管、调整、改造旧学校　……………………（261）
　　第二节　争取、团结、改造教师队伍　…………………（266）
　　第三节　贯彻教育向工农开门的方针　…………………（269）
　　第四节　旧教育体制的改造　……………………………（274）
　　第五节　加强和改进学校教学工作　……………………（281）
第十二章　探索社会主义教育发展道路时期的宁波教育　……（285）
　　第一节　社会主义教育方针的实施和"反右"扩大化　…（286）
　　第二节　教育"大跃进"和1958年的教育"大革命"………（287）
　　第三节　1961年的教育事业调整　………………………（296）
　　第四节　1964年的教育改革和"社会主义教育运动"对学校
　　　　　　的影响　………………………………………（300）
第十三章　"文化大革命"时期的宁波教育　………………（305）
　　第一节　发动学校，开展"文化大革命"　………………（305）
　　第二节　所谓的"教育革命"　……………………………（309）
　　第三节　粉碎"四人帮"　…………………………………（313）
参考文献　……………………………………………………（316）

第一编　古代部分

概　述

宁波悠久的历史文化渊源可以追溯到遥远的新石器时代。大约 7000 年前,宁波地区西部的姚江流域就孕育了举世闻名的河姆渡文化,先民们在此使用简陋的石制工具,进行采集、狩猎等劳动,在原始的荒地上顽强地生存,揭开了宁波地区史前史的开端。

河姆渡文化时期,宁波先民们在采集与渔猎技术、耜耕农业、家畜饲养、工具制作、原始艺术创造以及衣食住行等风俗方面都达到了较高的水准,他们结合日常生产、生活活动将这些知识以口口相传的方式传递给下一代,以续社会发展和进步。

公元前 2000 年(夏王朝建立)以后,宁波进入青铜时代。时宁波地区原有的文化教育与于越族文化逐渐融合,在农业、渔业、社会风俗、交通工具和陶器、纺织等制造技术方面都烙上了于越族的文化印记,从而形成自己独特的文化风貌。这不仅促进当地生产、生活的进步,而且,教育的内容和形式也因此得以丰富。

公元前 222 年,秦王翦灭楚,又乘胜破会稽,降越君,置会稽郡(含宁波地区)。这是宁波第一次纳入王朝统一管辖,从此,宁波在政治、经济、文化等各方面拉近了与中原地区的纽带,同时也促进了宁波乡风民俗,及至本土文化的改变、创新。但在秦、西汉时期,宁波教育初兴待艾。直至西汉末年,因战乱频繁而迫使大批中原儒士南移宁波等越地,这才带动了宁波等越地的文化教育。一方面,儒家思想开始流传,致使社会上忠孝之风盛行;另一方面,私学、官学和家学也初露端倪,其中尤以士族的家学最为发达。魏晋南北朝时期,宁波地区道教、佛教兴盛,其强大的教化力量使得当地的民风、习俗进一步转向,并与儒学思想结合,崇尚“礼”。不过,地处南方的宁波地区却一直未曾得到政府的重视和开发,其教育还是相对落后于中原。

唐玄宗开元二十六年(738),宁波独立建州,时称明州。“学宜随州立矣。”①象山、鄞县、奉化、余姚、宁海(时属台州)等相继建立县学或孔庙,宁

---

① 　(宋)《宝庆四明志》(卷 2),《学校》,《宋元方志丛刊》本,中华书局,1990 年。

波的地方官学较之六朝以来,取得了较大的进步。同时,士族家学继续兴旺,宗教教化富有成效,书院教育出现萌芽。

宋朝建立后,统治者长期奉行"重文抑武"政策,重视文化教育和科举取士,由此带动学校教育的兴盛,尤其是北宋的三次"兴学运动",在客观上推动了宁波学校教育的发展,出现了具有代表性的学者,如"庆历五先生"。南宋以后,随着政治、经济中心的南移,宁波地区又一次迎来了大规模的北方文化南移。这极大地推动宁波地区的政治、经济、文化繁荣,教育也取得全面进步,时家学普遍走入寻常百姓家,书院、官学遍布各地,讲学与研讨之风盛行,科举空前兴盛,涌现出"甬上四先生"、王应麟等名儒学者。他们一面热心于乡里的学校教育事业,一面积极地著书立说,名儒学者们对学校教育所作出的贡献,以及学术思想的传播与争鸣,使明州跃升为浙东地区文化教育的重镇,宁波逐步成为文风鼎盛、人才辈出的"文化之邦"。

元朝时期的宁波文化教育和宋代相比,略显逊色,但随着时代的演进,仍然取得了一定程度的发展。除了继承、发展传统的儒学教育之外,宁波还相继建立了蒙古字学、医学、阴阳学等富有特色的学科教育,以及面向农村地区的社学,但是,两宋时期开创的具有自由清新之风格的书院教育开始呈现官学化倾向。

在明朝,宁波延续了两宋以来文风鼎盛、注重教育的传统,特别重视发展地方官学,同时,进一步发展社学,而书院教育经过一段时间的沉寂,在明中叶以后重新活跃起来,时王守仁及王门弟子以传播"心学"为己任,推动了当时书院的兴盛。

清朝始,由于政府在文化教育领域推行专制主义,在文教政策上采取笼络与压制相结合的做法,宁波的地方教育、书院教育和科举等在历朝清帝的起起落落之间,得到一定的发展,也涌现出像黄宗羲、朱之瑜这样的人才,并孕育出引领时代潮流的浙东学派。但是,因其专制,科举已沦为"牢笼志士,驱策英才"之术,而书院的官学化程度达到顶峰,其"自由"、"独立"的办学特质几乎消失殆尽。

第一章　宁波教育的肇始

马克思主义认为："人们为了能够'创造历史'，必须能够生活。但是为了生活，首先就需要衣、食、住以及其他东西。因此第一个历史活动就是生产满足这些需要的资料，即生产物质生活本身。"[①]人类为了生存，必须进行物质资料的生产。在物质资料生产过程中，还衍生出劳动工具制造、社会生活实践等活动。在物质生产和社会生活活动中，人们逐渐积累起大量的生产、生活经验、知识、技能以及规范，它们不仅是原始先民们从事生产、生活活动的宝贵财富，而且还是人类自身不断取得进步的必要知识。因此，鉴于人类物质生产、社会生活以及人类自身进步的需要，人们进一步要求把生产劳动和社会生活中积累的知识传授给年轻人，由此，产生原始的教育活动。在河姆渡地区一有人类存在，就掀开了宁波教育的历史。

第一节　从河姆渡文化看宁波教育的起源

河姆渡文化遗址位于杭州湾以南的宁绍平原，在余姚县罗江乡的河姆渡镇金吾庙村，是 1973 年夏天当地农民建造排涝站时所发现，总面积约 4 万平方米。遗址出土了生产工具、生活器具、原始艺术品等文物 6700 余件，此外，还发现丰富的栽培稻谷和大面积的木建筑遗迹、捕猎的野生动物和

---

① 《马克思恩格斯选集》(卷 1)，人民出版社，1972 年，第 22 页。

家养动物的骨骸,以及采集的植物果实等遗存。所有这些,为研究宁波远古时代的农业、建筑、制陶、纺织、艺术以及原始教育的起源和发展提供了极其珍贵的实物材料。从考古发掘和研究的成果来看,河姆渡文化时期宁波地区的先民们以稻作农业为主要生产方式,并因地制宜地创造出干栏式建筑、形制独特的骨耜等生产工具以及出于原始宗教和审美情趣需要的各种雕刻艺术品,我们据此推测河姆渡文化时期宁波地区的教育状况。

一、耜耕农业和生产启蒙教育

河姆渡文化时期宁波先民的原始农业生产已经达到较高的水平,其水稻栽培技术令人惊叹,这可以从河姆渡文化遗址出土的大量农具得到印证。河姆渡文化的农具以耜为主,多为骨制,也有木制的。[①]　耜的功能类似后世的铲,是翻土整地的农具。此外,河姆渡还出土了木制的锄、镰形骨器和木杵,它们一般被认为是翻土、收割作物和加工稻谷的工具。这些农具涉及稻谷种植、收获和加工等各个环节,反映出河姆渡文化时期的耜耕农业已经进入相当发达和成熟的阶段。[②]

人工栽培种植农作物,应该可以看做是人类文明的一个重要里程碑,它促使人类开始了稳定的定居生活,在此基础上,人类社会才不断得以发展。如何使先民们在漫长的生产过程中所创造的富有成效的栽培技术及其生活方式,得到有效的保存,并不断发展,教育发挥着它不可埋没的功能和作用。从河姆渡文化看,河姆渡人一边在生产实践中充当着大自然的学生,一边把所学的知识、经验和技术传于后人,充当后辈的老师。

二、采集、渔猎技术及其教育

尽管河姆渡人已经掌握水稻栽培种植技术,有了稳定的食物来源,但是,采集、渔猎可能仍然是获得食物的重要途径,这从遗址中发现的骨镞、石球、石丸、骨鱼镖等渔猎用具,以及野生动物的遗骸可以得到推测。

从动物遗骸看,渔猎对象包括亚洲象、苏门犀、麋鹿、野猪、虎、豹等猛兽,海龟、鲸、鲟、鲤等水生动物,以及鹤、鸭、雁等飞禽。河姆渡人渔猎的具

---

① 张如安、刘恒武、唐燮军:《宁波通史》(史前至隋唐卷),宁波出版社,2009 年,第18 页。

② 张如安、刘恒武、唐燮军:《宁波通史》(史前至隋唐卷),宁波出版社,2009 年,第19 页。

体方法难以考证,但他们能捕捉到单凭自身的身体条件不能够捕捉到的动物,尤其是猛兽,就足以说明他们的渔猎活动是有意识的、有组织的群体活动,且有一套与猛兽搏斗的技巧。而这些技巧必定是经过长期的劳动经验积累而传承下来的。况且,渔猎要获得成功,必须要对野兽的习性有一定的认识。可以想象,当时的河姆渡人为了使年轻一代有效地渔猎,必定向他们传授渔猎的方法和技巧,并随时传授有关野兽的习性等知识。

采集果实、根茎等植物,也是需要学习的。河姆渡人必须学会认识哪些果实是适口的,哪些是有毒的,什么时候去哪里采集,用什么方法采集,以及如何使用工具挖、砍、砸等,这一切知识都是一代代在劳动中积累下来,并得到传递的。

三、家畜饲养及其教育

农耕稳定的定居生活为驯养动物提供了条件,而渔猎技术的提高,又使人们能经常捕捉到活体动物,这些动物有时候也吃不完,它们被圈养起来,于是,就逐渐产生了家畜饲养。

河姆渡人驯养的家畜主要是猪、狗、牛三种。[①] 一般认为,猪、牛的饲养可以使人们获得可靠的肉食来源,减少对狩猎的依赖;而狗的驯养则是出于狩猎和安全的考虑。河姆渡遗址第四层发现的被认为是饲养家畜的圈栏,反映了人们当时重视家畜饲养,并把家畜饲养业推进到一定水平的状况。随着知识经验的积累,河姆渡人的驯养技术也越来越高超。

四、工具制作及其教育

生产工具和生活用具是河姆渡人从事生产活动和生活活动的必要前提,它们的制作都是有一定方法的,而这些方法是点点滴滴一代一代积累起来的。如果没有教育,这是不可能做到的。首先,较为进步的方法必定是在前人采用的方法基础上产生出来的,这就必须先通过教育掌握前人的制造经验,而后在进一步的实践过程中加以创新。其次,生产工具的改进可以大大提高劳动生产率,为此,河姆渡人必定很珍视它们而使之流传后代,这也需要教育。在河姆渡文化时期,工具制作包括石器、骨器、角器、陶器和木器。

---

① 张如安、刘恒武、唐燮军:《宁波通史》(史前至隋唐卷),宁波出版社,2009 年,第 20 页。

（一）石器制作

河姆渡文化时期制作和使用的石器主要是磨制石器。[①] 一般认为,石器制作包括采料、开料、打制成型、磨制、细部加工等工序。每一道工序都存在教育的痕迹,例如,为了使后代们能学会制作工具,就必须教会他们如何选材、取材,并能辨别各种各样的原料,用于不同用途的石器制作;又如,磨制石器,因其精致而技术难度更大。河姆渡文化第三期的石器,其钻孔技术已经十分纯熟,这些都和教育的作用是分不开的。

（二）骨器、角器制作

河姆渡遗址发现了许多制作精致、种类繁多（如耜、器柄、凿、锥、匕、针、鱼镖、蝶形器等）的骨、角器,这表明河姆渡人已经掌握了骨、角的材料特性,以及不同于石器制作的特殊工艺,同时也说明当时人们使用的工具更加多样化了。河姆渡最有特色的骨器是以偶蹄类哺乳动物肩胛骨、髋骨为材料制作的耕具,这种耕具的肩臼处多凿一方孔以便于缚柄,骨板正中部还有磨出的竖槽及小方孔,出土时还见到了与骨器绑扎在一起的竖直木柄,刃部形状有两齿、四齿、平刃、弧刃、斜刃等,这些制作精致的骨、角器说明制作工艺的改进、提高。这一现象从一个侧面证明原始人制作骨、角器的方法必定是经过一代代的教育活动的。

（三）陶器、木器制作

陶器是新石器时代的一个重要标志。据对原始制陶工艺的考释,可知制陶工艺技术的传授活动较之以前的教育,具有更丰富的内容和水平,制陶技能的训练也十分复杂和严格。就河姆渡文化的陶器而言,夹炭黑陶是主流陶系,圜底釜则是代表性器种（主要由炊器、盛器、食器、水器、酒器等组成）,其陶器制作包括采选陶土、添加掺和物、制作成型、装饰器表、入窑烧制等几道工序,每道工序都有严格的工艺要求。从河姆渡出土的陶器看,其装饰手法以刻划和拍印最常见,早期还存在少量彩绘,一些以线刻、浮雕或圆雕等手法装饰起来的陶器,极具艺术价值。要达到这样的水平,在制陶过程中,就必须对制造者进行严格的训练,使其熟练掌握各道工序

---

① 张如安、刘恒武、唐燮军:《宁波通史》（史前至隋唐卷）,宁波出版社,2009 年,第 23 页。

的复杂技能。可以推测，陶工们在制陶过程中，必然存在类似的教育活动，把制陶技术传授给下一代，同时也不断革新、改进陶器制作方法。

此外，河姆渡遗址还发现了耜、铲、槌、器柄、碗、罐、盆等木制器具，说明先民们制作生产、生活工具的材料是多么丰富。

五、生活习惯和生活能力教育

（一）饮食习惯

河姆渡文化时期的人类已经摒弃茹毛饮血的饮食习惯，学会吃熟食。可以推测，随着社会生产、生活的发展，食品种类日益增多，吃饭的方式、进食的时间也渐渐有了讲究，这使有关饮食方面的生活教育内容日渐丰富。

（二）穿戴习惯

河姆渡人的穿戴习惯较之旧石器时代有了很大的改善，纺织品已经开始出现。河姆渡遗址出土的纺织工具数量之多、种类之丰富，为新石器遗址考古所罕见。数量最多的是纺轮，有300多件，材质以陶为主，此外，还有骨针、原始踞织机等。据推测，河姆渡人使用的织机是水平式的，且有宽幅和窄幅之分，这说明当时的纺织技术已经发展到一定水平。这些纺织工具和技术对科技史、纺织史研究具有重大的价值，也折射出河姆渡人在此方面的教育水平。

（三）干栏式建筑

与中原大地不同，河姆渡地区潮湿多雨。为此，宁波先民们创造了独特的干栏式建筑——它是一种底下架空、带长廊的长屋建筑，具有良好的通风、防潮性能，是当时人们理想的居住场所。

这种建筑物以桩木为基础，其上架设横梁，构成架空的建筑基座，再在上面铺设楼板，在楼板上立柱、做墙、盖顶。从干栏式建筑及其技术可以看出，河姆渡文化在木构建筑技术上远远超越同期的其他史前文化，也显示关于这些建筑术与经验的教育已经相当发达，因为这些技术的形成非一日之功，而且，房舍的建筑涉及力学、计算、地理、气象等多方面的知识。可以说，干栏式建筑及其技术不仅促进了河姆渡人形成稳定的生活方式，而且大大地拓展了原始教育的内容与形式。

（四）交通工具

河姆渡遗址出土的文物中还有木桨，系用原木制作，形似后世的木桨。据此推测，河姆渡人已经使用舟。其功能可能用于捕鱼、采菱，也可能作为交通工具使用。当河姆渡人开始使用舟以代人力之时，有关"出行"的技能知识的教育就变得丰富了。

六、原始艺术及其教育

当河姆渡人过上稳定的农耕生活，基本的物质生活得到满足之后，就对精神生活产生一定的向往和追求。这体现在河姆渡人制作的原始艺术及其反映的审美情趣上。

河姆渡艺术品中最为人称道的是"双鸟朝阳"纹象牙雕刻，该器长16厘米，宽5.9厘米，厚约1厘米，形似鸟窝。器物正中阴刻5个同心圆，外圆上部刻火焰纹，两侧各有一只圆目利喙的鸷鸟相对而视。有人说它象征太阳，也有人说它象征对生命、生殖的崇拜。按照林华东的观点，该图形可能是河姆渡人崇拜的图腾。[①] 这说明该器物具有较为强烈的宗教意义，彰显宁波先民们复杂而丰富的内心世界。

河姆渡人还把艺术表现于陶器装饰上，集实用、观赏于一体。其制作手法主要为刻印、压印或拍印；其题材以鸟为主，兼具太阳、鱼等；其图案构成要素有平行线、锯齿、波形线、圆圈等。从工艺水平看，这些艺术品的创作已经具备一定的专业水准。

原始艺术品不仅丰富了河姆渡人的精神生活，而且它们的制作和内涵都构成当时艺术教育的形式和内容。

第二节　于越族文化与越国历史中的宁波教育概况

公元前2000年（夏王朝建立）以后，宁波地区进入青铜时代。这时候，宁波地区的青铜文化尽管在文化脉络上延续了一些该地区新石器时代文化的要素，但还是发生了相当大的变异，注入了不少新文化的元素，给宁波

---

① 林华东：《河姆渡文化初探》，浙江人民出版社，1992年，第229—234页。

地区的文化传承赋予了新的时代内涵。① 而宁波这一时期的文化发展是与于越族的形成及越国的建立、发展紧紧相联的。因此,有关宁波这一时期的文化、教育考察,需要结合于越族史与越国文化的形成、特点展开。

一、于越族的起源及发展

越族是一个分布区域很广、亚种族众多的族群,"自交趾至会稽七八千里,百粤杂处,各有种姓"②。"百粤"作"百越"说,意指越族的种类很多,有"于越"(今浙江一带)、"瓯越"(今浙南一带)、"闽越"(今福建一带)、"南越"(今广东一带)、"扬越"(今江西、江苏一带)、"夷越"(今云南、贵州、湖南西一带)、"夔越"(今湖北西、四川东一带)等。

于越族是活跃在今浙江一带的越族,关于其起源问题,学术界的看法不同。其中比较有代表性的看法就是,"越为禹后"说。其依据在于《史记》③、《吴越春秋》④、《越绝书》⑤都有相关记载,折射出越地与中原部族集团相互交往的历史。此外,还有一些不同的观点,如"楚越同源"说、"越为南方三苗后裔"说、"越为江淮徐族后裔"说等,虽然宗源不同,但这些观点都指向共同的一点,即于越族是在外来文化的影响下才形成的。

宁波毗邻绍兴,我们可以推测,宁波作为河姆渡文化的延续之地,与古代越国中心(今绍兴一带)交流频繁,并逐渐接受新的文化元素,融进日常的生产、生活之中,最终以于越文化的一个分支而不断发展。这可以通过下列考古发现,予以佐证。

20 世纪 50 年代,大湾山东侧出土陶质罐、碗、盆等,以及大量木桩;1981 年 5 月,乍山乡发现了泥质(夹砂)红陶釜、鼎、罐、碗、石杵等商代晚期至西周时期的文化遗存,以及战国时期的印纹陶遗存;1995 年 5 月,姚江边的城山渡北岸三勤村附近发现 12 座周代至晋代的古墓,出土了成套的周代原始青瓷;2005 年和 2007 年,在毗近城山渡的今江北洪塘卢家山和慈城后洋村附近又发现了商周时代的土墩、石室土墩墓葬等。这些考古学面貌与

---

① 张如安、刘恒武、唐燮军:《宁波通史》(史前至隋唐卷),宁波出版社,2009 年,第 40—43 页。

② (汉)班固:《汉书·地理志》,中华书局,1962 年。

③ (汉)司马迁:《史记》(卷 4),《越王勾践世家》,中华书局,1998 年。

④ (汉)赵晔:《吴越春秋》(卷 6),《越王无余外传》,江苏古籍出版社,1986 年。

⑤ (汉)袁康:《越绝书》(卷 8),《外传记地传》,上海古籍出版社,1992 年。

绍兴地区基本一致,因此,从现有考古资料推测,宁波在当时属于越族传统活动区域的东面,也是早期越国的东疆。

对此,最有力量的旁证恐怕是关于句章古城的考古和史料记载。2008年,乍山王家坝村一带,出土一批汉晋时期的瓦当、筒瓦、板瓦和纹饰砖等建筑构件,以及同期的青瓷碗、钵、罐、盘残件、漆器残片、木块等文化遗物。这些遗存的年代虽为汉晋时期,但是,结合上述所有的考古佐证以及一些史料记载,我们并不难推测句章古城的历史。明朝《嘉靖宁波府志》曾说:"在今慈溪城山渡之东,春秋时越王勾践所筑。其曰城山,以句章之城在此山也。"明人董沛《明州系年录》则云:"周元王三年,越王勾践以南疆句余之地,旷而成句章。"清《光绪慈溪县志》(卷4)亦云:"句章古城,县南十五里,城山渡东,春秋时越王勾践所筑。其曰城山者,以句章之城在此山也。"又《十三洲志》记载:"越王勾践之地,南至句余。其后并吴,因大城句余,故曰句章。"由此,我们可以推知,句章城始建于约公元前473年(周元王三年),且因越王勾践"章伯功以示子孙"之目的而筑。当时,它可是周朝在浙东的重镇,也是古越国作为越人的文化故国与经济后方,以及国家统治、疆域扩张的中心。

后来,在公元前4世纪后半叶,渐趋式微的越政权在楚人的打击下土崩瓦解,越族"以此散,诸族子争立,或为王,或为君,滨于江南海上,服朝于楚"①。公元前222年,秦将王翦灭楚,又乘胜破会稽,降越君,置会稽郡,句章乃归秦朝版图。

在越国解体至六国归秦的这一段历史时期里,越族退守于越故地,句章城成为当时越人最后的栖息之所。当时,今三江口还是江潮出没的不毛之地。因此,句章城可以视为今宁波城的雏形,秦之后,句章城又绵延发展达600多年之久。②

二、于越族文化的特征

越地先民在特殊的地理、气候环境中,经过长期的生活、繁衍、创造、积累而形成了独特的于越族文化,并在以后的发展和演进中对后世产生深远

---

① (汉)司马迁:《史记》(卷4),《越王勾践世家》,中华书局,1998年。
② 东晋隆安四年(400),孙恩义军攻破句章城,城池毁坏严重,无以修复,时刘宋武帝乃迁句章县治于今鄞县鄞江桥。由此观之,句章县城前后历经周、秦、汉、晋朝代,繁华绵延800余年。

的影响。

首先，由于越地气候温暖湿润，极有利于水稻的生长，于是，于越文化中最显著的特征就是以稻作生产为特色的农业文明，有关稻作农业的生产及劳动工具的探索、积累、发展和传播始终是于越族文化中教育的主要内容。这一点从上述的河姆渡文化中可见一斑。

其次，陶艺是于越文化的一大亮点。考古发现，良渚人在越地已经烧制出印纹陶，随之，越地出现了一种原始瓷，这种原始瓷胎质灰白坚硬，釉面青亮，光泽度很好。印纹陶及其原始瓷的烧制，说明了于越族文化的卓越成就。陶艺的设计和制作需要相当的专业知识、经验和技术，而这些专业知识、经验和技术非一日一人之力所能完成，需要几代乃至几十代人的共同努力和探索才能实现，因而，关于陶艺方面的教育促进了教育内容、教育场所、从教和受教人员的专业化发展。

其三，独创的干栏式建筑成为越地独有的居住风格。干栏式建筑是适应南方地区潮湿多雨的地理环境而存在的，也可说是越人通过长期生活体验而形成的一种居住特色。据说，这种居住习俗、建筑风格、建筑技术通过教育而被继承下来，并通过传授远播到中国的西南地区，以及今东南亚地区。

其四，逐渐成熟的造船和驾驶技术构成于越文化的特色之一。越地河流纵横、湖泊遍布，是典型的水网地带，因而越人很早就想到以舟代步。前述河姆渡遗址出土的木桨就证明了这一点。正如《越绝书》所言："以船为车，以楫为马，往若飘风，去则难从。"随着社会的发展，越地一带的造船和驾驶技术越来越精湛，由此不免可以推测，越人关于造船和驾驶方面的知识、技能的继承和传授也一定极富特色。

此外，于越族文化中最富有内涵的是在精神文化方面形成的自然图腾、灵魂超越以及祖先祭祀等方面，它们不仅是原始宗教的主要内容，也是于越族先民对子孙后代进行社会、家族教化的主要手段和内容。前文提及河姆渡人有鸟崇拜的文化心理，越人也是如此。可能是因为鸟在越人眼里是一个长生欢乐的精灵，它能进入一个艰辛、庸碌、困顿的人所不能看见，却又十分向往的极乐世界。越人希望鸟能把自己的灵魂带入那个令人向往的世界。这种以鸟为图腾，并作为"灵魂使者"的观念，与中国中原和北方民族的"重礼"、"崇实"的文化传统有着质的差异，它在中国文化传统中注入了超越自我、超越现实的文化特质。这一点还可以从后世宁波地区道教、佛教的昌盛得到印证。

越人还有祖先崇拜的风俗。对先人的缅怀，对死者的追思，以及与灵魂超越的观念相结合，形成了于越族另一种形式的原始宗教——祖先崇拜。于越族祖先崇拜的氛围特别浓厚，以至于人们称于越族是一个淫祀滥祭的民族。这也从一个侧面说明了越人历来就有崇拜祖先的传统习俗。

三、越国历史中的宁波教育

以句章城的形成、发展为标志，宁波地区的先族民在于越族文化的熏陶下，迈入青铜器时代。此时，宁波先民有机地吸收于越族文化的元素，并将其贯穿于日常生产、生活中，这一方面促进了本地的社会经济发展，另一方面也大大地丰富了本地的教育内容和形式。

(一)农业和渔业

考古发现，这一时期宁波地区发现的青铜器以春秋战国时代的遗物为多，其数量和形制远逊于绍兴地区发现的青铜器物。主要器种是农具，包括斧、铲、锸、削、耜、锄，数量占全部青铜器的 60% 以上；其次，是兵器；礼器则甚少。可以推测的是，当时，宁波地区的农业生产中已经普遍使用新的劳动工具，这应该会极大地提高劳动生产率；礼器不多的状况说明越地先民不同于中原重视"礼"的文化传统。

另外，"这些青铜器是否为宁波本地制造"，这是一个悬而未决的问题，因为目前宁波地区尚未发现铸铜作坊遗址，从目前的考古资料来看，春秋战国时期的青铜器具主要来自绍兴地区。[①] 因此，可以推测，宁波地区的青铜业并不发达。

渔业捕捞在河姆渡文化时期就已经存在了，到了青铜时代，随着生产工具的改进以及舟船技术的发展，捕捞业自然成为栽培农业的重要补充，这可以宁波出土的一些与水上航行有关的义物为证，北仑柴桥镇洪溪村长墩岗就曾出土春秋晚期土墩墓的青铜锚。[②]

(二)手工业

这一时期有据可考的手工业主要是制陶和纺织。在陶器制作上，轮制

① 张如安、刘恒武、唐燮军：《宁波通史》(史前至隋唐卷)，宁波出版社，2009 年，第 57 页。
② 镇海县志编委：《北仑文史资料》，1990 年第 1 期，第 113—119 页。

技法已经得到推广,而最富有特色的是出现了印纹硬陶,原始瓷正是在印纹硬陶烧制工艺的基础上发展起来的。原始瓷的烧制工艺与严格意义上的瓷器十分接近,它已经不是一般的陶器制作,因此,原始瓷的烧制标志着制陶技术经历了一次质的飞跃,为后来成熟瓷器的烧制奠定了基础。不过,宁波地区尚未有原始瓷窑址发现,据此推测,宁波相当一部分原始瓷制品可能来自临近的绍兴等地。此外,宁波地区春秋战国的遗址中还发现了石制和陶制的纺轮,证明了当时纺织业的存在。

    总之,农业、渔业和手工业的发展,促使原始教育的内容和形式更加丰富多彩,而生产、生活的发展亦使得教育的社会作用日益显得重要,尤其在精神生活方面,因为只有发达的教育才能使得各项生产技术和生活习俗得以延续。可以推测,青铜时代宁波地区的教育状况较之河姆渡文化时期更加发展。

第二章　秦汉魏晋南北朝时期的宁波教育

秦汉魏晋南北朝是宁波文化与风俗的转型时期。据《史记·秦始皇本纪》（卷6）记载，秦将王翦进攻百越，"定荆江南地，降越君，置会稽郡"①。据考证，这个会稽郡设县22个，在越地的有山阴、诸暨、句章、鄞4县。② 这是宁波第一次纳入王朝统一管辖，从此，宁波在政治、经济、文化等各方面拉近了与中原地区的纽带，同时也促进了宁波乡风民俗，及至本土文化的改变、创新。

西汉时期，宁波新增设鄮③和余姚两县。至此，宁波一带共设句章、鄞、鄮和余姚4县，隶属会稽郡，整个汉朝都保持这一基本行政格局。不过，由于西汉王朝重视对西北边疆的开拓，而置江南于"无为"管理状态，因此，秦至西汉王朝的200余年时间里，整个江南的经济、文化远远落后于中原地区。宁波也不例外。直至东汉，浙东地区的经济、文化经过与中原地区的磨合以及长期缓慢的发展，出现了跨越性的进展，开创了吴越之地人才辈出的历史局面，宁波地区则涌现出像余姚虞氏那样的杰出家族。

魏晋南北朝时期，今宁波境内置有五县，除原四县外，东晋穆帝永和三年（347），新置宁海县（时属临海郡）。在六朝的大部分时间里，政局动荡，

---

① （汉）司马迁：《史记》（卷6），《秦始皇本纪》，中华书局，1998年。

② 张如安、刘恒武、唐燮军：《宁波通史》（史前至隋唐卷），宁波出版社，2009年，第61页。另注：句章、鄮两县在今宁波市境内。句章县包括江北到旧慈溪、余姚一带，县治在城山渡，鄮县包括今宁波镇海、海曙两区以及奉化一带。

③ 鄞县包括今宁波市江东区及东乡一带，县治在鄞山。

战乱频繁,北方人口大量南迁,这对浙东一带的教育带来很大的影响。宁波地区的教育表现为:官学衰微;家学得到前所未有的发展;道教、佛教在乱世中得到广泛的传播,以教化民众,抚慰心灵。

第一节　秦汉六朝时期的教育初兴

公元前221年,秦始皇统一六国,结束了长达600多年诸侯割据的混战局面,建立了中国历史上第一个中央集权的封建国家,把中国社会的历史推进到一个新的阶段。为了巩固统一后的政权,秦始皇改变了自周朝以来的封建建藩制度,废除分封,将全国分为36个郡,全面推行郡县制,加强中央和皇帝的权力,使皇帝拥有无上的权威。

就宁波等越地而言,它远离中原,归顺秦国后,其风俗习惯、精神风貌等深层次的文化内容并非一朝一夕可以改换。但是,在秦始皇推行其政治主张的过程中,宁波等越地的文化教育也发生着悄悄的变化。首先,秦始皇除了在越地设置郡县外,还采取强制移民政策,客观上促使中原文化与越地文化交流与融合;其次,在文教方面,采取了一系列有利于统一的政策,对越地影响较大的有:改化黔首,匡饬异俗;书同文字,经纬天下。在上述措施推动下,宁波地区的文化教育状况逐渐吸纳了中原文化的元素。

西汉时期,统治者忙于北方地区的政治、经济、文化发展,无暇顾及偏远的“蛮夷之地”,加之西汉采取不同于秦始皇的较为宽松的文教政策,使宁波等越地的政治经济、文化教育与中原地区脱节。但是,这种状况到了东汉出现突破性进展,主要是由于西汉末年战乱频繁,大批的北方士族、手工业者和农民为避乱而落户宁波等越地。这次颇具规模的人口迁移,带来了中原地区先进的思想、农业和手工业技术,以及杰出人才。这次人口迁移极大地促进了宁波等越地的文化教育发展,并且导致越地文化从富有民族特色的地域文化向中原文化转变。

一、秦对越族的教化

（一）强制移民,促进交流

秦始皇统一六国之后,不少逃亡贵族隐匿在吴越地区,进行反秦活动。

为了削弱这股反秦势力，秦始皇采取了强制性的移民政策，他一方面下令越人迁徙至浙西、皖南等荒僻之地；另一方面，又将"天下有罪吏民"发配至越地，以增强防御"外越"（今舟山群岛一带）之民的力量。虽然，秦始皇这种强制性移民政策本意在于"隔离""罪民"，并加强对人民的统治，但是，它在客观上刺激了中原文化与越地文化的接触和交流。

（二）刻石会稽，匡正民风

公元前 210 年，秦始皇东巡越地，并在会稽山祭祀大禹，刻石颂德。其中许多内容涉及化民成俗、统一思想。尤其是针对会稽之民男女性关系自由等习俗，秦始皇提出严格要求，力图用严厉的办法纠正之，使会稽郡的民风与中原风俗相同。例如，"防隔内外，禁止淫佚，男女洁诚"、"有子而嫁，倍死不贞"、"夫为寄豭，杀之无罪"、"妻为逃嫁，子不得母"①等。时宁波一带毗邻会稽，石刻之内容亦影响至句章等地。可以说，会稽刻石是要求越地人们与秦国的风俗、道德保持一致，以做到"黔首改化，远迩同度"，促进全国范围的"行同伦"。这也不失为一种有效的社会教化的方式。况且，从文字角度看，刻石为"书同文"树立了典范。

（三）书同文字，经纬天下

战国时期，由于政治、经济、文化的差异，各诸侯国所使用的文字大相径庭，甚至一国之内都会存在差异。这种状况给统一后的秦国带来了文字上的混乱，妨碍了秦政令的施行和政权的巩固，为此，秦国统一了律令、度量衡、车轨和文字等。《史记·秦始皇本纪》记载："一法度衡石丈尺，车同轨，书同文字。"

就文字改革而言，秦文字的发展趋势是由繁及简，由难至易，由杂乱而趋统一。这在客观上有利于文化的推广、融合，教育的开展，以及政令的施行，因此，书同文字无论在主观还是客观上都促进了各地文化教育的统一发展，宁波等越地也深受其教化。

（四）东巡求仙，开创仙风

秦始皇东巡越地之时，还做了一件影响浙东民风的事情，那就是登山

---

① （汉）司马迁：《史记》（卷6），《秦始皇本纪第六》，中华书局，1998 年。

"望"海①,祈求仙药。《越绝书》、《宝庆四明志》都有相关记载,据张如安等学者分析,秦始皇东巡之际必然贯彻了他的求仙行动。② 自秦之后,浙东仙风越演越烈。至汉代,像方士的炼丹术、巫师的符咒术和阴阳五行等神仙方术空前发达。当时,在今宁波余姚地区产生了大量很有影响的仙道传说,如梅福修道、虞洪遇仙、刘纲樊云翘夫妇升仙以及刘晨阮肇入天台等。③ 及至魏晋南北朝和隋唐时期,宁波一带宗教盛行,这应该与秦始皇的求仙活动是分不开的。

总之,秦始皇虽然采取种种措施教化越民,但是,秦朝时期的越地因为远离北方政治经济中心,不少文教政令,如吏师教育、博士制度等都未施行于宁波等越地;加之秦始皇著名的"焚书坑儒"事件使人们对秦王朝望而生畏,当时,社会很多阶层都站到了秦王朝的对立面,这种种因素致使宁波地区的文化教育还是与中原地区保持着一段距离,依然有着浓郁的地域特色。

二、汉代文教之风的兴起

(一)设三老以掌教化

社会教化工作自秦以来,首推官吏承担。其次,通过三老加以实行。三老是我国古代专门执掌教化的人员,一般由县乡里德高望重的长者出任。但是,三老并不是现任官员,只是享受政府优待的荣誉头衔。他们可免除徭役,还能得到朝廷的赏赐,也有责任向上启奏,汇报地方教化之事,以影响地方行政事务。当然,如果地方民风不正,那么该地的三老也难辞其咎。

汉承秦制,设三老以掌教化。清咸丰年间,宁波余姚陈山出土了一块东汉建武二十八年(52)五月刻的《汉三老讳字忌日碑》,高88厘米,阔45厘米,石碑上有阴刻文217字,记录了一位名通的汉代"三老"的祖孙三代名字和祖辈、父辈逝世的日子。这块碑的意义一方面在于碑文的书法意义,因

---

① "望"为祭祀之礼。《书·祭典》:"类于上帝,禋于六宗,望于山川,遍于群神。"后人注"类、禋、望"为祭名。

② 张如安、刘恒武、唐燮军:《宁波通史》(史前至隋唐卷),宁波出版社,2009年,第64页。

③ 可参见季学原主编,《姚江文化史》,浙江古籍出版社,2006年,第78—81页。

为其隶书古朴遒劲,为传世汉碑之所罕见;①另一方面,这块碑也见证了宁波地区三老教化乡里的历史原貌。由此可知,社会教化古已有之,设三老以掌教化,有力地促进、补充了地方官吏的教化工作,这也是教化工作专门化和形成责任制的体现。

(二)私学、家学和官学的兴起

1. 私学、家学的兴起

西汉建国以来,由于统治者采纳"无为"政策,以及于越等地偏远的因素,中原文化对宁波等越地的影响十分有限,直至西汉末年,因战乱频繁而迫使大批中原儒士南移宁波等越地,这才带动了宁波等越地的文化教育发展,不仅促进了儒家思想的流传,而且带来了私学、官学和家学的兴起。

私学产生于春秋时期,儒家学派就是孔子在私学传授过程中所建立的。汉代统治者从秦始皇"禁私学"、"焚书坑儒"的错误中吸取教训,认识到社会政治生活、民间学术活动是不可能用简单禁止的手段加以控制的,只能通过引导的方法加以思想控制。由于当初汉代的中央和地方官学都难以满足民众的求学要求,因此,汉统治者一开始就对私学采取了宽容的政策。私学最初发端于中原,而后传播到关中、于越等地。西汉后期,宁波历史上涌现出最早的私学大师是余姚人董春。② 他先后从王君仲受古文《尚书》,从京房受《易》学。学成后以经师自任,设学教授,"还为师,立精舍,远方门徒学者常数百人。诸生每升讲堂,鸣鼓三通,横经捧手,请问者百人,追随上堂,难问者百余人"③。至东汉,私学更盛。就其教育内容而言,私学中主要传授今文经学,例如,余姚三老孙通所治《穀梁春秋》,属今文经学之列。④

家学属于私学之列,是以家庭或家族为单位而从事教育活动的一种教育组织形式。自东汉末年开始,一些世家大族为了维护自身的利益,保护地方上的安宁,乘时代动乱之机建立私家武装,扩大自己的势力范围,进而对国家政治产生一定影响。这些世家大族为了维护和推动家族的发展,不

① 计文渊:《论〈汉三老碑〉》,《余姚文博》,2004 年第 1 期。
② 张如安、刘恒武、唐燮军:《宁波通史》(史前至隋唐卷),宁波出版社,2009 年,第 90 页。
③ (唐)徐坚:《初学记》(卷 18),引谢承《后汉书》,《四库全书》文渊阁本。
④ 关于儒家经典的研究,有今文经学和古文经学之区别。浙东士人多数接受了今文经学的教育,余姚虞氏家族五世所治的孟氏《易》学、余姚三老孙通所治的《穀梁春秋》皆属今文经学。

仅把持地方上的政治大权,拥有成片的土地,而且,他们非常重视对家族后代的培养,以树立和维系家族门风,扩大社会影响,逐渐形成了"家学"以及"学在家族"的局面,同时,这也在客观上撑起了这一时代的文化传承重担。所谓"五朝名家,靡不有家教,所以立身处事,有以渐异"、"巨宗重臣,咸有训诫"①说的便是这种士族化家学。例如,时属会稽郡的余姚虞氏家族便是其中之一。此外,为逃避战乱而从北方迁徙至南方来的士族势力也很大,例如,山阴的谢氏、王氏等。

由于汉以来一直推行儒学,世家大族的家学大多以儒家思想作为他们的精神支柱,研习儒经,遵循礼法,倡导忠孝,且十分讲究治学态度和方法,尤其重视为人处世、待人接物等伦理道德的教育,最后将先师经说发展成一家之言。当时,余姚虞氏家族五世治孟氏《易》学,是为治儒学之家学发展的典范。这一时期,家学背景下对儒学的研究也推动了地方上的儒学发展,宁绍地区浓厚的儒学学风,使得儒家的一些思想观念得到迅速有力的传播,特别是忠孝节义观念更加深入人心,对改造本地的陋习产生重大影响。

除了儒学之外,还有教授历算知识,如余姚伍贱之父曾为仓监,"失其官谷簿领,罪至于死",时为孩童的伍贱重新执算,结果"检校相当",救父一命。这表明时有算术教授,才有如此会计算的孩童。此外,也有以文学、艺术见长的家学典范,如山阴谢氏家学出了一个山水诗人谢灵运,山阴王氏家学培养了书法艺术的代表人物王羲之、王献之。

2. 官学的萌芽

在汉代,汉武帝"独尊儒术",人们只有"通经"才能做官,因此,士人不得不学习儒学经典。但是,时浙东官方教育方兴待艾,私学也远远满足不了士人的需求,于是,不少士人游学于千里之外的中原和巴蜀地区,因为那里的经学比较发达。例如,西汉末年,余姚人严光就曾游学京师。游学士人回来后,也一定程度改变了地方上落后的文化现状。

西汉时期,蜀郡太守文翁在蜀地兴办儒学,首开地方兴学之风。于是,浙东一些地方官员学习蜀郡太守,开始兴办学校,培养入学人才,官学即由此萌芽。浙东有史记载的学宫约出现于公元一世纪末的余姚境内。据《后汉书》(卷21)记载,余姚人黄昌(? —142)"本出孤微。居近学宫,数见诸生

---

① 王伊同:《五朝门第》,香港中文大学出版社,1978年,第178页。

修庠序之礼，因奇之，遂就经学。又晓习文法，仕郡为决曹"。这表明，余姚当时已有学宫，主授经学和文法。余姚学宫的出现开创地方官学之先风，对儒家思想的宣传、社会教化的推广产生了深远的意义。

由上也可知，两汉时期，宁波等越地文化教育的兴起是在特定的社会、政治、经济等条件下形成的，而其文化教育的传承和发展则是通过私学，尤其是在家学中得以完成的。

（三）忠孝之风盛行

宁波等越地原本是不崇尚"礼"的地方，但是，受到汉代"孝"政，以及儒家思想的影响，宁波等越地民众逐渐接受了儒学中关于"忠孝节义"的观念，尤其是南下儒士带来的《孝经》所宣扬的伦理道德规范，从而改造了本地的一些风俗。例如，句章人董黯以孝名扬天下，余姚虞预所撰修的《会稽典录》曾作这样的记载："家贫，采薪供养，得干果，奔走以献母。母甚肥悦。邻人家富，有子不孝，母甚瘦。不孝子疾孝治母肥，常苦辱之。孝治不报。及母终，负土成坟，鸟兽助其悲号。丧竟，杀不孝子置冢前以祭。诣狱自系，会赦得免。"大儒虞翻称赞道："孝子句章董黯，尽心色养，丧致其哀，单身林野，鸟兽归怀，怨亲之辱，白日报仇，海内闻名，昭然光著。"还有节义之士句章人梁宏、余姚人驷勋等，他们也受到虞翻赞赏。东汉时，宁波地区忠孝节义已蔚然成风。此后，该风气不断地得以发扬光大，余姚湖山乡出土有晋"泰康七年孝子陈恒"、"孝子朱当"等墓砖铭文，鄞州鄮山出土晋"泰元二年太岁孝子黄藤作"砖[1]，即为明证。

此外，仙道得以进一步传播。于越地区的先民在汉代以前，一直崇拜自然神灵，这在前文已有论述，直至西汉时期，会稽仍"俗多淫祀"。东汉以来，道教传入浙东地区，有力地改变着当地的宗教信仰，并起着教化民众的作用。道教作为中国本土的宗教，兴起于东汉末年的五斗米道和太平道。[2]面对东汉后期动荡的社会环境，道教承诺给民众的是实际的结果和具体的收获，能给民众带来现世的幸福，因而很容易为人们所接受。秦始皇东巡"望"海，祈求仙药之举，已使仙道在民间流传，东汉以后，于越地区的仙道活动更加流行，产生了很多有影响的仙道传说。例如，梅福修道、刘樊升仙

---

① 《鄞县通志·文献志·传甓考略》，宁波出版社，2006年。

② 陈学恂主编：《中国教育史研究·秦汉魏晋南北朝分卷》，华东师范大学出版社，2009年，第324页。

等,甚至连董黯都升入仙籍。据《宁波通史》记载,诸仙中最有影响的当推梅福。梅福字子真,九江寿春人,原为儒家学者。王莽摄政,梅福归隐,不知所终。浙东一带多有梅福遗迹,如鄞州大梅山传为梅福隐处,有石洞、药炉、丹灶等古迹。梅福由儒入道,反映出他对当时社会的不满。另外,时有影响的仙人还有真人刁道林,他修道于四明山的丹山赤水,擅长于气功养生术。浙东逐渐成为道教传播的重要地区,好道之士甚众。

第二节   魏晋南北朝时期家学的兴盛——以余姚虞氏为例

自东汉末年开始,动乱不断,各地的地方官学呈现出衰废的态势,到了南朝更是时有时无。宁波等越地远离中原,文化教育更不必说,落后中原几许,不过,在 400 多年的历史进程中,地方官学还是取得了缓慢的发展。三国时期,孙吴政权宗室子弟孙瑜不仅自己好学,还积极支持地方办学,当时,济阴(今山东定陶县一带)人马普笃学好古,孙瑜厚礼待之,为其设立学校,选官吏子弟数百人随其学习。顾邵任豫章太守时,不仅自己博览群书,好乐人伦,还选择属下官吏中资质优者到学校学习,并提拔学习优秀者。在他的带领下,当地形成了良好的向学风气。据《宋书·孝武十四王传》记载,南朝刘宋时期的豫章王刘子尚受命至鄞县劝农,并于大明七年(463)在鄞县立左学,招生徒,置儒林祭酒 1 名,位比州治中;文学祭酒 1 名,位比西曹;劝学从事 2 名,位比祭酒。这说明,当时的地方官学还是有一定作为的。

私学虽然也不发达,但仍然有一些值得称道的人物。据光绪《慈溪县志古迹》记载:大儒虞翻曾在慈溪鸣鹤讲学。即便因向孙权犯颜直谏而被流徙南疆交州(今广东、广西及越南北部一带)时,仍讲学不倦,门徒数百人,开岭南学风。

另据史料,当时私学中家学尤为兴盛。家学的兴盛与士族势力在政局动荡的特殊时期的崛起有关。魏晋南北朝时期可谓是士族势力占统治地位的时期,因为他们在残酷的政治斗争中取得强势地位,享有政治、经济、学术文化等方面的特权。王朝可以更换,但占据统治地位的士族集团可以不动。萧子显在《南齐书·王俭传》中就讲过这样一个事实:"晋氏登庸,与之从事,名虽魏臣,实为晋有,故主位虽改,臣任如初。自是世禄之盛,习为旧准,羽仪所隆,人怀羡慕,君臣之节,徒致虚名。贵仕素资,皆由门庆,平流进取,坐致公卿,则知殉国之感无因,保家之念宜切,市朝骤革,宠贵方来,陵阙虽殊,顾眄如一。"①

士族的兴起,以及官学的衰微,导致家学得到前所未有的发展,不仅教学内容繁多,而且形式多样。浙东的世家大族纷纷涌起,走向士族化,著名的有余姚虞氏、山阴贺氏、山阴谢氏、山阴孔氏、钱塘范氏等,其中余姚虞氏为今宁波境内家族规模最大、政治地位最高、社会影响力最广的士族。

此外,当时的教学内容突破儒学独尊的局面,趋于多样化,史学、书学、算学等都进入官学和私学,而且,繁琐、僵化的今文经学受到批判,以讲授古文经学为主,及至走向玄学化。

一、虞氏家学兴盛的表现

从较为可靠的文献记载看,余姚虞氏有迹可循的历史,可以追溯到东汉中叶。时值大批中原民众迁居于南方,更因官方推行儒家教化,宁波等越地百姓纷纷趋经业儒。虞光正是在此种社会环境下"少治孟氏《易》",并因此官至零陵太守。② 这进一步激发了族人研习儒家经典以从中开辟仕进前途的热情。据虞翻自述,其祖四世传孟氏《易》:"臣高祖父故零陵太守光,少治孟氏《易》,曾祖父故平舆令成,缵述其业,至臣祖父凤为之最密。臣亡考故日南太守歆,受本于凤,最有旧书,世传其业,至臣五世。"③此外,汉顺帝永建四年(129)分置会稽、吴两郡,以及郡级政治中心移向浙东的行政调整,给了会稽郡的世家大族更多的举官机会,这在客观上对于虞氏家族社会政治地位的抬升也起到一定的作用。至东汉末年,虞氏在会稽郡已成长为当地的著姓望族,其学术影响远播至中原。

三国时期,在吴郡、会稽郡士族支持下建立的孙吴政权,对两郡的士族和世家大族都特别重视,虞氏家族的众多子弟纷纷登上孙吴政坛,官至高位。其中,虞翻的表现最为出色,他不仅在经学上取得了很大的成就,而且,他所开创的"謇谔匪躬"的行事风格深刻地影响了后嗣,进而发展为虞氏的家族性格。

在孙吴亡国之后,虞氏家族的发展在西晋政权中因受到中原人士的排挤而处于低潮。直至西晋后期,虞潭凭借军功引领虞氏家族再度在政治上

---

① (南朝·梁)萧子显:《南齐书》(卷23),《王俭传》,中华书局,2003年。
② (晋)陈寿:《三国志·虞翻传》(卷57)注引《虞翻别传》,中华书局,1982年。
③ (晋)陈寿:《三国志·虞翻传》(卷57),中华书局,1982年。

崛起,同时,虞喜、虞预则"以儒学立名"①。此后,历经东晋、宋、齐、梁、陈,虞氏家族的政治地位、经济基础和学术文化都得到不同程度的提高,完成其士族化进程。

（一）崇文重于尚武,最重儒学研究,兼涉史学等领域

1. 以治孟氏《易》为家学传统

自虞光始,虞氏家族世传孟氏《易》,传至虞翻,其《易》学研究成果颇丰,撰有《周易注》、《周易集林律历》等书,名满全国,影响深远。至此,虞氏作为儒学世家的地位得以最终确立。据《宁波通史》研究,虞翻所治《易学》是以家传的孟京筮占派象数易学为其渊源,继承东汉荀爽的经学派象数易学,并加以创造性发展而成。通俗地说,虞翻的研究旨在尝试性地说明为什么我们会在《周易》这一原始文本中发现六十四卦如此的排列顺序? 虞翻力图以某些规则说明卦的排列乃是一种真正严格意义上的演绎系统。②虞翻对《周易》所作的先行的逻辑探索为后世在这一领域的研究铺平了道路,例如,张慧言(1761—1802)在其《周易虞氏易》中将虞翻的逻辑原则加以极大的改进与系统化;焦循则在虞翻的基础上完成了后人在易学上难以超越的三部著作:《易通释》、《易章句》、《易图略》。这种种研究成果使得晦涩的《周易》几乎成为可理解的儒学学派之哲学文献。由此可见,虞翻作为原创性的思想家对儒学的影响。

2. 兼涉史学等领域

虞氏家学除了治孟氏《易》作为传统以延族脉之外,还兼涉其他学术领域。首先,虞翻除了研究《易》学外,另有《老子》、《论语》、《国语》、《史记》等训注,这无疑使他成为东吴的史注权威。此后,虞氏家族好经学、史学之辈甚多。东晋时期,虞喜成为当时的经学专家,撰写《毛诗略》、《孝经注》、《志林新书》等经学著作,传于后世。其弟虞预修有《晋书》、《会稽典录》等史书。前者为纪传体史书,记述西晋、东晋初的历史,因其由当代人所修,具有较高的历史价值;后者则是一部早期浙江地方人物志书,具有较高的史料价值。南朝时期,虞氏在经学上成就较大的有虞愿、虞僧诞,前者著有《五经论文》(10 卷),后者精于《左氏春秋》,可谓"时人莫及"。而史学上的

---

① (唐)房玄龄等:《晋书》(卷 68),《贺循传附杨方传》,中华书局,1974 年。
② 方东美:《中国哲学之精神及其发展》,匡钊译,中州古籍出版社,2009 年,第 64 页。

成就主要表现在对方志和谱牒的研究上,当时,有虞荔所著的《鼎录》和虞愿所著的《会稽记》。前者为笔记类史书,记载秦汉以来帝王士大夫铸鼎的名称、尺寸、铭文、书法等信息,从中反映出各个时代的政治、风俗、礼制、书法等面貌,不失为我国鼎文化研究的专著,具有一定的历史价值;后者为地志类著作,记载了会稽地区的山川河流、风土人情,甚有价值。

此外,虞氏家学还涉及天文学、文学、书法,以及饮食、娱乐等方面。例如,虞翻之子虞耸著有《穹天论》,概说天体结构,开虞氏天文学研究之先河。虞翻之孙虞潭著有《投壶经》、《投壶变》、《大小博法》各一卷,这对我们了解魏晋时期的社会闲暇生活有相当的价值。南朝时期的虞悰著有《食珍录》,书中记载了很多烹饪方法,名噪一时;虞炎、虞羲、虞通之当以文学成就著称于世;而虞龢则代表了虞氏家学的书法成就。

(二)家教严格,树立忠义门风

门风是家族的核心价值观。它看起来是个无形的东西,却是延续门第的文化内核。虞氏家学深谙此理,为此,家教甚严。自虞翻"謇谔匪躬"的行事风格得到孙权认可,并惠及族人之后,"忠义"便成为家族门风。例如,虞翻之子虞忠在三国时期天纪四年(280)二月兵败西陵之时,与镇南将军留宪、征南将军成据等人一道以身殉国。① 又如,南朝以来的虞氏族人,虞玩之"竭诚事君"而"未尝厌屈于勋权,畏溺于狐鼠"②,虞悰面对西昌侯谋篡皇位之举由"称疾不陪位"乃至"乞解所职"③,虞愿多次犯颜直谏,等等,因其过于"謇谔匪躬"的立身行事,虽得帝王宗室的器重,却也并不得势。

为了保持忠义家风,虞氏家学十分重视子孙的门风。《晋书·列女传》记载有这样的故事:④

> 虞潭母孙氏,……性聪敏,识鉴过人。潭始自幼童,便训以忠义,故得声望允洽,为朝廷所称。永嘉末,潭为南康太守,值杜弢构逆,率众讨之。孙氏以必死之义,俱倾其资产以馈战士,潭遂可捷。及苏峻作乱,潭时守吴兴,又假节征峻。孙氏戒之曰:"吾闻忠臣出孝子之门,汝当舍生取义,勿以吾老为累也。"仍尽发其家僮,令随潭助战,贸其所

---

① (唐)房玄龄等:《晋书》(卷 42),《王浚传》,中华书局,1974 年。
② (清)严可均编:《全齐文》(卷 18),《上表告退》,商务印书馆,1999 年。
③ (南朝·梁)萧子显:《南齐书》(卷 37),《虞悰传》,中华书局,1972 年。
④ (唐)房玄龄等:《晋书》(卷 96),《列女传》,中华书局,1974 年。

服环佩以为军资。于时会稽内史王舒遣子允为督护,孙氏又谓潭曰:"王府君遣儿征,汝何为独不?"潭即以子楚为督护,与允合势。其忧国之诚如此。拜武昌侯太夫人,加金章紫绶。潭立养堂于家,王导以下皆就拜谒。

由此足见虞氏家教之严格、门风之严谨。后辈中此类故事屡屡可见。如虞喜"少立操行,博学好古"①;虞玩之"少闲刀笔,泛涉书史"②,等等。正是家教的严格,才导致门风的维系,并使家道得以长兴不衰。

(三)失落的尚武精神

虞氏家学的另一特色便是其失落的尚武精神。虞氏家族自东汉中叶以来,以文起家,却也未曾摒弃尚武精神,尤其是西晋后期的虞潭凭借军功再度崛起政坛,为虞氏族人走向朝堂奠定了基础,并于东晋早期实现家族的士族化。虽然,乱世从武给家族带来了荣誉,但虞氏尚武传统至东晋末年已经失落,由此也导致虞氏族人无从利用乱世,以建立军功的方式,拓展其政治发展空间。

二、家学兴盛的原因

从宏观上讲,魏晋南北朝家学兴盛,其根本原因在于社会动荡剧烈致官学衰废,以及士族豪门自身发展的需要。史学家陈寅恪就曾说道:"盖自汉代学校制度废弛,博士传授风气止息后,学术中心移于家族,而家族复限于地域,故魏晋南北朝之学术、宗教皆与家族、地域两者不可分离。"③余英时也说:"士族的发展可以从两个方面来推测:一方面是强宗大姓的士族化,另一方面是在多数情形下当时互为因果的社会循环。所谓'士族化'便是一般原有的强宗大族使子弟读书,因而转变为'士族',这从两汉公私学校之发达的情形以及当时邹鲁所流行的'遗子黄金满籯,不如一经'的谚语,可以推想而知。"④社会现实导致人们观念的变化,即殉国之感无因,保家之念宜切。如果丧失门第,则家族的一切利益全部丧失。为了巩固门第,家学的意义就凸显出来。因为在政局动荡的年代里,家族的振兴才是

---

①　(唐)房玄龄等:《晋书》(卷91),《虞喜传》,中华书局,1974年。
②　(南朝·梁)萧子显:《南齐书》(卷34),《虞玩之传》,中华书局,1972年。
③　陈寅恪:《隋唐制度渊源略论稿》,上海古籍出版社,1980年,第17页。
④　余英时:《士与中国文化》,上海人民出版社,1987年,第222页。

最有意义的,也是个人保存自身的一个重要条件。

余姚虞氏就是在这样一个背景下逐渐发展为士族的,综观历史,士族家学的兴盛主要有以下若干因素。

(一)严格把持门风

如果说时局的动乱无法把握的话,那么家族的门风则相对容易把持。这在虞氏以忠义为门风的家教中可见一斑。对门风的严格把持不仅反映了家族立身处世的准则,而且折射出家族面对乱世所表现出的独立性,因为没有这种独立性,家族可能就会面临丧失门第之危险。

(二)世代崇文,稳固其学术地位

自东汉以来,在"劝以官禄"的文教政策指引下,治经成为入仕的捷径之一。虞光便由经学入仕,激发族人累世治经修史。家族的累世经学自然带来了累世公卿的结果,家学便成为巩固门第之法宝。因此,如何使《易》学发扬光大,便成为虞氏家学的重要任务。也正因如此,家族十分重视对其子弟的教育。

(三)居安思危的忧患意识

士族垄断政治的黑暗,使门第始终处于分化之中,加之政局的动荡,士族高门急剧跌落的现象时有发生。例如,虞氏家族自南朝以来,其政治影响、社会地位都远不如三国、东晋时期。因此,士族中有识之士认识到门第地位并不足以仗恃,要能在社会中站住脚,保存实力,就必须去奋斗,这必然督促后辈重视操守,学会各种本领。

由此,士族家学兴盛起来。家学使得家族的生存、利益得到保护和发展,不管朝代如何更替。虞氏家学作为一个个案,反映了魏晋南北朝时期宁波教育的一个特点,当然,家学在客观上传承并发展了儒学文化,并进一步改变地方的文化面貌。

第三节　魏晋南北朝时期的宗教教化

魏晋南北朝时期,在北方战争频繁的时候,南方社会环境相对比较稳定,这不仅为南方的经济、文化发展提供了条件,而且,也吸引了北方人口及文化的南移。这一时期,浙东四明地区的思想领域突破了儒学独尊的局面,出现佛、道宗教的流行。它们为了扩大各自在民众中的影响,采取不同的方式和途径宣传本教的教义和精神。许多普通民众和士人在这种多元化的思潮冲击下,或亦儒亦道,或亦佛亦道,或亦儒亦佛,呈现多彩的思想形态。

一、仙道与教化

自秦始皇东巡"望"海,祈求仙药之后,仙道在宁波及浙东一带不断地发展,到了汉代,出现很多有影响的道人和仙道传说。进入魏晋南北朝之后,道教经过葛洪等人的改造,将为统治者所排斥和士人所不齿的民间道教改造成符合统治阶级及上层社会所需要的官方道教,于东晋后兴盛一时。不少名士文人都信奉道教,例如:王羲之、郗愔等,他们在余姚、奉化等地都颇有活动。道教教育也取得阶段性的发展,信者甚多,对民众教化产生极大的影响。这一时期宁波及浙东一带的道教及其教育与全国步伐基本一致,即以东晋为界,经历了两个发展阶段:第一阶段是师承关系比较松散的阶段;第二阶段则是因道教馆舍的出现而步入规范化的道教教育。

(一)道教及其教育的发展

1. 东晋之前

三国时期,以吴主孙权为首的王族、士族集团,崇信神仙,广结方士,向往那种长生不死、脱俗离世、闲散放浪的生活,其信仙好道的情趣,激励着道团在浙东等地频繁活动,从而为道教在宁波等地的兴起打下了基础。而且,西晋灭亡后,北人南移,一大批道教世家移居江南,使江南成为全国道教发展的中心,这对宁波及浙东道教的发展产生了重大影响。其时浙东地区最有影响的是天师道。不过,此时,人们对道教的情趣还没有上升到宗教的狂热;况且,许多名门望族对那种经典不备、教义简单、方术仪式粗俗的民间道教怀有一种本能的轻蔑。他们只是追随某些道士往来于名山洞室,寻找仙馆,采药炼丹,师承关系相当松散。

2. 东晋之后

东晋以来,在名门望族的支持下,葛洪、陆修静、陶弘景等人对道教进行大力改革,他们以神仙方术为底本,逐步形成了以神仙养生之术为内,以儒术应世为外,儒道兼修的修炼长生理论,并将其编撰成道教经典,例如,

《道藏》、《太平经》等。同时,对天师道的组织制度进行改革,取消"父死子继"的祭酒之官世袭制,并以纯宗教的道师弟子关系取代了祭酒统领道民的政教合一制度,以道馆教育取代了简陋的靖庐。这样,至南朝时期,道教已经成为具有相对完整的经典、教义、戒律、方术仪式和教会组织的成熟的宗教。道教从分散的民间宗教团体转变为官方正统宗教。道教教育也从"散兵游勇式"的师承关系走向规范化的道馆教育。

道馆是出家道士集体进行宗教教育活动和集体生活的场所。馆主由贤明的、著名的道士经推举而出任。在道馆中,道师与弟子的关系纯属宗教教育的师徒关系。道门弟子受业,必须遵守道教的戒律和清规。这一切为道教教育的规范化奠定了良好的基础。有学者认为,浙东正式有道馆的年代应不迟于东吴时期,《历代崇道记》称吴主孙权于天台山造桐柏观。[①]南朝以来,浙东各地道馆普遍出现,例如,齐朝时修建的太平山日门馆和金庭馆、陈朝时修建的祠宇观等。

在官方的支持下,葛洪、陶弘景等大师都曾在宁波及浙东一带积极地设馆传道布教,四明山、天台山更是成为神仙之窟宅。他们传道布教的场所、遗迹遍及宁波及浙东各地。如葛洪在宁波北仑的灵峰山、鄞州的石臼山、余姚的龙泉山、宁海的大洪山等地都留有他的修炼遗迹。葛洪的子孙还在宁海繁衍成族,其聚居处俗称廿里葛藤棚。又如,陶弘景在余姚的太平山、象山县城北的蓬莱山、宁海的阆风里和桐柏山等地结庐炼丹。[②]宁波及浙东一带可谓是秉承历史遗风,仙道炽烈,不失为道教思想的发源地。

(二)道教的教化

道教的清规戒律经过改造之后,贴近世俗社会,强调生道相保、治身治国,在当时获得了广泛的社会基础,也起到对民众的教化作用。

1. 去除贪恋钱财之风

魏晋以来,道教祭酒一般都很贪婪,任意取人钱财的事件时有发生。面对这样的情况,道教加以抨击,并提出相应的戒律,予以制止,肃清为士人所唾弃的腐化生活作风。例如,《道藏》之《阳平治》抨击道:"但贪荣富,钱财谷帛,锦绮丝绵,以养妻子为务。掠取他户民赋,敛索其财物。掠使百

---

① 张如安、刘恒武、唐燮军:《宁波通史》(史前至隋唐卷),宁波出版社,2009 年,第 166 页。

② 张如安、刘恒武、唐燮军:《宁波通史》(史前至隋唐卷),宁波出版社,2009 年,第 161—165 页。

姓,专作民户;修农缭丝,以养妻奴。自是非他,欲得功名;荣身富己,苟贪钱财。"①而在《老君一百八十戒》中,规定:"不得盗窃人物"、"不得妄取人一钱已上物"、"不得以金银器食用"、"不得强求、扰乱百姓"、"不得积聚财宝,以招凶祸",等等。

2.去除男女淫邪之风

男女之事,原也是道教的一种养生术,但是,在儒学伦理道德的背景下,往往被视为淫邪之事。再者,房事若无节制,很容易使修炼者沉溺其中,荒废功夫。因此,《阳平治》批判道:"房事不节,纵恣淫情,男女老壮,不相呵整,为尔愦愦,群行混浊。"②在《老君一百八十戒》中,规定:"不得多蓄仆妾"、"不得淫他妇女"、"不得自习妓乐"、"不得穿人家壁,窥看人家内妇女",等等。

3.倡导忠孝仁义之风

道教在其改造过程中,还注意吸收儒家的思想,倡导忠孝仁义便是典型的案例。在《太平经》中说道"天下之事,忠孝诚信为大,故不得自放恣",又有"子不孝,则不能尽力养其亲;弟子不顺,则不能尽力修明其师道;臣不忠,则不能尽力共敬事其君。为此三行而不善,罪名不可除也"。这些教义都把忠、孝、诚、信放到了非常重要的地位。

以上种种清规戒律对当时宁波及浙东地区的民风、习俗起到很大的教化作用。

二、佛教与教化

一般认为,佛教是在两汉之际由"古丝绸之路"传入中原,及至江南各地。但据《宁波通史》考证,佛教可能由"海路传入中国",其证据在于东汉以来出土的越窑青瓷等艺术品中出现很多富有西域特色的人物造型、动物造型以及佛像。这就是说,随着西域胡人经海路来到东南沿海地区从事经商、谋生计或传播文化等活动,他们也带来了对中国影响深远的佛教文化。

按常理,佛教作为外来宗教,在宁波等浙东地区的早期传播不会太容易。但是,佛教通过高僧与社会名士交流,推动佛教向上层社会渗透,高僧结庐讲经,宣扬人生轮回等教义,以及广建佛寺,使佛教走向大众化等途径,在宁波地区迅速地得到民众的接纳。从宁波等于越地区崇拜"神灵"、

---

① (明)《道藏》、《阳平治》,文物出版社、上海书店、天津古籍出版社,1988年影印本。
② (明)《道藏》、《阳平治》,文物出版社、上海书店、天津古籍出版社,1988年影印本。

重视祭祀的民风来看,佛教重来生修今世的思想倒是与此民风有某种契合之处,或许这也是佛教很容易为人们所接受的原因之一。

(一)佛教的发展

宁波及浙东一带佛教传入虽早,但直到三国时才有真正发展。其传播途径主要有以下几个方面。

1. 高僧与社会名士交流,推动佛教向上层社会渗透

佛教若要在宁波等地扎根,拥有自己的一席之地,就必须征服社会名流,因为他们的思想趋向往往会主导社会意识的主流。佛教高僧深知此理。三国时期,西域僧人支谦、康僧会等人先后入吴,说服孙权信佛,于是吴都建业有了瑞相院、建初寺。随之浙人纷纷效法,修建佛寺。据史料记载,东吴时期浙江的寺庙达16所。今宁波境内最早的佛寺建于东吴赤乌二年(239),当时,东吴太子太傅、都乡侯阚泽捐献自己在句章的住宅,建造了普济寺。

最富有传奇色彩的是阿育王寺舍利殿的建造。《会稽记》记载:"晋相王导初渡江,有道人神采不凡,自言来自海上,告导曰:'昔与阿育王同游鄮县,安真身舍利塔,阿育王与真人捧塔飞行,虚空入海,诸弟子攀引不及,一时俱坠,化为乌石,如人形。'"据说,这叙述的是高僧慧达过海至建康结交名相王导,以寻求在传教上的政治支持的故事。于是,东晋义熙元年(405),阿育王舍利由鄮山乌石岙迁至今址,并造塔亭禅室予以安置,即为舍利殿。供奉的舍利后来成为阿育王寺的镇寺之宝。

高僧正是通过和社会名流进行接触、交往和研讨佛教义理,从而把佛教教义和精神传播到社会上层,并通过他们引领民众的宗教信仰。

2. 高僧结庐讲经,宣扬人生轮回等义理

不少高僧为了宣扬教义,普度众生,直接结庐修行,收徒传经。例如,东吴赤乌年间(238—250),印度高僧那罗延到句章五磊山结庐静修,是为五磊寺的开山祖;西晋永康元年(300),义兴法师在鄮县太白山结庐修行,渐成精舍,是为今天童寺前身;东晋时还有尼姑结庐雪窦山顶修行,是为雪窦梵刹之始;东晋义熙元年(405),印度高僧昙猷尊者来到宁海港头村,建白水庵传经。通过这种方式,高僧把佛教义理直接传达给民众。

3. 广建佛寺,使佛教走向大众化

魏晋南北朝时期动荡的社会现状使得众生的心灵无所皈依,佛教"普

度众生"的理念正切合了人们的这一需要,无论是上层名流,还是下层百姓。这也为佛教的兴盛和佛寺的兴建提供了社会基础。

从上层名流来说,南朝时期的统治者大都崇佛佞佛。例如,刘宋曾派知识僧侣西行求经;梁武帝更是信佛,在位时,大兴佛寺,使四明境内的寺院大大增加。如象山相继建造了凤跃院、涌乐院;奉化先后建造了宴坐院、崇福院、白雀寺;宁海则出现丹邱寺、永乐寺、妙相寺、崇教寺、大智寺、吉祥寺、法海寺;余姚建天香院;而阿育王寺在梁武帝手中送经增修,成为江南名刹。①据史料记载,南朝在浙江土地上新增寺院达132所。诗人杜牧曾有"南朝四百八十寺,多少楼台烟雨中"之感慨,这多少能说明当时佛寺的普及!

从下层老百姓来说,善男信女也通过捐资、施田、献屋等方式建造寺院,以示虔诚。例如,东晋咸康二年(336),余姚人王阳及虞弘实等为"修未来之胜果",捐建龙泉寺,太和二年(367)又修建建初寺;南朝梁天监二年(503),宁海人葛蕴德、敬德兄弟施田,建法海寺。

通过修建寺院,佛教迅速走向民众,其"普度众生"的观念、"顿悟成性"的学说也逐渐深入民众的心灵,显示其强大的教化作用。

（二）佛教的教化

1. 面向普通民众的世俗教化

（1）教化内容

佛教最初传入之时,其最重要的教义便是善恶报应论、业报轮回说等。这似乎与本地的道教关于灵魂不死、长生不老的思想较为接近。更为重要的是,当时正值动乱年代,普通民众的生活苦不堪言,这正好与佛教所宣扬的人生本质不谋而合。因此,佛教的善恶报应论、业报轮回说等对解释社会不平等现象颇具说服力,因而在教化民众方面,也更加有力度。

（2）教化方式

①佛经故事

佛教经典中有很多阐释佛教教义的故事,大多以人物或动物为主角,描述了他们各自的性格,内容生动,寓意深长,富有思想性、教育性,更由于其以寓言为主要形式,通俗易懂,妙趣横生,使得受教育者在不知不觉中接受了故事中所蕴含的道理,佛教也在无意之间扎根在受教育者的心底。

---

① 张如安、刘恒武、唐燮军:《宁波通史》(史前至隋唐卷),宁波出版社,2009年,第174页。

②佛教造像

普通民众对佛教的信仰,除了通过佛经故事之外,还通过佛教造像的方式。根据目前的考古发现,江浙地区佛像造型最多见的是堆塑罐。大致在东吴中晚期,堆塑罐开始出现,佛像堆帖的数量多寡不一,模制而成,姿态无多大变化,大多作结跏趺坐,身披袈裟,头后有背光或项光,下有狮子座、莲花座。例如,余姚马渚乡青山夏王宅村出土的东吴堆塑罐有佛像 5 尊。慈溪龙山西岙陈家山出土的西晋青瓷簋有 3 尊佛像。更有趣的是堆塑罐上常见佛道混杂的现象。如余姚城北出土的西晋堆塑罐有佛像 22 尊,另贴有 6 个骑神兽仙人。慈溪鸣鹤乡龙潭山出土的西晋堆塑罐贴有 8 位仙人、6 个佛像。这种佛道共处的现象似乎表明佛教最初是依附于本地宗教,并通过造像这种方式传播的。

此外,考古中,还发现塑有佛像或雕刻莲花图案等宣扬佛教的日用青瓷。在今余姚私人创办的"浙东越窑青瓷博物馆"藏品中常见上述各种物品,这些都说明佛教以这种方式悄悄地走进寻常百姓家,得到宁波及浙东民众的认可。另外,寺院中的大量佛像雕塑及壁画也都起到相当巨大的教化作用。

2. 面向士族阶层的义理渗透

面对士人,上述简单的教化内容和教化方式显然不能满足知识分子的求知心,因此,佛教采用都讲制向士人讲解佛教义理。

(1)教化内容

随着佛教的传播,士人对佛教的兴趣越来越浓厚,但士人并不满足于直接告知的、缺乏论证的善恶报应论、业报轮回说等,他们需要在思维过程中求证这种思想,于是,佛教义理成为士人学习的主要内容。一般地,高僧都是结合玄学渗透佛教义理的。相传佛教名僧支遁曾在余姚明真讲寺讲道,他不但精通玄学,而且因积极宣讲《维摩诘经》而受到人们的热烈欢迎。士人对佛教义理的探究对浙东佛教产生了一定的影响,正如东京大学教授小南一郎指出:"那个时代,在以东晋王朝的首都建康为中心的地区,士人们玩弄着所谓'格义佛教'的高级哲学理论……士人们正在酝酿新的内容的佛教信仰。这种信仰注重心情的纯粹性。也许可以说,以这种内容为特征的佛教才与信仰一词相称……"①

这对于当时的私学和家学而言,意味着教学内容的扩大,也就是说,在世俗的教育机构里,学习、研究佛教已不可避免。例如,梁朝的虞孜好佛典,著有《内典要》,是对佛教经典进行梳理的最早的宁波籍学者。

(2)教化方式

为了解读深奥晦涩的佛教义理,佛教采取了一种与传统讲课形式不同的方式——都讲制——即一师发问一师对答的形式。其操作过程如下:由一法师阐述经义,另设一都讲问难;通过双方的问答辩难,让听者得其以理。《世说新语·文学》记载:"支道林、许掾诸人共在会稽王斋头,支为法师,许为都讲。支通一义,四座莫不厌心;许送一难,众人莫不抃舞。但共嗟咏二家之美,不辩其理之所在。"支道林即支遁。相传支遁当时讲解的是《维摩诘经》。支遁作为法师每通一义,众人都以为都讲许掾应该无法问难了;而许掾每设一难,众人也以为支遁无法解答了。然而,两者互动,永无止境。可以想象,当时的场面是如何的生动有趣,所以众人"莫不厌心"、"莫不抃舞"。从中可见,这种教学方式带给人们在知识和形式等方面的愉悦。以这种方式探讨佛教义理,对于佛教思想在士人阶层的推广是十分有利的。

---

① [日]小南一郎:《〈观世音应验记〉排版本跋》,见孙昌武点校,《观世音应验记三种》,中华书局,1994年。

第三章　隋唐五代时期的宁波教育

隋唐五代时期，宁波地方政治基本稳定，人民安居乐业，尤其是在明、越分治以后，宁波形成了较为严密的地方统治体制，各项政治、经济建设步伐加快。教育在这一时期也进入一个新的阶段，表现为地方官学正式建立；书院教育出现萌芽；儒学先驱人物孙郃诞生；家学得到进一步发展。此外，由于王朝对佛、道宗教的倡导，这一时期对民众的宗教教化形式多样、内容丰富，颇有成效。

第一节　隋唐五代时期的宁波教育概况

隋朝统一后，把汉以来的州、郡、县三级管理体制，改为州、县两级行政管理体制。宁波地区自秦汉以来的行政区划也作稍微调整，但仍为县级行政机构。直至唐玄宗开元二十六年(738)，宁波才建州。是年 7 月 13 日，采访使齐澣以鄮县是丝织品、海味的集散地为由，奏请将鄮县分区，别立明州以统之。因其地有四明山而称明州，州治则设在小溪，位于宁波平原西南部的四明山脚下。时明州分慈溪、奉化、鄮县(后梁时改为鄞县)、翁山(今定海县)四县，各县县治分别在慈湖之南(今慈城)、大桥西、小溪(与州治同)、项河之滨(后迁鳌山之麓)。建州以后，宁波的地方教育进入了一个新的发展时期。唐代宗广德二年(764)，象山县划归明州，至此，明州由四县扩为五县。唐宪宗元和年间，分鄮县东境至甬江的海口地区为望海镇(今镇海)。

一、明州州、县学的建立

(一)明州州、县学发展概况

隋唐以来,历朝历代都非常重视教育,诏令州、县兴学。唐玄宗开元二十六年(738),今宁波始建州,称明州。随着州的建立,明州也开始出现州学和县学。宋《宝庆四明志》(卷9)记载:"唐,州县皆有学。开元二十六年,明始置州,学宜随州立矣。"①唐会昌六年(846),象山建县学,地址在县治东。州、县学主要治经学。此时,宁波地方的教育体制终于与中央接轨,就此而言,地方官学较之于六朝,取得了较大的进步。

时明州的州、县学与其他地方官学一样,入学资格比较宽泛,主要是向庶民开放,这为庶民子弟提供了求学入仕的机会,从而扩大了统治阶级的统治基础。入学后,修业年限也没有明确的规定,能通一经以上者,即可毕业。毕业后,有两条路可以走,一是参加科举考试,二是继续升学(一般最终还是参加科举考试)。不过,此时的科举取士制度在全国其他地区普遍实行已达一百三十几年,可见,宁波当时地方官学的滞后。

州、县学建立后,由于种种原因,当时的地方官员并不重视儒学教育,故官学较之中原等地,并不发达。例如,鄞县、奉化、余姚、宁海(时属台州)四县当时只是相继建孔庙而已,一直到宋庆历年间才与慈溪、镇海一起相继建县学。而四县夫子庙之设本身也是"出于学废"。州、县学虽治经学,大抵只"讲章句、课文字"而已,罕见名师硕儒执教,教学质量并不高,培养的人才也十分有限。唐朝300多年间,今宁波中进士者寥寥无几,仅有余姚虞九皋、慈溪张无择等。时至五代奉化出了一个儒学先驱孙郃。而象山县学则输送了"举明经之三传"的乡贡王关。寥寥数人,可谓汗颜。

不过,上述各位人才带给时人的影响却是巨大的。例如,虞九皋、张无择等及第后,官方以泥金(用金屑和胶水制成的颜料)书写帖子附于家信到家乡报捷,而"乡曲亲戚例以声乐相庆,谓之喜信"②。由此带来的崇尚读书、尊师重教的风气也进一步得以传播。而他们作为父母官的形象也成为时人学习的楷模,如张无择为官后廉洁奉公、为人子极尽孝道,深受百姓拥

---

① (宋)《宝庆四明志》(卷2),《学校》,《宋元方志丛刊》本,中华书局,1990年。

② (五代)王仁裕:《开元天宝遗事》(卷3),《喜信》,商务印书馆,1983年,《四库全书》文渊阁本。

护,可谓有口皆碑。

与此同时,世家大族的子弟一般都在家庭中接受教育。这恐怕可以视为宁波地区早期的"双轨制"教育吧。

总之,隋唐五代时期,宁波的地方官学从纵向看,有了实质性的突破,以至于为宁波地区今后地方官学的发展打下了基础;从横向看,宁波地方官学的发展稍显缓慢。

(二)影响明州州、县学发展的原因

由上可知,明州州、县学体制与全国接轨之后,虽有发展却并不发达,其原因颇为复杂,大致说来,可以归纳如下。

1. 政府宏观的政策和制度

(1)政府的文教政策

隋朝两代皇帝都十分重教兴学,多次诏令州、县兴学,这也为唐朝明州地方官学的设置作了先期的铺垫。唐朝的统治者又特别强调崇儒兴学,以为它在巩固中央集权、稳定社会秩序方面有积极作用,开国初期的几位皇帝都曾诏令州、县兴学。但因明州当时并未建州,地方官学也未成型。随着明州港口地位的凸显,唐玄宗开元二十六年(738),明州建州,同年唐玄宗又下诏说:"古者乡有序,党有塾,将以宏长儒教,诱进学徒,化人成俗,率由于是。斯道久废,朕用悯焉,宜令天下州县,每一乡之内,别各置学,乃择师资令其教授。"[1]明州遂又建州学。从明州地方官学的发展历程来看,唐朝是新历史阶段的起点,从此,地方官学的办学制度确定下来,以后官学的变动、恢复、发展,都以此为参照。即便在五代社会动乱时期,地方官学的发展虽然深受战争影响,但其一定程度的发展也是以唐朝制度为范本。

(2)科举制度的确立和影响

隋炀帝大业二年(606),"炀帝嗣兴,又变前法,置进士等科"[2]。进士科的设置,标志着科举制的正式开始。唐朝使科举制取得了进一步的完善和发展。这一制度不仅促进社会形成重视人才、重视知识的社会风气,而且,对于地方官学的教育目标、教育内容、教育方法都产生一定的影响。主要体现在:① 因为科举考试内容主要为儒学经典,所以地方官学的课程内容

---

① (宋)王溥:《唐会要》(卷77),外华书局,1955年。
② (五代)刘昫:《旧唐书》(卷110),《薛登传》,《四库全书》文渊阁本。

越来越受其制约,课程目标、课程设置、教学方式都与科举制相衔接。② 开辟了庶族入仕的途径,使他们有机会跻身于统治阶层,以此抑制豪门士族对皇权的挑战。③ 士人治学的功利化取向。在科举制的激励下,许多寒门学子"寒窗苦读",只为一朝"金榜题名"。

不过,无论如何,科举制客观上推动了明州地区地方官学的发展和儒学文化的兴盛。

2. 地方经济的发展水平和地方官员对官学教育的态度

古代的交通以水运为主。隋朝统一后,隋炀帝修大运河,贯通南北内河航运,带动南北经济、文化交流。但是,如何使南北海运相连,拓展海外贸易,成为当政者思考的一个问题。明州地处东海之滨,有内河与海相通,溯姚江而上到上虞通明坝就可接通浙东运河,越过杭州湾不宽的水面,即与京杭大运河相连。这样,宁波就成为南北海运和内河大动脉的交汇处,其独特的地理位置使其成为古代交通的枢纽。

但是,明州地区位于三江口的平原中心因为泻卤、淡水易泄等问题一直没有真正开发,先民们长期以来主要生活在山麓丘陵地带,这种状况对于灌溉式农业,以及港口的开发、建设非常不利,唐高祖武德四年(621)第一次建州失败的原因概莫如此。

明、越分治以后,明州相应地形成了较为严密的地方统治体制。为了进一步培育、发展宁波作为内外航运枢纽的功能,唐穆宗长庆元年(821),州治移至三江口,刺史韩察"易县治为州治,撤旧城,筑新城"①,又在"旧城近南高处置县",使鄞县成为州治附郭。从此,明州迎来了新的发展时期。在这个过程中,地方官员首先要致力于明州的水利工程,三江口平原新城区的经济建设、基础设施建设等,惟其如此,才能进一步发展文化教育。

在这样一个背景下,地方官员的精力更多地放在地方经济建设上。这也不难理解,因为毕竟"仓廪实而知礼节"。更为重要的原因,可能在于具有地域色彩的民风使然。明州地区历史上受到于越族文化的影响很深,秦汉以来,虽历经朝廷教化,但地域文化色彩依然浓厚,而且,地方官学从未在明州地区扎下根来,倒是南迁世家大族的家学和神灵崇拜的佛道得到较大的发展,因此,在对待教育问题上,地方官员似乎更重视社会教化的作用,以安定地方社会,巩固统治。例如,大历六年(771),刺史裴儆有鉴于袁晁之乱,治明

---

① (宋)《宝庆四明志》(卷1),《郡守·韩察》,《宋元方志丛刊》本,中华书局,1990年。

一年,使"惊遹复,田畴辟,茨塾兴。然后以礼仪利物之教教之,人之呰窳者教之以温恭惇质,人之卉服祝发者教以仪式之度,人之匮财乏食者教以耕耨之事"①。这种社会教化是有针对性的。因为在地方官员们眼里,明州地区的民众不但持有吴越之民的原始蛮性,还染有海滨之民的"暴残嗜杀","宽之则法令非行,威之则圜视而凶心勃生"。因此,裴儆通过推行社会教化手段,使国家控制薄弱的海滨之民改变其原始的野性,而有"温恭惇质"和"仪式之度"的儒家风范。

在教化的过程中,地方官员根据东汉董黯以来"孝"之思想的深入人心,积极倡导该规范,使孝风以更强大的力量,渗入到明州社会生活的各个角落,灌输到社会成员的头脑之中,从而形成明州人们根深蒂固的社会心理。例如,大历八年(773),刺史崔殷一上任就修葺董孝子庙,并撰《后汉孝子董君碣铭》赞扬董黯之孝"施及千载,横于四海,其大孝也欤"。兴修它山堰水利的王元暐任鄞州县令时,也是注重社会教化,"以勤俭戒游堕,以诚悫敦孝慈,贪夫敛手于袖间,暴客屏迹于境外,能使婚嫁有序,惸独有依"②。正是通过这种种教化,明州民众养成了"敦伦而尚行"的孝风,这有助于发扬尊老传统、改变陋习、和睦家庭,进而促进社会稳定,明州地区也因此在唐代得以安定百年。

由此可见,隋唐时期明州的官学虽不发达,但地方官员仍然努力,以教化一方百姓为己任,并颇有成效。

二、书院教育的萌芽

宁波历史上最早的书院出现于何时? 不同的修史者有不同的说法。据《宁波市教育志》说,记于方志最早的书院是在慈溪鸣鹤,称"虞都尉讲舍",时为三国时期虞翻讲学之所。另据《宁波通史》(卷1)研究,唐大中四年(850),象山县令杨弘正于县城西北蓬莱山麓栖霞观"修筑蓬莱书院以课士,文教大振",视为宁波历史上最早的书院。

如何看待这个问题? 笔者以为需从"书院"的内涵加以分析。一般认为,书院是兼具藏书、教学之功能于一体的教育机构。没有藏书,师生之间

---

① (唐)王密:《明州刺史河东裴公纪德碑碣》,见袁桷《延祐四明志》(卷19),《宋元方志丛刊》本,中华书局,1990年。

② (宋)张津等:《乾道四明图经》(卷9),《重修善政侯祠堂记》,《宋元方志丛刊》本,中华书局,1990年。

只能"口授",在这种状况下,一般也缺乏系统的教学活动;如果有了藏书,教师可指导学生"视简而诵";而有了系统的教学活动及其管理,师生之间才可以更好地传承、发展思想。

据李才栋先生考证,"书院"这个名词,最早出现于唐玄宗开元年间(713—741)。其时有"丽正修书院"、"集贤殿书院"等。这是皇室编校、殿藏图书的地方,也就是皇家或者官方的图书馆。这种"书院"与后世具有学校性质的机构有着明显的区别。所以袁枚在《随园随笔》中指出:"书院之名起唐玄宗时,丽正书院、集贤书院,皆建于朝省,为修书之地,非士子肄业之所也。"这里虽然也聚集了一批学者,偶尔讲学,但是,朝廷另有一整套培养人才的专门机构。

中唐之后,雕版印书技术逐渐流行,除了官方的藏书外,私人的藏书也逐渐增多,陆续出现了不少民间藏书的书屋、书堂、书院、书楼等。如象山县的蓬莱书院。蓬莱书院虽为县令所创,但其性质应该是属于民间的。其偶尔有讲学,但却并没有系统的课程教学体系以及教学管理制度,等等,蓬莱书院实为藏书、修书之地。如此看来,蓬莱书院并不是教学意义上的书院。

至于"虞都尉讲舍",虽然是私人创办,且有大师讲学,但是,笔者以为,也不能认定为书院。原因有二:第一,因为当时的印刷术并不发展,所以讲舍内没有大量的藏书,这就不利于文人的读书、治学;第二,讲舍是由春秋时期的私学发展而来,它强调及门受业,是以一种"火尽薪传,身死无恨"的精神传递知识,这与唐末产生的书院有不尽相同之处。

因此,宁波历史上真正的书院并不诞生于唐朝,而是以后的宋代,那才是一个民间的、自治的读书、治学、培养人才的高等学府。但是,如果作为书院教育的萌芽,蓬莱书院倒也可以认定。因为书院正是由民间的藏书楼发展而来的。中唐以后,王朝统治逐渐走下坡路,社会动荡不断,以致"庠序不修"、"士病无所于学";同时,民间藏书楼逐渐增多;再加上僧、道聚众讲经的影响,于是唐末逐渐产生了既藏书又聚徒讲学的民间自治的书院。

三、家学进一步发展

宁波的家学源远流长,唐五代时期,家学得到进一步发展。如慈溪上林湖颍川府君且诠"家传儒雅,艺术精通,里闻风犹若群之从凤也"①。朱梁贞明间(915—920),罗甫自桐庐挈家避乱至慈溪孝顺里罗江,"教以礼敬,讲学务农,蔚成善俗"②。

　　最有成就的莫过于虞氏家学,隋唐时期,虞氏家学发展至顶峰,先后涌现了虞绰、虞世基、虞世南等杰出人物。其中,初唐时期的经史学家虞世南是一位对后世影响深远的学者,其研究领域涉及书法、文学、史学、天文学等方面,且均有重要成就。他编纂的《北堂书钞》、撰写的《帝王略论》,都是颇具代表性的著作。其中的《帝王略论》是较早从政治家视角评论历代帝王才智贤愚、为政得失的历史评论专著。根据正史和地方史等史籍的统计,这一时期虞氏家族有确切史料记载的人物有 20 余人,著作有 63 种2000 多卷,另有《集》著 8 部 75 卷。③ 综观其家学,真可谓是内容丰富、形式多样!

第二节　富有成效的宗教教化

　　唐朝,明州虽然建立起州、县学,对社会教化也有一定的成效,但总体上,这种学校教育在社会上的影响并不深远,民众的文化水平也不高。至于家学,其影响面更为狭窄。这种状况使佛、道得以发展。加之王朝对佛、道的倡导,以及佛、道自身发展所引起的对民众的吸引力,宁波的宗教教育在这一时期取得了骄人的成绩,其强大的教化作用导致民风的不断开化,忠孝、尚隐之习俗弥漫社会。

一、隋唐时期佛、道的兴盛

（一）隋朝兴佛贬道

　　隋朝开国皇帝杨坚在建国和南北统一大业过程中,深信"我兴由佛法",他认为新朝的建立是依靠佛法的保佑;另一方面,统一之初的全国政

---

① (唐)咸通七年(866)颍川府君且诠墓志录文,见章均立《越窑瓷墓志》,《浙东文化》2000年第 1 期。

② (清)光绪《慈溪县志》(卷 40),《流寓传》,《中国地方志集成》本,上海书店出版社,1993 年。

③ 张彬主编:《浙江教育史》,浙江教育出版社,2006 年,第 50 页。

局很不稳定,民生困苦,社会矛盾比较突出,统治者急需一种思想来"麻痹"大众,让他们能忍受世俗的一切苦难。因此,隋文帝全力复兴佛教(所谓复兴,针对北周武帝灭佛而言),为社会的和平、发展创造条件。他本人还拜后盛行于宁波的天台宗创始人智顗为师。

据《隋书·经籍志》记载:"开皇元年(581)高祖普诏天下,任听出家,仍令计口出钱,营造经像。而京师及并州、相州、洛州等诸大都邑之处,并官写一切经,置于寺内;而又别写,藏于秘阁。天下之人,从风而靡,竞相景慕,民间佛经,多于六经数十百倍。"隋文帝运用权力自上而下地推行佛教,把佛教势力的发展推向新的高潮。据《释迦方志》(卷下)记载,隋文帝即位,20年间就已"度僧尼23万人,立寺3792所,写经46藏、13286卷,治故经3853部,造像106560躯"。

隋炀帝继续大力兴佛。他修治旧经612藏、29173部、903085卷;还建置翻译馆,共译典90部、515卷,为佛教思想的发展、传播创造了条件。①

在兴佛的同时,隋朝政府对道教基本上采取抑制态度。只是在隋文帝晚年,因其祈求长生不老之药,而对道教有所接纳。

由于政府的推动,浙东地区佛教也趋向繁荣,除了旧寺院的修复扩大之外,又兴建了不少寺院。最著名的莫过于开皇十八年(598)始建的国清寺,其为佛教天台宗祖寺,而天台宗则为隋文帝扶持下所创立,其渊源也在浙东天台山。另有三论宗名僧吉藏在会稽嘉祥寺宣讲三论,听众甚多。而道教在统一后因受到北方的影响,开始建造道观,供道士传经布道和居住,从武林、山阴到鄞县都有建造。

(二)唐朝道、佛并盛,尤崇道教

1. 道教顺势而发展

唐统一国家之初,高祖力求社会稳定和国家富强,注重核算国家的赋税丁役,而佛、道之士不仅逃避徭役、赋税,而且不守戒律,扰乱社会秩序,对朝廷大为不利。因此,高祖排除众议,下诏沙汰天下僧、尼、道士、女冠,勒令被沙汰的人还俗,京师留寺三所、观二所,诸州各留一所,其余寺观,一概废除。此举明为公平,暗为助道。因为,佛教在隋朝得到无限制的发展,而道教不然,如今政令一出,受到打击者实为佛教。虽然该政令因李世民

---

① 孙培青主编:《中国教育史研究》(隋唐分卷),华东师范大学出版社,2009年,第4页。

政变而停,但是,李世民却一如既往地支持道教,故兴道抑佛的既定方针继续得以实行。

另一方面,唐高祖李渊为了抬高李姓门第,与道教始祖李耳"攀亲"。李渊即帝位的第三年(620),晋州(今山西临汾县)人吉善行,说在羊角山见到一位骑着白马的老叟,叫他转告唐天子说:我是你的祖先,今年击贼(王世充)获胜后,子孙享国一千年。李渊听了吉善行的话,即在羊角山立老君庙。这样,李渊与李耳的祖孙关系就算确定了。之后,其他地方也相继立庙,宣扬皇帝与老君是亲属。与此相应,李渊必然抬高道教的地位。武德八年(625),他亲自到国子监,正式宣布三大思想体系的地位:道教第一,儒学第二,佛教第三。

由此,唐室宗亲一直把道教的地位放在佛教之上(武则天时期除外),一直延续到五代。例如,贞观十一年(637),唐太宗下诏,确定道士、女冠位在僧、尼之前。时隔两年,太宗又流放佛教高僧法琳于远州僧寺。高宗、宪宗、穆宗、敬宗、武宗、宣宗等均扶持道教。武宗甚至于会昌五年(845),采取灭佛的措施以打击佛教势力的膨胀。实际上,这种做法在很大程度上完全是出于政治上的需要。因为佛教的过度膨胀直接危害到统治阶层的政权和社会稳定。除了上述赋税和社会秩序等直接原因之外,佛教对政权还有一种潜在的威胁,即佛教从思想上俘虏国人做佛奴:生活、礼仪、思想完全与天竺佛教徒同化,甚至自称为佛子释种,不认同自己的唐朝人身份。当时,寺院有自己的僧律,有自己的武装(僧兵),有自己的统治者和被统治者,不受唐朝律令的约束,一个寺院等于一个独立或半独立的佛国。这种佛国越多,对当时政治统一的威胁就越大。

于是,在这一有利的政治气候下,道教得到较大的发展,宁波也不例外,最引人注目的是四明山跃升为浙东道教的一个中心。具体表现为:(1)秦汉以来,道教在四明山一直有活动,为此,唐司马承祯所作的、权威的《天地宫府图》把四明山上的"丹山赤水洞天"列为道教三十六洞天之第九,大隐、黎洲、菱湖列为道教七十二福地之三处,致使四明山在道教的地位得到确认,又有与之相称的著名道观祠宇观。(2)自唐以来,慕名来四明山寻仙求道的人很多,其中不乏名流。例如,天宝年间(742—755),著名道士吴筠游于四明、天台之间;传说吕岩也到过四明,曾在今鄞州的金鹅寺题壁。(3)明州及其所属各邑纷纷建立道观。开元二十六年(738),在子城东南建开元宫。天宝二年(743),皇帝又下诏各地皆建紫极宫以祠老子。所属各邑也都建立了道观,象山有蓬莱观;奉化有兴唐观、虚白观;慈溪有清道观、大隐山大宝观;余姚有龙泉观等,均为一方胜地。

2. 佛教逆势而发展

朝廷反佛的力量,其打击力应该是蛮重的,然而,佛教在唐朝并没有消亡,甚至更加兴旺。例如,宁波佛教在唐朝进入迅猛扩张时期,其声势远远盖过道教,而且,佛教的空前普及催生了富有特色的佛教文化,宁波也因此成为佛教文化交流的重要门户之一。这是为什么呢? 根据范文澜先生的意见,主要原因是佛教兴盛的社会基础,即阶级压迫并没有什么改变,而统治者之间又充满着矛盾和斗争。[①] 例如,武则天利用佛教为其夺取帝位服务,她大肆提倡佛教,使佛教由缓步发展转为高速膨胀,尤其着力扶持华严宗,其他宗派也趁机发展,佛教当时达到极盛。中宗也提倡佛教。睿宗则采取佛、道并重政策。肃宗及以后数朝的皇帝都提倡佛教,使佛教得到发展。大凡反佛后,佛教再次兴盛,概莫是一个皇帝反佛,另一个谋篡的野心家,因信佛而篡夺成功,以为佛真有灵,不吝重价还愿,佛教因此大兴。如此看来,佛教无非是统治者的一种工具而已,当统治者根据时局需要,觉得放弃或提倡更为有利时,便顺势放弃或提倡。

宁波地区佛教的兴盛除了上述原因之外,还有若干其他因素。首先是因为宁波负陆面海,远离皇城,政治环境相对较为宽松,崇道抑佛的政策"鞭长莫及";其次,宁波自秦汉以来,官学一直落后于全国,儒学思想中除了"孝"之外,其他的礼教思想都是很薄弱的,倒是遗留的蛮越文化的气息一直很浓厚,诚如袁桷所说,"吴越旧俗,敬事鬼神;后千百年,争崇尚浮屠、老子学,栋甍遍郡县"[②],这种敬鬼神、崇老子的遗风给了佛教和道教以可乘之机;第三,在农业社会中,宁波地区起伏的丘陵、恶劣的农垦条件和生活环境,以及缺乏生命保障的社会现状,迫使民众信仰佛、道。这恐怕也是最重要的原因,事实上也是如此,民众信仰佛、道,多半是为了求雨祈福、消灾免祸等,据《宝庆四明志》记载:惟实禅师归化后的香山寺,"水旱、疾疫、无嗣续者争来祷",香火隆盛。由此可见,佛教在为受苦受难人们的现世利益服务,在安慰不幸人们的精神方面,具有更为合理的解释,它也因此受到民众的追捧。不过,应该指出的是,这种佛教是面向下层民众的,具有世俗性

---

① 范文澜:《中国通史》(第 4 册),人民出版社,1994 年,第 200 页。

② (元)袁桷:《清容居士集》(卷 19),《陆氏舍田记》,《四部丛刊初编》本。

特征,作为佛学,其水准并不高。

唐代宁波佛教的兴盛主要表现在以下三个方面:

(1)寺院激增,声名远播。唐朝,明州一带寺院林立,分为禅院、教院、律院等。其中,仅禅院唐代就达43所。[①] 有些寺院规模特别大,如鄞县隐学山栖真寺,能容纳万人听经。除了寺院的数量增多之外,其声名也日益远播,常常得到皇帝、地方官员和名僧的关照。乾元二年(759),据相国第五琦的奏请,原太白山精舍赐名“天童玲珑寺”;广明元年(880),唐僖宗赐额改灵山寺为保国寺;僧鉴住持伏龙山,“刺史多往谒之”,刺史黄晟还经常请伏龙山惟靖和尚出州,“供施繁委”。最有名望的恐怕是阿育王寺,因其拥有佛舍利塔而声名鹊起。此外,国宁寺则因佛藏富有、名僧辈出而闻名当地。

(2)宗派纷繁,高僧辈出。自三论宗于隋朝传入宁波后,禅宗、净土宗、密宗、律宗等相继流行于明州,尤其是前两者。与此相应,各宗派高僧也纷纷涌现,例如,大梅山法常、栖心寺藏奂、天童山咸启、大宝寺道原等。各宗派及其高僧为明州地区的佛教发展作出了极大的贡献。

(3)日朝佛教文化交流的通道。由于独特的港口优势,明州成为向邻邦日、朝输出佛教文化的重要门户,著名的鉴真和尚曾经到过阿育王寺,并到余姚讲授戒律,他把中国的佛经、文字、建筑、雕塑及医药知识经东海带回了日本,作了广泛的传播。当时,很多日本学问僧都是从明州登陆奔赴各地学法的,仅会昌二年(842)到咸通六年(865),登陆明州的学问僧就达几十人,著名的学问僧有最澄、惠萼、园珍等。其中,惠萼还在普陀山结庐修行,创建“不肯去观音院”。最澄归国后创立了日本的天台宗。

另外,朝鲜僧人,如齐安禅师、迦智禅师等,也曾不断地来到明州或经明州前往中国各地求法,他们一般住在寺院里研修佛法,回国后进一步发展本国的佛教,像齐安禅师回国后,创立崛山派。晚唐时,高丽僧抵达明州之事屡见史料,如大中二年(849)有高丽僧在阿育王寺,欲盗取舍利塔而未果;天祐元年(904),余姚邵舍山建造吴山正觉寺,延请游方至此的高丽僧永乾为住持。这些都说明了明州在与日、朝佛教文化交流中的重要地位。

---

① 张如安、刘恒武、唐燮军:《宁波教育史》(史前至隋唐卷),宁波出版社,2009年,第283页。

二、佛、道的教化作用

(一)佛教的世俗教化

总的说来,隋唐时期的宁波佛教取得了很大的发展,更重要的是,它对民众的精神抚慰是其他思想体系无法替代的。这也正是佛教之社会教化作用得以充分发挥的基础所在。

为此,高僧们积极弘法,指人迷津,尤其是南禅宗师们。例如,大梅山法常大师"徒侣辐辏,请问决疑,可六七百衲徒矣";栖心寺藏奂法师"学识泉涌,指鉴歧分",学人听其"一言入神,永破沉惑";天童寺咸启禅师常以"棒喝"方法启发僧徒。在僧侣们的努力下,佛教发挥了积极有效的社会教化作用。

究其原因,除了前述的客观因素之外,最主要的恐怕与唐朝时期佛教的中国化有关。根据范文澜先生的分析,佛教中国化的第一步,就是佛教的玄学化(玄学化不是道教化。道家与道教是有区别的);佛教中国化的第二步,就是佛教的儒学化。[①] 其结果是创立了具有中国特色的佛教——禅宗。具体而言,中国佛教首先把印度佛教所注重的抽象本体转变成心本体,即从印度佛教所讲的"心性本净,客尘所染"到"心性本觉(觉),妄念所蔽(迷)"。觉是觉悟,它和净不同,具有能动的意味,它强调人的主观能动作用;其次,中国佛教直接把佛性变成人性,即通过作为抽象本体的"佛性"、"真心"与具体的人心合二为一的途径而完成。佛性的人性化,以及"真心"和人心的融合,使得隋唐佛教具有了不同于印度原始佛教的内在超越品格。这种中国化的佛教从原本重抽象本体的印度佛教,过渡到重现实中的人的禅宗,于是,佛教就和儒学、道家契合在一起!从此,它获得了在中国土壤里发展的独立性。

禅宗内蕴的思想逻辑地引向了对于日常生活的尊重和强调。既然"真心"与具体的人心合二为一,那么,世人之心就同时具有真心、清净、觉悟和妄心、污染、烦恼。真心、清净、觉悟是佛性,妄心、污染、烦恼是具体心。既然真心和妄心是一体的,那么就没有必要离妄心以求真心,真心就在妄心中。于是,平常的世俗生活本身就是体验场所,就是修身养性的好去处,能

---

① 范文澜:《中国通史》(第 4 册),人民出版社,1994 年,第 209 页。

在喧嚣的尘世中成就活泼自由的人格,那才是出禅的最高境界。这种对日常生活的尊重和强调,对于佛教的社会教化作用来说,具有重要的意义。首先,它缩短了人与佛之间的距离,使人们从日常生活、行为、意念和情感中参悟佛性;其次,它肯定了人们日常生活的价值,这也是南禅宗受到下层平民欢迎的原因所在;其三,它还是对禁欲主义的一种解放,禅宗不须坐禅,不须苦行,不须念佛诵经,既可遁迹山林,也可混迹市朝。一言以蔽之,禅宗打通了佛国与世俗的阻隔,使出世的精神和入世的生活相互沟通,佛教彻底地中国化了。

我们还可以从佛教对儒学"孝"之思想的妥协看出佛教中国化的表现。按照轮回说,佛教认为当前的禽兽蚁虫,前生可能是自己的父母,而当前的父母,后生可能是自己的子孙,所以,孝敬父母是毫无意义的事情。显然,这与儒家的思想背道而驰。于是,佛徒制造出不少讲孝的故事,强调孝的重要性,极力与儒学取得一致。例如,宁波阿育王寺所立《加句陀罗尼》中关于目莲救母的故事,即与儒学"孝"之思想相一致,僧侣们通过这一故事教化民众,而普通民众则通过诵念《陀罗尼经》,祈求父母脱离地狱之苦,以此表明孝心。在佛教及其高僧们的影响下,明州地区的民众养亲、尊亲、爱亲的"孝"行蔚然成风。由此可见,佛教正是凭借自身的改造才取得了民众的信任,而这种改造又是与其对儒学的支持联系在一起的。

又如,中唐以后,宁波地区出现不少富有修养的诗僧,他们通过生动形象的说理诗为媒介,启发学人,证悟佛性。大梅山法常禅师的诗偈可以算是最早富有诗性的禅诗了,不但平仄、音韵完全符合近体诗的格律,而且善用比兴手法。通过诗偈宣扬佛法也可以说是中国化佛教的一大特色吧。晚唐及其以后,禅诗可谓不绝于明州大地,著名的有国宁寺宗亮和翌光、翠岩山令参、岳林寺契此、四明山无作、雪窦山延寿等。以下略举一二:晚唐宗亮感慨后人没有为兴修它山堰的王元暐立祠纪念,反而为闲鬼立庙,心中颇为不平,作诗道:

> 山边却立它山庙,不为长官兴一祠。
>
> 本是长官治此水,却将饮食祭闲鬼。[①]

指责乡人,秉持公心。该诗偈立意高远,关注社会现实,不为宗教所限,难能可贵,很得乡贤推崇。

---

① 张如安、刘恒武、唐燮军:《宁波通史》(史前至隋唐卷),宁波出版社,2009年,第260页。

总之,较之魏晋南北朝时期,佛教在唐朝的教化方式、教化内容更为丰富多彩,尤其是流行于南方的南禅宗所独特的教学方式、教学方法都为明州禅师所继承,他们采用启发、诱导、提示、棒喝等方法教化民众,取得了很大的成效。

(二)道教的教化

另一方面,道教也发挥了社会教化的重要作用,它主要是通过讲解道经开导民众,防非止恶,积善得福。例如,道士叶法善讲经于奉化兴唐观,会稽道士专程到四明山保寿院智幽所"禀训进修",都是道教教育的著名例子。

四明山道士还通过炼丹、养生等活动恩泽于民,教育世人重视个体生命,注重生命质量。例如,真人陶植在四明山炼丹,著成《金丹诀》、《还金术》等丹书,传于世人。又如,王可交药酒闻名当时。

第三节　吴越国时期的宁波教育

一、吴越国时期的宁波教育概况

唐乾宁三年(896)至978年,今浙江一带由钱镠家族统治,史称吴越国,前后共达80余年。这一阶段,正值北方战乱频繁,而明州因为统治者采取"保境安民"的政策,使社会、政治、经济、文化等各方面维持了长期比较稳定的局面,甚至还有所发展。

首先是佛教的教化。吴越国时期,宁波的佛教由于统治者钱镠家族的提倡而显得更为兴盛。这种兴盛首先表现在兴修寺庙佛塔的狂热上。据不完全统计,在政府的推动下,吴越国时期四明兴修寺院多达136所,重修7所。[①] 而且,吴越诸王还到处兴建佛塔,例如,忠懿王钱弘俶多次铸造小铜塔和铁塔,各为48000。[②] 其次,这种兴盛表现在南禅宗和天台宗在此时得到发展和恢复,涌现出契此和晷光这样的高僧,尤其是前者。南禅宗发

---

① 张如安、刘恒武、唐燮军:《宁波通史》(史前至隋唐卷),宁波出版社,2009年,第332页。
② 张如安、刘恒武、唐燮军:《宁波通史》(史前至隋唐卷),宁波出版社,2009年,第333页。

展到极致的代表性事件则是出了一个布袋和尚契此。契此的生平很富有传奇色彩，传说僖宗年间(874—880)，契此流落到奉化长汀村，在岳林寺出家。他寝卧居住没有固定地方，四处云游募化，平时说话嬉笑怒骂，却颇有佛理，举手投足，多有寓意。他不求遁隐山林、静坐独处来化解人生的烦恼，而是在喧闹的外界环境中觉悟佛教的真谛。契此坐化时留下《辞世偈》："弥勒真弥勒，分身千百亿。时时示时人，时人自不识。"据传说，契此肉身葬于岳林寺北二里锦屏山中，但不久，时人却又惊异地发现有一个酷似契此的和尚背着布袋云游各处，这时，人们才终于明白契此的真实身份乃是弥勒的化身。由此，人们相信他是印度弥勒的化身，或塑像供奉，或图画以传。从此，布袋和尚取代佛经里的弥勒佛而名扬四海，奉化岳林寺也成为弥勒的道场。

高僧们的传教非常富有启发性，对民众的思想教化起到积极的推动作用。例如，契此有一首禅理诗脍炙人口：

> 手捏青苗种福田，低头便见水中天。
>
> 六根清净方成稻，退步原来是向前。[①]

此偈完全将插秧和学佛融为一体。契此和尚借助形象说理，让世人明白了"退即是进"这一富有辩证色彩的哲理。

其次，就学校教育而言，唐开元年间初创的地方官学，以及书院教育的萌芽，都因为稳定的社会局面而得以保存和延续，这一切都为宋朝的教育发展奠定了一定的基础。

其三，明州的稳定局面也吸引了不少深受战乱之苦的北方各氏族南迁至此，并很快融入当地的社会生活之中。据《宁波通史》研究，自唐末五代迁入四明而繁衍成族的至少有二十支，分布于今宁波各县市。[②] 这些移民的到来，为明州文化教育的进一步发展，输入了新鲜的血液。在吴越国时期，明州的儒学、医学等方面由此出现了一些先驱人物，如儒学先驱孙郃和药物学家日华子。

二、儒学先驱孙郃简介

孙郃，奉化人。乾宁四年(897)登进士第，任校书郎、河南府文学。唐

---

① 张如安、刘恒武、唐燮军：《宁波通史》(史前至隋唐卷)，宁波出版社，2009年，第321页。

② 张如安、刘恒武、唐燮军：《宁波通史》(史前至隋唐卷)，宁波出版社，2009年，第314页。

末,累迁为左拾遗。后来,朱温篡唐,孙郃写下了著名的《春秋无贤臣论》、《卜世论》以寄愤,又脱冠裳,服布衣,归隐四明。著有《四明郡才名志》、《孙子文纂》(40 卷)、《孙氏小集》(3 卷)、《孙郃集》(2 卷)、《文格》(2 卷)等。可惜均已失传,仅有张寿镛辑录的《孙拾遗小纂》可窥见其思想风貌。

在唐末动乱之际,孙郃力主振兴儒学,以"务从德化,在于利民"。他说:"是以周都天地之中,欲便四方之会,不恃山河,务从德化。原其意也,在乎利民,岂异唐虞之道而反卜年卜世耶? 必也欲永其祚,莫先德义,贻厥后世。……恃年世之永久,必轻乎德义,若此之谋,非君子之道也。"①

政治上,他竭力维护中央王朝的集权统治,反对藩镇割据,并在《春秋无贤臣论》中,从儒家的忠孝观阐明这一思想。虽然,孙郃的言论并未力挽唐朝灭亡的命运,但一石激起千层浪,这一观点也引起当时学界的一些反响。后人高闶、范仲淹、全祖望等都对此发表评论。总之,作为明州儒学的先驱人物,孙郃的思想及其生活经历对后世产生一定的影响。

---

① (五代)孙郃:《卜世论》。

第四章　宋元时期的宁波教育

960年，北上御辽的后周禁军统帅殿前都点检赵匡胤在开封北郊陈桥驿发动兵变，夺取后周政权，并改国号为"宋"，史称北宋。北宋的建立，结束了安史之乱以来长期的分裂割据局面，为文化的发展奠定了良好的基础，而统治者长期奉行"重文抑武"政策，重视文化教育和科举取士，在客观上推动了文化的发展。尤其是南宋以后，随着政治、经济中心的南移，明州地区又迎来了一次大规模的北方文化南移，从而明州的文化呈现出前所未有的繁荣局面。

两宋300余年的政治、经济和文化发展，促进了明州教育的全面进步，书院、学校遍布各地，讲学与研讨之风盛行。"庆历五先生"、"甬上四先生"、黄震、史蒙卿、王应麟、程端礼等思想的传播与争鸣，使明州跃升为浙东文化教育的重镇，逐步成为文风鼎盛、人才辈出的"文化之邦"。

元朝的文化教育和宋代相比，略显逊色，但随着时代的演进，仍然取得了一定程度的发展。元朝统治者除了继承传统的儒学教育之外，还相继建立了蒙古字学、医学、阴阳学等学科教育，以及面向农村地区的社学，而且，书院教育也得到进一步发展，但呈现官学化倾向。

第一节　明州地方官学的繁荣

两宋时期，宁波的地方官学得到快速有效的发展，基本达到州（府）有州(府)学,县有县学。地方官学的发展,既受到北宋庆历、熙宁、崇宁年间三次兴学运动的促进,也与当时地方经济的发展有关,而南宋迁都临安以后更是对地方官学的发展起到推动作用。不过,蒙古族建立的多民族统一的元朝,重武轻文,其文化教育略逊于两宋,即便如此,因元朝历来推行"汉化"政策,地方官学亦得到不断的完善。

一、两宋时期的地方官学

978年,吴越国王钱俶纳土十三州向北宋称臣,明州回归中央政府。吴越国降宋以后,浙江便成为北宋政权的辖地。北宋明州的地方行政建制沿袭唐代,实行州县二级制,县以下的基层组织则为乡里制。州辖奉化、慈溪、象山、定海(原名望海县,辖今镇海区、北仑区一带)、鄞县。宋神宗熙宁六年(1073),"割鄞县边海三乡立昌国县","以主斗松盗贼之事"[①],熙宁十年(1077),鄞县的海晏、灵岩、大邱三个乡归定海县,这样,宋朝明州统有奉化、慈溪、象山、定海、鄞县、昌国等6县。南宋期间,明州(府)辖县的行政格局基本不变,只是在庆元元年(1195),朝廷升明州为庆元府,明州州学改称为庆元府学。[②]

宋之前,明州各县只有象山建有县学,州学也在宝应广德年间,毁于袁晁之乱。宋初的官学承袭前朝,科举考试内容也大体沿袭唐代,但整体上官学一直不振。这其中既有长期战乱致官学衰微之故,更重要的恐怕与当时皇帝的爱好有关。宋太宗、真宗极其酷爱诗赋,太宗本人创作的诗歌编了30卷,真宗与人唱和的诗歌达300首之多。出自上之所好,官学取士尤重诗赋。另一方面,正规官学一如既往,始终坚持以经学为主的教学传统。从教育视角看,这就存在教学内容与考试内容不相吻合的矛盾。在此形势下,经学的地位实际上无法与诗赋相比较,官学中学生的学习积极性也不高。多数士人以自己学作诗赋为主,而没有兴趣入官学读经。因此,即便当时朝廷器重文人,但是,其结果反而助长了文人为官之侥幸与奔竞之风,暴露科举制度潜在的弊端。时至北宋中期,科举与官学的矛盾日益突出,所以,有志于革新的人士在提出政治经济改革方案的同时,纷纷提出兴学育才的主张,试图调整科举考试与官学的关系,其重点是兴办官学。

---

① (宋)《宝庆四明志》(卷20),《昌国县志·叙县》,《宋元方志丛刊》本,中华书局,1990年。

② 南宋后期升明州为庆元府,元朝又改称庆元路。

正是在这种背景下,明州官学迎来了新的时期。首先,真宗天禧年间(1017—1021),复兴了于战乱中荒废的明州州学。据《宝庆四明志》记载:"圣朝天禧二年,守李夷庚移学于子城之东北一里半。"①从此,明州的官学正式恢复,官学教育也开始发展。其次,宋中期仁宗庆历、神宗熙宁、徽宗崇宁年间的三次兴学运动中,明州各县掀起了一股办学的浪潮。详见表4-1。今浙东地区唯一保存最完整的学宫——慈城孔庙便是雍熙元年(984)所建。孔庙在当时既是一种文化的象征,也是父母妻子举家扶持士子学习的神圣之地。

表 4-1　宋代明州县学建置一览

县名	建置沿革
鄞县	唐元和九年(814),始建孔庙。庆历八年(1048)县令王安石以庙为学,开县学之河
奉化	唐开元年间(713—741),始建夫子庙。宋仁宗景祐年间(1034—1037),县令于房建县学
慈溪	雍熙元年(984),县令李昭文建孔庙。庆历八年(1048)县令林肇徙建县学于县治东南
定海	崇宁年间(1102—1106)始建
昌国	熙宁八年(1075)始建
象山	唐会昌六年始建(846)。宋嘉祐年间(1056—1063),县令顾方修缮。后毁。隆兴元年(1163)重建

资料来源:宁波市教育委员会编:《宁波市教育志》,浙江教育出版社,1996年,第1—2页。

　　一时间,"山林特起之士,卓然为一乡师表,或授业乡校,或讲道间塾"②。教书讲学,蔚然成风,这对明州文化的发展起到了积极的促进作用。另外,时属绍兴府的余姚于1044年由县令谢景初依制重建县学;而宁海县则于嘉祐四年(1059),即庙建学。

　　时至南宋,随着政治、经济、文化中心的南移,明州士人的心态渐趋开放进取,而中原之学的植入带动了重学之风的盛行,明州的文化教育呈现空前繁荣的局面。宋元之际士人戴表元说:"吾奉化前百数十年,时地理去行都远,士大夫安于僻处,无功名进取之心,言若不能出诸其口,气若不欲加诸其人。闭门读书,以远过咎,耕田节用,以奉公上。虽无当途赫赫之

①　(清)李卫等:雍正《浙江通志》(卷152),《名宦·七》,中华书局,2001年。
②　(宋)王应麟:《四明文献集》(卷1),《先贤祠堂记》,《四库全书》文渊阁本。

名,而躬行之实为有余矣。渡江以来。乡老之书、天官之选,信宿可以驿致。加以中原侨儒裹书而来,卜邻而居,朋俦熏蒸,客主浸灌,编户由明经取名第者十有八九,可谓诗书文物之盛。"①

南宋文风鼎盛局面的形成得益于地方官员的重视。首先,当时州学的建设力度大大超过北宋。建炎年间(1127—1130),由于金兵南侵,明州州学"阁毁经亡",破坏严重。金兵撤离后,郡人林昺率先捐资数十万,予以修建,使学宫大致恢复。绍兴十九年(1149),郡守徐琛于州学明伦堂后面建稽古堂,收藏高宗所颁御书经史于该堂,称"御书阁"。此后,各任郡守姜师仲、张津、赵伯圭、岳甫、赵师岩等相继进行规模不等的整修。经过历次修建,明州州学巍峨壮观,甲于东南。据《开庆四明续志》记载:"世之言郡泮者必曰一漳二明,盖漳以财计之丰裕言,明以舍馆之宏伟言。巍堂修庑,广序环庐,槐竹深深,气象严整。旧额生徒一百八十人,其后比屋诗礼,冠带云如,春秋鼓箧者率三数千,童卯执经者亦以百计。"当时,州学不仅规模宏大,而且藏书比较丰富,有大量的御书、赐书、官书等。赐书原为皇子魏王藏书,其中经 115 部 581 册,史 79 部 1343 册,子 15 部 45 册,文集 171 部 1250 册,杂书 95 部 728 册。官书经 42 部 167 册,史 40 部 579 册,子 14 部 29 册,文集 37 部 159 册,杂书 11 部 119 册,川本石经书籍 14 部 101 册,《六经正义》、《正本通鉴》、《史记》、《两汉》、《唐书》、《诸史提要》、《八朝言行录》、《大事记》。理宗朝,各地方官员及州学教授还陆续添置书,如《四明尊尧集》、《了斋先生亲笔》、《通鉴要览》、《洪范讲义》、《崔宫教文集》、《分毫韵略》、《文公大学章句》、《文公中庸章句》、《太极图解》、《文公小学书》⋯⋯其中很多书籍是阐述朱熹的理学思想的,这也说明朱熹理学作为官方思想的地位的确立。

其次,在建炎四年(1130)因金兵攻陷明州而遭到毁坏的县学,也纷纷得以重建。列举如下:

昌国县学在绍兴五年(1135),开始置田养士,后经县令郑伯谦、赵大忠等不断扩修,始成规模。

奉化县学于绍兴九年(1139),由县令容彝重建县学大殿,庆元二年(1196),县令宋晋之联合奉化士人汪伋、汪份鼎和董安嗣等,又修建了侧殿,嘉定七年(1214),县令冯多福又予以扩建,并置田产以周济贫困学子。

----

① （宋）戴表元:《剡源文集》(卷 9),《董叔辉诗序》,《四库全书》文渊阁本。

定海县学于绍兴年间(1131—1162)由县令章汝翼开始重建,后经韩永德、商逸卿、崔端学等几任官员扩建。

慈溪县学于绍兴十二年(1142),由县令毕瑛重新建殿。淳熙四年(1177),节度推官宋南强在乡人陈公达的倡议下,加以重建。淳熙八年(1181),县令唐仲温又建成讲堂成德堂以及本仁、明义、约礼、崇智4斋。淳祐二年(1242),知府陈垲又拨钱米,知县令曹郃建杨简祠堂于成德堂之右。

象山县学在隆兴元年(1163),由县令胡琦重建,后经韩元礼、赵善晉修建,讲堂、四斋、门庑、大成殿等焕然一新。

鄞县县学在嘉定十三年(1220),由县令俞建和主簿吕康年重新选址修建,宝庆二年(1226),胡榘、蔡范又拨款,加之乡贤捐助,终得以建成。

由于南宋政权战事不断,朝廷急需军事人才,宋朝廷也很重视武学。在此背景下,淳熙三年(1176),判府魏王赵恺在州学建射圃,是为宁波最早的学校演武场。

为保证地方官学的办学经费,宋朝采用学田制度,即由官府拨给学校一定数量的田地,其地租收入作为祭祀、学官薪俸和生徒廪膳等费用。例如,天禧二年(1018),政府拨鄞县灌顶山万余亩田,作州学和鄞县办学费用,1038—1040年,又增拨学田634亩。[1] 时慈溪县学有田392亩、地28亩、山6亩;昌国县学有水田560亩、山地913亩。[2]

州、县学就其功能而言,主要为科举作准备。其学习内容分为两科:经义和诗赋,有时涉及论策方面的内容。学官训导诸生课业,“以三八日为则,八试经义,十八试论,二十八试策”[3]。沈焕和袁燮都曾入乡校,他们说:“吾曹生长偏方,闻见狭陋”、“时予方务记览”。[4] 可知,州、县学是相当枯燥乏味的。

除了准备科举之外,州、县学还是地方官员推行教化、联系乡里士人学子的重要场所。明州地区的乡饮酒礼往往就是在州学举行。明州地区的民众原不崇礼,但随着中原文化的南移以及与地域文化的融合,人们也逐渐接受了礼制思想。乡饮酒礼在北宋年间曾经举行,而后废,绍兴七年(1137)复行此礼,又废,乾道五年(1169)恢复。明州士人参与这一典礼的

---

① 宁波市教育委员会编:《宁波市教育志》,浙江教育出版社,1996年,第342页。
② 张彬主编:《浙江教育史》,浙江教育出版社,2006年,第100页。
③ (明)高宇泰:《敬止录》(卷11),浙江图书馆藏四明冯贞群伏跗室校钞本影印。
④ (宋)袁燮:《袁正献公遗文钞》(卷下),《沈叔晦言行编》,《四明丛书》本。

积极性很高,并出钱出力。宝庆三年(1227)行礼时,达一千五百余人。淳祐六年(1246)的乡饮酒礼,"盍簪酬酢者三千余人"、"为费五万四千七百七十贯有奇"。① 乡饮酒礼集中体现了地方官员和乡绅在化民成俗、教化民众上的积极作为,也可以反映出当时士风的兴盛。

此外,州、县学还为有功于地方教育的名贤、名宦立祠,旨在推行教化,追慕先贤,启迪斯文,激励学子。如州学有"庆历五先生"之祠,后又增高闶、林保、汪大猷等祠堂。理宗嘉熙年间(1237—1240),奉旨升周敦颐、张载、程颐、程颢、朱熹从祀孔子。淳祐五年(1245),增张栻、吕祖谦、陆九渊、杨简、袁燮、沈焕、舒璘等祠堂。奉化县学,有楼郁、王说、舒璘之祠。慈溪县学,有杜醇、杨适、杨简之祠。由于官府的重视和乡贤大族的捐助,这一时期明州官学的基础设施日趋完善,教育经费基本得到保障,官学教育继续朝前发展。

二、两宋科举取士的兴盛

北宋初年,统治者鉴于唐末五代各地节度使拥兵自重、割据称雄的危害,制定了以文治国、以文治军的"重文"政策。在此思想指导下,宋廷对科举制度非常感兴趣,开国诸皇帝都重视科举制度,并对此进行了诸多改革,使之更加完善。宋朝利用科举取士之法,选拔大量的文人充任各级地方和军队的官吏,对于防止悍将权臣的产生起到了重要的作用,从而进一步奠定了科举作为取士之途的重要地位。两宋期间,科举考试一直盛行不衰,即便在战乱年代也未曾中断。明州的学校教育也得益于此,并由此开始迅速发展,培养了一批批有识之士。

宋代对科举制度的改革主要体现在以下几方面:(1)提高及第后的待遇,吸引士子应试。唐代士子考取进士或明经科后,仅仅是获得了做官的资格,此后还需要赴吏部经铨选(指具有任职资格的士子参加吏部身、言、书、判的审查)后方能任用;而宋代则不同,取消了铨选,士子一旦及第,即可授官,官高者可为知州、通判。此举不但是科举制度的重大变化,更是笼络士子的高明手段。(2)扩大取士名额,以补充官员之缺。唐代每年取士仅一二十人,最多也不过六七十人。而宋太祖开宝六年(973),一次便取士127人,此后每年有数百人之多,真宗咸平三年(1000),录取人数竟达上千

① (宋)《宝庆四明志》(卷2),《学校·乡饮酒礼》,《宋元方志丛刊》本,中华书局,1990年。

人。此举既是缓和宋初人才匮乏之矛盾,更是笼络士子的政策。(3)严格考试制度,以体现选拔之公正。唐代的科举取士尚有荐举制的残余,易结成朋党。宋代则颁布了多项改革措施,严禁朝臣"公荐"(指朝廷官员向主考举荐考生之事),确立殿试制度;建立弥封(指把考卷上的姓名、籍贯等信息密封起来,以避免批阅时的舞弊行为)、誊录制(指将考生的试卷另行誊录,以避免通过辨认字迹而舞弊的行为),严格考试制度;设置"别头试"(指针对考官与地方长官的子弟应试所另设的考场、考官),实行锁院制(指临时受命的主考官就职后送往贡院,以避免受托徇情之弊端),限制考官权力。

科举制度经宋朝改革后,选拔出相当数量的人才。明州学子在这方面的成就也随着时间的推移日益引人注目。宋初,因官学衰微,登科者不多。据《宝庆四明志》记载,自太宗端拱二年(989)鄞县人杨说登科起,直到仁宗宝元元年(1038)王异登科止,明州仅出了 16 名进士。庆历兴学后,明州学子在科举上有了较大的起色。庆历二年(1042)至宣和六年(1124),登科人数达到 108 人。其中有楼郁、王说、舒亶、丰稷等著名人士。

南宋期间,由于官学的繁荣,明州学子在科举业上成绩斐然,中举者绵延不绝,而且宰执辈出。根据《宝庆四明志》、《延祐四明志》统计,明州登科人数达 776 人(不含特奏名[①]),其中正奏名 737 人,武进士 24 人,太学释褐 14 人,武学释褐 1 人。[②] 这一数目为北宋的 6 倍有余。另据《宁波市教育志》统计,包含时分属绍兴和台州的余姚和宁海两县,今宁波市在两宋期间的进士分别达 159 人和 985 人。详见表 4-2。

表 4-2　两宋明州(今宁波市)进士人数及其分布情况比较

	宁波	慈溪	奉化	定海	象山	鄞县	余姚	宁海	总计
北宋	1	15	15	1	13	97	12	5	159
南宋	5	101	121	30	18	502	96	112	985
总计	6	116	136	31	31	599	108	117	1144

资料来源:宁波市教育委员会编:《宁波市教育志》,浙江教育出版社,1996 年,第 11 页。

在上述进士中,文、武状元频频涌现,如姚颖、傅行简、袁甫等,释褐状

---

① 宋初始施,皇帝恩赐那些在科举场上屡试不中的士子许以"特奏名",然后分到地方做小官,以助其走完科举之路。

② 转引自张伟、张如安、邢舒绪:《宁波通史》(宋代卷),宁波出版社,2009 年,第 168 页。

元宣缯、何大圭等,以及武状元胡应时等。

文状元姚颖(1150—1183),字洪卿,被称为宋代著名的神童,据说5岁已能朗朗读书且过目不忘,10岁能作文,在乡校考试时,每每名列前茅,让那些成人望尘莫及。宋孝宗淳熙五年(1178)戊戌殿试时,他洋洋万言,指点江山,讨论国策,谈吐不凡,令宋孝宗赞赏不已,于是亲自点为新科状元。29岁的姚颖,立即被授承事郎,签书宁国军节制判官厅公事。姚颖治政喜宽,"从此治民再无苛峻之政",当地百姓十分感激他的恩德。三年任满后,他被召为秘书省校书郎。在任中,姚颖同样一丝不苟,办事认真。当时秘书省的办事人员往往不加调查,在账本上任意填写数字,但姚颖一改陋习,不查实数字绝不下笔。由于此职务接近权力中心,因此常常会有地方官员馈赠礼品,他从不接受,原封退还,可见他为官十分清廉。淳熙十年(1183)天大旱,当时姚颖在平江府(今苏州市)为官,在祷告苍天缓解旱情时积劳成疾,染病而逝,年仅33岁。

慈溪人胡应时则是宁波科举史上第一个武状元。《宝庆四明志》(卷10)记载:"武举状元胡应时,以绝伦升第一名。"为此,时慈溪县在县治前特地为其立了武状元坊,同时,在县治东南的竺巷口也立了武状元坊,可见胡应时影响之大。

两宋期间,宁波科举之盛还可以从家族的仕进中得到反映,当时,父子、叔侄、兄弟同榜,祖孙甲科的情况每每有之,如父子登科的有李元白与李以称、方季仁与方山京、郭暨与郭实、胡光与胡应时、刘安与刘志业、赵与仕与赵孟墅等父子,以及王发、王庭秀、王璧祖孙三人两对父子;叔侄登科的有方季仁与方端,王璧与王镐,刘叔向与刘厚南,冯轸与冯宗兴、冯容,叶澄与叶成子,桂万荣与桂锡孙,冯准与冯硕等叔侄;兄弟登科的有王时会与王时叙、赵汝述与赵汝达、舒介与舒亶、冯泾与冯滋、郭暨与郭浑、赵师章与赵师岘、冯履道与冯基、何浚与何自明、方山京与方端等兄弟,以及史弥忠、史弥怠、史弥应与史弥忞兄弟;祖孙甲科的有赵师岘与其孙赵与仕、赵师岗与其孙赵孟墅、王发与其孙王璧等。

科举的兴盛,使明州"衣冠文物,甲于东南"[①]。北宋时期,《宋史》立传的明州籍人士只有11人,且无显赫之家。南宋时期,《宋史》立传的明州籍人士就达32人,其中有4人位至宰相:史浩、史弥远、郑清之、史嵩之;11人位至执

---

①　(宋)《宝庆四明志》(卷1),《风俗》,《宋元方志丛刊》本,中华书局,1990年。

政:王次翁、史才、魏杞、张孝伯、楼钥、宣缯、袁韶、陈卓、余天锡、应繇、史宅之;名卿大夫不计其数。① 同时,科举也造就了一批文人、学者,如高闳、史浩、杨简、袁燮、楼昉、王应麟、史蒙卿、黄震等,无不出身于科举。此后,明州一直成为东南要塞的文化重镇,学术研究绵延不断,其肇基应始于宋朝,尤其是南宋。

南宋时期,科举取士因成为士子进身起家以及延续累世簪缨门第的重要途径,而受到士子们的追捧,从而推动社会重学之风的盛行。不管是豪门望族,还是平民百姓,都极为重视对子弟的教育,鼓励子弟修身向学,并为他们求学提供各种条件,"隆于教子"的事例比比皆是。袁文称"余家自建炎来稍衰,先父思有以大门庭,则惟以教子为急"②。楼钥称其母"笃于教子,至质贷以供束脩"③。袁燮的叔父袁方礼部应试失利后,以教授为业,每曰:"无不能自奋其身,独不能教子乎?"后仲子袁洽中进士,袁方说:"是进身之阶尔。"④为了创造良好的学习环境,不少家庭举家迁入城中以便求师拜友。如奉化李鹗,三世俱不显,其父徙城中,便于二子从师问学。⑤ 又如,何夫人宣希真,"二子能言,授以《论语》《孟子》。及长,徙居城中,择精于教导者俾师事焉"⑥。还有的家庭为子弟延请名师,对老师是礼敬有加。如袁文之父使二子从学于刘彦博,"日侦伺颜色,唯恐毫发不当其意,未有家室,为之聘娶,饷遗无虚日"⑦。南宋时期的明州真可谓是"东闾西巷,男诵女织,气象可入图画"⑧。

值得一提的是,当时的家学颇为普遍。明州地区的家学素来源远流长,它初兴于汉,兴盛于魏晋南北朝,绵延于隋唐。南宋,有条件的家族从小就对子弟的道德修养以及学业严格要求,亲自指导。史浩在孝宗淳熙八年(1181)归里,作《童丱须知》,以训子孙。楼钥称其叔祖楼仪"教子尤笃,五鼓而兴,灯前坐对,同读一书,多至百遍,诸叔父经书皆通念如流,真可谓

① 张伟、张如安、邢舒绪:《宁波通史》(宋代卷),宁波出版社,2009年,第169页。

② (宋)袁文:《甕牖闲评》(卷8),《诗》,《四库全书》文渊阁本。

③ (宋)楼钥:《攻媿集》(卷85),《亡姑安康郡太夫人行状》,《丛书集成初编》本。

④ (宋)袁燮:《絜斋集》(卷16),《叔父迪功郎监潭州南岳庙行状》,《四库全书》文渊阁本。

⑤ (宋)袁燮:《絜斋集》(卷20),《李雄飞墓志铭》,《四库全书》文渊阁本。

⑥ (宋)袁燮:《絜斋集》(卷21),《何夫人宣氏墓志铭》,《四库全书》文渊阁本。

⑦ (宋)袁燮:《絜斋集》(卷16),《叔父承议郎通判常德府(袁章)行状》,《四库全书》文渊阁本。

⑧ (宋)戴表元:《剡源文集》(卷13),《送杜子问赴学官序》,《四库全书》文渊阁本。

服也"①。袁桷称其父"教子昼夜不废"②。及子弟稍长,父兄悉心传授各种专门之学,父子兄弟讲学切磋,互为师生。如绍兴年间赵善待寓居庆元,"寓古佛庐以居,设五书案,己处其中,诸子旁列,日以古圣人、贤人之书,课以常式,发其奥义。父子自为师生,教学相长"③。又如,王应麟的父亲王㧑,"性严急,每授题,设巍坐,命先生与其弟应凤坐堂下,刻烛以俟,少缓辄叱怒。由是先生为文称敏疾"④。在王㧑的严格督促下,兄弟俱中进士、词科。其他豪门望族,如史家,更是家学严谨。家学作为一种特殊的教育形式,不仅有助于家族子弟走上仕途,而且对士子们的道德修养和学术传承具有不可忽视的重要作用。

三、王安石在鄞县的教育活动

王安石(1021—1086),字介甫,江西临川(今抚州)人,北宋著名政治家、文学家、思想家,熙宁变法的倡导者。仁宗庆历七年(1047)至皇祐二年(1050),王安石在明州鄞县任知县,前后共3年。在任期间,他不仅积极督修东钱湖,还整治大地主兼并土地、放高利贷的弊端,更值得一提的是王安石十分重视地方教育的发展。到任之时,王安石就对全县农田水利情况进行勘察和调查,组织人力重新浚治东钱湖,起堤坝,决坡塘,使东钱湖发挥蓄水和排涝功能,有力地促进了鄞县农业生产的发展。

王安石对当时鄞县大地主兼并土地、放高利贷的事情非常痛恨,采取措施积极加以抑制。在青黄不接时,他将县府仓库中的存粮低息放贷给农民,以解决缺粮问题;秋收时,加二分利息归还县府,以此来遏制大地主、投机商人等对农民的高利贷盘剥。如遇荒年,他还将县府的平仓钱谷赈济灾民,让他们渡过难关。凡此种种做法,实际上是青苗法的初步尝试。

王安石对学校教育极为重视。在"天下不可一日无政教,故学不可一日而亡于天下"⑤思想的指导下,他在上任第二年,便将唐元和年间建于县东的

---

①　(宋)楼钥:《攻媿集》(卷52),《三家诗押韵序》,《丛书集成初编》本。

②　(元)袁桷:《清容居士集》(卷33),《西山阡表》,《丛书集成初编》本。

③　(宋)袁燮:《絜斋集》(卷17),《朝请大夫赠宣奉大夫赵公墓志铭》,《四库全书》文渊阁本。

④　(元)马泽修、袁桷:《延祐四明志》(卷4),《王先生传》,《宋元方志丛刊》本,中华书局,1990年。

⑤　(宋)王安石:《临川文集》(卷35),《悼王致处士》,《四库全书》文渊阁本。

先圣庙改建为县学,并礼聘"庆历五先生"之一的杜醇为教师,倡导教育化人。

王安石在鄞县任职时间不长,但政绩显著,"邑人德之,为祀于县之经纶阁及广利寺、崇法寺"。

四、元代的地方官学及其科举发展概况

元世祖至元十三年(1276),随着南宋政权的灭亡,元朝统一全国。次年,元政府改庆元府为庆元路。元世祖至元十四年(1277),昌国县因人口增长升为州。元成宗元贞元年(1295),奉化县亦升州,至此庆元路统辖有昌国、奉化2州和鄞县、象山、慈溪、定海4县。相应地,路、县(州)官学因袭地方行政建制而立,其后因种种原因加以重修和扩建。

(一)地方官学的进一步发展

平宋后,鉴于统治者尊孔崇儒、推行"汉化"、重教兴学的文教政策,路学很快得到恢复,并设教授、学正、学录各一名管理路学,所属各州、县学也相继恢复。① 在路、州(县)学校教育中,政府高度重视儒学,尤其提倡程朱理学,"崇学校,定国子学成宪,皆东南儒先。而朱文公所说,咸取以为经史楷模。于是穷徼绝域,中州万里之内外,悉家有其书"②。学校教育趋于理学化。

与宋代不同,元统治者明确下令路、州(县)学中必须设有"大学部"和"小学部"。"大学部"功能与宋代大同小异,而"小学部"则是进行小学教育,这是以前所没有强调的。元世祖至元二十八年(1291),庆元路教授吴宗彦奉上司明文首先设立"小学部",副教授史复伯兴建序拜亭五间,称为"养蒙堂"以供教学之用。此后,奉化县令丁济于元世祖至元二十九年(1292)创"养正堂";昌国州判官冯福京于元贞元年(1295)创"育德堂",皆做训蒙之所,聘请老成之士任教。

元代,路、州(县)学的教育经费承袭宋代做法,实行学田制。政府不仅将官府占有的学田归还学校,还将一些被寺院侵占的土地尽行归还原主。在元政府的支持下,庆元路儒学的经济实力非常雄厚,所拥有的资产分布于各个州(县),包括田、地、山、湖等。其中庆元城有13066亩;鄞县11730

---

① 此时,时属绍兴路和台州路的余姚、宁海也恢复儒学。

② (元)袁桷:《清容居士集》(卷18),《庆元路鄞县记》,《丛书集成初编》本。

亩;奉化 1023 亩;慈溪 406 亩;定海 2145 亩;象山 603 亩。① 学校就是依靠田地租税支撑日常开支。

庆元地区学校教育的发展,除了元政府的支持外,也离不开各级地方官员、乡绅、儒学学者的关心。元世祖至元十九年(1282),庆元路学毁于大火,只剩大门。之后,学官潘梦桂、黄裳、吴宗彦等人进行修缮,方建有养蒙堂、明伦堂、宾序斋、斋舍、仓敖等。到了元世祖至元二十九年(1292),浙东海右道廉访副使陈祥在原址上兴建尊经阁、仪门。武宗年间更是得到很大的修缮。不幸的是,至大二年(1309),路学再次被毁。廉访副使赵宏伟在地方官的协助下再次重修,到至大三年三月建成大成殿。此后,又经过多次重修,如泰定三年(1326),庆元路总管郭郁重修大、小学;后至元四年(1338),廉访副使顺昌督修尊经阁等地,至此,路学面貌大为改观。此外,州(县)学也因诸人的努力而不断得到完善。例如,元世祖至元十九年(1282),鄞县县学增建养正四斋;元世祖至元二十九年(1292),奉化县令丁济建养正堂之外,再建天寿殿、觉后亭。

元代庆元路的地方官学,除了路、州(县)儒学之外,还设有蒙古字学、医学、阴阳学、社学等。蒙古字学的设立始于元世祖至元六年(1269),目的是为了把蒙古文字推向全国。据《延祐四明志》记载,庆元路蒙古字学建于大德十年(1306),地址在路治西南隅仓桥侧,设有教授、学正各一人,后迁至东南隅帝师殿东庑,主要传授译成蒙古文字的《通鉴节要》。奉化州的蒙古字学设学正一人,但一直未建立学校。其他各县未建蒙古字学。

医学的创设始于中统二年(1261)。据《延祐四明志》记载,庆元路医学建于元世祖至元二十八年(1291),由廉访副使陈祥创建,址在路治东北隅贯桥之南,仁宗延祐二年(1315),迁至东北隅魏家巷,建有大殿 3 间、讲堂 3 间、土祠 1 间、外门楼 3 间、门房 1 间、台门 12 间、西廊 12 间、斜廊 2 间,藏有《圣济总录》1 部、《八十一难经》1 卷、《脉经》全帙,学官设有教授、学正、学录各一人。奉化州医学建有棂星门 3 座、门楼 9 间、大殿 3 间、讲学堂 5 间、东西两廊 30 间,设学正一人。昌国州医学建于元世祖至元二十九年(1292),1294 年精通医学的胡逢辰出任学正。慈溪医学建于元世祖至元二十五年(1288),大德五年(1301)被飓风刮倒,延祐元年(1314)重建。

阴阳学是元代设立的天文、历数和巫卜相结合的学校,讲授天文、历数

---

① 钱茂伟、毛阳光:《宁波通史》(元明卷),宁波出版社,2009 年,第 119 页。

和卜筮等知识。其设置始于元世祖至元二十八年(1291)。庆元路阴阳学始建于至大元年(1308),设置教授、学正、学录各1人。但是,直到次年12月,教授朱道宁才正式到任,且一直没有办公机构。至顺二年(1331),庆元路才将府城西南隅仓桥东原来蒙古字学的废屋作为办公机构。

社学是设在农村地区利用农闲空隙时间,以农家子弟为教育对象的蒙学机构。庆元路社学比较突出的是奉化州。据《奉化教育志》记载:延祐六年(1319),马称德担任知州期间,"兴文治",创立乡校60余所,农闲时让农家子弟入学受教,但不久大多停废。至正二年(1342),大步头俞伯瑀、俞伯璋兄弟捐房屋1所、田地10余亩,以办社学。"奉化社学,学在奉化州三十七都大步头,至正二年(1342),儒人俞伯瑀与其兄伯璋将自己房屋一所,凡一十间,四围园地一十余亩,以创社学,延师训诲子弟。"①

(二)科举取士的中落

元初40年,未曾设科举取士。朝廷有时使用传统的荐辟方式选举人才,即由地方推荐一些才学优良、品行端正的士子为官。袁桷、袁士元、薛敬等皆通过这种方式进入仕途。延祐元年(1314),元政府恢复科举取士。但与宋朝不一样,元代科举开科次数和录取人数大大地减少,恢复后仅举行16次廷试,录取人数不过千人,且登第者大多未获重用。元代的科举还体现出鲜明的民族差异:汉人与南人须考3场,且难度大,而蒙古人与色目人只要考2场,且难度小;录取后蒙古人与色目人列右榜,汉人与南人列左榜;分配官职时,蒙古人比色目人高一等,色目人又比汉人、南人高一等。故此,士人读书的积极性不高。

据统计,元代宁波中进士的汉人不多,有岑良卿、史骊孙、程端学、李开先、岑士贵、翁传心、刘希贤、桂彦良、李杲等;中乡举的也不多,有薛观、孙士龙、岑良卿、翁传心、虞泰、岑士贵、杨彝、刘希贤、陈敬文、宋元禧、杨燧等。②时桂彦良是元末明初颇为出名的进士,他作为元朝末的乡贡进士,曾做过包山书院的山长、平江路学教授。明朝建立后,经荐举而入仕,深得太祖朱元璋赏识,被誉为"王者师",后官至晋王府右傅,累提至左长史,可谓荣光一时。

① (元)马泽修、袁桷:《至正四明续志》(卷8),《学校》,《宋元方志丛刊》本,中华书局,1990年。
② (元)马泽修、袁桷:《至正四明续志》(卷2),《人物》,《宋元方志丛刊》本,中华书局,1990年;(清)李卫等:雍正《浙江通志》(卷129),《选举》,中华书局,2001年。

第二节　明州书院教育的兴盛

书院萌芽于唐代,但书院教育的制度形成于宋代。宁波自宋开始,尤其是南宋,书院的建制和书院教育的发达处于全国前列。

一、两宋时期书院教育发展概况

(一)书院教育兴盛的原因

1."兴文崇儒"的文教政策为书院教育的兴盛提供了必要性

宋初,朝廷用人"重文抑武",大力倡导科举取士,文人读书积极性大大提高。另一方面,官学却因皇帝之好诗赋轻经学而萧条。为了解决士人读书求学的问题,书院应运而生。正如吕祖谦所讲:"国初斯民新脱五季锋镝之阨,学者尚寡,海内向平,文风日起,儒先往往依山林,即闲旷以讲授,大师多至数十百人。"①

宋初书院的兴起,一方面满足了读书人求经治学的需求,另一方面也为朝廷解决了一个现实的教育问题。因此,一批由私人或民间创办的书院,很快得到了朝廷的支持、褒奖或资助,这反过来又进一步促进了书院的发展,扩大了书院的声势和影响。如岳麓书院于咸平四年(1001)得御赐国子监印本《九经》,大中祥符八年(1015)得御书赐额,"于是书院之称始闻天下"②。又如,明州的"桃源书院"乃是神宗于熙宁九年(1076)"赐额"所名。其后的甬东书院、南山书院也有皇帝赐额。在这一背景下,明州书院方兴未艾。当时,为此作出突出贡献的是史称"庆历五先生"的王致、楼郁、杜醇、杨适、王说等。他们典藏图书,研究学问,聚徒讲学,并与戚同文、胡瑗、孙复、石介等诸大师南北呼应,为明州理学和书院发展奠定基础。

2. 雕版印刷术的发明为书院教育的兴起提供了条件

如同学校教育发展需要文字作为条件一样,书院的兴起很重要的一个条件便是雕版印刷术的发明。古代,人们以竹木简册和丝帛为书写材料,

---

① (宋)吕祖谦:《白鹿洞书院记》,《金华丛书》本之《吕东莱文集》。

② (宋)王应麟:《玉海》(卷167),江苏古籍出版社,1988年影印浙江书局刊本。

书籍的成本可想而知。教学主要通过口耳相传,学生想通过书籍学习,几乎不大可能,求学必须拜师。东汉虽然有了造纸术,但书籍的制作以手抄为主,这也是比较昂贵的,而且容易出错,入学求师仍是不二的选择。但是,雕版印刷术的发展则改变了上述状况,它使得书籍的普及成为可能。该技术"肇自隋朝,于唐世,扩于五代,精于宋人"①。宋朝,由于举业的兴盛,印制儒家经典书籍得到普遍推广。于是,不少聚居之家或隐居之士,建书堂或书楼、书屋、书舍,以至于书院聚书、藏书,以资读者。久而久之,原为聚书、藏书之堂屋、院舍,又由于官家"庠序不修"、"士病无所于学"②,而逐渐发展成为学者讲学说书之所、士子求学读书之地。

宁波藏书也崛起于宋朝。当时,与宋初书院发展同步,宁波比较著名的藏书家有楼郁、王璿。楼郁是"庆历五先生"之一,他博览群书,无所不读,家中藏书达万卷。王璿是"庆历五先生"之一王说的儿子,以文行著称,喜欢藏书。此外,还有陈谧家族,世代藏书,是为宁波藏书业的典范。

3. 新儒家的发展为书院教育的兴盛准备了丰富的教育内容

新儒家思想的发展恐怕是书院兴盛的另一个内在因素,尤其是在南宋新儒学成熟之际。新儒家从定义上来讲,是对孔子与孟子这样的原初儒家的历史延续,其先天与这一古代传统思想遗产相协调是一个被普遍接受的、与新儒家对自己的评价相一致的历史论断。③ 在追随孔子的过程中,新儒家努力要做的就是对原初儒学作出形而上学的解释。这个工作始于唐末,经过韩愈、李翱,以及北宋的周敦颐、邵雍、张载,直至二程(指程颢和程颐兄弟),开创了新儒家的两个学派:"理学"和"心学"。在二程的时代,两派之间的分歧及其意义还没有充分地为人所认识,但是,到了朱熹和陆九渊,就开始了一场大论战。这种争论很大程度上是对被政客们所歪曲的原初儒家的大力维护,受到士人们的欢迎,也解答他们心中的困惑。在这种背景下,书院的讲学为新儒家思想的传播提供了最好的传播场所和传播方式。因为书院具有教学与学术研究紧密结合的特点,大都不受或少受科举考试的制约,便于自由讲授,自由研讨,自由辩论。反过来,书院由于以新儒家思想的研究和传播为基本内容,更充分发挥了书院讲学的特色。新儒家思想的成熟和书院的发展可谓是相辅相成、相得益彰。

---

① (明)胡应麟:《少室山房笔丛》(卷4),上海书店,2009年。

② 朱熹:《石鼓书院记》。

③ 方东美:《中国哲学之精神及其发展》,匡钊译,中州古籍出版社,2009年,第238页。

宁波两宋时期的书院发展也受此影响。早在北宋庆历年间（1041—1048），以王致、楼郁、杜醇、杨适、王说为代表的"庆历五先生"就著书授徒于乡里，开一代风气之先。同时，他们秉承理学先驱胡瑗的思想，倡导"学以穷理为先"，成为理学传入明州的先驱，为后来四明诸学派的形成奠定了坚实的基础。南宋中叶以后，宁波大地更是涌现出一批具有代表性的学人、学派，如以"甬上四先生"为代表的心学学派，以黄震、史蒙卿为代表的朱子理学学派。他们在传播思想的过程中，都与书院教育结下了不解之缘。

（二）书院教育概况

北宋初期，"庆历五先生"收聚生徒，开讲学之先风，其机构时称"居"、"讲舍"等，实为书院。详见表4-3。一般认为，北宋时期明州的书院教育处于初兴阶段。

表 4-3   北宋时期明州地区所建书院一览表

书院名称	地址	创办者	备注
王鄞江先生隐居	鄞西五十里恒溪庄家	王致	
正议楼公讲舍	月湖竹洲	楼郁	
桃源书院	鄞西三十里地	熙宁年间（1068—1077），王说	
汪隐居讲舍	西山（今鄞县白岳乡）	汪洙	
东湖书院	东钱湖二灵山房	陈禾后人	为祭祀徽宗朝名臣陈禾而建

资料来源：宁波市教育委员会编《宁波市教育志》，浙江教育出版社，1996年，第3页。

南宋时期，随着政治、经济、文化中心的南迁，尤其是新儒学思想的南传，宁波地区的学术思想也活跃起来，书院、讲舍等一时大盛。详见表4-4。当时，明州的一些著名学者或教育家，如高闶、杨简、史浩、王应麟、黄震等，都有书院从教的经历。他们著书讲学，不仅对推动文化教育作出了重要的贡献，而且对传播新儒家各个学派的思想，促成明州学术思想体系的发展，乃至建立起到了至关重要的作用。四明心学，黄震、史蒙卿的朱学等，无不与书院教育密切相关。可以说，宁波地区文化的繁荣、学术思想的发展，都与当时书院教育的兴盛是分不开的。

书院教育发展的直接影响便是为社会培养了众多的有识之士。像著名的"甬上四先生"，他们在书院的任教，为宁波培养了众多的人才（详见下文）。

表 4-4 南宋时期明州地区所建书院一览表

书院名称	地址	创办者	备 注
长春书院	时城南长春门旁	高闶	
杨文元公书院(碧沚书院)	月湖碧沚(今宁波之原儿童公园)	不详	慈溪杨简曾于此讲学
沈端宪讲舍(全祖望称为三先生书院)	月湖竹洲	不详	沈焕及其弟沈炳,与金华吕祖谦常会集于此讲学
城南书院	月湖竹洲	楼郁	原为正议楼公讲舍,楼郁迁居后,为其高足袁毂世居。后袁燮以为讲学之所
甬东书院	鄞县县东3里	理宗朝丞相郑清之	纪念明州著名学者楼昉,有理宗赐额
菊坡书院	鄞县县治东30里	枢密陈卓	
陈侍郎讲舍	同谷(今宝幢)	吏部侍郎陈埙	曾师事杨简
焦徽君讲舍	大涵山麓	布衣焦瑗	曾为程颐门下,自山东南渡避居甬上
南山书院	时定海县县治东	不详	沈焕于此讲学,宋孝宗赐额"南山书院"
慈湖书院	慈溪县县治北	1271年,郡守刘黻所建	祭祀杨简
石坡书院	慈溪县东南汤山之麓	宝章阁学士桂万荣所建	宝章阁学士桂万荣曾向杨简问学于此,故建书院纪念之
龙津书院	奉化县东4里	乾道年间(1165—1173)	朱熹于乾道年间曾出使至此,奉化士人在此问道,故立书院纪念
广平书院	奉化县东6里	不详	原为舒璘家塾,曾于此讲学
登瀛书院	奉化县南60里松林乡	咸淳年间(1265—1274),尚田方门村人集资所建	
丹山书院	象山县西	1218年,县令赵善晋所建	
高节书院	客星山南严子陵墓左	1271年,郡守刘黻所建	
怡思书院	余姚县四明乡	修职郎孙一元所建	余姚时属绍兴府

资料主要来源:宁波市教育委员会编:《宁波市教育志》,浙江教育出版社,1996年,第3—4页。

书院作为一种特殊的教育机构,具有如下特点:(1)书院既由藏书始,又发展为讲学著书之所,其性质自然为高等教育机构。书院入学学生一般为十五岁以上,略通诗、书、礼、乐之有志于学的青年或追求学问之深造的游学之士。书院师长一般既从事教学,又进行学术研究,因而,书院往往成为某一学术流派的基地。(2)鉴于书院系私人、家族或地方公众所建,故其办学方向、课程设置因各自条件不同而不同。如有的书院重朱子之学,有的书院重陆九渊之学。(3)书院具有鲜明的自治性质,这与官学截然不同。由于办学资金来自民间集资、个人出资、家族筹资、公众捐资等途径,因此,书院的日常教学管理一般与官家无关。书院会推举若干人员掌握办学经费、修缮院舍、购置器具、聘任山长等事,有时还吸收年长学生参与书院管理,如图书、作息、院田的清查、田租的征收,等等。(4)书院往往聘请学有专攻、德高望重的名师主持院务,为一院之长。这种院长也就是该书院主要的教师,称为山长或掌教、洞主等。山长的选聘往往会成为书院声望高低、教学成败的关键。一般情况下,山长多由不愿出仕或弃官归田的学者担任,像表4-3和表4-4中的不少书院都是如此。(5)书院的教学形式以自学为主,兼有其他教学活动。书院既由藏书发展而来,书院中的许多教学活动就与书有关,也就是说,学生主要的学习方式是在教师指导下认真读书,自行领会。所谓的指导也是通过教师的著述让学生自己钻研。一言概之,书院以自学为主要教学形式。但是,书院的教学活动决不仅限于此,自学之外,书院还有教师的"升堂讲说"、师生的"质疑问难"、学友的"互相切磋",以及游历名山大川、考察历史名物,甚至是别处访学,参加讲会(指一种与书院教学、学术活动相联系的学术组织)或会讲(指与书院教学、学术活动相联系的聚会),等等,也称得上是丰富多彩!

二、"庆历五先生"与书院教育

"庆历五先生"是指杨适、杜醇、王致、楼郁和王说五位先生。当"宋初三先生"(指胡瑗、孙复、石介)在中原创办书院,开讲理学之时,"庆历五先生"也在明州积极从事教育实践活动,成为推动明州书院教育和学术发展的先驱性人物。全祖望在《宋元学案·士刘诸儒学案序》中讲:"庆历之际,学统四起""浙东则有明州杨、杜五子"。全氏还建书院纪念"庆历五先生",他为此撰写的《庆历五先生书院记》中称:"杨杜五先生者,骈集于百里之间,可不谓极盛欤!"①

　　杨适,字安道,慈溪人。隐居大隐山,与王说、杜醇、楼郁等人结友讲学乡里。因其为人"醇厚介特,议论辩博平正。人有善则称之,不善如未之闻。为学要行乎己,惟恐为人所知",很是淡泊名利;治学则"善言治道,究历代治乱之源",又"治经不守章句,黜浮屠、老子之说",所以深受学子敬仰。范仲淹守越州,曾慕名接至府中相聚,敬重有加,但杨适"澹焉无求"。累荐,不就。穷居乡里四十年,后进莫不师之。嘉祐六年(1061),知州钱公辅表奏其高节,仁宗诏授太学助教,他仍辞而不就。人称"大隐先生"。

　　杜醇,号石台,慈溪人。好说《诗》、《书》,孜孜不倦,隐居乡里,讲学授徒。杜醇不仅学问渊博,而且志节崇高,"经明行修,不求闻达"②,以学识和道德为乡人所尊敬。王安石建鄞县县学,礼聘杜醇为讲师。后来,慈溪县令林肇也曾延请他执教县学。王安石曾撰《师说》以勉励他。故袁桷称:"二邑文风之盛,自先生始。"③

　　王致,字君一,鄞县人。家贫,但"乐道","乡人莫不尚其行"④。王致隐居不仕四十载,授徒传经,"以道义化乡里,诸生弟子尊师之,称为鄞江先生"⑤。著有《鄞江集》30卷。其讲学处为王鄞江隐居。史简、袁毂、汪洙等名人皆出其门下。王安石任鄞县知县时,对王致"敬礼有加"。二人言及政事,王安石以为:"先生无事于职,而爱民如此,可以为仁矣!"又说:"四明立言之士,自先生始。"⑥王安石的评价极高。其门人汪洙,讲学西山,创建汪隐居讲舍,善讲《春秋》,其作品《神童诗》为流传极广的蒙学读物。

　　楼郁,字子文,号城南,奉化人,后迁居鄞县。其治学"以穷理为先,为乡人所敬,处穷约,屡空自乐"⑦。庆历兴学,先掌县学数年,又教授州学,前后三十余年。史称:"学行笃美,信于士友。"仁宗皇祐五年(1053),中进士,曾任庐江主簿。因丁母忧而返乡,赠正议大夫。此后,他绝意仕途,授学为乐。著有《唐书解题》。人称"西湖先生"。有楼正议讲舍,门人袁毂曾继承

---

①　(清)全祖望,朱铸禹汇校集注:《鲒埼亭集外编》(卷16),上海古籍出版社,2000年。
②　(宋)《宝庆四明志》(卷8),《叙人上·先贤事迹上》《宋元方志丛刊》本,中华书局,1990年。
③　(元)马泽修、袁桷:《延祐四明志》(卷4),《人物考上·慈湖杜先生》,《宋元方志丛刊》本,中华书局,1990年。
④　(清)曹秉仁等:雍正《宁波府志》,成化本,第2012—2013页。
⑤　(清)曹秉仁等:雍正《宁波府志》,成化本,第2013页。
⑥　(清)全祖望:辑补《宋元学案》(卷6),《士刘诸儒学案》,中华书局,1989年。
⑦　(清)全祖望:辑补《宋元学案》(卷6),《士刘诸儒学案》,中华书局,1989年。

老师遗志在此讲学。后袁毂曾孙改其为城南书院。

王说,字应求,鄞县人。与弟王该同就学于王致。又说是杨适门人。王说安贫乐道,教授乡里三十余年。教学业绩斐然,著有《五经发源》50卷,数十卷遗稿。他先在妙音院讲学,后将自家旧宅"酌古堂"改建为书院,熙宁九年(1076),宋神宗御书"桃源书院"赐之,王说因此尊称为"桃源先生"。在王说的影响下,鄞县学风大盛,人称"小邹鲁",对地方文化的发展起了重要的作用。

"五先生"传授的内容,以传统经、史、诗文内容为主。楼钥称楼郁"以古学为乡人所敬"[①]。所谓"古学"当指以训诂章句为特色的传统之学。杜醇又"讲明经术";王说著有《五经发源》;楼郁还著有《唐书解题》,且其弟子袁毂、舒亶尤擅诗文。这一切都表明"五先生"的教学"盖不出乎章句诵说之间"[②]。

由于"庆历五先生"的长期教学,乡里儒学风气大兴,李闳在《修九经堂记》中说:"为士者日众,善人以不教子为愧,后生以无闻为耻,故负笈而从师友,执经而游学校者踵相接焉。州举进士,教艺决科者又相继而辈出。"[③]学风的兴起直接推动当时科举事业的发展,前文已述,庆历二年(1042)后,明州的进士人数由之前的16人飙升至108人,这与"五先生"的教育活动有着直接的关系。

简言之,"庆历五先生"以崇高志节、渊博学识教化乡里的教育实践对明州地区的书院建设和学术发展具有开拓性的意义,故王应麟说:"明自唐为州,文风寥寥。宋庆历中始诏州县立学。山林特起之士,卓然为一乡师表,或受业乡校,或讲道闾塾,本之以孝弟忠信,维之以礼义廉耻,守古训而不凿,修天爵而无竞,养成英才,纯明笃厚,父兄师友,诏教琢磨,百年文献,益盛以大,五先生之功也。"[④]可以说,"庆历五先生"是把宋以来的儒家学统(主要是指理学)传入明州的关键人物。当代学者张如安明确地指出:"庆历五先生"确立了甬上的教化和师道……其深远的意义主要有以下几点:(1)初步确立了新儒学价值体系在明州地区的主流地位;(2)改变了明州地区古老的文化人格,从历史上沉淀下来的远离皇城的边缘化意识走向与中

---

① (宋)楼钥:《攻媿集》(卷85),《高祖先生事略》,《丛书集成初编》本。

② (清)全祖望:辑补《宋元学案》(卷6),《士刘诸儒学案》,中华书局,1989年。

③ (宋)张津:《乾道四明图经》(卷9),《宋元方志丛刊》,中华书局,1990年。

④ (宋)王应麟:《四明文献集》(卷1),《先贤祠堂记》,《四库全书》文渊阁本。

原文化相融合的文化追求;(3)使四明人民改变了淡薄的礼教观念,逐渐融入儒家的礼制体系;(4)改变了地域居民低下的文化素质,五先生的教育活动为本地区培养出了一批富有真才实学的儒学人才,大大改善了明州地区的文化环境;(5)奠定了宁波作为"文献名邦"的基础,为宁波文化的可持续发展提供了动力。①

不仅如此,"庆历五先生"还对浙东乃至全国范围内的学术发展,以及书院建设都产生了一定的影响。全祖望在《庆历五先生书院记》中称:"五先生皆隐约草庐,不求闻达。"②当时为官明州者,像范仲淹、王安石皆"抠衣请见,唯恐有失"。甚至陈执中、贾昌朝等"非能推贤下士"的高官,"亦知以'五先生'为重"。"五先生""陶成培广,数十年以后",明州"遂称邹鲁"。

总之,"庆历五先生"的教育活动和学说为明州地区而后书院与理学相结合,以及书院发展的新时期奠定了基础,同时,也为以后浙东学派的诞生孕育了条件。

三、"甬上四先生"与书院教育

陆九渊在槐堂、象山讲学十余载,弟子数千人。全祖望辑补的《宋元学案》称:"何其盛哉!"其在故籍门人虽能维护师门旨趣,可是在学术建树和光大门户方面则大大逊于浙东甬上诸人。故《宋元学案》说陆氏"其学脉流传,偏于浙东"③,又说:"槐堂之学,莫盛于吾甬上,而江西反不逮"。④ 其中,"甬上四先生"又是继承、发展心学的代表人物。"象山之门,必以'甬上四先生'为首。"⑤

"甬上四先生"是指杨简、袁燮、舒璘、沈焕,他们四人既是同乡,又同为太学生,并同入陆氏门下。后隐居乡里,讲学名山,继承和发展陆九渊的思想,创立了以陆学为主的富有鲜明地域色彩的"四明学派"。在南宋中后期颇有影响,皆得朝廷谥号,分别为"文元"、"正献"、"文靖"、"端宪",讲学之地碧沚、城南、广平、竹洲也堪称南宋浙东四所名院。

---

① 张如安:《略论北宋"庆历五先生"对宁波的文化贡献》,载《中共宁波市委党校学报》,2008 年第 2 期,第 114—115 页。
② (清)全祖望:朱铸禹汇校集注,《鲒埼亭集外编》(卷 16),上海古籍出版社,2000 年。
③ (清)全祖望:辑补《宋元学案》(卷 77),《槐堂诸儒学案序录》,中华书局,1989 年。
④ (清)全祖望:辑补《宋元学案》(卷 77),《槐堂诸儒学案序录》,中华书局,1989 年。
⑤ (清)全祖望:辑补《宋元学案》(卷 77),《槐堂诸儒学案序录》,中华书局,1989 年。

（一）杨简与书院教育

1. 生平

杨简（1141—1226），字敬仲，慈溪人，因晚年筑室于德润湖（今慈湖），人称"慈湖先生"。乾道初，杨简与袁燮、舒璘、沈焕同为太学生，时陆九龄为学录，曾受其教诲。乾道五年（1169），举进士。授富阳簿。每日讽咏经书，以德化民，兴学养士，日与讲习，文风振兴。乾道八年（1172），陆九渊中进士归，过富阳。象山长慈湖才两岁，素相呼以字，为交友。留半月，将别去。夜集双明阁上，慈湖问："如何是本心？"象山曰："恻隐，仁之端也；羞恶，义之端也；辞让，礼之端也；是非，智之端也。此即是本心。"慈湖不懂，数问，而象山终不易其说。适平旦，有鬻扇者讼于庭，慈湖断其曲直讫，退问如初。象山大声曰："适来断扇讼，是者知其为是，非者知其为非，非敬仲本心而何？"慈湖闻之大醒。始北面纳弟子礼，师事焉。杨简历官绍兴府司理，浙西抚干，知绍兴嵊县、饶州乐平县。召为国子博士。庆元间遭贬黜。嘉定"更化"，累迁著作左郎兼兵部郎官。嘉定三年（1210），以七十高龄出任温州知府，后迁工部郎官、朝散大夫、秘阁修撰等。理宗即位后，进宝谟阁直学士，次年进华文阁学士。宝庆二年（1226），授敷文阁直学士。

2. 教育思想

在"甬上四先生"中，杨简是最为详细阐发陆九渊心学思想的一位学者，慈湖之学，主要见之于其文《己易》一篇。曰："易者，己也，非有他也。以易为书，不以易为己，不可也。以易为天地之变化，不以易为己之变化，不可也。天地，我之天地；变化，我之变化，非他物也。私者裂之，私者自小也。……夫所以为我者，毋曰血气形貌而已也。吾性澄然清明而非物，吾性洞然无际而非量。天者，吾性中之象；地者，吾性中之形。故曰：'在天成象，在地成形'，皆我之所为也。混融无内外，贯通异殊，观一画其旨昭昭矣。……能识恻隐之真心于孺子将入井之时，则何思何虑之妙，人人之所自有也；纯诚洞白之质，人人之所自有也；广大无疆之体，人人之所自有也。此心常见于日用饮食之间，造次颠沛之间，而人不自省也。……是心本一也，无二也，无尝断而复续也，无向也不如是而今如是也，无向也如是而今不如是也。昼夜一也，古今一也，少壮不强，而衰老不弱也。……循吾心以往，则能飞、能潜，能疑、能惕。……仕止久速，一合其宜。周旋曲折，各当其可，非勤劳而为之也，吾心中自有如是十百千万散殊之正义也。礼仪三百,威仪三千,非吾心外物也。故曰:'性之德也,合内外之道也,故时措之宜也。'言乎其自宜也,非求乎宜者也。"①杨简可谓是把象山"宇宙便是吾心,吾心便是宇宙"之说,加以具体清晰地阐明,把象山未曾言明之意和盘托出。他又说:"道心大同,人自区别。人心自善、人心至灵、人心自明、人心即神、人心即道,安暗乖殊?圣贤非有余,愚鄙非不足。何以证其然?心皆有恻隐之心,皆有羞恶之心,皆有恭敬之心,皆有是非之心。……人人皆与天地同。又何以揆其然?人心非血气、非形体。广大无际,变通无方。倏焉而视,又倏焉而听,倏焉而言,倏焉而动,倏焉而至千里之外,又倏焉而至九霄之上。不疾而速,不行而至。非神乎?不与天地同乎?学者当知举天下万古之心皆如此也。孔子之心如此,七十子之心如此,子思、孟子之心如此,复斋之心如此,象山之心如此,金谿王令君之心如此,举金谿一道之心如此。"②慈湖先生哲学的根本特点在于,把陆九渊的"心即理"观点进一步向前推进,由陆九渊对于道德自我的强调,发展为对于虚明灵觉的本体的追求,从而使心步入了禅学化的道路。③

因循其哲学思想,杨简在教育问题上提出了"不教之教"的教育方法,以及"不习之习"的修养方法。按照杨简的看法,世界万物无非是人类精神的主观呈现,当这些东西反过来作用于人的时候,便具有了教育的意义。"不教之教"正是在这个意义上具有方法论的价值。一般而言,"不教之教"包含三重含义:首先,一切自然过程都是教育过程,二者是合一的。他说:"孔子曰:'天有四时,春夏秋冬,风雨霜露,无非教也。'知此之为教,则知六经一贯之道矣。又曰:'地载神气,神气风霆,庶物露生,无非教也。'知此之为教,则知六经一贯之道矣。或曰:'孔子惟言其教,不详言其所以教。'吁!已详矣,不可得而又详矣。加详焉,则非矣。智者观之,以为其教甚明,愚者观之,以为不可解。不可解者即教也。人以纷纷人欲、扰扰思虑之心读之,诚不见其所谓教。不知夫道非思虑之所可到。可思则可言,不可思则不可言。故孔子曰:'默而识之。'"④其次,教育是通过生活过程而展开的,教育过程与生活过程二者也是合一的。杨简认为,古代圣王是"因其日月而致其正德之教"的,"利用言器用之便利,厚生而养生,

---

①　(宋)杨简:《慈湖遗书》(卷7),《家记一·己易》,《四明丛书》本。

②　(宋)陆九渊:《象山全集》(卷36),《行状》后附杨简《复斋象山二先生祠记》,《四部备要》本。

③　张瑞璠主编:《中国教育哲学史》(卷2),山东教育出版社,2000年,第255页。

④　(宋)杨简:《先圣大训》(卷1),《入其篇》,《四明丛书》本 。

凡民切身日用之事,无越斯二者。即斯二者而皆有正德焉……则斯民耳目之所闻见,手足之所用,心思之所关,无非正德之事,不知其所以然而默化于德矣"①。教与用合一,则人们即用即教,即教即学,从而达到默化心成的教育效果。但是,自秦汉以来,教、用开始脱节,教育就难以达到致化之成效。为此,杨简主张政治、教育合一,力图使教育成为人们生活的有机组成部分。他说:"比闾族党之制行,则德行孝悌之俗成,三代之治复见于今,国祚之长亦可数百年,汉唐之祸可息也。"②应该说,教育从社会政治生活中独立出来,是社会发展的一大进步,即便它会导致教、用分离,却也是文明进程中不得不接受的必然结果,关键是如何把"教、用分离"的痼疾加以最小化,而不是通过"退回到古代"的方法来解决现实问题。最后,与自然过程、生活过程相合一的"不教之教"在于使百姓"知其然而不知其所以然"。使百姓"知其然而不知其所以然"是"不教之教"的逻辑结果,因为教育是通过自然过程、生活过程而进行的,百姓自然是在无意识中获得教化。因此,杨简非常强调用纯一不二的风俗来化民。这种想法固然不错,但关键是这一教育过程必须由一个头脑清醒、富有智慧的人来引导。而这个人又是谁呢?

"不习之习"则是指从先验性的"本心"出发("不习"),将其贯彻到经验性的实践活动中去("习"),使人的经验活动自然地体现出人之"本心"来,如孝悌、仁爱、谨信,等等。按照杨简的观点,道为人心所自有,它具有不学而能的先验性,人无须通过经验性的学习活动来获得道。如果某人把道作为一种客观对象去学习的话,那正好说明此人已经为私欲所隔,并无道心,其行为也是虚伪的。所以,人们无须、也不能通过经验性的学习活动从外面获得道心。这里,杨简强调的是由内而外将先验的主体精神外化为现实的经验活动,从而使人们的日常生活富有道德意义。不过,社会文明的进程却使主体精神内外的区别越来越明显,如何保持主体精神内外之间的平衡不能仅仅关注由内而外的过程,更需要关注由外及内的过程。当然,杨简由"心即理"出发,突出的是自我修养过程的自律性特征,这是自我提高的根基所在。

以"不习之习"为基础,杨简还表达了对于教师作用的看法。他认为,

---

① (宋)杨简:《慈湖遗书》(卷 8),《论书》,《四明丛书》本。
② (宋)杨简:《慈湖遗书》(卷 16),《论治道》,《四明丛书》本。

教师的作用在于帮助受教育者打通其内心的阻隔，疏解其思想的郁结，获得本有的自觉，以恢复其本有的主体精神。他说："师者所以传道也。道非自外至，所以启吾心之所自有尔。教者岂能于学者所自有之外，别取一物而教之耶？亦使之复其固有尔。若使之不由其诚，则所教者皆外物，无与学者事也。"①

3. 书院教育活动

杨简善讲《周易》，其讲学除了任职地方之外，主要在鄞县和慈溪。淳熙十五年(1188)，杨简奉差遣知嵊县，未及赴任，丁忧，归故里。时故相史浩归居鄞县，聘杨简讲学于史氏所建的碧沚书院（杨文元公书院）。史氏弟子，如史弥忠、史弥远、史弥坚、史弥巩、史守之、史定之等皆从学于杨简，诸弟子后多显贵，并进而推动陆学风行浙东。杨简晚年因不满史弥远所为，而辞官归里，时逢史守之亦因不满叔父史弥远所为而归里。守之复请杨简讲学碧沚书院。

绍熙三年(1192)，杨简任饶州乐平县令。在乐平，见县庙学简陋，"无以起人崇敬之心"，随即集款修葺、扩展。他又定期赴县庙学讲学，企望士子发明其本心，邑人"皆为君子"。据《宋史》记载：杨简在乐平"兴学训士诸生闻其言有泣下者"②。杨简在乐平为官讲学期间，弟子众多，有姓氏可考者达十几人。其中，邹近仁登科后在德兴建归轩书院，宣讲心学。

不仅如此，其影响至元朝仍存。元至元十九年(1282)，乐平县令翟衡与宋故相马廷鸾谋，以杨简曾任乐平县令，"首倡士民兴学社，阐明心学以崇教化"，而"余泽在，人尚感念之"为由，建书院，名慈湖，专祠杨简，并立规制。乐平县史学家马端临、杨简之五世孙杨同复曾为书院山长。

宁宗庆元二年(1196)，杨简被罢官回故里，在慈湖聚徒讲学十年之久。钱时为都讲，桂万荣、童易居、冯国寿等皆入其门。嘉定七年(1214)，辞官复归慈湖讲学。时又收赵彦械、曾熠等门生。

杨简去世后，人们为了纪念他，宝庆年间，慈湖士人于慈湖之滨建专祠，祀杨简。可惜，当时未有讲习之所。嘉熙年间又改祠于中沚。淳祐二年(1242)，县令曹郃又于成德堂后建慈湖先生祠。咸淳七年(1271)，郡守刘黻于普济寺东建慈湖书院，并拨田为院产，请于朝赐院额。元明时期，慈

---

① (宋)杨简：《慈湖遗书》(卷14)，《论诸子》，《四明丛书》本。

② (元)脱脱等：《宋史》(卷407)，《杨简传》，中华书局，1985年。

湖书院又有废兴。1826年(清道光六年),邑人冯汝霖、冯云濠等捐资修缮。1902年(光绪二十八年),改名慈湖中学堂。后为宁波市慈湖中学。

杨简最著名的弟子当属袁甫、钱时、桂万荣、童居易等,他们或讲学、或为官,时时推行杨门心学。其中,慈溪人桂万荣较为典型,他承师门遗风,在家乡城南二里东山之麓(汤山)建石坡书院,读书讲学于其中。全祖望在《石坡书院记》中说:"石坡讲学之语,皆本师说,曰明诚,曰孝弟,曰颜子四勿,曰曾子三省。其言朴质无华叶,盖以躬行为务,非徒从事于口耳,故其生平践履,大类慈湖。"①又说:"石坡晚年,最称耆寿,东浙推为杨门硕果。"可见,杨简在当地的影响力。

甚至于这种影响一直延续到杨简之学生们的后代。1309年(元至大二年),童居易之后童金为祀其祖童居易,在城西北杜湖之曲建书院。1335年(至元元年),童居易之后童桂割田400亩扩建书院,朝廷赐匾,定名为"杜洲书院"。当时书院规模较大,设施完备,求学者较多,同时当时的名人顾嵩之、孙元蒙、曹汉炎曾为山长,盛极一时。

(二)袁燮与书院教育

袁燮(1144—1224),字和叔,号絜斋,鄞县人,少读史籍以名节自期,20岁左右入太学,时陆九龄为学录,曾受其教诲。与同里杨简、舒璘、沈焕皆聚于此,朝夕切磋学问。从学于吕祖谦,与陈傅良为友,而终归于陆九渊门下。淳熙八年(1181),登进士第,授江阴尉,太学正。庆元年间遭贬黜。嘉定"更化",累官国子祭酒、礼部侍郎。袁燮在哲学思想上的主要贡献在于,他继承了陆九渊心学中"心即理"和"人心本善"的命题,提出"心"与天地同本、与圣贤同类,以及"天人一理"②、"君民一体"③的思想。他说:"人生天地间,所以超然贵于物者,以是心尔。心者人之大本也。此心存,则虽贱而可贵;不存,则虽贵尚可贱。"④为此,他主张为官要顺乎人心,为学要博古通今。他还勉励后学要尊德性,又要扎根于真才实学。

袁燮善讲《尚书》,居家讲学之所为城南书院(絜斋书院)。其原址为北宋楼郁之讲所,在今月湖之竹洲。其后楼氏迁居城内。楼郁之高足袁毂承

---

① (清)全祖望:朱铸禹汇校集注,《鲒埼亭集外编》(卷16),上海古籍出版社,2000年。

② (宋)袁燮:《絜斋集》(卷3),《论弭咎征宜戒逸豫札子》,《四库全书》文渊阁本。

③ (宋)袁燮:《絜斋家塾书钞》(卷5),《太甲中》,《四明丛书》本。

④ (清)全祖望:辑补《宋元学案》(卷17),《絜斋学案序录》,中华书局,1989年。

其师业在此讲学,袁氏自此也据其地,并建有家塾。袁毂为袁燮曾祖父。袁燮命其斋为絜斋,尚有《絜斋家塾书钞》。淳熙年间,袁燮建为书院。袁燮与杨简、沈焕等人在史浩的支持下会讲于此,盛况空前,四方请益之学子众多。全祖望在《城南书院记》称:"四先生中长庚晓日最光显于暮年者,文元与正献也。"①

嘉定初,袁燮为江西提举知隆兴府(治南昌),支持同门丰有俊创东湖书院。丰有俊,鄞县人,尝因妹婿沈焕而从陆门,绍熙六年(1195)中进士。东湖书院坐落于南昌城内,东湖之滨。原为宋初李寅父子涵虚阁,废弃已久。丰有俊通判隆兴府时为光大陆学,振兴文教,在此创立书院。袁燮积极支持东湖书院的建设,将东湖书院建设情况奏告朝廷,宁宗敕赐"东湖书院"额。袁燮还撰写《东湖书院记》,记叙了东湖书院兴建始末,又进一步阐明自己承继陆学的基本教育思想。他主张书院教学应该指引儒者相与讲习,有志于道,以养心、立身,然后宏大其器业。东湖书院建成后,曾有过修缮迁徙,一些名人、学者曾在此讲学,据志乘记载:黄榦、李燔曾先后在此讲学。江万里、饶鲁曾在此肄业,宋末程飞卿曾任讲师,程矩夫在此读书。

(三)舒璘与书院教育

舒璘(1136—1199),字元质,一字元宾,奉化县人,世称广平先生。游太学与杨简、袁燮、沈焕朝夕相处,曾请教于张栻、朱熹、吕祖善,但终归于陆门。乾道八年(1172)中进士。历任信州、徽州、新安教授,为学刻苦,乐于教人,被誉为"天下第一教官"②。据《宋元学案·广平定川学案》记载:"先生不惮勤劳,日日诣讲,隆冬酷暑,未尝少息。筑风雩亭,以时会集暮夜亦间往。日有讲求涵泳之功。质有顽纯不善者,循循善诱,不敢加以忿疾,端桀戁以感格之。"③后任县、州通判。著有《广平类稿》、《师说》、《礼说》,但久已失传。后黄宗羲从其子孙中求得《广平类稿》残篇,整理成现存的《舒文靖公类稿》。

舒璘善讲《诗经》、《礼记》,杨简称"元质于书无所不贯,尤精于毛、郑

---

①　(清)全祖望:朱铸禹汇校集注,《鲒埼亭集外编》(卷16),上海古籍出版社,2000年。

②　(宋)杨简:《慈湖遗书补编·舒元质墓志铭》,《四明丛书》本。

③　(清)全祖望:辑补《宋元学案》(卷76),《广平定川学案》,中华书局,1989年。

《诗》"①。著有《诗礼讲解》、《诗学发微》,可惜皆已失传。其居家讲学书堂为广平书院。其学识渊博,在经术、文章诸方面皆有建树,在言行方面如杨简所堪称"孝友忠实,道心融明"。袁燮也说:"元质平生发于言语率由中出,未尝见其一语之妄。"王应麟在《广平书院记》中说:"先生之学讲于张而成于陆,考德问业于朱、吕。心融神会精智力践,其躬行有尚䌹之实,其海人有时雨之泽。与沈、杨、袁三先生道同志合,化东海之滨为洙泗。位不配德,而教行于乡,声闻于天下。"②

(四)沈焕与书院教育

沈焕(1139—1191),字叔晦,定海(今镇海)人,世称"定川先生"。其父沈铢曾受业于焦瑗书院(即焦徽君讲舍)而敬仰程颐之学,在里中即为人师,曾任通判。沈焕少时潜心经籍,后入太学学习,与杨简、袁燮、舒璘为友,师从陆九渊。乾道五年(1169)中进士,历任县尉、教授、学录、抚干、知县、通判。为教官与诸生交往,以言行启海后学,主张"三舍取士,当参以平日誉望,不当只决于一纸"③。在乡里与史浩交好,史以月湖竹洲别业馆之,称讲舍(后称沈端宪讲舍),与袁燮、杨简会讲数年,史去世后赠与沈焕,后沈焕及其弟沈炳,与金华吕祖谦常会集于此讲学。

沈焕善讲《礼记》,居家讲学之所为南山书院。他和舒璘一样,其学说以"平实"为特色,认为"学者工夫当自闺门始,其余皆末也","工夫不实,自谓见道,只是自欺"。④ 为了警戒虚浮不实之学风,沈焕还写下了"为学未能识肩背,读书万卷空亡羊"⑤的诗句。

杨简、袁燮、舒璘、沈焕四先生之学各有特色,在南宋中后期影响广泛,皆得朝廷谥号。陆象山之学在江西固然流传,而光大门户实有赖"甬上四先生",甚至江西书院的发达也有赖于其后学之辈。因他们的讲学,宁波碧沚、城南、广平、竹洲等书院也成为南宋时期的名院。

---

① (宋)舒璘:《舒文靖公类稿》(附录卷),《宜州通判舒元质墓志铭》,上海书店出版社,1994年。

② (宋)王应麟:《四明文献集》(卷1),《广平书院记》,《四明丛书》本。

③ (清)全祖望:辑补《宋元学案》(卷76),《广平定川学案》,中华书局,1989年。

④ (宋)沈焕:《定川遗书》(卷2),《训语一》,《四明丛书》本。

⑤ (宋)袁燮:《絜斋集》(卷14),《通判沈公行状》,《四库全书》文渊阁本。

四、元代书院教育发展概况

由于战争的影响,宋朝建立的很多书院都毁于战火。不过,由于元统治者提倡程朱理学,于元世祖至元二十八年(1291),令江南诸路设立小学的同时,在"先儒过化之地,名贤经行之所,与好事之家出钱粟赡学者,并立为书院"①。因此,书院在元代还是获得了一定程度的发展。元代,庆元路所建书院见表4-5。

表 4-5　元庆元路所建书院

书院名称	地址	创办时间、创办者	备注
本心书院	鄞县	元初,全汝梅四子(鼎孙、谦孙、晋孙、颐孙)创建	纪念杨简
贸山书院	今柳西新村北	大德二年(1298),赵寿建	祭祀朱熹
东湖书院	东钱湖北	泰定二年至天历元年(1325—1328),陆居敬与其弟陆思诚建	祭祀朱熹
鲁斋书院	鄞县县治西南隅吴家巷	至元六年(1340),都元帅锁南班建	祭祀元鲁斋先生许衡
鄞江书院	今大沙泥街口	元末,儒者张式艮建	
杜洲书院	慈溪县治西北鸣鹤乡	至大二年(1309),童金创建义学	1334年,改名为杜洲书院
宝峰书院	慈溪县治西2里大宝山	元,赵偕建	学宗杨简
慈湖书院	今慈城	延祐六年(1319),重修	
松溪书院	今奉化松岙乡	元初,李栖筠兄弟初建。至正二十一年(1361),改建为书院	
龙津书院	奉化	元贞年间,达鲁花赤察罕建	
翁洲书院	时属昌国州	延祐七年(1320),干文传建	元世祖至元二年(1265)、四年(1267)、六年(1269),得到不断扩建
岱山书院	时属昌国州	元世祖至元二年(1265),许广大建	
湖山书院	时属定海县	至元年间建,至正年间毁,黄礼之重建	
古灵书院	余姚县治北屯山之南		

资料主要来源:宁波市教育委员会编:《宁波市教育志》,浙江教育出版社,1996年,第4页;钱茂伟、毛阳光:《宁波通史》(元明卷),宁波出版社,2009年,第121页。

---

① (明)宋濂:《元史》(卷81),《选举志一·学校》,中华书局,1976年。

可见,元代书院还是比较兴盛的。例如,宋理宗时创建的甬东书院,在元世祖至元十八年(1281),迁扩建至张斌桥左侧。至正十四年(1354),知县暨里士重修,祀"圣贤八先生":董仲舒、韩愈、司马光、周敦颐、程颢、程颐、张载、朱熹,及乡儒楼昉、郑清之、史蒙卿、程端礼诸人。其时,书院的各类设施礼殿、仪门、讲堂、寝室等一应俱全,并藏有《程氏读书日程》、《春秋本义》等书籍,名噪一时。祀杨简之徒童居易的杜洲书院也是盛极一时。

不过,与宋代书院相比较,元代书院呈现官学化的趋势。这首先表现在元代的书院是由朝廷倡导自上而下设置。前面提到,至元二十八年(1291),朝廷在下令江南诸路设立小学的同时,鼓励文化基础和财力殷富的私人设立书院,从而催生大量的有官学化倾向的书院。其次,朝廷加强了对书院的控制和管理。书院的山长与官学的学正、学录、教谕一样,须经礼部或行省及宣慰司任命,或备案。据《元史·选举志》记载:"凡师儒之命于朝廷者曰教授,路府上中州置之。命于礼部及行省及宣慰司者曰学正、山长、学录、教谕,路、州、县及书院置之。路设教授、学正、学录各一员。中原州、县学正、山长、学录、教谕,并受礼部付身。各省所属州、县学正、山长、学录、教谕并受行省及宣慰司扎付。凡路、府、州书院,设直学以掌钱谷,从郡守及宪府官试补。"[1]书院生徒一改自由择师受教传统,须由官方考核,规定"自京学及州、县学以及书院,凡生徒之业于是者,守令举荐之,台宪考核之"[2]。生徒出路,纳入官员轨道,或用为教官,或取为吏属。其三,书院的办学经费也部分纳入官方。朝廷一方面鼓励民间绅士、官僚出资赡学。例如,翁洲书院大德年间就有赡学水田 40 亩,涂田 150 亩。慈湖书院至正年间有田 117 亩,地 4 亩多,渡口 6 处。[3] 这些田地一般交由百姓耕种,收获后向书院缴纳一定数量的谷物。另一方面给予官方开办的书院享受与地方学校一样的待遇,山长授予官衔并领官俸;掌管经费的官员则直接由政府委派,便于控制书院的经费。其四,官学化还表现在书院的教学内容与官学相差不大,均以程朱理学为主,而且,所习内容只是程朱理学的躯壳而已,学术自由的空气已经比较淡薄了。

当然,也有一些书院不受官学化影响,显示出学术探究的精神。像慈

---

① （明）宋濂:《元史》(卷 38)、《选举志》,中华书局,1976 年。

② （明）宋濂:《元史》(卷 38)、《选举志》,中华书局,1976 年。

③ 钱茂伟、毛阳光:《宁波通史》(元明卷),宁波出版社,2009 年,第 120 页。

溪的宝峰书院,儒者赵偕①入元不仕,退居山林,建立书院,讲学乡里,因其不受官府的限制,反而保留了宋代书院的旧规,令人耳目一新。在他的指导下,不仅培养出了《琵琶记》的作者高明、《三国演义》和《水浒传》的作者罗贯中等知名学生,而且连当时政绩斐然的县令也诣门请业行弟子礼,可见其影响。

第三节　明州蒙学教育的发展

自古以来,我国就很重视儿童教育。在七八岁之前,一般在家庭接受教育,之后,方"出就外傅",入"小学"读书。从现代教育的角度看,古代"小学"阶段的教育乃为蒙学教育,因为"小学"教育的目的在于"蒙以养正",即指在儿童智慧开蒙之际,以正当的教育启发之,使之健康成长。因此,下文所指"蒙学教育"是指对七八岁至十五六岁少儿的教育,有时也涉及四五岁至五六岁幼儿的教育。

实施蒙学教育的机构,我国早在商周时期就已经出现,但主要为宫廷之内或达官贵人所设立,后来,随着私学的出现,民间开始出现蒙学教育机构,至汉代,这种机构渐趋成熟,称"书塾"。

宁波自西汉末年出现私学萌芽之后,其发展的脚步一直未曾停止,尤其是魏晋南北朝时期的家学更是胜人一等,不过,面向庶民子弟的蒙学教育仍然是比较薄弱的。到了宋代,这种情况有了很大的改善:一方面,蒙学教育机构的数量不断增加,并且自城镇扩展到农村;另一方面,蒙学教材更为丰富多彩,出现了除识字之外的专门教材,如道德教育、诗词歌赋、历史故事、典章文物等,各有专书。

一、蒙学教育的发展

自仁宗庆历年间起,北宋先后出现三次兴学高潮。在这兴学潮流涌动下,官办小学也随之发展起来。据现有文献推测,宁波最早的官办"小学"可能出现于庆历八年(1048)。当时,王安石任职鄞县县令,他在建县学的

---

①　赵偕,慈溪人,世称"宝峰先生"。入元不仕,在离今慈城西一里的大宝山设院教授,颇有影响。

同时,设立"小学"。① 南宋时期,随着政治、经济和文化中心的南移,宁波各地的官办小学更为普遍。当时,不仅州立小学规模空前,额内生徒常"以百计",自发前来"环堂而听者"更是"以千计"。② 就连海岛小县定海县也设立了"小学"。而元代在立国之初,就诏令路学、州(县)学内附设小学(详见本章第一节)。此外,元统治者还下令各地设立社学,以在农闲时蒙养农家子弟(详见本章第一节)。

因此,可以推测,宁波地区的蒙学教育自宋始,元朝有所发展,时蒙学教育机构遍及城乡,并呈现多样化发展特点。就其设立的性质而言,蒙学教育机构有两种类型:官办和民办。

民办的蒙学教育机构形式多样,主要有义塾(学)、家塾、族塾、书塾等,主要从事以识字和习字为主的启蒙教育,兼读《三字经》、《百家姓》、《千家诗》之类的蒙学读物。例如,北宋早期,鄞县上桥陈氏就辟屋储书卷、择明师,教其乡人,子孙世守,至南宋陈氏擢第跻通显者世不乏人。又如,慈溪县状元姚颖家族,曾祖姚皋于城南创必庆堂,办书塾,聘硕师,并聚宗族子弟入学,之后其家族成员入仕登科者甚多,以至于成为明州著姓。再如,时属绍兴州的余姚县吕次姚于县城内东北建吕氏义学,远近就学者常数百人;南宋绍兴年间,其裔孙重建,置屋 50 间,田 500 余亩,以资塾师膏伙等费用。

南宋时,随着重学风气的盛行,各种形式的私学更是如雨后春笋般的冒出来。1170 年,太府卿沈恒辞官回乡,在慈溪一村河之南(今沈师桥)建"海隅书屋",助乡民学习。③ 还有一些名宦大族延请讲师,对其子弟进行与官学内容相似的教育,如明州望族史氏家族成员史浚,"尤笃于教子,招延名士,宗族子弟之愿学者,皆预勉以修身之要"④。一些平民也设家塾,延师教子。据光绪《鄞县志·人物传二》记载,郑若冲"自置书塾,聚书数千卷,延师训子,虽卧病不废"。后其子郑清之登进士第,位至宰相。据陈晓兰研究,当时,鄞县的上桥陈氏、姚氏、汪氏、史氏、楼氏、城南杨氏、边氏、沈氏、袁氏、郑氏、余氏、陈氏以及奉化的舒氏、汪氏等家族都设有家塾。⑤

---

① 张彬主编:《浙江教育史》,浙江教育出版社,2006 年,第 142 页。
② (宋)吴潜修、梅应发、刘锡等:《开庆四明续志》(卷 1),《学校》,《宋元方志丛刊》本,中华书局,1990 年。
③ 曹屯裕主编:《浙东文化概论》,宁波出版社,1997 年,第 159 页。
④ (宋)楼钥:《攻媿集》(卷 105),《朝请大夫史君墓志铭》,《丛书集成初编》本。
⑤ 陈晓兰:《南宋四明地区教育和学术研究》,凤凰出版社,2008 年,第 41 页。

元代,宁波地区的民间教育机构也不少。例如,奉化胡正义在县治南十里畈,建胡氏义学,以课子孙,远近来学者给书籍、膳食。又如,鄞县应本仁在县治西南王家墩捐田建立义学,供乡人读书。更为著名的是,鄞县乡绅陆居敬与陆思诚兄弟在天历元年(1328),于县治东三十里,创建东湖义学,并捐田 160 亩,使得一乡之子弟"讲有席,息有榻",得到一定程度的教育。而鄞县人程端礼曾著《程氏家塾读书分年日程》一书,此书不仅对当地的家塾起着积极的引导作用,还对全国各地的官办或民办学校发挥着重要的影响。

民办与官办的蒙学教育相比,其办学形式更为丰富,也体现出一定程度的灵活性、实用性,较好地适应了社会的不同需求。

综上所述,宋元时期,宁波地区的蒙学教育较之先前有较大的发展,究其原因,恐怕有以下若干:(1)政府强调科举取士,促使民间读书之风兴起;(2)程朱理学思想日渐成熟,倡导蒙学教育;(3)不少学者编写了内容丰富、形式多样的蒙学教材;(4)雕版印刷术的盛行,推动了蒙学读本的出版发行。

二、蒙学教材的编写

宋代之前的蒙学教材多以识字读本为主,之后,蒙学教材出现分类编写的现象,以满足启蒙的不同需求。宁波学者编写的蒙学教材在当时颇具代表性,著名的有北宋鄞县人汪洙所作的《神童诗》,南宋鄞县人王应麟所作的《三字经》。

(一)汪洙与《神童诗》

《神童诗》是以诗歌形式对少年儿童进行伦理道德、文化知识教育,同时,又进行少儿诗歌教学的示范教材和读物。当时,流传很广。据明末学者朱国桢在《涌潼小品》中考证:宋朝汪洙,浙江鄞县人,官至观文殿大学士。据说他在八九岁时就善诗赋,自称"神童"。后有人将他幼年的诗作补诠成集,题为《汪神童诗》,在流传过程中简称《神童诗》。其实,《神童诗》并非汪洙一人所作,也非尽儿时作品,如其间有李白作品,还有南朝陈国末代皇帝陈叔宝的诗,因此,《神童诗》应为汪洙搜集材料,编著而成。按照内容分,《神童诗》可分为劝学、状元、言忠、帝都、四喜、早春、春游、暮春、寒食、清明、纳凉、秋夜、中秋、秋凉、七夕、登山、对菊、冬初、季冬、除夕等 19 类,共

24 首,全部为五言绝句,篇幅短小,诗味浓郁,格律严谨,音韵和谐,对仗工整,平仄准确,读起来情趣盎然。在 24 首诗歌中,有关劝学的就有 14 首,最有代表性的有:

> 天子重英豪,文章教尔曹。
>
> 万般皆下品,唯有读书高。
>
> 朝为田舍郎,暮登天子堂。
>
> 将相本无种,男儿当自强。

还有一首流传更为久远的《四喜》劝学诗:

> 久旱逢甘雨,他乡遇故知。
>
> 洞房花烛夜,金榜题名时。

这些诗都不禁让人想起宋真宗在其《劝学诗》中曾经描绘功名带来的"千钟粟"、"黄金屋"、"颜如玉"的巨大诱惑力。其他关于四季景物、节日礼仪的诗作,也很优美:

早春

> 土脉阳和动,韶华满眼新。
>
> 一支梅破腊,万象渐回春。

(二)王应麟与《三字经》

《三字经》是综合性的蒙学教材,在启蒙类读物中最具有代表性。它流传时间长,范围广,影响也最大。相传《三字经》是南宋学者王应麟编撰,也有人说是南宋区适子所作。但根据王应麟还曾作《姓氏急救篇》、《小学绀珠》等蒙学书的事实,《三字经》为王应麟编撰似更可信。《三字经》全书结构严谨,文字简练,概括性极强;三字成句,或三字倍数成句,句句押韵,朗朗上口;许多人少年读过,竟能终生不忘。全书首先讲明教育和学习的重要性:

> 人之初,性本善。性相近,习相远。
>
> 苟不教,性乃迁。教之道,贵以专。
>
> 昔孟母,择邻处。子不学,断机杼。
>
> 窦燕山,有义方。教五子,名俱扬。
>
> 养不教,父之过。教不严,师之惰。
>
> ……

其次便提出了伦理道德教育的基本纲领：

……

　　三纲者，君臣义。父子亲，夫妇顺。

……

　　曰仁义，礼智信。此五常，不容紊。

……

再次，还介绍了儿童应当了解的各种常识：

……

　　一而十，十而百。百而千，千而万。

……

　　曰春夏，曰秋冬。此四时，运不穷。
　　曰南北，曰西东。此四方，应乎中。

……

接着，是有关儿童的读书顺序以及相关书籍的介绍：

……

　　凡训蒙，须讲究。详训诂，明句读。

……

　　为学者，必有初。小学终，至四书。
　　论语者，二十篇。群弟子，记善言。
　　孟子者，七篇止。辨王载，说仁义。
　　中庸者，子思笔。中不偏，庸不易。
　　大学者，乃曾子。自修齐，至治平。

……

第五方面是概述中国历代王朝的兴衰：

……

　　夏有禹，商有汤。周文武，称三王。
　　夏传子，家天下。四百载，迁夏社。
　　汤伐夏，国号商。六百载，至纣亡。

……

　　高祖兴，汉业建。至孝平，王莽篡。
　　先武兴，为东汉。四百年，终于献。

……

最后,还列举历史上许多古人勤勉好学的范例,对儿童进行榜样教育:

······

> 头悬梁,锥刺股。彼不教,自勤苦。
> 如囊萤,如映雪。家虽贫,学不辍。
> 如负薪,如挂角。身虽劳,犹苦卓。
> 苏明允,二十七。始发愤,读书籍。

······

并以动物为喻,激励儿童好好学习:

······

> 犬守夜,鸡司晨。苟不学,曷为人。
> 蚕吐丝,蜂酿蜜。人不学,不如物。
> 幼习业,壮致身。上匡国,下利民。

······

《三字经》在极短的篇幅里包含了如此丰富的知识和道理,实属罕见,故问世以来,备受世人青睐和推崇,人称"袖里通鉴纲目"、"千古一奇书"。历代刊刻、注释、续作者不乏其人,如王相的《三字经训诂》,贺兴思的《三字经注释备要》等。近代学者章太炎也增补过《三字经》的内容,如:"赤道下,温暖极;我中华,在东北"、"古九州,今改制;称行省,二十二",等等。可见,《三字经》确实是启蒙儿童的难得之作。

第四节　高闶、王应麟的教学活动与教育思想

一、高闶的教育思想

(一)生平和主要教育活动

高闶(1097—1153),字抑崇,号息斋,谥宪敏。祖籍广陵(今扬州),先祖高昶时迁居鄞县。高闶一生都以从事教育活动为主。弱冠入太学,师事杨时。建炎二年(1128),升补上舍。绍兴元年(1131),赐进士第。绍兴六年(1136),改承奉郎,为秘书省正字,累官至国子司业。绍兴十三年(1143),朝廷建太学,高闶召任为国子司业,制订出太学学规,"偃然为天下师儒之首"。他提议在太学建"御书阁",并奏请科举考试以经义为主,诗赋为次,得到高宗

的同意。于是,把经义放在首位,以《六经》、《论语》、《孟子》为一场,诗赋次之,子史论又次之,时务策为最末,太学课试和地方科举都以此为法。此外,他还订立了地方士子补国子监生制度。草拟"乡饮"仪制。宋室南渡后学制多为高闶所建立。新学确立后,他奏请补试者达六千人,并亲自选荐国子学录,让老成之人来诱掖后进。次年三月,他率诸生上表请高宗视察太学。高宗赐给三品服,任其为祭酒等职,又授礼部侍郎。后遭秦桧排挤,他挂冠致仕,以《春秋》、《礼》教授乡里,著成《春秋集注》一书。该书以程颐的《春秋》学为本,发挥义理又不废考据,颇受后世学者推崇。

(二)主要教育思想

高闶的教育思想主要体现在以下三方面:

首先,高闶十分重视教育的作用,因此,他认为人君在兴造土木之时,应以修建学校为先,"崇学校以养人才,兴廉耻以励人之行"。

其次,高闶重视道德教育,认为学校教育的目的当以培养孝于家、忠于君的道德人才为首要任务。他说:"其义修,其节立,虽未试之事而治民之端已见,虽未授以位而爱君之义已彰。如是而用之,凡在位者皆忠勇也。"

再者,他比较重视家庭、环境在道德养成上的重要作用。他说:"为人父者义方以训其幼少,师友以范其成人,不示之以诈以其奸伪之端,不临之以慢以开其干犯之渐。未孝而已慈,未恭而已愿,如是而积之,凡在家者皆孝子也。"①

此外,他也重视日常教育实践对道德养成的作用,他认为,不忠不义之事并非于一朝一夕之间养成,而在于没有及早地加以分辨、改进,因此,他主张对不良思想及习惯应及早发现、纠正,否则"忠贤则不亲而小人之与从,忠义则不教而邪僻之使习,积久不已,殃及其身。于是乎君而见杀于臣,父而见杀于子"②。

二、王应麟的教育思想

(一)生平和主要教育活动

王应麟(1223—1296),字伯厚,号厚斋,自号深宁老人。祖籍河南开

---

① (宋)高闶:《春秋集注》(卷2),《四库全书》文渊阁本。
② (宋)高闶:《春秋集注》(卷2),《四库全书》文渊阁本。

封,曾祖王安道于建炎初随高宗南渡,乾道年间定居于鄞县。其父王㧑是嘉定十六年(1223)的进士,曾任徽州知州,累官至实录院检讨兼崇政殿说书、直秘阁。王㧑教子甚严。在其教诲下,王应麟9岁诵经书,18岁中进士。初仕衢州西安主簿,后监户部平江府百万仓、主管浙西提举常平盐茶账司。宝祐四年(1256)中博学宏词科,迁主管三省枢密院架阁文字、国子录、武学博士。开庆元年(1259),迁太常寺主簿,次年,因言边事忤丁大全而罢,不久通判台州。景定四年(1263),召为太常博士,迁秘书郎、著作佐郎。度宗即位,摄礼部郎官,草百官制表,操笔立就,丞相惊服。咸淳三年(1267),累迁起居舍人,兼权中书舍人。咸淳五年(1269),因忤贾似道而出知徽州。咸淳七年(1271),召为秘书监,权中书舍人,兼国史院编修、实录院检讨官及侍讲,迁起居郎兼权吏部侍郎。德祐元年(1275),迁礼部侍郎兼中书舍人,累至礼部尚书兼给事中。同年,因多次弹劾左丞相留梦炎未果,愤然东归故里。朝廷以翰林学士宣召,不赴。宋亡后,隐居不出,以教授子孙、著书立说自娱。

王应麟著作丰富,据张富祥考证,共有29种,除两种不知卷数,共计702卷。现存有16种286卷,包括《困学纪闻》20卷、《玉海》200卷、《小学绀珠》10卷、《姓氏急就篇》2卷,以及《词学指南》、《急就篇补注》、《诗地理考》、《周书王会补注》、《践阼篇集解》、《六经天文编》、《汉书艺文志考证》、《通鉴答问》、《通鉴地理通释》、《汉制考》、《诗考》、《周易郑康成注》等14种。[①] 其中,《困学纪闻》以札记的形式,将经、史、子、集各种内容分类编排,对文献典籍、学术渊源等进行了梳理、考订和评论,为王应麟晚年所作。《玉海》则为王应麟积30年精力而纂成,全书以年代先后为序,记述了自伏羲、尧、舜至南宋末年的各类事迹,所引六经、众史、百家、子集、注疏、传记、谱牒等,内容极为广泛。《小学绀珠》和《姓氏急就篇》皆为蒙学读物,前者从天道、津历、地理、人伦、性理、人事、艺文、历代、圣贤、名臣、氏族、职官、治道、制度、器用、儆戒、动植17个类型入手记事,内容广博,"为类书别创一格"[②];后者以记录姓氏为主,全文胪列名物、组织典故,融会贯通,每句之下,必注明姓氏之源,与历代知名之士,必一一标注所据之书,极为详密,后人誉其为"文词古雅,不减游书","可为小学之资"[③]。另外,《三字经》是其代表作,前已述。

---

①　张富祥:《南宋馆阁录·续录》,中华书局,1998年。

②　(清)永瑢等:《四库全书总目》(卷135),《子部·类书类一》,中华书局,1992年影印本。

③　(清)永瑢等:《四库全书总目》(卷135),《子部·类书类一》,中华书局,1992年影印本。

（二）蒙学教育思想

王应麟作为一位经史专家，影响力主要体现在其对文献学的贡献上，尤其是他注重考证的学术态度，以及博览兼综的治学特色。[①]就其蒙学教育思想而言，主要体现在以下三方面：

首先，王应麟非常强调知识的重要性。他说："君子耻一物不知，讥五谷不分，七穆之对以为洽闻，束帛之误谓之寡学，其可不素习乎！"[②]因此，他主张蒙学教育中应以引导儿童读书识字、通晓自然与社会常识作为主要目的。这一点也体现在其蒙学著作中，《三字经》、《姓氏急就篇》皆涉及大量社会和自然科学方面的基本知识。

其次，王应麟重视伦理道德教育，强调"蒙以养正"的蒙学宗旨。他说："尊名节、崇礼教、重伦纪、厚风俗，立国之根本也。"[③]在其编撰的《三字经》里，不厌其烦地讲君臣朋友之道、夫妇之伦、兄弟之序等礼制。在《小学绀珠》里录入"人伦类"、"性理类"等内容，宣扬封建伦理纲常。

再者，从《三字经》、《姓氏急就篇》、《小学绀珠》等蒙学教材简单流畅、整齐押韵的语言特点看，王应麟注重根据儿童的身心发展规律教育孩子，使趣味性与说理性合二为一。

第五节　程端礼与他的《读书分年日程》

一、生平和主要教育活动

宋以来，儒者都极注重读书，他们恪守朱熹"为学之道莫先于穷理，而穷理之要，必在于读书"的主张。但是，将朱熹的教育思想具体实施，并进一步细化的教育家却是元朝程端礼。

程端礼（1271—1345），字敬叔、敬礼，号畏斋先生，鄞县人。幼年聪颖慧悟，品行纯正。15岁就能记诵《六经》，通晓大义。后受学于史蒙卿，接受朱熹"明体达用"之学。初任广德建平（今安徽郎溪县）、池州建德（今浙江

---

① 陈晓兰：《南宋四明地区教育和学术研究》，凤凰山出版社，2008年，第197—208页。

② （宋）王应麟：《小学绀珠》（卷首），《小学绀珠序》，中华书局，1987年影印本。

③ （宋）王应麟：《通鉴答问》（卷2），《田单复齐》，《四库全书》文渊阁本。

建德市)两县教谕,历信州稼轩、集庆江东两书院山长,后又任铅山州学教谕、台州路儒学教授。此后归居乡里。至正元年(1341),程端礼被庆元路王居敬选为训导,督导诸生学习。

程端礼的一生都从事教育事业。他针对当时读书人"阿意曲徇,失序无本,欲速不达"的弊病,提出理学与举业兼顾,并注重教学方法的思想。在延祐二年(1315),编订了《读书分年日程》,从教育目的、教育阶段、课程设置、教学方法等方面详细阐述了读书治学的规划。该书不仅盛行于当朝,时国子监曾颁此书于郡邑学校,而且,明清朝也奉其为读书准绳,足见其影响力。另外,他还著有《春秋本义》、《畏斋集》等。

二、《读书分年日程》及其教育思想

《读书分年日程》是程端礼根据朱熹弟子辅汉卿所编的《朱子读书法》的而编订的,它比较全面地反映了程端礼的教育思想。下面从教育目的、教育阶段与教育内容、教学原则与读书方法等三方面加以阐述。

(一)论教育目的

自科举推行以来,已成为士子为官及家族发达的重要途径,若要使读书人绝意于举业是不现实的,但是,如果读书仅仅是为了沽名钓誉,获取功名利禄,则也是"失序无本",即失去"明理"之目的。因此,程端礼想解决的是举业、学业乃至道德人生的统一问题。一方面,他指出科举使人急功近利的弊端,反对专务科举、不修性理的做法。他说:"凡读书才挟册开卷,已准拟作程文,用则是未明理已计功,未正谊已谋利,其始不过因循苟且,失先后本末之宜而已,宜知此真儒之君子小人所繇以分,其有害士习,乃如此之大。"[1]另一方面,他又盛赞元代科举制中专用程朱集注的做法是"学者之大幸"。他说:"方今圣朝科制明经,一主程朱之说,使经术、理学、举业三者合一,以开志道之士,此诚今日学者之大幸,岂汉、唐、宋科目所能企其万一。"[2]正是在这种"使经术、理学、举业三者合一"的思想指导下,他编订了《读书分年日程》,相信若能按照这个日程进行全面系统而严格周密的学习,就能培养出"达性理、明经术、通治道、考制度、知古今、善文词",而为国

---

① （元）程端礼:《读书分年日程》,商务印书馆,《四部丛刊·续编》本。
② （元）程端礼:《读书分年日程》,商务印书馆,《四部丛刊·续编》本。

家所用的实学人才。

显然,程端礼针对科举时弊而提出的教育目的,具有现实意义,对后世也有很大的借鉴价值,但是,他想借此达到"心与理相浃"、"身与道为一",从而实现"经之无不治,理之无不明,治道之无不通,制度之无不考,古今之无不知,文词之无不达,得诸身心者,无不可推而为天下国家用"的教育理想有点夸大。

(二)论教育阶段与教育内容

《读书分年日程》最富有创造性的部分就是"分年"、"日程"思想的提出。"分年"主要针对朱熹"宽著期限,紧著课程"之说,指依照人的年龄、心理特征和思维发展水平,把教育分成四个阶段,即8岁未入学前——启蒙教育阶段;8岁至15岁——小学教育阶段;15岁至20岁——大学基础阶段;20岁至25岁——大学提高阶段。每个阶段学习不同的课程内容。"日程"则是"主朱子教人读书法六条修",即要根据正确的教学原则和方法进行学习。为此,程端礼详细制定了学生每月每天的读书学习计划,而且他根据不同课程把学习计划分成天数不等的周期,还具体说明不同的学习方法。

启蒙教育阶段学习程逢原增补的《性理学训》,以及朱熹的《童蒙须知》。他认为每日要教儿童读上《性理学训》三五段,并将《童蒙须知》抄贴于墙上,每饭后记说一段。

小学教育阶段课程有读经、习字、演文。读经包括朱熹的《小学书》,以及《四书》、《五经》正文;习字是以《智永千字文》为摹本,影写楷书,每日练字1500个,日后增加至2000、3000、4000字;演文是口述《小学书》,通常是每句先逐字训之,然后通解一句之义,再通解一章之义,以学演文。教学时间安排是一周五日,前三日读经,第四日习字,第五日演文。

大学基础阶段课程依次有经学、史学、文学和治事。他认为这一阶段主要是对小学阶段学习的巩固,随着身心的成熟,此时读书的种类和数量大大地增加了。首先是读经书,包括《论语集注》、《孟子集注》、《中庸章句或问》、《论语或问》、《孟子或问》,同时还抄读《周易》、《尚书》、《礼记》、《春秋》等本经,而且,程端礼对每一种本经的抄法、读法都作了详细的说明。其次,读史书,包括《通鉴》、《史记》、《汉书》、《唐书》、《唐鉴》等,程端礼根据自己经验把历史内容分为"君臣心德之明暗,治道之得失,纪纲之修废,……风俗之厚薄,外夷之判服"等方面,并要求学生据此详细记录所读史书的类别,标识在醒目位置,"以备逐项思玩当时之得失"。再次是读文,主要是抄读韩愈的文章和《楚辞》,以学习篇、章、句、字法,为日后学习作文打下基础。最后是读治事之书,主要包括律历类、礼乐类、兵刑类、天文类、地理类、官职类、郊祀类、井田类、学校类等书籍,涉猎极为广泛,作实用之图。教学时间安排因课程不同而不同:读经如前;读史是五日一周,二日为复习巩固经学;读文是六日一周,三日为复习巩固经学、史学时间。

大学提高阶段除背诵、温习所学经、史、文、事等各科书籍外,专以二三年时间学习作文,以应科举。作文包括经问、经义、诗赋、诰表章、策论等类别,可以韩愈之文为范文,兼选欧阳修、曾巩、王安石、柳宗元、苏洵等文章。教学时间安排是十日一周,九日读书,一日作文。

以上即为"分年"。关于"日程",程端礼还细致地制定了五种日程:读经日程、读看史日程、读看文日程、读作举业日程、小学习字演文日程。学生每读一书立一簿,分别按单元、日、周、月一一记录,逐项检查。一般是要求学生当天就注明各门功课的学习进度及纲要,第二天学生再把日程簿交给教师审阅。教师则根据学生平日记录情况,在每一单元教学后及时检查评估学生的学习业绩,掌握学生学习情况,并给予反馈。

(三)论教学原则与读书方法

程端礼在关于"分年"、"日程"的解释中,还包含着对朱子"读书六法"——循序渐进、熟读精思、虚心涵泳、切己体察、着紧用力、居敬持志的新的理解,这表现为他关于教学原则和读书方法的看法,现叙述如下。

1. 教学原则

(1)循序渐进

程端礼的教育阶段划分鲜明地体现了循序渐进的教学原则,因为他对每个教育阶段规定了"由浅入深,由易到难"的教学任务。如启蒙教育阶段以日常行为习惯培养为主,小学教育阶段开始学习经书,大学教育阶段则是博览群书,这样的安排完全适应人的身心发展特点。同时,每个阶段内的学习内容也体现循序渐进的原则,如小学阶段先学浅显的《小学书》,然后依次学习《四书》、《五经》的一部分,《四书》先学《大学》,次学《论语》、《孟子》、《中庸》,《五经》则依次学习《书》、《诗》、《礼》、《春秋》。

(2)计划性与针对性相结合

在前文的教学时间安排中,反映出程端礼关于学习的计划性,如小学

教育阶段学习周期为五日,三日读经,一日习字,一日演文。大学基础教育
阶段学习周期因课程不同而不同:读经如前;读史是五日一周,二日为复习
巩固经学;读文是六日一周,三日为复习巩固经学、史学时间。大学提高阶
段的学习周期是十日,九日读书,一日作文。而学生日程簿的记录则反映
出师授的针对性,也就是根据每个学生的具体情况给予不同的指导。

2. 读书方法

(1)读书要集中专一,坚持不懈

程端礼以为读书要集中专一,还要树立坚持不懈的恒心。读书必一本
一本地治,而且每本书必看百遍,背读百遍,再通读二三十遍,其间不可松
懈,遍数更是不可更改。他说:"尽一日之力,须足六七百字,日用年长,可
近一千字。宁剩段数,不可省遍数,仍通大段,倍数二三十遍,或止通倍读
全章正经并注、或问,所尽亦可。必待一书毕,然后方换一书,并不得兼读
它书,及省遍数。"①一旦松懈,或遍数减少,就会使效果大打折扣。

(2)温故而知新

在谈到小学和大学阶段读书方法时,程端礼非常强调复习、巩固。他
说:"每夙兴,即先自倍读已读册首书,至昨日所读书一遍,内一日看读,内
一日倍读,生处,误处,记号以待夜间补正遍数。其间,日看读本,为童幼文
理未通、误不自知者设。年十四五以上者,只倍读,师标起止于日程空眼
簿,凡册首书烂熟,无一句生误,方是功夫已到,方可他日退在夜间与平日
已读书轮流倍温,乃得力。如未精熟,遽然退混诸书中,则温倍渐疏,不得
力矣。"②这段话中,他要求温习的时间至少有三次,即开课时、晚间、他日。

(3)学思结合

孔子曾说:"学而不思则罔,思而不学则殆。"程端礼接受了学思结合的
传统思想,一方面主张博学,另一方面主张精思。例如,在谈到小学阶段的
读书任务时指出,《小学书》读完后,还要参看其他书籍,《增广字训纲》、《字
义》、《续字义》、《太极图》、《通书》,等等,"或看或读,必详玩潜思,以求透彻
融会,切己体察,以求自得"③。大学阶段的书籍更是广泛,涉及经、史、文、
事等类。学思结合的目的在于为大学提高阶段的作文作准备,"经史熟、析
理精,有学、有识、有才,又能集义以养气,是皆有以为文章之根本矣。不作

---

① (元)程端礼:《读书分年日程》,商务印书馆,《四部丛刊·续编》本。

② (元)程端礼:《读书分年日程》,商务印书馆,《四部丛刊·续编》本。

③ (元)程端礼:《读书分年日程》,商务印书馆,《四部丛刊·续编》本。

则矣,作则沛然矣"①。

　　《读书分年日程》是程端礼的一个创造。问世以来,江浙一带的书院、私塾纷纷刊印或抄写,并将其运用到实践中去。甚至引起元统治者的重视,将其颁行于各地方学校,作为学校办学的示范。不仅如此,它对后来的明清书院及学校教育均有很大的影响,如王阳明主持书院时,也曾制订日程,规定学生每天的功课次序。清代陆世仪主讲东林书院和太仓书院时,制订了分年、分等、分类的学习书目。到清末,不少著名的书院和学堂,都拟有详细的各种课程次序,规定授课日程,以及何时进行句读、评校、抄录、摘要、写札记、作文等方面的练习。由此可见,程端礼及其《读书分年日程》在我国教学理论思想中占有重要的地位。

---

① 　(元)程端礼:《读书分年日程》,商务印书馆,《四部丛刊·续编》本。

第五章　明朝时期的宁波教育

　　明朝政权的地方建制实行省、府、县三级行政管理体制，浙江是当时 15 个省级行政区之一，而宁波是浙江 11 府之一。1368 年，时为元庆元路的宁波归顺明朝政权，明朝将庆元路改为明州府。洪武十四年(1381)，因明州称号与明朝国号相同，改明州为宁波，取"海定则波宁"之意。洪武十七年(1384)，改昌国县为昌国卫，并于洪武二十年(1387)移于象山县三部海口东门，原昌国城以其县居海岛，居民分散，仅有五百户，并入定海县。[①] 明成祖永乐十六年(1418)，慈溪县改慈谿县。时又废昌国县，至此，宁波府拥有属县 5 个，即鄞县、慈谿县、奉化县、定海县、象山县。至于今天的宁海县，时属台州府，而余姚时属绍兴府。

　　在明朝政府强化专制的文教政策下，宁波的文化教育延续了两宋以来文风鼎盛、注重教育的传统，重视发展地方官学，在加强府、州、县学的同时，进一步在农村地区大量设立社学。书院教育在明中叶以后也十分活跃，时王阳明及王门弟子以传播"心学"为己任，推动了当时书院的发展，讲会之风盛极一时。

---

　　① 　政协宁波市委文史资料研究委员会编：《宁波文史资料第一集》，1983 年 12 月，第 10 页。

第一节　官方教育的加强

明太祖朱元璋在立国之初,就已经认识到"世治宜用文"的道理。他说:"今天下初定,所急者衣食,所重者教化。"为此,他确立了"治国以教化为先,教化以学校为本"①的文教政策,积极发展官方教育,加强思想控制。

一、完善府、县两级的儒学体系

1. 府、县学的普遍设立

洪武二年(1369),明太祖发布兴学令,"令郡县皆立学校,延师儒,授生徒,讲论至道",并规定府学设教授1人,州学设学正1人,县学设教谕1人,生员的数量是"府学四十人,州、县以次减十"②。宣德元年(1426),规定增广生之名额,在京府学60人,在外府学40人,州、县学以次减之。

据此,宁波府设1座府学,5座县学。府学于洪武元年(1368)建立,后历经数次修缮,位置在宁波城内西北隅,在府治北鉴桥西面。当时,府学还另设医学内外两科提领。洪武十五年(1382),于府学明伦堂立"卧碑",揭示学规和禁例十二条,严厉约束生员。洪武十七年(1384),改设医学正科。同年,在府学东面建阴阳学。

按照规定,府学设教授1名、训导4名、司吏1名。县学设教谕1名、训导2名、司吏1名。生员规模是府学40人、增广生40人、附学生员不定。县学减半,即生员20人、增广生20人、附学生员也不定。额定生员每人每月由国家发给食米六斗。

与以往官学不同的是,明代的官学加强了与科举的联系,成为了科举的必由之路。学生只有经过官学组织的科考,合格者才能取得参加乡试的资格,然后,一步一步往上爬。因此,士子只有进入学校并通过科考才能最终到达科举的顶端。

不过,明中叶以后,由于中央集权的专制统治出现危机,国家对学校教育的控制大大地削弱,致使官学不振,教学质量急剧下降。宁波当时的读

---

① （清）张廷玉：《明史》《选举志》（卷1），中华书局，1974年。
② （清）张廷玉：《明史》《选举志》（卷1），中华书局，1974年。

书风气亦随之大变,"土苴经籍,弗略其罿,惟市肆科试之文是诵是肆,澡德 谡躬之术多所放黜,甚或朋淫游宴,闒官府以关说短长,而风斯下矣"①。时 地方官员对教育监管亦有放松,如嘉靖七年(1528),有人批评时任宁波府 学的教授陆奎章"督责甚宽",陆奎章竟答曰:"此渔士之囮,吾耻为之。吾 与诸秀敏者,朝夕肆肆,即不能者可勉,他何为哉!"②

2. 地方官对教育的重视

在政治、教育一体化前提下,地方官是否重视学校教育对于地方教育 的兴盛很是关键。"知府秩高而禄厚,有吏卒刑禁之盛其上,故人畏而敬 之。教授秩卑而禄薄,无吏卒盛令,徒以礼仪化诸生,故人狎而易之。"③幸 运的是,宁波府历任地方官对府、县学的管理极为重视,在任职期间,不仅 亲自督学、讲学,还热心修缮、扩建学宫,并解决儒学经费问题。

据记载,郑珞为宁波知府时,每当处理完公务,就到府学明伦堂"与诸 生质难可否,奖其良而惩其不率"④。弘治年间(1488—1505),宁波知府伍 符常到学校,"稽生员之勤惰而劝惩之"⑤。正德十三年(1518),宁波知府寇 天叙理政之余,宣讲理学。

各地知县也是以不同方式鼓励诸生好好学习。正德元年(1506),定海 知县陈轼"尤加意学校,每月给油炭,以资肄业"⑥。嘉靖十三年(1534),慈 溪知县王德溢礼贤下士,振兴学校。隆庆六年(1572),象山代理知县周光 镐捐献月俸,购置图书,入藏县学,以补县学图书不足之需。万历二十五年 至二十八年(1597—1600),奉化知县樊毅"作兴文学,时引青衿子弟,设俎 豆,陈经术,旁及艺文,讲贯不辍"⑦。

每一任地方官上任之初,往往还会大兴土木,修缮学宫。洪武十九年 (1386),知府李仲文"兴学校,建明伦堂、尊经阁"。永乐十一年(1413),通 判樊磐等人带头捐俸银,集资重修府学。后来,府学于正统元年(1436)、天 顺八年(1464)、嘉靖三十六年(1557)、万历四年(1576),分别由宁波知府郑

---

① (明)张时彻:《芝园定集》(卷32),《送郡长华野周公入觐叙》,《四库全书》文渊阁本。
② (清)李卫等:雍正《浙江通志》(卷152),《陆奎章》,中华书局,2001年。
③ (明)桂彦良:《送崔斯立序》,见《敬止录》第三册,浙江图书馆抄本影印本。
④ (清)李卫等:雍正《浙江通志》(卷152),《郑珞》,中华书局,2001年。
⑤ (明)严端:《弘治十二年记》,见《敬止录》第五册,《学校考》,浙江图书馆抄本影印本。
⑥ (民国)《镇海县志》(卷21),《陈轼》,见《中国地方志集成本》,上海书店出版社, 1993年。
⑦ (清)《奉化县志》(卷18),《樊毅》,见《中国地方志集成本》,上海书店出版社,1993年。

珞、张瓒、张正和和周良宾重修,使其气象一新。

各地县学也在地方官的重视下,加以整修。天启年间(1621—1627),定海知县顾宗孟"榷关税,得额外羡五百余金,悉以缮学宫"①。嘉靖七年(1528),奉化知县陈缟督修学宫,后在崇祯间(1628—1644)又由知县胡梦泰拨出资金加以修缮。嘉靖三十六年(1557),因倭寇之乱而被毁坏的慈溪县学得以重建。

此外,地方官还想方设法解决办学经费短缺问题。明朝地方政府的办学经费并不充裕,常常捉襟见肘,为此,地方官必须帮助学校解决经济问题,才能使学校正常运作。嘉靖二十年(1541),奉化知县徐宪忠拨出百亩田地,作为学田。万历五年(1577),鄞县知县杨芳将由寺庙侵占的一万三千余亩田地归还县学。万历二十九年(1601),巡抚刘元霖下令给府学及五县学置办学田。万历四十年(1612),知府戴新置学田,得慈溪县山田513亩、奉化县田地308亩、定海县618亩、鄞县42亩。崇祯十四年(1641),府学又置学田11亩。②

二、社学教育的兴盛

社学之设始于元代,明朝则是社学得以大力推广的时代。洪武八年(1375),明太祖下诏要求全国各地普设社学:"昔成周之世,家有塾,党有庠,故民无不习于学,是以教化行而风俗美。今京师及县皆有学,而乡社之民未睹教化,宜令有司更置社学,延师儒以教民间子弟,庶可导民善俗也。"③其后,朝廷又在洪武十六年(1383)、正统元年(1436)、成化元年(1465)、弘治元年(1488)、弘治十七年(1504)等年份多次下诏督设社学,悉心调教民间童子,要求熟读《四书》,并讲习冠、婚、丧、祭之礼。

在朝廷政令的推动下,宁波府、县地方官员对社学很是重视。例如,正德末年(1521),奉化知县朱豹不仅督建社学一所,而且,每月的朔日、望日,必亲自到社学讲学,学子们大受鼓舞。嘉靖十年(1531),宁海知县黄允谦建社学、置社田,使宁海的社学得到良好发展。直至作为明转折点的万历中叶,定海知县时偕行还在继续创办社学。

在政令和地方官的督促下,宁波府、县各乡隅各立社学,年十五岁以下

① (民国)《镇海县志》(卷21),《顾宗孟》,见《中国地方志集成本》,上海书店出版社,1993年。
② 钱茂伟、毛阳光:《宁波通史》(元明卷),宁波出版社,2009年,第310页。
③ (明)《明太祖实录》(卷96),1940年影印江苏国学图书馆传抄本。

送社学读书,不愿意者不强求。社学主要以宣扬封建伦理道德为主,除学习《三字经》、《百家姓》、《千字文》等蒙学教材外,还特别强调冠、婚、丧、祭等礼节,又兼读"御制大诰"、"本朝律令",使儿童从小就接受封建礼教之规范。宁波府所设社学的情况在县志中都有所记载。根据明代县城的行政区划,县城设坊,其四周设隅,其郊外设乡或都,社学主要分布在坊隅或乡都。成化年间(1465—1487),象山共有社学 24 处;慈溪县城坊隅社学 15 处、乡都 35 处;奉化县城坊隅 1 处、乡都 7 处;定海县城坊隅 1 处、乡都 24 处。1504 年,鄞县于县城东南、东北、西南、西北四隅,附郭甬东、城西二隅,各隅建社学一所。[①]

社学作为当时最基层的教育组织,不仅起到教化的作用,而且直接关系到儒学的生源,社学学习成绩优秀者,可被直接选送至府、县学,走科举入仕之途。

另外,义学也有若干建置。宣德五年(1430),定海卫指挥余斌建一所义学,延聘师儒,教化乡里。

三、科举仕进的鼎盛

科举取士自隋产生后,经过唐、宋两代的改进和发展,逐渐得以完善。明代则在承继前代的基础上,在制度上进一步加以规范和强化,并确立了八股试士的取士方法。宁波自两宋以来已经奠定教育基础和人才优势,至明代,进士及第的人数依然位居浙江省乃至全国前列。

明初,政府选才采取开科取士与荐举并用的办法。其中,荐举的科目有明经、贤良方正、孝悌、儒士、孝廉、秀才、人才等,不拘一格。洪武六年(1373),鄞县人单仲友、慈溪人桂彦良、象山人钱唐皆举明经入选。而科举开开停停数次,实质上形同虚设,尤其在洪武六年,朝廷以"所取多后生少年,能以所学措诸行事者寡"为由"罢科举十年",至洪武十五年(1382)才重又恢复。洪武十七年(1384),明太祖"始定科举之式,命礼部颁行各省,后遂以为永制",自此,荐举渐淡,科举日重。特别是英宗以后,科举的地位越来越高,"非进士不进翰林,非翰林不入内阁"。

据吴宣德《中国教育制度通史》(卷 4)之《浙江布政司进士分布表》统计,宁波境内共有进士 882 人,详见表 5-1。

---

① 　钱茂伟、毛阳光:《宁波通史》(元明卷),宁波出版社,2009 年,第 308 页。

表 5-1　明代宁波府各县进士数

鄞县	慈溪	奉化	象山	定海	余姚	宁海	总计
249	214	38	11	24	330	16	882

资料来源:李国钧等总主编,吴宣德编:《中国教育制度通史》(卷 4),山东教育出版社,2000年,第 505 页。

其中,鄞县、慈溪、余姚进士及第率最高。其间,两宋时期曾现的父子、叔侄、兄弟和祖孙登科及第的情况又再显现。以慈溪为例,有姚汀与姚潗两兄弟、冯元飙兄弟仁人;姜国华与姜应麟、王纯与王镕、姚镆与姚涞、周璇与周士英、冯成能与冯时俊、冯若愚与他的三个儿子等六对父子;姚镆与姚汀、姚潗叔侄仁;孙懋与其孙孙成名等。另据陈剩勇研究,这三个县是明代全国单个县出百人以上的三十三个进士县之三。①

在这些进士中,包括王阳明、张时彻、范钦、姚镆等重臣名人,还有明朝近三百年历史中连中“三元”②的三进士之一慈溪人杨守勤,时万历皇帝曾下旨在县衙前建三元坊以资褒奖。例如,姚镆,弘治六年(1493)中先后主礼部主事,进员外郎,累擢广西提学佥事,贵州按察使,右副都御史,巡抚延绥。后进工部右侍郎,兵部左侍郎,至兵部尚书(正二品),总制陕西三边军务。《明史》记载:“天下布政使廉名最著的二人,是梁材与姚镆。”③

另据钱茂伟等学者研究,从时间上分布,上述宁波科举人才的涌现以明朝嘉靖(1522—1566)中叶为界,之前,宁波的科举人才多,之后,则有所减少。④ 其原因较为复杂,既有明朝科举制度本身存在的流弊,也与嘉靖中叶后官学衰微,以及地方官疏于学校教育监管有关。

第二节　书院教育的发展

明朝,宁波的书院一般都是从明中叶开始涌现,其间,除了政治、科举等因素影响之外,王阳明的影响不可小觑,他在家乡的讲学,以及致力于书院建设的拳拳之心推动了宁波书院的发展,一时形成讲会之风。

---

① 陈剩勇:《浙江通史》(明代卷),浙江人民出版社,2005 年,第 289 页。

② “三元”指科举考试的三个级别的第一名,即各省乡试的第一名举人,称“解元”;全国会试的第一名贡士,称“会元”;贡士们再经过殿试,由皇帝钦定的第一名称“状元”。

③ (清)张廷玉:《明史》(卷 14),《列传》(88),中华书局,1974 年。

④ 钱茂伟、毛阳光:《宁波通史》(元明卷),宁波出版社,2009 年,第 311 页。

一、书院教育的沉寂与复兴

明朝前期,统治者重视官学,尤尊朱熹之理学,并通过科举制而令士子习之。此举致使骛功名者聚于学校,反之,书院教育则一度陷于沉寂状态,历时达一百二十几年。直至成化(1465—1487)、弘治(1488—1505)年间,书院才开始在各地复兴,至嘉靖(1522—1566)、万历(1573—1619)年间达到高峰。究其原因,大致如下。

(一)国家出现政治危机

明中叶以后,高度中央集权的专制政治日渐腐败,皇族宗室明争暗斗,各级官僚趋炎附势,统治集团上上下下都争相敛财,鱼肉百姓,致使民不聊生,社会矛盾不断激化,农民起义风起云涌。另外,朱学也越走越窄,显示出空疏烦琐的治学习气。在这一背景下,有些人开始反思现状,力图寻找一种良策以救国救民。书院也因此而得以复兴。

(二)官学衰落

随着政治危机的出现,国家对官学的管理也失去有效的控制,学校教育逐渐走向衰败。加之,官学作为科举的附庸所具有的内在弊端,致使官学生员无心向学,而是通过旁门左道,如买卖关系,从而取得学校出身,以作为入仕之跳板,这更使得官学学风日衰。诚如张正藩所说:"此由于国学之制渐隳,科举之弊孔炽,益以王守仁、湛若水等热心讲学的影响。"[①]为了挽救时弊,倡导学术,一些理学家只好倚重书院讲学,以补救官学教育之不足。

(三)科举流弊暴露

自科举成为明朝选士的主要途径以后,虽然客观上促进了学校教育的发展和规模的扩大,但是另一方面却又造成了学校教育功能的萎缩,即仅仅成为科举的"通道"。从教育内容来看,与科举无关的内容被置于无所谓的地步,绝大多数生员都置之不理,至于品行修养、经世致用才能的培养则根本无暇顾及。从教育方法看,主要以记诵和八股文程式的训练为主,教

---

① 张正藩:《中国书院制度考略》,江苏教育出版社,1985年,第27页。

学过程死气沉沉。从教育目的看,乃是为应试而准备,为此,绝大多数生员表现出急功近利的行为倾向。凡此种种,都使学校教育的功能受到限制,并导致学风浮夸,士子利禄熏心。科举流弊暴露无遗,令人担忧。

（四）王阳明、湛若水的讲学之风

王阳明作为心学的集大成者,不论是身贬龙场,还是巡抚两广,所到之处必建学校,必开书院,亲自讲学,历时达 22 年。经他亲手所创建的就有龙岗书院、贵阳书院、濂溪书院、稽山书院、敷文书院等。在稽山书院讲学时,来自全国各地的听讲者达 300 多人。在江西讲学时,"四方学者辐辏,始寓射圃,至不能容,乃修濂溪书院居之"①,足见其影响之大,风气之广。另一位明朝重臣湛若水也是笃志于讲学,力勤于建书院,历时 52 年。经他手所建的书院有云谷书院、大科书院、甘泉精舍、天关书院、明诚书院、龙潭书院、独冈书院、莲洞书院等。

王阳明和湛若水都是明朝重臣,两人学识又极高,他俩的热心讲学无疑对书院教育的兴盛有十分重要的影响。例如,王门弟子为祀其师,也纷纷建立书院,足迹遍布全国。

二、宁波书院的创建情况

据曹松叶《宋元明清书院概况》的统计,明代书院建置,以各省份而言,江西、浙江两省的数量居全国一、二位,分占全国书院的 19.59％ 和 10.07％。另据《浙江教育史》统计,时宁波有书院 31 所,居浙江省前列,它们都是从明朝中叶起涌现的。有影响的书院列表如 5-2。

表 5-2　明代宁波主要书院一览表

书院名称	地址	创办时间、创办者	备注
横溪南山书院	鄞县横溪	黄润玉	黄润玉晚年著述讲学之所,学宗程朱
镜川书院	鄞县县治西北	鄞县人杨茂元	
南山书院	镇海	始于宋朝沈焕	重建
宝阴书院	慈溪县小北门外	参政冯烶	为冯烶之父教授冯柯晚年讲学之处

① （明）王阳明：《王文成公全书》（卷 32）、《年谱》,上海古籍出版社,1992 年。

续表

书院名称	地址	创办时间、创办者	备注
东泉书院	慈溪县治东郊	尚书姚镆门人捐资所建	姚镆晚年讲学之处
西溪书院	慈溪北山	参议周旋	
屿湖书院	慈溪县东郭外	不详	秦宗道讲学之处
竹庄书屋	奉化县北 20 里泉口	刑部主事孙胜	藏书之所
聚奎书院	象山县学南	县令周官所建	
姚江书院	余姚县城南半霖	崇祯十二年(1639),沈国模、史孝咸所建	祀王阳明
南渠书院	余姚县志西门外	嘉靖年间巡按张科、王廷聘所建	祀明大学士吕本
复初书院	余姚胜归山刘将军庙	1614 年建	祀抗倭名臣胡宗宪
缑城书院	宁海县县志东南	1594 年,县令王演畴所建	
竞成书院	宁海县东北 70 里拆溪	明初徵士陈用中	陈用中读书之处
石镜精舍	宁海县前童石镜山	约 1381 年,童伯礼所建	方孝孺曾应邀主持书院,并题有多首记述该书院的诗作

资料来源:宁波市教育委员会编:《宁波市教育志》,浙江教育出版社,1996 年,第 5 页。

明代书院的一个突出特点就是采取讲会方式组织教学。前文曾提到,"讲会"是指学术团体,"会讲"是指学术聚会,而会讲时一般都有学者讲论。如果搞清楚这一点,那么,一般就不难理解何谓讲会方式。讲会作为一种学术团体,经常都举行会讲,会讲是讲会的一种活动形式之一;但是,反过来,会讲也可能是与某一讲会组织无关的一种学术聚会,例如,来自不同流派的学术团体聚在一起就某一主题展开研讨。而讲学则具有更为广阔的覆盖面,任何一个学术团体在任何一种形式的学术活动中都可以进行讲学。书院教育采用讲会方式也就意味着,将师生或单纯由学生组成一个学术团体而共同学习,以此可以提高教学质量。

据钱德洪记载,王阳明第一次讲会的经历是在嘉靖四年(1525),他"定会于龙泉寺之中天阁,每月以朔、望、初八、廿三为期"。王阳明还作《书中天阁勉诸生》一文,说:"虽有天下易生之物,一日暴之,十日寒之,未有能生者也。承诸君子不鄙,每予来归,咸集于此,以问学为事,甚盛意也。然不能旬日之留,而旬日之间,又不过三四会。一别之后,辄复离群索居,不相见者动经年岁。然则岂惟十日之寒而已乎？若是而求萌蘖之畅茂条达，不可得矣。故予切望诸君勿以予之去留为聚散。或五六日、八九日，虽有俗事相妨，亦须破冗一会于此。务在诱掖奖劝，砥砺切磋，使道德仁义之习日亲日近，则世利纷华之染亦日远日疏，所谓'相观而善，百工居肆以成其事'者也。相会之时，尤须虚心逊志，相亲相敬。大抵朋友之交以相下为益。或议论未合，要在从容涵育，相感以诚，不得动气求胜，长傲遂非。务在默而成之，不言而信。其或矜己之长，攻人之短，粗心浮气，矫以沽名，讦以为直，扶胜心而行愤嫉，以圮族败群为志，则虽日讲时习于此，亦无益矣。诸君念之念之！"①这段话应该清楚地道出了讲会之要旨和规则。此后，该讲会就逐渐发展成为宁波的"姚江学派"，讲会之地也改为姚江书院。

自此，不仅宁波的书院教学以此为特色，王阳明及其门人将其传播到全国各地，各地书院都建立起讲会制度，而且，各地还诞生了各种名称的讲会，遍布大江南北。心学也因此得以广泛流传。

在上述各书院中，尤以姚江书院和石镜精舍最为著名。姚江书院前身是义学，由王阳明弟子及私淑创建，为养贤、育才、讲学、论道之处。王阳明于正德十六年(1521)和嘉靖四年(1525)，两次讲学于龙泉山中天阁，作《书中天阁勉诸生》文，逐渐形成"姚江学派"。崇祯十二年(1639)，余姚人沈国模、史孝咸崇尚阳明学说，在义学原址上创办姚江书院。沈国模为人品行端正，且学识精粹，办学强调"欲使其事不朽，必先使其人不朽"，故书院规约甚严，要求学生"立志宜坚，不得因循苟且；谦恭宜笃，不得夸大傲慢；伦纪宜敦，不得荒礼废职；取与宜严，不得贪利昧义；进身宜正，不得诡遇置滥；识量宜宏，不得彼我是非"。这才有后文所述的各项规章制度以及书院的兴盛。史孝咸亦为一谦谦君子，继沈国模之后主持姚江书院，常以"谨言慎行相勉"，要求门人"各各鞭策自己"，做到"居处恭，执事敬，与人忠，精察力行之"。二人开创之办学特色绵延流长，直至清朝，在浙东都颇有影响。

正是在沈国模、史孝咸的主持下，姚江书院办学甚为规范，据《姚江书院志略》记载，书院内部规章制度有训约 10 条，即一曰立意宜诚；二曰勘理宜精；三曰伦纪宜敦；四曰威仪宜摄；五曰识量宜宏；六曰取与宜言；七曰学术宜端；八曰读书宜进；九曰举止宜谆；十曰功课宜勤。另有书院规约 6 条，书院规要 6 事，书院任事 6 条，书院会则 12 条，以及对书院宗旨、听讲纪律、

---

①　(明)钱德洪：《阳明年谱》，浙江书局，清光绪间刻本。

办事人员职责、"讲会"制度程序、辩论纪律等,都作了详细的规定。尤其是书院健全的"讲会"制度,让人肃然起敬。书院初创时,月有会,会有讲,仪式庄重,交相砥砺,甚为激烈。例如,邵念鲁讲学时,"先一日戒众,阙明,诸子及地方吏毕至,释菜于先贤,如礼出,即讲堂南向坐。童子歌诗,阙为讲艮易卦,闻者肃然。父老皆喜曰,数十年仅见此也"。后来,黄宗羲亦曾于此讲学。

而石镜精舍约建于明洪武十四年(1381),为童姓子弟读书、藏书之处,以"求治心修身之道,以保其家以事其先而不怠"为办学宗旨。石镜精舍主人以喜结四方之士而闻名,吸引了许多鸿儒硕士聚集讲学,最著名的就是方孝孺曾为精舍主持,讲学做学问于此,对当地的文化教育影响甚远。这可以方孝孺的《石镜精舍记》为证:"邑士童君伯礼,既以礼葬其父于舍南之石镜山,与三弟谋合资产,其斧鬻以食,取古礼之义,于士庶人者以次行之。复恐后之人未能尽知其意而守之弗变。乃即石镜之阳为精舍,聚六经群书数百千卷,俾子侄讲习其中,求治心修身之道,以保其家以事其先而不怠,且属予记其说以告来者。"[1]

第三节　王阳明的教育思想

一、生平和教育活动

王守仁(1472—1528),字伯安,号阳明,谥文成,余姚人。世称阳明先生。他是明代著名的学者和教育家,心学的集大成者,阳明学派的创始人。王阳明10岁即随父寓居北京。20岁中举。28岁中进士,任职刑部主事。31岁,为求仙学道,养病修性,离京于"阳明洞"筑室修道。34岁,因抗疏救人,下诏狱。谪为贵州龙场驿丞。37岁,抵龙场任职。40岁,任江西庐陵知县。宦官刘瑾倒台后,他升任为南京刑部主事。不久,调北京吏部,由主事、员外郎至郎中。42岁,调南京太仆寺少卿,升鸿胪寺卿。后为兵部尚书王琼器重,升为江西南赣等处巡抚。在平定内乱中,因其屡建战功,为世宗赏识,授为南京兵部尚书,封新建伯,并赐建"新建伯府第"于绍兴。嘉靖元

---

[1]　《前童族谱》,1940年重修本,藏于前童童氏宗祠。

年(1522),因父亲王华卒,王阳明便守制在家达三年之久。这一时期是其出仕后在浙东居住最长的一段时间。其间,王阳明讲学于余姚、绍兴两地,嘉靖四年(1525),亲自建"阳明书院"。嘉靖七年(1528),在平定内乱中,因军务劳累导致病情恶化,逝世于江西大痍县青龙浦。

王阳明在从政之余,热心创建书院,办学校,并且随处讲学,传播心学。在龙场时,他创建龙场书院;在贵阳时,他主持贵阳书院;在江西时,他修建濂溪书院;在绍兴时,他建设稽山书院;在南宁时,创建敷文书院。他的门人及再传弟子又大多承继其作风,在全国各地大办书院,大兴讲学。影响广泛者如徐阶、钱德洪、王畿等。

阳明心学的创立过程,可谓曲折、痛苦、创新而富有时代性。黄宗羲在《明儒学案》中对王阳明的学术思想转变是这样评价的:

> 先生之学,始泛滥于词章,继而遍读考亭之书,循序格物,顾物理吾心终判为二,无所得入。于是出入于佛、老者久之。及至居夷处困,动心忍性,因念圣人处此更有何道,忽悟格物致知之旨,圣人之道,吾性自足,不假外求。其学凡三变而始得其门。自此以后,尽去枝叶、一意本原,以默坐澄心为学的,有未发之中,始能有发而中节之和,视听言动,大率以收敛为主,发散是不得已。江右以后,专提"致良知"三字,默不假坐,心不待澄,不习不虑,出之自有天则。盖良知即是未发之中,此知之前更无未发;良知即是中节之和,此知之后更无已发。此知自能收敛,不须更主于收敛;此知自能发散,不须更期于发散。收敛者,感之体,静而动也;发散者,寂之用,动而静也。知之真切笃实处即是行,行之明察精察处即是知,无有二也。居越以后,所操益熟,所得益化,时时知是知非,时时无是无非,开口即得本心,更无假借凑泊,如赤日当空而万象毕照。是学成之后又有此三变也。①

这说明,王阳明的学术道路前后经历了六变,不能不说是曲折的;同时,这六变也反映了王阳明的学术创造精神,而且,这种创造性又是与当时的社会政治、道德危机和其生活的文化背景分不开的。

王阳明的思想由其弟子汇编成《王文成公全书》。其学术思想和教育活动不仅深深地影响了当时的士风和学风,而且对以后的学术思想和教育思想的发展产生了巨大的影响。

---

① (清)黄宗羲:《明儒学案》(卷10),《姚江学案·文成王阳明先生守仁》,中华书局,1985年。

二、王阳明的哲学思想

王阳明哲学思想的特点在于其有机主义的哲学立场。有机主义乃是包纳丰富的实在、生命、价值之一切方面为一个相互依存、本质相关且互利互惠的综合的整体，它的基本特点就是拒绝纯粹的二分方法。具体而言，有机主义反对如下立场：将物与人置于孤立的系统中；将人与宇宙的动态本性局限于封闭、停滞、贫乏的系统中。这种有机主义便是王阳明哲学思想的出发点。

有机整体是个非常复杂的概念，包含身、心、意、知、物等多重且不可分割的体系，言语是难以给予充分的解释的，这里我们就暂且跟着王阳明的思路前行。王阳明以其先天直觉之洞察确信，（作为有机整体核心的）价值论整体之理想毫无疑问地内在于人。这一点在他给《大学》作形而上的解释中很好地得以论证，据此王阳明将必须通过超越外界而实现理想价值的追求原则转化为可在人心深处追求理想价值的内在性原则。这样，"人心"就突显为存在与价值整合的支点。心学也由此得以产生。

以这样一种视角，王阳明以为《大学》里的哲学真理（"《大学》之道，在明明德，在亲民，在止于至善。"）正表明了君子的"明德"。他说："大人者，以天下万物为一体者也。其视天下犹一家，中国犹一人焉。若夫间形骸而分尔我者，小人矣。大人之能以天地万物为一体，非意之也，其心之仁本若是。其与天地万物而为一也。"①不仅如此，小人也会因为恻隐、怜悯之心而救入井之孺子。所有人，无论是大人还是小人，在听到无助的小鸟哀号时、在看到喜爱的花木枯萎时，都会感到悲哀，这些仁爱的情感均植根于人的良心，这种情感使我们的良心明确地意识到何谓"明德"。

"明明德"使人恢复原本完整的天命之性，而合乎博爱之实行。对花草动物要关爱，对人更是如此。不过，就人而言，人之私欲往往会屏蔽人之天性，使人堕落为小人，只有剔除私欲，即"明明德"，小人之心便可转化为大人之心，实践仁爱行动。以同样的方式，"明明德"还能证明亲近不同社会关系中的人们，即"亲民"，乃是万物一体的最好例证。他说："明明德者，立其天地万物一体之体也；亲民者，达其天地万物一体之用也。故明明德必在于亲民，而亲民乃所以明其明德也。是故亲吾之父，以及人之父，以及天

① （明）王阳明：《王文成公全书》（卷2），《语录》，《传习录》（中），上海古籍出版社，1992年。

下人之父,而后吾之仁实与吾之父、人之父与天下人之父而为一体矣。实与之为一体,而后孝之明德始明矣。亲吾之兄,以及人之兄,以及天下人之兄,而后吾之仁实与吾之兄、人之兄与天下人之兄而为一体矣。实与之为一体,而后弟之明德始明矣。君臣也,夫妇也,朋友也,以至于山川鬼神鸟兽草木也,莫不实有以亲之,以达吾一体之仁,然后吾之明德始无不明,而真能以天地万物为一体矣。"①这就表明了仁爱精神会流转于不同社会关系中,使所有人与我在"明明德"之精神存在中亲密无间。

可见,"明明德"是"心"作为价值论的整体而"止于至善"的要点所在。它使得人与天地亲密一体。这种"天人合一"的感觉对早先思想家而言乃是哲学追求的最终目标,现在对王阳明而言却发展成为哲学的出发点。他说:"惟天下之至圣,为能聪明睿智。旧看来,何等玄妙;今看来,原是人人自有的。耳原是聪,目原是明,心思原是睿智。圣人只是一能之尔。能处正是良知。众人不能,只是个不致知。何等明白简易。"②他又说:"这良知人人皆有,圣人只是保全无些障碍。"③这一句话暗示了圣人是自发地具有直觉知识,而普通大众需要通过有效努力而实践之。两者除了效果不同之外,其精神却都是集中于"心"而已。因此,我们只要通过自我觉醒以至于"明德","至善"之理想便可在每个人心灵深处内在地实现。于是,王阳明把必须通过超越外界而实现理想价值的追求过程转化为可在人心深处追求理想价值的内在超越过程,把前人未曾参透的人之主观能动性发挥到极致。

根据王阳明的内在超越过程,许多相对立的概念都融合起来了。第一,认识之心与客体内具之理(道德理性)的融合。心剔除了私欲之偏见,便由天理构成,它来自主体内心深处的良知,不是来自外在于心的客体,而理只是心之用,故二者在控制私欲的前提下合二为一。他说:"以此存乎天理之心,发之事父便是孝;发之事君便是忠;发之交友便是信与仁。"④又说:"孝亲之理,只存于孝子之心,非在于所亲也。"⑤所谓"心即理"便是如此。

第二,存在与价值的融合。一般而言,事物被客观地加以认识,无涉于

---

① (明)王阳明:《王文成公全书》(卷2),《语录》,《传习录》(中),上海古籍出版社,1992年。
② (明)王阳明:《王文成公全书》(卷2),《语录》,《传习录》(中),上海古籍出版社,1992年。
③ (明)王阳明:《王文成公全书》(卷2),《语录》,《传习录》(中),上海古籍出版社,1992年。
④ (明)王阳明:《王文成公全书》(卷1),《语录》,《传习录》(上),上海古籍出版社,1992年。
⑤ (明)王阳明:《王文成公全书》(卷1),《语录》,《传习录》(上),上海古籍出版社,1992年。

价值,而价值则是反映主体的精神面貌,两者在现实中往往存在着断裂,例如,侍奉年老父母与自身生活困难之间的矛盾;克隆人类与社会伦理的冲突,等等。但是,根据王阳明的观点,存在与价值交织为不可分割的整体,主要是因为心已经成为存在、价值整合的支点,存在和价值均由于本身至善的心的活动而得以确定。这个道理由《传习录》所记载的游南镇的故事最能说明。"如此花树,在深山中自开自落",着眼的是客观存在,不以人的意志为转移;"此花颜色一时明白起来",则是相对于观花的主体,其感受与人的主观性相关联,并且具有相对性。"花"因人的出现而得到反映,所谓"心外无物"即是如此。

第三,身、心、意、知、物是一个有机的整体。在更为广泛的形而上思考中,王阳明把身、心、意、知、物简化为一个不可分割的整体而阐明其有机论。一个叫陈九川的学生问:"物在外,如何与身、心、意、知是一件?"王阳明说:"但指其充塞处言,谓之身;指其主宰处言,谓之心;指心之发动处言,谓之意;指意之灵明处言,谓之知;指意之涉著处言,谓之物。"①这段话清楚地表明心与身、意与知、知与其所涉之物之间的相互关系,它们是一个有机的整体。从认识论上讲,知是心到达其自身设定之物的一种理解活动,它的直接后果便是产生了所知之事,犹如上述的"花之颜色",表现了认识能力与认识对象的统一,也进一步证明了"心外无物"这一命题。

第四,知行合一。根据"心外无物"、"心即理"的基本命题,知行合一则是解决先验之知和经验活动之间内在循环关系的逻辑展开。现代很多学者由于接受知与行的二元立场,无法将恶念掐灭于萌芽,因为恶被视为单纯的存在。在王阳明看来,"妄念始萌,已具行动之机",因此,为善去恶须"防于未萌之先,克于方萌之际"②。他说:"知是行的主意,行是知的功夫。"③也就是说,行而无知的引导乃是盲目冲动,知离开了行的检验则是任意的想象。在现实中,基于"明觉精察",知即是行,有赖于"真切笃实",行即是知。

第五,"格物"与"穷理"的一致性。与"知行合一"这一学说并行不悖的,则是对"格物"与"穷理"的解释。在王阳明看来,"格物"与"穷理"均离不开人心。"格物"是心之用,主要是通过处理日常事务以到达"至善"。因

---

① （明）王阳明:《王文成公全书》（卷2）,《语录》,《传习录》（中）,上海古籍出版社,1992年。
② （明）王阳明:《王文成公全书》（卷1）,《语录》,《传习录》（上）,上海古籍出版社,1992年。
③ （明）王阳明:《王文成公全书》（卷1）,《语录》,《传习录》（上）,上海古籍出版社,1992年。

为"心之所发便是意。……意之所在便是物。如意在事亲,即事亲便是一物;意在事君,即事君便是一物"①。以诚意为起点,心展开其"格物"之用,就能将心之直觉知识传递到所格之物,所谓"致知"大概如此;"穷理"亦是心之用,其重点在于通过心之直觉知识而论证心本身的性质。

有机主义的哲学立场把身、心、意、知、物都包容在一个整体内,但在最为抽象的意义上,心才是有机整体的核心,这在上文一开始就提到,现在有必要再进一步分析以说明阳明学派的思想。更确切地说,王阳明先生是把心作为统筹心与物、"格物"与"穷理"、"穷理"与"明明德"之间关系的上位概念。既然是上位的东西,心便同时具有静和动的性质,其静是由于其作为永恒之性包含于天地之中,跨越时空;其动是由于其感应了意识或情感而涌现于现实的人群中。理想的心之状态是"静"为永恒之性之"中","动"为涌现的意识或情感之"和"。这样,他便恰当地从心中演绎出性、理。他说:"在物为理,处物为义,在(人)性为善。因其所处而异名,而皆吾心也。"②又说:"心外无物、心外无理、心外无义、心外无善。"③这就是说,与心有关的任何事物,以及与心有关的意向或认识活动都不过是心之所涉。"格物者,格其心之物也,格其意之物也,格其知之物也。"④因为"正心者,正其物之心也;诚意者,诚其物之意也;致知者,致其物之知也。岂有内外彼是之分哉?理一而已"⑤。这些论证都说明:心是一切秩序的立法者。阳明心学有两个要点:①人心完美地凝定于天理而不为外物所动;②绝对保证心体本来至善,其用在于能演绎出性、理等概念,并助人"明明德"直至"止于至善"而又不离开人心(良知),由此便带来有机主义的整体。

三、王阳明的教育思想

在理清王阳明哲学思想的前提下,就不难理解他对教育问题的见解。其教育思想主要记录在《王文成公全书》中的《知行录》篇章。从有机主义心学出发,王阳明提出了以"致良知"为目的的教育目的论,以"知行合一"为原则的道德修养论,以顺应自由、自然发展为方法的儿童教育论。

---

① (明)王阳明:《王文成公全书》(卷1)、《语录》、《传习录》(上),上海古籍出版社,1992年。
② (明)王阳明:《王文成公全书》(卷1)、《语录》、《传习录》(上),上海古籍出版社,1992年。
③ (明)王阳明:《王文成公全书》(卷1)、《语录》、《传习录》(上),上海古籍出版社,1992年。
④ (明)王阳明:《王文成公全书》(卷1)、《语录》、《传习录》(上),上海古籍出版社,1992年。
⑤ (明)王阳明:《王文成公全书》(卷1)、《语录》、《传习录》(上),上海古籍出版社,1992年。

（一）以"致良知"为目的的教育目的论

王阳明的心学如果要用一句话概括，就是从"良知"出发"致良知"。那么，也许有人会问："这不是兜圈子吗？"关键在于良知因人在质、情方面的差异而导致"为物所蔽"之缘故。也就是说，良知本身是完美无瑕的，它在每个人身上的体现也是一样的："见父自然知孝，见兄自然知弟，见孺子入井自然知恻隐，此便是良知，不假外求"①，只是人们的良知易于"为物所蔽"。他说："仁义礼智，性之性也；聪明睿智，性之质也；喜怒哀乐，性之情也；私欲客气，性之蔽也。质有清浊，故情有过不及，而蔽有浅深也。"②正因为"为物所蔽"，所以每个人后来就不能成为"全者"，"若无有物欲牵蔽，但循着良知发用流行将去，即无不是道"③。为了追寻良知，人们就需要"去其昏蔽"、"明其心"，以"致良知"。其间，教育的作用就得以凸显。具体而言，就是明人伦，即孟子所说的"父子有亲，君臣有义，夫妇有别，长幼有序，朋友有信"。在王阳明看来，"教者惟以此为教，而学者惟以此为学"。

王阳明以病疟为例说明教育的目的及其重要作用。病疟之人，疟虽未发，但病根未除，依然隐藏在体内，不能因为病疟未发而忘记服用调理之药，一旦病疟突发再去服药就为时已晚，因此他强调："致知之功无间于有事无事，而岂论于病之已发未发邪？"④意思是说，小到个人修身，大到治国安邦，都要有"防患于未然"的意识，因为在"病发"之时再谈"致知之功"已为时晚矣。为此，他针对时弊，提出了以"知行合一"为原则的道德修养论，以"致良知"。

（二）以"知行合一"为基本原则的教学论

前文曾经指出，明朝科举制的弊端之一便是导致学风浮夸、士子利禄熏心，在王阳明看来，这便是已经失去了"明人伦"、"致良知"的立学本意。他说："自科举之业盛，士皆驰骛于记诵辞章，而功利得丧，分惑其心，于是师之所教，弟子之所学，遂不复知有明伦之意。"对此，王阳明提出一条基本

① （明）王阳明：《王文成公全书》（卷1），《语录》，《传习录》（上），上海古籍出版社，1992年。
② （明）王阳明：《王文成公全书》（卷2），《语录》，《传习录》（中），上海古籍出版社，1992年。
③ （明）王阳明：《王文成公全书》（卷2），《语录》，《传习录》（中），上海古籍出版社，1992年。
④ （明）王阳明：《王文成公全书》（卷2），《语录》，《传习录》（中），上海古籍出版社，1992年。

的修学之道:知行合一。这一基本原则折射在道德修养、读书论经上,就产生不同的具体方法,现分述如下。

1. 读书论经的基本方法

王阳明认为,经书记载的都是普遍而永恒的道理,但其渊源在本心。他说:"六经者,吾心之记籍也,而六经之实,则具于吾心。……世之学者不知求六经之实于吾心,而徒考索于影响之间,牵制于文义之末,硁硁然以为是六经矣。"①所以,王阳明认为,读书必考之于心,而不单单是记诵讲说。经书不可不读,但读书只是途径而已,其目的在于明本心,万万不可舍本逐末。以这种观点看待读书论经,必然要把读书和思考乃至"行"结合起来,这也是知行合一思想的逻辑演绎。

王阳明认为,任何形式的学习都不能离开"行":学孝,则必须"服劳奉养,躬行孝道";学射,则必须"张弓挟矢,引满中的";学书,则必须"伸纸执笔,操觚染翰"。因此,"尽天下之学无有不行而可以言学者;则学之始固已即是行矣"②。王阳明还对《中庸》曾提到的五大学习过程"学、问、思、辨、行"作了解释,他说:"以求能其事而言谓之学;以求解其惑而言谓之问;以求通其说而言谓之思;以求精其察而言谓之辨;以求履其实而言谓之行。"③他又说:"盖析其功而言则有五,合其事而言则一而已,此便是'行'。"④由此可见,王阳明所倡导的基本方法乃是唯"践行"是瞻。

(1)学习要联系实际,不能凭空设想

王阳明认为学习要联系自己平日所从事的实际事务。例如,在处理官司时,就要根据官司的实际情况仔细审查、耐心处理。据说有一属官,因久听讲先生之学,曰:"此学甚好。只是簿书讼狱繁难,不得为学。"先生闻之曰:"我何尝教尔离了簿书讼狱,悬空去讲学?尔既有官司之事,便从官司的事上为学。如问一词讼,不可因其应对无状,起个怒心;不可因他言语圆转,生个喜心;不可恶其嘱托,加意治之;不可因其请求,屈意从之;不可因自己事务烦冗,随意苟断之;不可因旁人谮毁罗织,随人意思处之:这许多意思皆私,只尔自知,须精细省察克治,惟恐此心有一毫偏倚,杜人

---

① (明)王阳明:《王文成公全书》(卷7),《文录》(4),《稽山书院尊经阁记》,上海古籍出版社,1992年。

② (明)王阳明:《王文成公全书》(卷2),《语录》,《传习录》(中),上海古籍出版社,1992年。

③ (明)王阳明:《王文成公全书》(卷2),《语录》,《传习录》(中),上海古籍出版社,1992年。

④ (明)王阳明:《王文成公全书》(卷2),《语录》,《传习录》(中),上海古籍出版社,1992年。

是非,这便是格物致知。簿书讼狱之间,无非实学;若离了事物为学,却是着空。"①这个故事说明王阳明主张的是实学,而不是程朱理学所主张的静坐读书。

(2)做事须立志力行

这里有两层意思,首先是"立志",即要有志向;其次是"力行",即脚踏实地地做。王阳明非常重视"立志",他认为志不强者学不成。他说:"故立志者,为学之心也;为学者,立志之事也。"②这就是说,志气乃是学习的出发点,有志气者乃是有心者。根据阳明心学,只有有心者才能真正有所得,即"致良知"。

"立志"后,则须"力行",两者应该是相辅相成的,否则,"立志"就变得毫无意义了。他以种树为例加以说明:"方其根芽,犹未有干;及其有干,尚未有枝;枝而后叶,叶而后花实。初种根时,只管栽培灌溉,勿作枝想,勿作叶想,勿作花想,勿作实想,悬想何益!但不忘栽培之功,怕没有枝叶花实。"③这就是说,做事要脚踏实地,一步一个脚印,不要在第一件事未完成之时就悬想后来之事。

(3)学习须循序渐进

王阳明还多次提到学习是一个循序渐进的过程,不可逾越。他以婴儿为例加以说明。婴儿在母腹中只是纯气,出胎后方能啼哭、渐笑、识母,而后就能站立、行走、提物、负重等,及至通过学习认识万物。其要诀在于遵循"精气日足,筋力日强,聪明日开"的顺序为学。因此,他主张"为学须有本原,须从本原上用力,渐渐盈科而进"④。

如果反映在教学上,王阳明便认为良知发展到什么水平,就以此水平给予教学。他说:"洒扫应对就是一件事。童子良知只到此,便教去洒扫应对,就是致他这一点良知了。……童子自由童子的格物致知。……自童子以至圣人,皆是此等功夫。"⑤这也就是说,教学要走在发展的后面。

2.道德修养的基本方法

前文已提到,为学的本意在于"明人伦",根据心学的逻辑,除了读书论

① (明)王阳明:《王文成公全书》(卷3),《语录》,《传习录》(下),上海古籍出版社,1992年。
② (明)王阳明:《王文成公全书》(卷8),《文录》(5),《书朱守谐卷》,上海古籍出版社,1992年。
③ (明)王阳明:《王文成公全书》(卷1),《语录》,《传习录》(上),上海古籍出版社,1992年。
④ (明)王阳明:《王文成公全书》(卷1),《语录》,《传习录》(上),上海古籍出版社,1992年。
⑤ (明)王阳明:《王文成公全书》(卷3),《语录》,《传习录》(下),上海古籍出版社,1992年。

经之外,"明人伦"更要注重道德实践,这也是知行合一思想在道德修养过程中的合理演绎。如何做到这一点,王阳明提出了一些具体的方法。

(1)事上磨练

"事上磨练"可以看作知行合一在道德修行上的观照,它与"学习联系实际"是一件事,只不过是不同的方面而已。王阳明认为,事上磨练的主要功夫在于"动静合一",也就是把思考和行动结合起来。与程朱"道问学"不一样,王阳明主张"人须在事上磨练做功夫,乃有益。若只好静,遇事便乱,终无长进。那静时功夫,亦差似收敛,而实放溺也"①。

(2)居敬穷理

知行合一的功夫不仅体现在"事上磨练"上,更体现在对"居敬"和"穷理"关系的处理上。王阳明说:"一者天理,主一是一心在天理上。若只知主一,不知一即是理,有事时便是逐物,无事时便是着空。惟其有事无事,一心皆在天理上用功。所以居敬亦即是穷理。就穷理专一处说,便谓之居敬。就居敬精密处说,便谓之穷理。却不是居敬了,别有个心穷理。穷理时,别有个心居敬。名虽不同。功夫只是一事。"②这就是说,王阳明把"居敬"和"穷理"视为一个互生共补的统一体,一个人如果能够同时做到既"居敬"又"穷理",那么将真正理解"事上磨练"的意义,并对其修身处事产生决定性的影响。

(3)力能克己

"致良知"需要力能"克己"。因为普通人由于耳鼻口目四肢对心的干扰,难以有效约束自己的行为,易使"致良知"成为一句空话。因此,王阳明认为,在道德修养上需要"克己",并喻此为去除黄金所含杂质,恢复黄金之足色。如何把耳鼻口目四肢之欲和心结合起来,王阳明则明确地指出:"思量耳如何听,目如何视,口如何言,四肢如何动。必须非礼勿视听言动,方才成得个耳目口鼻四肢。"③"思量"的本原在哪里,他又进一步解释道:"能视听言动的便是'性'",又说:"有了这个'性'才能生。这'性'之生理便谓之'仁'。这'性'之生理发在目便会视,发在耳便会听,发在口便会言,发在四肢便会动,都只是那天理发生,以其主宰一身,故谓之心。"④这也就是说,

① (明)王阳明:《王文成公全书》(卷3),《语录》,《传习录》(下),上海古籍出版社,1992年。
② (明)王阳明:《王文成公全书》(卷1),《语录》,《传习录》(上),上海古籍出版社,1992年。
③ (明)王阳明:《王文成公全书》(卷1),《语录》,《传习录》(上),上海古籍出版社,1992年。
④ (明)王阳明:《王文成公全书》(卷1),《语录》,《传习录》(上),上海古籍出版社,1992年。

道德修养须从良知出发,经过"克己"的功夫,升华到有意识的"致良知"的境界,便是完成了。

读书论经和道德修养的具体方法虽然有所差异,但从王阳明有机主义的心学出发,两者就好比是"左手"和"右手"的关系,既独立有相互关联,同时又连着"心",因此,读书论经和道德修养在根本上是统一的,其具体方法也是可以互相借鉴的。

(三)以顺应自由、自然发展为方法的儿童教育论

既然心学倾向于有机主义,主张内心存养,当然就反对外来束缚,并倡导自由、自然的教育,这一点在王阳明论儿童教育的过程中很是明显。他针对当时的教育弊病,提出了"诱"、"导"、"讽"的三字方针,并据此制定《教约》,规范教学行为,这比起他的前辈来有不少独到的地方。

王阳明认为当时的儿童教育"日惟课以句读课仿,责其检束而不知导之以礼,求其聪明而不知养之以善;鞭挞绳缚,若持拘囚。彼视学舍如囹狱而不肯入,视师长如寇仇而不俗见,窥避掩复以遂其嬉游,设诈饰诡以肆其顽鄙,偷薄庸劣,日趋下流。是盖驱之于恶而求其为善也,何可得乎"①。从心学出发,他提出了对"儿童心理"的看法,他说:"大抵童子之情,乐嬉游而惮拘检,如草木之始萌芽,舒畅之则条达,摧挠之则衰痿。今教童子,必使其趋向鼓舞,中心喜悦,则其进自不能已。譬之时雨春风,霑被卉木,莫不萌动发越,自然日长月化。若冰霜剥落,则生意萧索,日就枯槁矣。"②因此,对儿童的教育必须注意启发诱导,潜移默化,具体而言,他提出了"诱之歌诗"、"导之习礼"、"讽之读书"的方法,以为"凡此皆所以顺导其志意,调理其性情,潜消其鄙吝,默化其粗顽,日使之渐于礼义而不苦其难,入于中和而不知其故,是盖先王立教之微意也"③。

所谓"诱之歌诗"是以唱歌、吟诗的内容和方式来教育儿童,这样不仅能激发学童的志向、意志,还能使学童通过跳跃、放声高歌来宣泄情感,让心中的郁闷、烦恼在音乐中得到释放;

所谓"导之习礼"是通过学习礼仪来教育儿童。这样不仅能使儿童养成良好的行为习惯,而且通过"周旋揖让"、"拜起屈伸"等动作,使儿童血脉

① (明)王阳明:《王文成公全书》(卷2),《传习录》(中),上海古籍出版社,1992年。
② (明)王阳明:《王文成公全书》(卷2),《传习录》(中),上海古籍出版社,1992年。
③ (明)王阳明:《王文成公全书》(卷2),《传习录》(中),上海古籍出版社,1992年。

通畅,强筋健骨;

所谓"讽之读书"是通过读书来教育儿童。这样不仅可以开发儿童的智力,增加学童的知识,而且可以涵养德性,端正志趣。

为了更好地达到"蒙以养正"的目的,王阳明结合上述思想制定了一套教育的实施内容和方法,即《教约》,令教师和儿童遵守执行。主要包括以下内容:(1)每天清晨,教师要检查儿童在家庭和街坊中的道德言行表现,例如,言行是否尊敬长辈,举止是否端正,之后才能就座学习。(2)精心安排每天的功课,体现动静搭配、体脑交叉的原则。《教约》规定:每日功夫,先考德,次背书、诵书,次习礼或作课仿,次复诵书、讲书,次歌诗。(3)根据儿童的心理特点采用"分班"歌诗、习礼和带有比赛、观摩性质的"会歌"、"会礼"之形式展开教学,可谓是前所未有。(4)规定了"讽书"的具体要求,即"凡授书,不在徒多,但贵精熟,量其资禀能二百字者,止可授以一百字,常使精神力量有余,则无厌苦之患,而有自得之美。讽诵之际,务令专心一志,口诵心惟,字字句句,有绅绎反复,抑扬其音节,宽虚其心意,久则义礼浃洽,聪明自日开矣"①。

总之,王阳明提出的儿童教育思想注重儿童的心理、生理特点,遵循自然发展,寓教于乐,这在中国古代儿童教育思想史上难能可贵,不愧是一个有远见的思想家、教育家。

第四节 钱德洪、徐爱的教育思想

一、钱德洪的教育思想

明中叶,王阳明以批判程朱理学、拯救时弊为己任,积极传播心学,再加上其弟子、再传弟子的多方推动,盛极一时,对后世的学术思想和书院教育产生了深远的影响。然而,心学体系的内在矛盾及弟子的驳杂为心学的分化提供了可能性。1524年,王阳明和其弟子在天泉桥论道,把自己的思想总结为四句话,即著名的"四句教":

无善无恶心之体,

────────────

① (明)王阳明:《王文成公全书》(卷2),《传习录》(中),上海古籍出版社,1992年。

有善有恶意之动，

知善知恶是良知，

为善去恶是格物。

1527年，被称为"教授师"的王门弟子钱德洪、王畿当着他的面表达了对"四句教"的不同理解，揭开了心学的分化之幕。钱德洪作为宁波人，继承、发展了一支流派，称浙中王门。

钱德洪（1496—1574），字洪甫，号绪山，余姚人。王阳明早年在余姚中天阁讲学时就收为弟子，其治学风格较为保守，以维护师说为己任。其思想主要见于《明儒学案》（卷11）所收录的《会语》、《论学书》。

（一）基本思想

钱德洪信奉"四句教"，主张在诚意上下工夫。他说："心之本体，纯粹无杂，至善也。良知者，至善之著察也。良知即至善也。心无体以知为体，无知即无心也。知无体以感应之是非为体，无是非即无知也。意也者，以言乎其感应也；物也者，以言乎其感应之事也，而知则主宰乎事物是非之则也。"①

又说："盖心无体，心之上不可以言功也。应感起物而好恶形焉，于是乎有精察克治之功。诚意之功极，则体自寂而应自顺，初学以至成德，彻始彻终无二功也。"②

这几句话表达了他对"心"、"意"、"知"、"物"四者之间关系的认识。在他看来，"心"之本体是至善的，它无形无体，具有超验性。"良知"则是至善之"心"体的具体承担者。由于良知对于是非的判断是不可能没有对象的，所以它本身又不能独立存在，只能在人心感应"物"的活动中显现自身。"意"即是人心对于物的感应之活动，而"物"无非就是人心感应的对象。这样一来，现实中体现"心"之体的"良知"是通过"意"之过程而得以实现的，又因为人心对于物的感应中有好恶之情，故"致良知"的功夫应该在诚意上。以意念之起为"致良知"的入手处，把诚意作为回复至善本体的功夫，正是浙中王门的核心思想。

---

①　（清）黄宗羲：《明儒学案》（卷11），《浙中王门学案·员外钱绪山先生德洪·会语》，中华书局，1985年。

②　（清）黄宗羲：《明儒学案》（卷11），《浙中王门学案·员外钱绪山先生德洪·会语》，中华书局，1985年。

与诚意相一致的功夫便是"戒惧"。他说:"戒惧即是良知,觉得多此戒惧,只是工夫生;久则本体工夫自能相忘,不思而得,不勉而中,亦只一熟耳。"①也就是说,从"戒惧"开始,经过不断反复,良知自会成为本身固定的东西。而"戒惧"的要义仅仅在于"一念微处"。所谓"一念微处",便是要求人们从小事做起,并从小处根除私欲杂念,做到"去恶必穷其根",使得人能"藏其根而恶其萌蘖之生,浊其源而辨其末流之清",最终恢复良知。这样一来,人们在日常生活中便可修身至善。

(二)论道德修养

根据以上思想,钱德洪认为,人心由于为事所"累",会受到物欲的蒙蔽,因此,一个人的道德修养须从去除蒙蔽开始。要做到这一点,有两种方法,即"定"和"应酬"。

所谓"定",就是在纷繁复杂的事物面前,心能够尽可能地排除杂念,并作出良知的甄别和断定。只有"定",人才能达到"心事非二,内外两忘"的境界。那时,人的感官和心能实现统一,"目无一色,故能尽万物一色;耳无一声,故能尽万物之声;心无一善,故能尽天下万事之善"②。

所谓"应酬",就是注重道德实践。他说:"吾心本与民物同体,此是位育之根,除却应酬更无本体,失却本体便非应酬。苟于应酬之中,随事随地不失此体,眼前大地何处非黄金。若厌却应酬,心必欲去觅山中,养成一个枯寂,恐以黄金反混作顽铁矣。"③

钱德洪通过"定"和"应酬",在一静一动之间诠释了良知的回归路程。

二、徐爱的教育思想

徐爱(1487—1517),字曰仁,号横山,余姚横河马堰(今慈溪)人。正德三年(1508)进士,历任祁州知州、南京兵部员外郎、南京工部郎中。徐爱是王阳明最早的入门弟子,早在正德二年(1507)就拜王阳明为师,深得王阳

---

① (清)黄宗羲:《明儒学案》(卷11),《浙中王门学案·员外钱绪山先生德洪·会语》,中华书局,1985年。

② (清)黄宗羲:《明儒学案》(卷11),《浙中王门学案·员外钱绪山先生德洪·论学书》,中华书局,1985年。

③ (清)黄宗羲:《明儒学案》(卷11),《浙中王门学案·员外钱绪山先生德洪·论学书》,中华书局,1985年。

明赏识。他为早中期阳明心学的形成和发展曾作出突出贡献,现行《传习录》首卷大多为徐爱所整理。

（一）基本思想

徐爱作为王阳明最早的及门弟子,一方面接受了"心即理"的思想,另一方面又发展了"心即理"的内涵,提出了"人之心有体有用"的诠释。他说:"人之心有体有用,犹之水木有根源有枝叶流派。"①也就是说,心如同河流、树木离不开源头、根系一样,有"体"有"用",而且"体"、"用"是结合在一起的。由此学习要遵循这一原理,故他接着说:"学则如培浚溉疏,故木水在培溉其根,浚疏其源,根盛源深,则枝流自然茂且长。故学莫要于收放心,涵养省察克治是也,即培浚其根源也。读书玩理皆所以溉疏之也。故心德者,人之根源也,而不可少缓;文章名业者,人之枝叶也,而非所汲汲。"②这就是说,学习如同树要灌溉其根、河流要疏浚其源一样,既要重"心德"（"体"）之修养,又要重"学业"（"用"）之作为。如此一来,"体"、"用"便结合在一起了。有"体"无"用"或有"用"无"体",只会使人格结构出现偏差。

（二）论教育

鉴于"体"、"用"合一的思想,徐爱在个人修养方法和为学等方面提出自己的看法。在个人修身养性上,徐爱特别强调不要"忮心"和"求心"。他说:"是故吾之私得以加诸彼,则忮心生焉。忮心,好胜之类也,凡天下计较、忌妒、骄淫、狠傲、攘夺、暴乱之恶皆从之矣。吾之私得以藉诸彼,则求心生焉。求心,好屈之类也,凡天下阿比、谄佞、柔懦、燕溺、污辱、咒诅之恶皆从之矣。"③"忮心"和"求心"乃是个人修身养性之大忌。在为学上,他强调学思结合。他说:"予始学于先生,惟循迹而行。久而大疑且骇,然不敢

---

①　（清）黄宗羲:《明儒学案》(卷 11),《浙中王门学案·郎中徐横山先生爱·文集》,中华书局,1985 年。

②　（清）黄宗羲:《明儒学案》(卷 11),《浙中王门学案·郎中徐横山先生爱·文集》,中华书局,1985 年。

③　（清）黄宗羲:《明儒学案》(卷 11),《浙中王门学案·郎中徐横山先生爱·文集》,中华书局,1985 年。

遂非,必反而思之。思之稍通,复验之身心。"①也就是说,徐爱主张为学要学、思并重,同时还要将学、思和个人的实践活动结合起来,这样,才能真正把知识变为自己的东西。徐爱自己也是这样做的,据说当王阳明提出"心即理"、"知行合一"命题的时候,徐爱曾多次提出疑问,并不断反思、讨教,这在《传习录》首卷多有记载。

徐爱以自己的理解诠释了王阳明的思想,使心学得到进一步的传播,推动了当时学术思想和文化教育的发展。

第五节　方孝孺的教育思想

一、生平和基本思想

方孝孺(1357—1402),字希直,又字希古,人称正学先生。宁海人。自幼聪明,8 岁读书,14 岁便应聘至前童村任塾师。15 岁学诗文。20 岁从学于太史宋濂。濂以为游其门者,未有若方生者也。及濂返金华,方孝孺复从之,及至卒业。前后 6 年,尽得濂学。洪武十五年(1382)、二十五年(1392),曾两次受明太祖召见,授汉中府教授。后得蜀献王赏识,聘为世子师,尊以殊礼。建文帝立,延为翰林院侍讲、侍讲学士、文学博士等职,颇受器重。被誉为"明之学祖"。靖难之际,建文帝败,成祖朱棣即位,欲藉方孝孺之名草诏,以塞天下之心。方孝孺拒不臣服,且哭且骂道:"死即死耳,诏不可草!"遂处之于极刑,年仅 46 岁,并灭十族,死者达 847 人。② 先时,姚广孝曾曰:"孝孺必不降,幸勿杀之。杀之,天下读书种子绝矣。"这一气节,轰动当时,给后世树立了一个坚守臣节的书生楷模。著有《逊志斋集》24 卷。

方孝孺之学,略见于其所为《杂诫》。其基本思想如下:

第一,崇尚圣贤之道。他说:"儒者之学,其至圣人也,其用王道也。"③提及王道,他又说:"古之治具五。政也、教也、礼也、乐也、刑罚也。今亡其

---

① (清)黄宗羲:《明儒学案》(卷 11),《浙中王门学案·郎中徐横山先生爱·文集》,中华书局,1985 年。

② 钱茂伟、毛阳光:《宁波通史》(元明卷),宁波出版社,2009 年,第 313 页。

③ (明)方孝孺:《逊志斋集》(卷 1),《杂诫》,《四部丛刊》本。

四,而存其末。欲治功之逮古,其能乎哉! 不复古之道,而望古之治,犹掬瓦而望其成鼎也。"①因此,他尚《周礼》,以为"周之成法俱在,今欲为此,不难也"②。

第二,法古,亦欲"与时俱进"。如果因为方孝孺崇尚《周礼》,而将其视为一个迂腐书生,那就有点狭隘了。他曾作《周礼辨疑》,于其制之戾于道者,即又一一指斥之。他说:"为政有三,曰知体、稽古、审时。缺一非政。"又说:"先王之治法详矣。不稽其得失而肆行之,则为野。时相远也,事相悬也,不审其当而惟古之拘,则为固。"③但是,在如何变通的问题上,方孝孺的思想还是比较保守的,正因如此,他并不受太祖朱元璋的赏识。

第三,罢黜异端,独尊理学。方孝孺虽学于宋濂,却反对像宋濂那样杂以佛、道二氏之学。他追求的是纯而又纯的理学。他说:"古君子所以汲汲若不及者,未尝以生死入其心。惟修其可以无愧之道焉耳。天之全以赋我者,吾能全之而弗亏,推之俾明,养之俾成。扩而施之,泽于天下后世,于人之道无所愧。虽不幸而乖于天,迕于人,死于疾病患难,何害其为君子哉! 不能尽人之道,而欲善其死者,此异端之惑也。异端之徒,其立心行己,固已大畔于君子。视伦理之失,夷然以为宜尔而不怪。其身虽生,其心之亡已久矣,而犹务乎不死,或尸居以求其所谓性命,或饵金石服草木而庶几乎坐化而立亡,以预知其死为神,以不困于疾病为高。彼既以此套眩于世,世之惑者又从而慕效之,不知其所云性命者果何道,而预知不困者果何益耶?"④

又说:"夫运行天地之间,而生万物者,非二气五行乎? 二气五行,精粗粹杂不同,而受之者亦异。自草木言之,草木之形不能无别也。自鸟兽言之,鸟兽之形不能无别也。自人言之,人之形不能无不相似也。非二气五行有心于异而为之,虽二气五行亦莫知其何为而各异也。故人而具人之形者,常也。其或具人之形,而不能以全。或杂物之形,异常可怪。此气之变而然,所谓非常者也,非有他故而然也。今佛氏之言以为轮回之事。见无目者,曰:'此其宿世尝得某罪而然耳。'见齞唇掀鼻,俯脊直躬者,曰:'此其宿世有过而然耳。'见其形或类于禽兽,则曰:'此其宿世为鸟兽而然耳。'不

---

① (明)方孝孺:《逊志斋集》(卷1),《杂诫》,《四部丛刊》本。
② (明)方孝孺:《逊志斋集》(卷3),《成化》,《四部丛刊》本。
③ (明)方孝孺:《逊志斋集》(卷1),《杂诫》,《四部丛刊》本。
④ (明)方孝孺:《逊志斋集》(卷6),《斥妄》,《四部丛刊》本。

特言之,又为之书,不特书之,又谓地下设为官府以主之。诡证曲臣,若有可信,而终不可诘。此怪妄之甚者也。天地亦大矣,其气运行无穷,道行其中亦无穷,物之生亦绵绵不息。今其言云然,是天地之资有限,而其气有尽。故必假既死之物,以为再生之根,尚乌足以为天地哉!"①此其辨佛、道轮回、长生之说,可谓一针见血!

二、论教育

基于上述基本主张,方孝孺非常重视教育。首先,他以为教乃王道治具之一,与政、礼、乐、刑罚并列。他说:"古之治具五。政也、教也、礼也、乐也、刑罚也。"因其崇尚古道,教育同时也是明王道、致太平的重要途径。

其次,教育始自人伦秩序。从《周礼》中,方孝孺悟到王道奥秘在于治民。治民的关键在于"正德、利用、厚生"。而教育能够"正德"。因"德"之根本在于人伦,故"化民必自正家始",并为此作《宗仪》九篇。所谓"正家"便是"为孝在学,爱子在教"。善教者在于让学习者明礼、义,而不尚文词章句。那么,如何教育学子明礼、义呢? 方孝孺提出了自己的道德修养思想。

其三,方孝孺关于道德修养的思想可以用六个字来概括,即"笃行"、"无私"、"改过"。"笃行"是指"诵其言,思其义,存诸心,见乎事"②,即将所思所言落实到行动上。方孝孺在石镜精舍执教时曾作有《幼仪杂箴》,其中提出"道之于事,无乎不在"的命题,主张通过儿童的具体活动,例如洒扫应对、饮食起居、言行举止等,培养儿童良好的道德品质和行为习惯。"无私"是指先人后己、大公无私的品格。方孝孺称"厚己薄人"者为"自私"。他认为,一个人自私自利,必将损公肥私、见利忘义,最终必将害人害己。为此,他常鼓励学子,计其义,而不谋其利,明其道,而不计其功。"改过"是指"知错就改"、"不二过"。人非圣贤,孰能无过? 改之为贵。方孝孺认为如果一个人时时"以有过为忧","见过立改之",终将成大器,而且,他以大禹、子路、颜渊为例勉励学子不断自省,言是否有信,行是否能善,学是否能正,虑是否能达,及至修炼成"谦谦君子"。

其四,他结合自己的教学实践提出了一系列的治学之法:(1)重视治学、力避"四蠹"。方孝孺非常重视学习,他说:"人或可以不食也,不可以不

---

① (明)方孝孺:《逊志斋集》(卷6),《启惑》,《四部丛刊》本。
② (明)方孝孺:《逊志斋集》(卷1),《杂诫》,《四部丛刊》本。

学也。不食则死,死则已。不学而生,则入于禽兽而不知也。与其禽兽也,宁死。"①因此,他反复告诫士子要勤于学习。而且,他进一步要求士子在学习态度上力求避免"四蠹",即以求富贵为志,为做官而读书的"利禄之蠹";色淫辞非,自以为是的"劳务之蠹";假借圣人之言,以惑世人的"训诂之蠹";不知道德之旨,口是心非的"文辞之蠹"。他认为只有这样,才能立足社会。(2)立志高远,次第为学。方孝孺认为,为学应有崇高的志向。他说:"学,将以学为人焉,将以学事人也,将以学治人也。"②也就是说,治学须从学习做人开始,次学做事,终学治人。为此,治学的次序也有先后。他说:"先之《大学》以正其本,次之孟轲之书以振其气,则之《论语》以观其中,约之《中庸》以逢其源,然后六经有所措矣……"③方孝孺认为正是通过这种次序,才能追寻纯正的理学。(3)博文约礼,尚古通今。犹如治国要变通一样,方孝孺认为治学也要有一定的变通。他说:"不善学之人,不能有疑。谓古皆是,曲为之辞。过乎智者,疑端百出,诋诃前古,撼其遗失。学非疑不明,而疑恶乎凿。疑而能辨,斯为善学。勿以古皆然,或有非是。勿负汝能言,人或胜汝。忘彼忘我,忘古与今,道充天地,将在汝心。"④因此,他认为,好的老师会使学生疑,即思维活跃起来;而好的学生是疑而能辨者,即不会盲从古人,当疑则疑,不当疑则不疑。他在石镜精舍教书时,便时常鼓励诸子要善于存疑、辨疑、释疑,以便"识其大端"、"察其本",真正达到由博返约、尚古通今的境界。(4)虚怀若谷,见贤思齐。方孝孺以为"人之不幸莫过于自足,恒若不足,故足;自以为足,故不足。甕盎易盈,以其狭而拒也;江海之深,以其虚而受也。虚己者进德之基"⑤。因此,他强调治学须虚心。

从方孝孺的教育思想中,不难发现,他作为一个"纯儒"的思想境界,以及他严谨治学,并亲身实践自己思想的风范。

①　(明)方孝孺:《逊志斋集》(卷1),《杂诫》,《四部丛刊》本。
②　(明)方孝孺:《逊志斋集》(卷1),《杂诫》,《四部丛刊》本。
③　(明)方孝孺:《逊志斋集》(卷1),《杂诫》,《四部丛刊》本。
④　(明)方孝孺:《逊志斋集》(卷1),《学箴·辨疑》,《四部丛刊》本。
⑤　(明)方孝孺:《逊志斋集》(卷1),《杂诫》,《四部丛刊》本。

第六章　清代前、中期的宁波教育

　　自清朝建国到鸦片战争爆发(1644—1840),是中国封建社会最后一个阶段。作为一个通过武力征服而建立起来的政权,清兵入关后,残酷地镇压各地的农民起义,经过二三十年的征战,使其统治得以稳定。宁波当时也难逃战乱之灾,在浙东义军被镇压后,建立起清朝的行政建制。

　　清朝在宁波的行政建制,基本上沿袭明代的体制,只是进一步加强了专制主义中央集权统治,把皇权抬到空前的高度;与此相应,在文化教育领域,推行专制主义,在文教政策上体现为采取笼络与压制相结合的做法,清从康熙皇帝开始,就惯于使用"恩威并重"的两面政策,以取得控制人民思想、加强专制统治的目的。这一政策具体表现为:尊孔读经,提倡程朱理学;设科举取士,笼络汉族士人;广设学校,严订管理法规;整理文化,禁毁异端书籍;压制思想,大兴文字酷狱。尽管如此,宁波的地方教育、书院教育和科举等得到长足的发展。黄宗羲、朱之瑜也在这样的时代背景下,形成了自己独特的学术思想,并孕育出引领时代潮流的浙东学派。本章主要论述鸦片战争之前的宁波教育,以旧学为主。

第一节　宁波府、县学与社学、义学的发展

　　清朝的地方行政机构与明代基本相同,一般分省、府、县三级,道是省的派出机构。清初,宁波府属浙江省布政使司(后改浙江省)。顺治十五年

(1658),置浙江总督,设宁绍台道台衙门,以宁波府为道台治所。康熙二十七年(1688),宁波府就昌国县旧址设定海县。道光二十一年(1841),升定海县为定海直隶厅。光绪三十二年(1906),以象山县南田等8个岛屿为主置为抚民厅。至此,宁波府辖有鄞县、慈溪、奉化、镇海、象山5个县及南田厅。余姚时属绍兴府,宁海时属台州府。县以下的基层行政组织采取乡里制,一般设乡、都、图三级。例如,鄞县在乾隆年间设有武康、东安、万龄老界、阳堂、翔凤、万龄手界、丰乐、鄞塘、句章、通远、桃源、清道、光同等13个乡,编户51都306图。通过这种严密的行政建制,清廷极大地加强了对地方的控制。府、县学以及义学正是在这样的建制框架下发展起来的。

一、宁波府、县学的发展概况

顺治元年(1644),清官办教育起始。其教育制度承袭明代,教育内容"崇儒尊道",并无创新之处,倒是因为社会固有的阶级矛盾以及新出现的满汉民族矛盾而促使其办学更为专制。《清史稿》中说:"有清学校,向沿明制。京师曰国学,并设八旗、宗室等官学。直省曰府、州、县学。"[①]从中可见三点:教育制度沿袭明朝;中央设有官学,叫国学,满族贵族享有教育特权;地方上则设府、州、县学,且皆依科举之法而办,使学校成为科举之机关。为了加强控制,政府对中央和各级地方官学加强管理,制订严厉的学规。另外,诏令各乡普遍设立社学(后发展为义学),令12岁以上生童入学,以教孤寒生童或少数民族子弟。由此形成严密的学校网络,建立高度集中的学校体制。

就地方教育行政机构而言,清代各省地方政府设学政,统管全省学校事务,在其管理下,各府、州、县分设府、州、县学,并根据"府设教授,州设学正,县设教谕,各一,皆设训导佐之"[②]的规定,置设教官。宁波府学当时设教授1人,训导1~2人。康熙三年(1664),裁训导。康熙十五年(1676)复设。各县学亦设相应的教官。这些教官均为七至八品官,其中府学教授须为正七品,训导为从八品;县学教谕为正八品,训导为从八品。教授、教谕的职责在于教育、启迪学校生徒,督促课业,评掌品行优劣;训导佐之。教授、教谕既以儒学授徒,自身必学有根底,通晓经义,故教授、教谕多为科举

---

① (清)赵尔巽:《清史稿》(卷106),《选志一》,中华书局,1976年。

② (清)赵尔巽:《清史稿》(卷106),《选志一》,中华书局,1976年。

出身的举人,其中教授须为进士出身。如果发现不合格者,即采取措施,加以更换,历朝都是如此。

学生的来源是通过童试而录取的生员,俗称秀才。其中在额生员称为廪膳生,享受廪米待遇,额外增加的学生称为增广生和附学生,不享受廪米待遇,但成绩优秀者可以升补为廪膳生。各学均有定额,府学的廪膳生、增广生各40人,附学生若干人;县学的生额依据各县的大小而不同,鄞县、慈溪、余姚(时属绍兴府)的廪膳生、增广生、附学生各25人,镇海、奉化的生额各20人,宁海(时属台州府)的生额各16人,象山、定海直隶厅的生额各12人。生员具有一定的社会地位,受到政府的尊重,为使其专心肄业,朝廷规定免除其杂色差役。

宁波府、县学的课程,以科举考试为主要内容,始终把儒家经典作为教材,学习"四书"、"五经"。前文曾提及清统治者倡导程朱理学,因此与朱熹不合的书多被禁止。据《清朝文献通考》(卷69)记载:嗣后直省学校,将《四子书》、《五经》、《性理大全》、《资治通鉴纲目》、《大学衍义》、《历代名臣奏议》、《文章奏章》等书责成提调官课令生儒诵习讲解,务俾淹贯三场,通晓古今,适于世用。后来课程虽有调整,但总离不开学术义理、考据、词章等。学校只读圣贤之书,私学之言不立于学校,严禁淫词琐语在学校流行。

在办学过程中,政府为了有效控制学校,培养忠君、顺从的官吏,还特地制订了严厉的学规。这些学规成为学校的法律,触犯者即治罪。顺治九年(1652),宁波府学宫明伦堂之左置挂新颁行的《卧碑文》八条,约束府、县学生员,敕令"不许别创书院,群聚党徒"。具体内容如下:①

一、生员之家,父母贤智者,子当受教。父母愚鲁或有非为者,子既读书明理,当再三恳告,使父母不陷于危亡。

一、生员立志当学为忠臣清官。书史所载忠清事迹,务须互相讲究,凡利国爱民之事,更宜留心。

一、生员居心忠厚正直,读书方有实用,出仕必作良吏。若心术邪刻,读书必无成就,为官必取祸患;行害人之事,往往自杀其身。常宜思省。

一、生员不可干求官长,交结势要,希图进身。若果心善德全,上天知之,必加以福。

---

① (清)张廷玉等:《清朝文献通考》(卷69),《学校考七》,浙江古籍出版社,1988年。

一、生员当爱身忍性,凡有司衙门不可轻入。即有切己之事,止许家人代告,不许干与他人词讼,他人亦不许牵连生员作证。

一、为学当尊敬先生,若讲说皆须诚心听受。如有未明,从容再问,毋妄行辨难;为师者亦当尽心教训,勿致怠惰。

一、军民一切利病,不许生员上书陈言,如有一言建白,以违制论,黜革治罪。

一、生员不许纠党多人,立盟结社,把持官府,武断乡曲;所作文字,不许妄行刊刻。违者听提调官治罪。

之后,又陆续置康熙所颁《圣谕》与《训饬士子文》,雍正所颁《圣谕广训》。这些强制性的法律,是清朝文化专制主义在学校管理上的生动体现。

二、社学、义学的发展

宁波府、县学以下,则是分布于城乡的社学和义学。社学的建立始于元,盛于明,清初又得以复兴。顺治九年(1652),朝廷曾下令"每乡置社学一区,择其文艺通晓、行谊谨厚者,充补社师,免其差役,量给廪饩"[①]。雍正元年(1723),朝廷重申办社学的规定"凡近乡子弟十二以上二十以下者,有志学文者,令入学肄业……如有能文入学者,社师优赏;若怠于教习,钻营充补者褫革"[②]。由此,宁波府、县纷纷设立社学。据雍正《浙江通志》记载,宁波时有社学49所,涉及6个属县。社学学生可以申报参加童试,合格者可以升入官学为生员,反之,如果府、县学生员在岁试中成绩劣等,就要发回社学。这表明,社学虽非官学,却也是整个集权型学制体系的组成部分之一。

另一方面,清廷还诏令地方基层设立义学。清代的义学最早为旗人子弟所设,以教授幼童学习满、蒙文字。乾隆以后,浙江省、府、州、县亦广泛设置义学,目的在于有效地管束孤寒子弟,使其不可"轻生犯上",以维持统治秩序。在此政策下,宁波各属县纷纷兴办义学。乾隆十一年(1746),镇海知县王梦弼督办南城义学、杨亭义学。道光十一年(1831),方大品与族人方城、方家盛创建凤湖义学。道光二十一年(1841),余姚县建三管义学。咸丰八年(1858),余姚牟山魏家村建镜宇义学,开元乡建何氏义学。同治

---

① (清)张廷玉等:《清朝文献通考》(卷21),《职役考一》,浙江古籍出版社,1988年。
② (清)张廷玉等:《清朝文献通考》(卷70),《学校考八》,浙江古籍出版社,1988年。

十年(1871),余姚泗门建存著义学,凤山建凤山义学。咸丰二年(1852),象山县建有凤阳义学。宁海县咸丰初建有魏氏义学,同治间设龙翔义学、兴教义学,光绪间建健跳义塾、梅林义塾等。慈溪建有董氏义学、虞氏龙山义学、裘氏崇义堂义学等。奉化县建有蔡氏义学等。据《宁波市教育志》统计,清代宁波各属县所办义学总计149所(不含城区所建义学),具体分布如表6-1。

表6-1　清代(至1911年)宁波属县义学创办情况

县别	顺治	康熙	雍正	乾隆	嘉庆	道光	咸丰	同治	光绪	宣统	不详	合计
鄞县	—	—	1	3	3	13	6	12	6	—	2	46
慈溪	—	—	—	—	1	3	3	2	6	—	—	15
镇海	—	—	2	1	—	1	1	1	6	1	2	15
奉化	1	—	—	5	2	6	2	1	9	—	19	45
象山	—	—	—	—	—	1	1	—	—	—	—	2
余姚	—	—	—	—	1	1	2	2	—	—	6	12
宁海	—	—	—	—	—	—	1	2	10	—	1	14
合计	1	—	1	10	8	25	16	20	37	7	24	149

资料来源:宁波市教育委员会编:《宁波市教育志》,浙江教育出版社,1996年,第10页。

而宁波府城区所建义学约计17所,具体情况如表6-2所示。

表6-2　清代(至1911年)宁波府城区义学创办情况

名称	地址	时间	创办人	备注
育莪义学	永丰街右	雍正七年(1729)	知县杨懿	
同仁义学	君子营(今君子街)西	道光十一年(1831)	张君豪、励钟等	置地百余亩
黄岳义学	火筒巷(今呼童街)	道光十一年(1831)	江丙、江衡、江家进等	盐商款内抽捐
柳汀义学	月湖众乐亭侧(今柳汀街)	道光十一年(1831)	徐桂林、吴章址、陈良琨等	置地119亩
椿荫义学	西河营(今西河街)南	道光十一年(1831)	林祥烈、林祥杰	置地百余亩
槐里义学	张斌桥	道光年间	吴楠父子	置地260亩
同仁、黄岳、柳汀、椿荫		道光三十年(1850)	宁绍台道瑞瑸督办	捐银生息;4所义学各增设1馆

续表

名称	地址	时间	创办人	备注
屠氏义塾（2所）	竹林巷（今解放北路）	同治五年（1866）	屠继烈父子	割地千余亩；其中1所为屠氏竞进小学前身
星荫义学	渡母桥蔡家巷（今海曙中心小学址）	同治九年（1870）	蔡筠	置地167亩
日湖义学	采莲桥北（今莲桥街）	同治九年（1870）	蔡筠、陈愈守等	置地百余亩
翰香学塾	仓基街	同治年间	陈愈守	1906年，改称翰香小学堂
崇敬义塾	江北岸文昌阁	光绪二十二年（1896）	谷某等	
甘白学塾	江东砚瓦弄	光绪三十三年（1907）	不详	

资料来源：宁波市教育委员会编：《宁波市教育志》，浙江教育出版社，1996年，第9—10页。

　　另外，外国教会在宁波也办义学。同治五年（1866），教会在宁波创办2所义学，在校学生达40人。[①]

　　义学的办学经费承袭旧规，即来自田、地的租息，也有捐银的。主要途径有地方官员"捐廉"，地方乡绅附设；族人独资或合资；也有族产创设，等等。其用途主要是塾师的膏火等费用。为了义学的可持续发展，一般义学都订有学规，对塾师待遇、教学考试、学生纪律、教学事务、财务账目、财产保管等，均有详细规定。

　　义学的教学内容大致包括识字、读书、写字、对课、作文等。学童入学先教识字，教材以《三字经》、《百家姓》、《千家诗》、《神童诗》、《增广贤文》、《幼学琼林》等蒙养读本为主，同时，还选读《四书》、《唐诗三百首》、《古文观止》、《文心雕龙》、《文史通义》、《九章算术》等。在此基础上，为了准备科举考试，还须增读《四书集注》、《五经大全》、《历代名臣奏议》、《十三经注疏》等，并练习八股文的写作。据所学内容，义学可分为两个层次：一类程度较低，主要是对学童进行启蒙教育；另一类程度较高，是为应试而设。前者是后者的基础，后者是前者的继续。可见，义学也在一定程度上纳入科举考试的轨道。

①　乐承耀：《宁波通史》（清代卷），宁波出版社，2009年，第287页。

第二节　科举取士与宁波教育

清代科举制度确立于顺治二年(1645),以《科场条例》的颁行为标志,此后,清廷一直以科举为选才之道。初期,举制多模仿明代,其后不断改良,特别是在防止科举的弊端方面创立了许多制度,例如,监生分卷取录制、会试分省取录制、副榜制、复试、磨勘(核对试卷)、朝考与庶吉士配额取录制,等等,使科举制度更加完善。

一、科举仕进的发展概况

清廷的科举考试沿用明制,其程序仍为四级,即童试、乡试、会试、殿试。但是,清廷的科考程序更为繁复,表现为:(1)在乡试之前,增加了一连串的资格考试:县试(知县主考)—府试(知府主考)—院试(学政主考)。这三种考试统称为"童试"。只有经过了这三级考试的人,才能改称为"生员"(即秀才),享有进入地方官学读书的资格。(2)生员入学后,还须经过两次严格的选拔考试:岁试和科试,成绩优秀者才有资格参加乡试。乡试每三年举行一次,中式者为举人(第一名叫解元),取得会试的资格。(3)会试在乡试的次年春季举行,在会试之前和之后同时增加了复试和磨勘两个环节,若这两次查核没有通过,就不能参加会试或殿试,而中式者即为贡士(第一名叫会元),取得殿试资格。(4)殿试在会试的次月举行,中式者为进士,分三甲发榜,但新进士还要在保和殿参加朝考,只有一甲前三名才能立即授职。从上可见,由读书应考到出仕做官,前后要历经十余次重大考试,何况三年才有一次应考的机会,士人在其中耗费的精力可想而知。

乡试、会试的定额和中额,一般根据各地应试人数之多寡、地区人口数量以及文化水平之高低额而定,宁波虽地域不大,却也称得上文化之邦,其定额和中额都位居浙江省前列。据《宁波教育志》记载,清从开科至光绪三十一年(1905)废科,宁波共有进士344人,包括费纬祉、史大成、屠粹忠、姜宸英、全祖望、郑梁等重臣名人。其中鼎甲及会元共10名,详见表6-3。

表 6-3　清代今宁波境内鼎甲及会元名录

科别	姓名	籍贯	鼎甲名称及会元	科别	姓名	籍贯	鼎甲名称及会元
顺治十二年	史大成	鄞县	状元	乾隆三十六年	邵晋涵	余姚	会元
康熙二十七年	范光阳	鄞县	会元	乾隆四十九年	邵瑛	余姚	榜眼
康熙三十六年	姜宸英	慈溪	探花	嘉庆二十四年	杨九畹	慈溪	榜眼
乾隆十七年	卢文弨	余姚	探花	道光九年	朱兰	余姚	探花
乾隆二十五年	褚重光	余姚	榜眼	咸丰二年	章鋆	鄞县	状元

资料来源：宁波市教育委员会编：《宁波市教育志》，浙江教育出版社，1996年，第13页。

　　此外，乡试、会试中式者也不乏其人。据雍正《浙江通志》记载，从顺治二年（1645）到顺治十七年（1660），宁波境内的举人为92人。不少人在乡试中夺得解元、经魁（乡试第四、五、六名者）。雍正元年（1723）癸卯恩科，余姚人陈本中经魁。雍正二年（1724）甲辰榜，余姚人谢宜相中解元。光绪二十九年（1903），慈溪人李思浩中举。鄞县在清代乡试中中举888人，其中8名是解元。

　　当然，会试成绩也不错。顺治五年（1648），鄞县桃源乡水有岳、张越、张尚绸考中贡士。康熙二十七年（1688），范光阳中会元。康熙三十五年（1696），余姚人孙国器考中贡士。乾隆元年（1736），童俊考中贡士。乾隆三十六年（1771），邵晋涵中会元。会试中还有中副榜者。例如，康熙三十八年（1699），余姚谢司微中副贡。雍正元年（1723），岑元亮中副贡。鄞县在清代共有127人中副贡。①

　　各级考试的内容与政府倡导的程朱理学相一致，一般从"四书"中出题，以朱熹的《四书集注》为标准答案，文体仍为八股文。为了增加考试的难度，主考官出题时，"往往深求隐僻，强截句读，破碎经文，于所不当连而当连，不当断而断"，致使士人无所适从，穷竭精力练习无意义的截搭题、冷僻题。② 再者，答题规定不准发表自己的创解，美其名曰"代圣贤者立言"，而选拔中又以"能小楷为天下奇才"，如此一来，考生只埋头于"高头讲章"、八股范文和蝇头小楷之中，"凡诸经先儒之注疏，诸史治乱兴亡之事迹，茫

---

　　①　乐承耀：《宁波通史》（清代卷），宁波出版社，2009年，第291页。

　　②　梁章钜：《嘲书割裂题》，《中国近代教育史资料·鸦片战争时期教育》，上海教育出版社，1990年，第83页。

然不知"①。因此,清廷采取这种僵化、死板的考试方式,注定了士子们的学问会禁锢于空疏的理学和无用的"时文"、"功令"之中,而且还诱使他们毕生为繁复的功名利禄而奔波。

值得一提的是,宁波历史上最后一科进士是在光绪三十年(1904),及第者有鄞县高振霄和忻江明、镇海吴晋夔、宁海章梫、余姚朱元树、奉化竺麾祥共6人。

至此,今宁波市境内自宋至清光绪三十年,共有科举进士2478人,详见表6-4。

表6-4　宋至清今宁波市境内各县进士数量

朝代	鄞县	慈溪	镇海	奉化	象山	宁海	余姚	宁波	合计	全省总数	占全省百分比
宋	599	116	31	136	31	117	108	6	1144	7367	15.5
元	3	2	—	—	—	—	3	1	9	150	6
明	289	228	26	37	12	17	371	1	981	3799	25.8
清	139	72	35	6	6	3	82	1	344	2810	12.2
合计	1030	418	92	179	49	137	564	9	2478	14126	17.5
占全市百分比	41.6	16.9	3.7	7.2	2.0	5.5	22.8	0.4		—	

资料来源:宁波市教育委员会编:《宁波市教育志》,浙江教育出版社,1996年,第13页。
说明:表中最后一行数据系笔者计算所列,以比较各县在全市的进士比例。

清廷除进士科之外,还设置了武科和制科两科考试。武科也分童试、乡试、会试和殿试四级,考试内容分内、外两场,内场考默写武经,外场考马箭、步箭、硬弓、刀枪、掇石等。中式者分别称武生、武举人、武进士,并授予各种武官之职。据雍正《浙江通志》记载,自顺治六年(1649)至雍正十三年(1735),宁波府考取武进士的人数达96名。其中鄞县占29名,慈溪占24名。另外,考取武举人的也不少。就余姚、慈溪两地,自顺治五年(1648)至同治九年(1870),两地共有37人中武举,其中戚师塘(康熙五十二年)、杨廷秀(康熙五十三年)、吴大勇(乾隆二十四年)三人为武举解元。② 鄞县在清代有武举人188名,2名为解元。

---

① 《中国近代教育史资料·鸦片战争时期教育》,上海教育出版社,1990年,第79—81页。
② (民国)《余姚六仓志》(卷12),《选举》,《中国地方志集成本》,上海书店影印本,1992年。

制科是皇帝临时特诏举行的考试,主要有博学鸿词科、孝廉方正科、经济特科等。康熙十八年(1679),宁波人陈鸿绩、徐懋昭中博学鸿词科,其中陈鸿绩被授予翰林官。雍正十三年(1735),万经、全祖望、陈撰三人中博学鸿词科。乾隆十四年(1749),余姚人谢应雷中孝廉方正科,由荐举而录用为官。

二、清科举取士的影响

清廷推行的文化专制主义使得科举制度成为"牢笼志士,驱策英才"之术。清初,朝廷内部曾经在八股取士的问题上有过激烈争论,康熙二年(1663),朝廷亦曾经宣布:"乡、会考试,停止八股文,改用策、论、表、判。"①上谕中说:"八股文章,实于政事无涉,惟于为国为民之策、论、表、判中出题考试。"②但是,康熙七年(1668),鉴于专制统治的需要,又恢复旧制,仍用八股文取士。时隔七十年,乾隆三年(1738),科举积弊重新为兵部侍郎舒赫德所提,认为科举不是"遴选真才实学之道",请求加以改革,不过,在礼部讨论中官员们普遍认为舒赫德所提虽为事实,但"时艺所论,皆孔孟之绪言,精微之奥旨,参之经史子集以发其光华,范之规矩准绳以密其法律,虽曰小技,而文武干济、英伟特达之才未尝不出于其中"③。至于科举的弊端,只要主考官们能"循名责实,力除积习,杜绝侥幸,文风日盛,真才自出"。事实上,这些极力维护科举制度的官员,心里很清楚八股取士的无用,当时,主张科举制的执政大臣鄂尔泰就曾经说过:"非不知八股为无用,而牢笼志士,驱策英才,其术莫善于此。"寥寥数语,充分暴露了清廷的政治意图。

统治阶级的专制政治诉求使得科举制度在根本上偏离了其选拔真才实学人士的初衷,从而对当时的学校教育、思想解放、士子精神面貌产生极大的负面影响。

(一)学校教育的科举化

由于科举考试在人才选拔中所起的决定性作用,各地府、县学,包括宁波,几乎沦为科举的准备场所,学校中的授课日益减少,专重考试,并且生

---

① (清)王先谦:《东华录》,上海古籍出版社,2008年。
② (清)王通肱:《蚓庵琐语》,《说铃》,清刻本第13册。
③ (清)赵尔巽:《清史稿》(卷180),《选举志》(3),中华书局,1976年。

员很少或根本不在学校学习。"此往彼来,案位何曾坐着,东游西荡,书声久已未闻"①,只是到一定时候前来应考。科举考试是检查学校教学成绩的手段。府、县学日常考试有月课、季考,由教官主持;正式的科举有岁考和科考,均由学政主持。岁考每年一次,优秀者参加科考;科考在乡试前一年举行,优秀者参加省会的乡试。乡试合格者是为举人,有资格参加会试;举人进京参加会试,考中者有资格再参加殿试;殿试合格者是为进士。由于功名利禄的诱惑,生员专事如何写八股文,走投机取巧之路,导致学风空疏,败落已成必然之势。

另外,就连不属于官学系列的社会基层学校组织,即社学、义学也纳入到科举考试的体制当中,这在前面已经有所述。可见,学校教育已经完全科举化了。

（二）对士子思想的钳制

八股文作为科举考试的"必修课",始自明朝,却在清代盛行。八股文是一种特殊的文体,它对文章的选题、格式、字数都有非常严格的规定。为了走八股文之路,士子们不得不绞尽脑汁,去做那叠床架屋、空洞庸劣、无补时务的文章。例如,有人将《伯夷叔齐》这样的题目写成伯二股、夷二股、叔二股、齐二股;有的则写出"天地乃宇宙之乾坤,吾心实中怀之在抱。久矣乎,千百年来已非一日矣"之类的滥调。不是肢解题意,就是废话连篇。为了防止考生抄袭,考官们也用"牵上连下,毫无义理"的截搭题考试,那样的文章则更牵强附会。《红楼梦》中的贾宝玉在谈到八股文时曾说:"这原非圣贤之制撰,焉能阐发圣贤之奥,不过是后人饵名钓禄之阶。"这一评价可谓是一语中的。八股文对思想的钳制可是到了误人,及至误国的地步。

（三）对士子心灵的腐蚀

科考犹如套在士子脖子上的一条锁链,又如压在他们心头的一块石头。为求功名,士子们不得不忍辱负重,承受种种身体和精神上的折磨,尤其是精神的压力。《儒林外史》中的"范进中举"就是生动的体现。在科举功名的腐蚀下,本应具有"独立之精神、自由之思想"的士子因此扭曲了心

---

① 缪艮:《文章游戏》,《中国近代教育史资料汇编·鸦片战争时期教育》,上海教育出版社,1990年,第16页。

志,毁坏了心术。考场上营私舞弊、贿赂公行的现象有禁无止;考场内冒籍、代考之事情时有发生。与此同时,考官营私舞弊的行为也屡禁不止,如雍正年间任湖北学政的海宁人俞鸿图主持湖北科场考试时收受贿银超万两,嘉庆年间浙江学政刘凤诰违反监考规则受贿舞弊等。可见,士风和学风皆如江河日下。

第三节　书院教育的发展

从清立国到民国初期,宁波书院发展大体上经历了两个不同的时期。顺治元年至雍正十年(1644—1732)近 90 年的时间为沉寂期,当时,清廷的统治还不稳固,统治者担心书院会成为知识分子聚众结社,讽议朝政,鼓动民众反清复明的阵地,因此采用抑制政策。顺治九年(1652),清政府命令"各提学官督率教官生儒,务将平日所习经书义理,着实讲求躬行实践,不许别创书院,群聚徒党,及号召他方游食无行之徒,空谈废业,因而起奔竞之门,开请托之路"[1]。这显露出统治者的疑虑。宁波当时的书院及其教育因此而受到抑制。直至康熙朝,清廷自感统治地位稍许稳固,才对书院逐步放松限制,允许一些学者在书院讲学,例如,黄宗羲在甬上证人书院树起了"经世致用"的大旗,开创了浙东学派的先河。但是,真正进入发展高峰的是在雍正十一年(1733)之后,当时,政府的政治和文化专制统治地位已经确立,为了进一步发挥"文治"的作用,清廷改变了对书院的政策,由抑制转为积极倡导,并加强对书院的控制。这使得书院得到很大的发展,但是,书院的官学化程度达到顶峰,其"自由"、"独立"的办学特质几乎消失殆尽。

一、书院教育发展概况

雍正十一年(1733)之后,由于政府的倡导,宁波的书院得到迅速发展,其中有民间兴办的,更多则是地方官员所办,书院数量大大超过前朝。据《宁波通史》统计,清代宁波所属书院有 57 所。[2] 参见表 6-5。

---

[1]　(清)《清会典事例》(卷 385),《礼部》,台湾影印本。

[2]　乐承耀:《宁波通史》(清代卷),宁波出版社,2009 年,第 283 页。

表6-5 清代宁波府、县书院建置情况

院名	地址	创办时间	创办人	备注
甬上证人书院	城西管村白云庄	康熙七年(1668)		黄宗羲讲学之所。康熙十四年(1675)停办
育才书院	城南醋务桥西	康熙三十六年(1697)	知府高启桂	
孝廉堂	府治左面	同治十年(1871)	知府边葆诚	光绪三十年(1904)停办
辨志书院	月湖竹洲	光绪五年(1879)	知府宗源瀚	光绪二十八年(1902)知府高英改为南城小学堂
崇实书院	旧道署西侧(原中山公园西侧)	光绪十一年(1885)	宁绍台道薛福成	光绪三十年(1904)停办
鄞山书院	鄞山街(今镇明中心小学)	光绪十三年(1887)	鄞县知县	光绪三十年(1904)停办
月湖书院(义田书院)	鄞县县治西南	顺治八年(1651)建成义田书院。同治三年(1864),改称月湖书院	海道副使王尔禄建成义田书院。知府边葆诚建成月湖书院	光绪三十一年(1905)改为师范学堂
崇正书院	镇海江北西管乡	康熙五十八年(1719)	镇海县知县田长文	乾隆元年移建于庄市,光绪三十二年(1906)改设崇正两等小学堂
鲲池书院	梓荫山下	乾隆八年(1743)	镇海县人郑宗壁等	旧名蛟川书院,光绪三十二年(1906)停办
芦江书院	柴桥	乾隆五十八年(1793)	里人杨人模等	学政曾题为"积书堂"和"海滨邹鲁"
灵山书院	灵岩乡	嘉庆九年(1804)	镇海县里人郇峚	光绪三十三年(1907)改为灵山小学堂
云衢书院	郭巨	咸丰年间	镇海县里人汪莹	光绪三十四年(1908)易地改云衢公学
龙山书院	镇海县泰邱乡			

续表

院名	地址	创办时间	创办人	备注
振文书院	大碶	光绪四年(1878)	镇海县里人王锡山等	光绪三十年(1904)改时敏学堂
九峰书院	镇海县泰邱乡	光绪三年(1877)	镇海县里人叶振六等	光绪三十一年(1905)改九峰养正小学堂
德润书院	慈溪县东门内	乾隆十六年(1751)	慈溪县县令陈朝栋	
锦溪书院	奉化县黉宫东	康熙三十年(1691)	奉化县县令施则曾	光绪二十七年(1901)改龙津学堂
上林书院	奉化县大脉吞口黄贤	康熙年间		
狐山书院	奉化县大堰柏坑狐山上	乾隆年间		
东山书院	奉化县裘村	嘉庆初	裘必坚	光绪三十年(1904)改为忠义学堂
净香精舍	奉化县陈郎埭	咸丰十年(1860)	陈宗器遗命建	
千秋书院	奉化县梅村应家棚	光绪七年(1881)	张为霖	
篆山书院	奉化县小万竹石篆山下	光绪十年(1884)	王禹堂等	
丹山书院	象山县县学学宫东	康熙六十年(1721)	象山县县令马受曾	道光五年(1825)改为蒙养院。清末改为高等小学堂
缨溪书院	象山县县治西	乾隆五十八年(1793)	象山县县令尤锡章	旧名蓬莱书院。之后改为始达两等小学堂
金山书院	象山县石浦所城北	道光年间为义学。同治年间建成书院	许超、许虹、许纶建为义学。同知杨殿材建为书院	后为敬业小学堂
珠山书院	象山县东乡着衣亭魁照墩	光绪八年(1882)	王宪章	后为珠山高级小学堂
养正书院	象山县南乡昌国街	光绪二十五年(1899)	苏良彝、蔡兆鹏	后为正谊小学堂
丰乐书院	余姚县龙泉山	康熙三十年(1691)	郡守李铎	

续表

院名	地址	创办时间	创办人	备注
龙山书院	余姚县龙泉山	乾隆二十四年（1759）	余姚县知县刘长城	
信成书院	余姚县剑江庵	乾隆九年（1744）	余姚县知县蒋元君	
文蔚书院	浒山	同治二年（1863）	巡检李协恭	
云柯书院	余姚县历山西麓	光绪二十三年（1897）	许寿祺、陈以钧等	
龙山书院	宁海县跃龙山	乾隆年间	龚正席	
文昌书院	宁海县县治西	嘉庆年间	杨鹏楼	
乘龙书院	宁海县县南东岙	嘉庆、道光年间	宁海县里人公建	
文正书院	宁海县古渡	同治七年（1868）	宁海县县令孙熹	
龙山书院	宁海县南乡海游龙头山	同治八年（1869）	郡守刘璈	
亭山书院	宁海县县南	同治十一年（1872）	宁海县县令王耀斌	
拱台书院	宁海县西梁王	同治十一年（1872）	宁海县县令王耀斌	
逊志书院	宁海县北孙溪坶	同治十一年（1872）	宁海县县令王耀斌	
庄士讲舍	宁海县西黄坛	同治十一年（1872）	宁海县县令王耀斌	
金山书院	宁海县南上叶	光绪年间		
植桂书院	宁海县南箬岙	光绪年间	褚志道	
育英书院	宁海县西竹林	光绪年间	王氏	
环溪书院	宁海县南沙篓	光绪年间		
德邻书院	宁海县西塔山	光绪年间	童氏	
观澜书院	宁海县西北紫溪	光绪年间	邬氏	
丽山书院	宁海县西北大蔡	清末	蔡裔麟	

资料来源：宁波市教育委员会编：《宁波市教育志》，浙江教育出版社，1996年，第6—8页。

　　在上述书院中，按其教学宗旨，大致可以分为两大类：一是以举业为目标，以学习制艺为主的书院教育；二是讲求理学，接近书院特质的书院教育。其中，绝大多数为第一类，这种情况与清廷的文化专制主义政策直接相关，由此而导致书院特质的消亡，下文详述。属于第二类的主要是兴盛于康熙年间的甬上证人书院和姚江书院，它们继承书院原有的讲会制度，讲学活动蔚然成风，理性地探索理学的得失，对当时宁波的学术精神、学风产生很大的影响，直至近代。

甬上证人书院是因黄宗羲于康熙七年（1668）到宁波讲学，在原来甬上讲经会的基础上创立的。康熙六年（1667），甬上陈赤君、范光阳等27人集体到余姚黄竹浦拜黄宗羲为师。他们请学返甬后，在陈赤君的发起下创立了甬上讲经会。讲经会一反明中叶以来"高谈性命"、"束书不观"的讲学风气，以讲论"五经"为主题。次年3月，黄宗羲应讲经会之邀至甬上讲学，与诸子大会于广济桥、延庆寺，以"证人名之"，遂得以成立甬上证人书院。当时，书院仍然采用以学生自学为主、教师讲解为辅的方式学习，强调学生的独立思考。黄宗羲对甬上弟子仅作阶段性的指导，弟子们则从先生所受，各自研读经书之义，然后集众交流。一般地，每月弟子们自行组织两次会讲，轮流主持，就某一论题展开讨论与争辩。会讲内容皆以黄宗羲倡导的"经世致用"为宗旨，并以"经术为本，辅之以史学，统之以文学，以及天文、地理、数学等"①。康熙十四年（1675）秋后，黄宗羲结束了在甬上证人书院的讲学活动，书院停办。直至康熙十八年（1679），原书院学生陈锡嘏自京师回到甬上，重新恢复了书院的讲学活动，不过，黄宗羲因主持海宁讲习，没有再回到甬上证人书院。在黄宗羲在甬上讲学的7年时间里，培养了许多杰出的人才，如史学家万斯同、全祖望等。

姚江书院由半霖义学发展而来，祀先贤王阳明。明崇祯十二年（1639），半霖义学初创，时沈国模总揽院事，以和风化雨之法培养人才。后传至史孝咸，书院制度更趋完善。顺治十三年（1656），沈国模、史孝咸先后去世，书院停办。直至康熙八年（1669），韩孔主持院事，他严立规约，书院出现兴盛局面，有弟子70余人。之后为史显臣主院事。康熙二十九年（1690），余姚知县康如琏整修书院，捐资修先师堂。康熙三十三年（1694），

①　李国钧等：《中国书院史》，湖南教育出版社，1994年，第842页。

邵廷采①主持书院,以讲求程朱理学为主,竭力调和朱陆学说。康熙四十一年(1702),知县韦钟藻改建于南城东南巽水门内角声苑旧址。乾隆初,开始再度衰落。直至乾隆三十八年(1773)、五十八年(1793),邑人杨辉祖先后两次重修书院,并添置膏火田36亩,书院再次兴盛。姚江书院在其起起落落的历史中,始终坚守王学传统,尤其在邵廷采任主持的17年时间里,在当地影响很大。时书院秉承传统,每月小会,每季大会,形成了一套完善的讲会制度。据旧则十条,月会有比较烦琐的礼节程序,包括点到、供奉、谒圣、就座、开讲等,还有司会、司赞等主持讲会。讲会过程包括讲经、质疑、考事、稽古等环节,并由专人记录,抄送院长,更定登录。书院还经常与其他书院互访,名闻全国。据记载,黄宗羲也曾到姚江书院会讲。可以说,姚江书院在促进当时学术流派之间的交流、活跃学术气氛、培养人才等方面起到了很大的作用。

二、书院特质的消亡

　　宁波的书院在清代虽然数量众多,但是,书院的性质却因政府的控制加强而丧失其原来自由讲学、独立探究的特质。

　　前文提到,清廷在文化上一直采取专制主义政策,这表现在对书院的态度上就是加强控制,走官学化道路。清政府认为,书院若仿效佛寺而设于名山大川,并盛自由讲学之风,不利于政府的思想控制。于是,政府积极出资在各省城恢复或开办一些书院,且地方书院的开办须报朝廷批准或备案,以此控制书院,这在表6-5中不难发现,其中很多书院乃由官府创设,这不能不说是与当时的政策导向直接相关。此外,政府还进一步深入到书院的山长任命、学生的录取与选拔,以及与书院教学相关的学习内容、考试等方面的管理。与元代书院的官学化相比,可以说清书院的官学化趋势是有过之而无不及,书院渐次与官学合流。故曰书院的特质逐渐消失殆尽。

　　通过政府的干预,宁波许多书院变自由讲学为埋头制艺之机构。据《清会典事例》记载:乾隆九年(1744),通令各地书院"每月课试,仍以八股为主,或论或策,或表或判,听酌量兼试,能兼长者酌赏,以示鼓励"。这一

---

　　① 邵廷采(1648—1711),原名行中,字允斯,又念鲁。余姚人。早年曾殚精竭思研磨制举之业,后悟道,笃志圣学,经史之学大进。此后不求举业,以教授为业。康熙三十三年(1694),主讲姚江书院,以学问深湛、操行高洁名噪一方。著有《思复堂文集》、《东南纪事》、《西南纪事》、《诗经儿课》、《礼经节要》、《姚江书院志略》等。

政策使书院教育正式走上了以应试科举考试为宗旨的轨道。为应试科举，书院的主要工作就是考课，通过考课督促学生演习八股文及其他举业之本领。考课一般于每月的月初和月中举行，月初为官课，月中为师课。这一规定几成定例。于是书院的教、学内容也不得不受制于考试，随之，自由研讨之教学方式也无存在之必要。由于考试成为了控制书院的重要手段，一些地方官员就积极地督办书院的课考，并采用很多措施加以干涉，例如，考试内容由官府掌握或审批；考试地点移至官府；学生只要入试，便可得到颇为丰厚的膏火银，等等。因此，当时已经产生了为人答题的"第三产业"，有人甚至一夜作出十数卷，论价出售。

上述考课式书院的运转，使求学士子为利禄所诱，耗毕生精力于无用之学，学术志向已荡然无存。《清续文献通考》（卷100）记载："未几山长以疲癃充数，士子以儇薄相高，其所日夕呫哗者，无过时文贴括，然率贪微末之膏火，甚至有头垂垂白不肯去者。"这一风气发展到后来，已是积习难返。无怪乎晚清的张之洞在《劝学篇》中指出："中国书院积习，误以救济寒士之地，往往专为膏火奖赏而来。本意既差，动辄计较锱铢，忿争攻讦，颓废无志，紊乱学规，剽袭冒名，大雅扫地矣。"[1]此等境况已经完全令书院丧失了学术殿堂的光彩，玷污了书院的名称。

随着宁波近代化步伐的来临，许多书院后来就改成了新式学堂。例如，月湖书院在1905年改为师范学堂；崇正书院在1906年改为崇正两等小学堂；灵山书院在1907年改为灵山小学堂……表6-5的备注栏中可见一斑。

第四节　文字狱及其影响

清廷在文化上实行的专制主义，还表现在大兴文字狱、销毁禁书等举措上，以强化封建专制统治。宁波曾是南明政权的重要据点，抗清斗争异常激烈，涌现出钱肃乐、张煌言、王翊等抗清名将，成为朝廷防范、打击的重点。加之，宁波又是教育发达、藏书丰富的文化之邦，"笔墨忘议"之事在所难免，因而，各级政府对宁波的文人甚为顾忌。

---

① 　（清）张之洞：《劝学篇·外篇》，《设学》，中州古籍出版社，1998年，第122页。

一、宁波的"文字狱"

早在顺治初,清廷就对遍布宁波的"西湖七子"、"西湖八子"、"南湖九子"、"南湖五子"、"鹤林七子"、"不波航"等诗社加以严厉镇压。例如,"西湖八子"中的毛聚奎、陆宇燨伙同张梦锡、华夏等儒生聚谋起事,但被清兵迫害致死。这些诗社的成员更多地将反清复明的情绪寄托在诗文中,"其所郁结,皆见之诗古文词",其结果也是遭清廷迫害,诗文受到禁锢、销毁。又如,发生在顺治十八年(1661)的"通海案",株连者不计其数。其中慈溪人魏耕亦冤屈致死,其著作《息贤堂诗》则被查禁。

康熙、雍正年间,文字狱更是"此起彼伏",先后兴起很多大案,多数发生在浙江境内,例如,汪景祺《西征随笔》案、查嗣庭科题案、庄廷鑨《明史案》以及吕留良、曾静案等。当时,宁波慈溪人裘琏也因少时戏笔而招祸。裘琏少年时曾戏作《拟张良招四皓书》,其中有两句话为时人所传诵,一句是"欲定太子,莫若冀太子;欲冀太子,莫若贤太子",另一句是"行狂一出而太子可安,天下可定"。康熙末年,裘琏已年过七十,但他还是考中进士,后致仕返乡。雍正七年(1729),突然有人告发他少时戏代张良所作的招贤信是替已废太子出谋划策,莫名其妙地被捕入狱,时年已是85岁,可怜老人暮年不得享受安静生活,冤死狱中。

乾隆即位后,初期倒是力矫前朝严政,显示其宽仁,但大约乾隆二十年(1755)之后,朝廷对汉人的疑虑又日益加深,由此又恢复了以文字之过惩治世人的凶政,其声势可是有过之而无不及。乾隆利用修《四库全书》的机会,大量收缴、查禁图书,销毁不利于统治的书籍。当时,浙江被查禁的书是全国最多的,据汪启淑《水曹清暇录》记载,自乾隆三十七年至三十九年(1772—1774),全国共查禁书籍13781部,其中浙江最多,达4588部。又据《宁波通史》统计:乾隆三十九年至四十六年(1774—1781),浙江省先后24次收缴、查禁、销毁禁书,书籍达538种,共13862部。[①] 像张煌言的文集《冰槎集》,诗集《奇零草》《采薇吟》,皆被清廷视为禁毁之书,严禁抄写、阅读。黄宗羲的《明夷待访录》也遭到禁毁。鄞州籍学者李邺嗣编写的诗、文集皆因忌讳,被列为禁书。

---

① 乐承耀:《宁波通史》(清代卷),宁波出版社,2009年,第27页。

二、对文化教育的影响

文字狱的兴盛使宁波府、县学受深受其影响。例如,吕留良死后,雍正曾撰文驳斥吕留良学说,并将该案中的湖南籍生员曾静等人表示悔改的供词和历次谕旨印成《大义觉迷录》,颁行全国,作为儒生必读之书。宁波地方政府积极地向府、县学大力宣读《大义觉迷录》,迫令士子阅读,以示警戒。慈溪儒学还把康熙、雍正的"上谕"、御制碑文以及《御制朋党论》、《刺钱名世诗集》作为学生必读内容。象山县学也以《御制训饬士子文》、《御制圣谕万言广训》、《刺钱名世》、《大义觉迷录》等书籍作为主要教学内容。通过这种手段,清廷加强了对宁波人民,尤其是知识分子的思想控制。

以上专制而愚蠢的政治手段,不但控制了人们的思想,摧残了学术文化,而且也伤害了士子的身心,埋下了使清廷日后走向腐败衰落并遭受西方欺凌的隐患。就文字狱对宁波文化教育的影响而言,主要表现在以下两方面:①文化典籍遭到很大的破坏。②学术思想遭到禁锢,以至于迫使人们为规避风险,抛弃清初曾涌动的"经世致用"思潮,而走校勘、考据之路。

第五节 朱之瑜的教育思想

一、生平和主要教育活动

朱之瑜(1600—1682),字楚屿,后改为鲁屿,又号舜水,浙江余姚人。出身望族,自幼博闻强识,精研经史,尤通《毛诗》。因"世道日坏,国事日非"而屡次坚辞朝廷征召。明亡后,面对清兵长驱南下之势,投入抗清复明斗争,失败后亡命日本,并辗转于安南(今越南中部)、交趾(今越南南部)、暹罗(今泰国)等地,历尽艰辛,意欲借兵,继续抗争。后见大势已去,复明无望,怀抱孤愤,于顺治十六年(1659),复至日本,留寓长崎,开始其长达24年的寓日讲学生涯。

在日本期间,朱之瑜着力传播"经世致用"的儒学思想,对当时日本的教育、文化、社会风气产生深刻的影响,有"日本的孔夫子"之称。康熙二十一年(1682),朱之瑜于日本大阪去世,享年82岁。日本私谥其为"文恭先生"。

　　朱之瑜在世撰有《中原阳九述略》，去世后，弟子整理其书信、文稿，编为《朱舜水先生文集》28卷、《朱徵君文集》10卷。清末，日本学者稻叶岩吉将上述两本书籍合刊为《朱舜水全集》。民国初年，浙江人马一浮又据此删定为《文集》25卷、《释典仪注》1卷、《阳九述略》1卷、《安南供役纪事》1卷，合为《舜水遗书》。后来，中华书局将朱舜水遗著重加校点成《朱舜水集》刊出。

　　在朱舜水的思想中，他特别注重"践履"。在寓居日本期间，他指导日本人绘制学校、庙宇、殿堂等房屋的结构图，并据图建造，1670年，朱舜水还依照余姚学宫的基本格局撰写了著名的《学宫图说》；他还传授日本人制造古祭器、古尺、古升等器具的方法，例如，有关重心与平衡的"周庙欹器"，"唐宋以来，图虽存而制莫传"，朱舜水乃"依图考古，研核其法，巧思默契，指画精到，授之工师"[1]；朱舜水还精于衣冠裁缝，向日本衣工讲明中国的服饰及其制作；朱舜水也很熟悉农业生产技术，曾非常具体地向当地人传授整田技术，以及根据地域的气候、地理等特点而从事园圃农事的建议；他还向日本人介绍了中国的祭祀仪礼、医术、兵学、动植物等多方面知识和习俗。借此，他向世人说明了何谓"实学"的真谛，即对生活、对社会发展有实用的知识。而他关于教育的若干看法也是建立在"践履"这一基本观点之上。

二、论学校教育

　　前文已述，科举制度在明朝采用八股取士的办法，并使学校成为科考的必经之路，从而迫使士子毕生为举业所累。朱舜水从明亡的现实中深切地体会到重八股的严重后果。他尖锐地指出，明末日趋腐败的官僚政治和士大夫的腐败无能都源于以八股取士的科举制度，他说："以八股为文章，非文章也。志在利禄，不过藉此干进。彼尚知仁义礼智为何物？不过钩深棘远，图中试官已耳，非真学问也。"[2]又说："主司以时文得官，典试以时文取士，竞标新艳，何取渊源。……其功亦穷年皓首，惟以剽窃为工，掇取青紫为志，谁复知读书之义哉！"[3]朱舜水认为，通过八股取士所选拔的人才并非是真正的贤才，相反，这些官僚士大夫不行辅君兴利除害之政事，专营图

————————————

① （清）朱舜水：《朱舜水集》，中华书局，1981年，第620页。
② （清）朱舜水：《朱舜水集》，中华书局，1981年，第173页。
③ （清）朱舜水：《朱舜水集》，中华书局，1981年，第1页。

谋私利、欺君害民之邪恶。正是他们的腐败无能和残酷剥削,败坏了社会道德风尚,破坏了封建社会秩序,激化了整个社会矛盾,最终导致国家政权的覆灭。因此,他提出要兴学校以培养能真正治国、建国的贤人,"庠序学校为天下国家之命脉,不可一日废"①。不仅如此,兴学校还是恢复"圣人"之学的主要途径。他说:"近者,中国之所以亡,亡于圣教之堕废。圣教堕废,则奔竞功利之路开,而礼义廉耻之风息,欲不亡得乎?知中国之所以亡,则知圣教之所以兴矣。"②这里的"圣教"就是指"圣人"之学,即未被统治者改造过而保留其本意的孔子之学。

如此看来,朱舜水的意思是通过兴学校,倡导"圣学",并进而培养具有真才实学的有用人才,这种人才既重修身又博学多才,"所贵乎儒者,修身之谓也。身既修矣,必博学以实之;学既博矣,必作文以明之"③。以此人才去除腐败无能的贪官污吏,达到经世致用、治国安邦的目的。可见,朱舜水对学校教育寄予很高的期望,希望通过它培养贤才、治理国家,并维系政权的存在。

此外,朱舜水认为,学校教育在培养贤才的同时,还可以起到移风易俗、改变社会风气的作用。他说:"诚欲兴道致治,移风而易俗。"④当时,理学的空谈已经对社会造成很大的危害,倡导"圣学"的学校教育必定可以改变这种不良的社会风气,变空洞的性理之学为经国济世之学。

关于学校教育的内容,朱舜水自然要求注重与"圣学"相吻合的"实理"之学。他认为,宋理学逐渐脱离现实事物,空谈天理性命,不合圣贤之道,背离儒学本旨。而"圣贤要道,止在彝伦日用。彼厌平淡而务空虚玄远者,下者心至颠蹶,上至亦终身沦丧已尔。究竟必无所益也"⑤。因此,他主张学校教育的内容须着眼于具体事物的道理,在人伦日用之际、衣食住行之间寻求实理,而不空谈理学形而上的"天理"之道。

三、论治学之道

鉴于朱舜水对"实理"之学的重视,在他倡导"圣贤"之学之际,自然非

---

① (清)朱舜水:《朱舜水集》,中华书局,1981 年,第 461 页。
② (清)朱舜水:《朱舜水集》,中华书局,1981 年,第 183 页。
③ (清)朱舜水:《朱舜水集》,中华书局,1981 年,第 484 页。
④ (清)朱舜水:《朱舜水集》,中华书局,1981 年,第 201 页。
⑤ (清)朱舜水:《朱舜水集》,中华书局,1981 年,第 561 页。

常讲究"实学",这也成为他"治学"的方法。这一方法包含两方面：

首先，朱舜水认为要从经学和史学入手。对于经史的阅读，他要求先读史后习经。在致奥村庸礼的信中，他讲了孙权勉励部将吕蒙读书的故事，并建议奥村庸礼从阅读历史书入手，"中年尚学，经义简奥难明，读之必生厌倦，不若读史之为愈也。《资治通鉴》文义肤浅，读之易晓，而于事情又近。日读一卷半卷，他日于事理吻合，世情通透，必喜而好之。愈好愈有味，由此而《国语》，而《左传》，皆史也，则义理渐通矣"①。朱舜水还进一步指出，史后读经要读原文，而且要不拘于后人的注释，如此，方可有自己的见解。

其次，朱舜水认为"治学"的诀窍在于"践履"，即把理论和实践结合在一起。他说："学问之道，贵在实行"②，"圣贤之学，俱在践履"③。从"实行"的思路出发，朱舜水对程朱"知"、"行"相割裂的观点进行批判，反对先"知"后"行"，在《答野节问三十一条》中说："兼致知力行，方是学，方是习。若空空去学，学个甚底？习，又习个甚底？慎思明辨，即是此中事。"④这表明，他主张"知"、"行"两者须紧密相连，绝对不能分割。在"知"、"行"合一的基础上，他进一步提出"实理实学"的主张，即认为理论的价值须与实际效果结合起来看，凡是能取得实际功用与事功的就是实理，否则，理论便是流于空疏。他指出，传统儒学的圣贤之道，其核心在于关注社会人生，切近人伦日用，贵在实行实用，重在有功于世，故"为学当有实功，有实用。……吾道之功，如布帛菽粟，衣之即不寒，食之即不饥，非如彼邪道说玄说妙，说得天花乱坠，千年万年，总来无一人得见。……吾道明明现前，人人皆具，家家皆具；政如大路，不论上下、男妇、智愚、贤不肖，皆可行得，举足即有其功"⑤。也就是说，"为学"便要作有益于自己身心、有益于社会的学问。他说："为

① （清）朱舜水：《答奥村庸礼书》(11)，《朱舜水集》（卷8），《答奥村庸礼书十二年首》，中华书局，1981年，第256—257页。
② （清）朱舜水：《答安东守约问八条》，《朱舜水集》（卷10），《问答》(2)，中华书局，1981年，第369页。
③ （清）朱舜水：《答安东守约问八条》，《朱舜水集》（卷10），《问答》(2)，中华书局，1981年，第369页。
④ （清）朱舜水：《答野节问三十一条》，《朱舜水集》（卷11），《问答》(3)，中华书局，1981年，第387页。
⑤ （清）朱舜水：《答小宅生顺问六十一条》，《朱舜水集》（卷11），《问答》(4)，中华书局，1981年，第406—407页。

学之道,在于近里著己,有益于天下国家,不在乎纯弄虚脾,捕风捉影。……勿剽窃粉饰自号于人曰'我儒者也'。处之危疑而弗能决,投之艰大而弗能胜,岂儒者哉?"[1]

笔者以为,朱舜水的"践履"之认识观以批判其空疏陋习之弊,矫正其迂腐害人之祸,不仅有助于提高人们对于当时"浮夸虚伪"之理学的清醒认识,更为重要的是,它反映了对"现世的人"的肯定,颇似西欧曾经历的以呼唤人文精神为宗旨的文艺复兴。因此,在更为深远的意义上说,这是为中国资本主义发展所作的思想准备。可惜的是,"舜水之学不行于中国"。

四、论道德修养

关于道德修养,朱舜水大力提倡孔孟的道德观。他说:"仁义礼智积于中,恭敬温文发乎外,斯诚国家之至宝,而圣帝明王之上珍也。"[2]他把仁义礼智当做治国的"至宝"、明君的"上珍",可见他对德治的重视。朱舜水以为明中后期国运日衰的主导因素是"不念经国大猷,事事废弛……民风浇薄,弱肉强食"[3]。因此,他强调"治国以教化为先",把政治统治和道德教化紧密地结合在一起,做到"积德累仁",以"勤民为贤",即帝王要想国运隆盛,须以身作则,以德治国,唯此,才能真正地稳定人心,维护社会秩序。

鉴于朱舜水对道德教化作用的认识,他非常强调个人的道德修养。根据"仁者爱人,有礼者敬人"的道理,朱舜水指出道德修养应以"敬"为根本,他说:"敬为德之聚,是敬乃德之本也。"[4]又说:"他人皆当爱,皆当敬也。"[5]这就是说,"敬"是德的核心,而且,应该以"敬"处理人际关系——即爱人,敬人。此外,他还贯彻"践履"之精神,以自己的亲身经历和实践向世人展示其奋斗不止、自强不息的精神——以光复大明王朝为己任。朱舜水以"敬"为本的道德修养学说,对其弟子,乃至整个日本社会产生重要的影响,日本民众"习释奠礼,改定仪注,详明礼节……日人文教,为之彬彬焉"[6],与

---

①　(清)朱舜水:《答奥村庸礼书》(11),《朱舜水集》(卷8),《答奥村庸礼书十二年首》,中华书局,1981年,第274页。

②　(清)朱舜水:《朱舜水集》,中华书局,1981年,第26页。

③　(清)朱舜水:《朱舜水集》,中华书局,1981年,第212页。

④　(清)朱舜水:《朱舜水集》,中华书局,1981年,第493页。

⑤　(清)朱舜水:《朱舜水集》,中华书局,1981年,第11页。

⑥　(清)赵尔巽:《清史稿》,《列传二百八十七》,《遗逸一》,中华书局,1976年。

朱舜水倡导的"敬"之学说有直接的关系。

　　朱舜水在日本讲学 20 余年,大力倡导经世致用之学,栽培了很多有识之士,对日本的教育作出重大贡献。他的社会启蒙思想对日本的社会文化发展发挥了重要的作用,甚至波及以后的明治维新。梁启超曾说:"舜水之学不行于中国,是中国的不幸;然而行于日本,也算是人类之幸了。"①

第六节　黄宗羲的教育思想

一、生平和主要教育活动

　　黄宗羲(1610—1695),字太冲,号南雷,学者尊称其为梨洲先生,浙江余姚人,明末清初著名的思想家、史学家和教育家。黄宗羲生于明万历三十八年(1610),为家中长子。其父黄尊素为明御史,东林党的著名人物,天启六年(1626)为阉党魏忠贤迫害致死。崇祯帝即位后,黄宗羲进京为父申冤,时魏忠贤已死,乃率众子弟在狱门设祭,并追杀致父死之狱卒,一时名震京师。及归,黄宗羲遵父遗命,受学于蕺山先生(刘宗周)门下。崇祯十七年(1644),北京陷落,福王南京即位,时亲阉党的阮大铖柄政,骤兴党狱,黄宗羲亦被捕入狱。清顺治二年(1645),清兵南下,南京大乱,黄宗羲得以自由,回乡。时明朝旧臣鲁王立于绍兴,黄宗羲遂纠集乡中子弟百余人从之,号称"世忠营",起兵抗清。事不成,而鲁王亦覆。然而,黄宗羲兴复之志未已,东奔西走,与故将遗臣相联结,希望匡复明朝。顺治十一年(1654),再度被捕入狱,后幸得以脱免。释放后即以学术研究和教育活动为其归宿。清廷屡次诏征,坚辞不就。

　　刘宗周生前讲学于绍兴证人书院。他去世后,讲席虚悬二十余年。康熙六年(1667),黄宗羲伙同友人姜希辙、张应鳌二人恢复书院讲席,并由其主讲。次年,又应邀来到宁波,讲学于甬上讲经会,传授门徒,并成立甬上证人书院。以后便阶段性地来甬讲学,听者众多。康熙十五年(1676),安阳许三礼为海昌县令,礼聘他到海昌讲学,许三礼自己亦从梨洲先生学《易》。后来,黄宗羲又到石门、鄞县、海宁等地讲学。他的弟子很多,及门

---

　　①　梁启超:《中国近三百年学术史》,朱维铮校注,《梁启超论清学史两种》,第 187 页。

的有陈锡嘏、范光阳、陆鋆、陈訏、郑梁等；成名者有陈赤衷、万斯大、万斯同等。全祖望则是他的私淑弟子。

黄宗羲学问渊博，通经、史、天算、文学、理学等，对于乐律、地理、道藏、佛学等也有涉猎。他的著作甚为富庶，其大者有《明儒学案》、《明夷待访录》、《易象数论》、《明史案》、《律吕新义》、《南雷文定》、《孟子师说》等，其中《明儒学案》共62卷，是我国第一部较为系统的学术思想史，《明夷待访录》则是一部具有民主主义思想的启蒙著作，对中国社会影响深远；其小者有《授时历》、《割圆八线解》、《勾股图说》等。又与其子百家编撰《宋元学案》，未完成而卒，后由全祖望续成。梨洲先生其弟黄宗炎、黄宗会皆有学问，世称"三黄"。

二、黄宗羲的哲学思想

黄宗羲既师事刘宗周，便忠实地尊蕺山学派，然因其对现实的敏锐性，开始形成了与传统观念有所不同的、新旧交织的理念，成为中国哲学走向近代的桥梁，这便是他关于"经世致用"思想的倡导。他的思想对中国近代思想的启蒙产生了深远的影响，与顾炎武、王夫之一起被誉为明末清初的"三先生"，成为开风气之先的人物。

在哲学上，黄宗羲具有一种泛神论的倾向。他特别反对程朱"理在气先"的说法，斥之为"道学之乡愿"。在他看来，世界统一原理"即心即气"，物质和精神原是合一的。这显示黄宗羲是个鲜明的无神论者。但是，他又把物质和精神视为一体，并上升到"本体"，这就成了泛神论者。在《明儒学案·蕺山学案》中，黄宗羲说：

> 盈天地间皆气也。其在人心，一气之流行，诚通诚复，自然分为喜怒哀乐。仁义礼智之名，因此而起者也。……盖离气无所为理，离心无所为性。佛者之言曰："有物先天地，无形本寂寥。能为万象主，不逐四时凋。此是他赃赔实犯，奈何儒者亦曰理生气？所谓毫厘之辨，竟亦安在？"①

这就是说，黄宗羲认为程朱学派说"理生气"，和佛老讲"有物先天地"一样，都是妄想在具体事物之外找一个主宰，于是视"理"为另外一物。黄宗羲斥之为"藏三耳之说也"。这是对形而上学的有力驳斥。相反，黄宗羲

---

① （清）黄宗羲：《明儒学案》（卷62），《蕺山学案》，中华书局，1985年。

认为："在天为气者，在人为心；在天为理者，在人为性。"①也就是说，天和人都是"即气即心"、"即气即理"。论天道，不能舍屈伸往来之气而别求所谓的"理"；论人性，也不能舍明觉自然之心而别求所谓的"性"。例如，仁义礼智之"性"（"理"）不是后发于恻隐、羞恶、辞让、是非之"心"（"气"），而是恻隐、羞恶、辞让、是非之"气"的当然之则。

既然世界是"即气即心"、"即气即理"的，那么这种本体又是如何为人所认识的呢？黄宗羲由此提出了"功夫所至，即是本体"的认识论。他说："盈天地皆心也。变化不测，不能不万殊。心无本体，功夫所至，即是本体。故穷理者，穷此心之万殊，非穷万物之万殊也。"②这里，他明确地否定了"心为本体"的思想，显示了与心学不一样的思路。所谓"功夫所至，即是本体"便是把本体看做是随"功夫"（即精神活动）而展开的过程。在此过程中，此心"一本而万殊"，所以"断不可必欲出于一途"，而是要"穷此心之万殊"。也就是说，真理（"本体"）是在人类的认识过程（"功夫"）中展开的，但是通向真理的途径却是多种多样的。这种多种多样途径的存在为黄宗羲构建经世致用的思想撕开了一个口子，为其对心学体系的改造准备了道路。

于是，他对心学关于心、意、知、物之间的关系作出了新的解释，他在《答万充宗论格物书》中说："夫心以意为体，意以知为体，知以物为体。……家国天下固物也，吾知亦有离于家国天下之时，知不可离，物有时离，如之何物为知体乎？人自形生神发之后，方有此知。此知寄于喜怒哀乐之流行，是即所谓物也。……格有通之义，证得此体分明，则四气之流行，诚通诚复，不失其序，依然造化，谓之格物。"③这就是说，人的意识活动（"心"）以意向（"意"）为根据，而意向以知识（"知"）为根据，知识则以客观事物（"物"）为根据，这使得心学具有唯物论的倾向了。其实，在黄宗羲看来，心物就是合一的！"知"寄于喜怒哀乐，便就是所谓的天下之"物"。他以"谷种"为喻，说明人心（即气）犹如种子之胚胎，需要"继之之功"，经过"格物穷理"，以及孟子所说的"居仁由义"、"必有事焉而勿忘勿助长"，达到成己成物，才是真正的成熟。

很显然，黄宗羲这种把"即心即气"的"本体"随"功夫"而展开为一个发育、扩充的过程的观点，已然不同于程朱的理学和陆王的心学。这一过程

---

① （清）黄宗羲：《明儒学案》（卷 47），《诸儒学案中一》，中华书局，1985 年。

② （清）黄宗羲：《明儒学案·序》，中华书局，1985 年。

③ （清）黄宗羲：《南雷集·吾悔集》（卷 2），《答万充宗论格物书》，《四部丛刊》初编。

从他对理学的历史考察、对民主主义思想的阐述以及理想人格的培养来说，都贯彻始终。下文主要从教育的角度来考察这一过程，这便是黄宗羲对学校教育、科举制度、教育内容、教师资质等方面不同于传统的新见解。

三、黄宗羲的教育思想

（一）论人性和教育的必要性

黄宗羲主张"性善论"，以为人和禽兽不同，就在于所受于天者，禽兽只有知觉而无"灵明"，人则知觉中有"灵明"，这点"灵明"便是孟子所说的"四端"。按照"功夫所至，即是本体"的说法，人只要"存养此心，使之周流不息"，那么"发政施仁，无一非不忍人之心矣"。

可是如何解释现实中人们行为的偏差呢？黄宗羲指出，造成行为偏差的主要原因不是"气"本身的问题，而是后天习染的不同。他说："夫耳目口体，质也；视听言动，气也；视听言动流行而不失其则者，性也；流行而不能无过不及，则气质之偏也，非但不可言性，并不可言气质也。盖气质之偏，大略从习来，非气质之本然也。"①这就是说，气质之偏（造成行为之偏）主要是从后天习染的，是人在和外界事物的接触过程中没有正确把握理性的结果。这样，黄宗羲较为彻底地论证了孟子"性善论"的合理性，而将一切含有性恶论倾向的学说剔除在本体（"气"）之外。

既然行为偏差乃是后天习染所致，那么，如何为人的成长创造良好的环境，防止行为偏差？又如何采取措施，纠正已经发生偏差的行为，恢复人的善性？在黄宗羲眼中，未受不良习气沾染，且禀气而生，及至功夫的理想人格又是怎样的呢？这些个问题就为教育的存在留下了广阔的空间。

（二）论学校教育

循着"即心即气"的本体论和"功夫所至，即是本体"的认识论思想的理路，黄宗羲敏锐地感觉到封建统治中"君为臣纲"之义的问题所在，并托古指出了封建专制制度的本质，"古者以天下为主，君为客，凡君之所毕世而经营者，为天下也。今也以君为主，天下为客，凡天下之无地而得安宁者，

---

① （清）黄宗羲：《明儒学案》（卷41），《甘泉学案五》，中华书局，1985 年。

为君也"①。也就是说,君主专制制度颠倒了君主和民众的关系,不是君主为天下人服务,而是君主使得天下人无处安身。君主用"屠毒天下之肝脑,离散天下之子女"的办法来窃取政权,说是为子孙创业;用"敲剥天下之骨髓,离散天下之子女"的办法来满足个人的淫乐,还视之为当然,说是"此我产业之花息也"②。黄宗羲以为,正是君主专制使得人们"不敢自私,不敢自利",所以天下大害。他要求把被颠倒的关系再颠倒回来,以民为主,以君为客,兴天下的"公利",除天下的"公害"。这是鲜明的民主主义思想。为此,需要建设一系列的法制、政府组织等。其中,关于学校,他指出:

> 学校,所以养士也。然古之圣王其意不仅此也,必使治天下之具皆出于学校,而后设学校之意始备。非谓班朝,布令,养老,恤孤,讯馘,大师旅则会将士,大狱讼则期吏民,大祭祀则享始祖,行之自辟雍也。盖使朝廷之上,闾阎之细,渐摩濡染,莫不有诗书宽大之气;天子之所是未必是,天子之所非未必非,天子亦遂不敢自为非是,而公其非是于学校。是故养士为学校之一事,而学校不仅为养士而设也。③

这就是说,黄宗羲提出,学校不仅是培养"士"的地方,而且要成为监督政府的机关。因为黄宗羲认为君主的政见并非全部正确,因此君主不应该自以为是地作出决断,而应该到学校去,让大家来评定其政见的是非。黄宗羲大概是受到某些书院(尤其是东林书院)发挥议政作用的启发,提出了这种中国最早的议会制的想法。梁启超对这一提议很是赞赏,称此为"对于三千年专制政治思想极为大胆的反抗"④。

为了能在学校实现培养人才和评议政事的双重功能,黄宗羲进一步提出了几点建议:(1)郡县学官应当通过公议,推选名儒担任。(2)在官学之外,将城乡的寺观庵堂分别改为书院和小学,使穷苦子弟也能获得上学的机会。(3)天子之子和大臣之子就读于太学,使其"知民之情伪"、"稍习于劳苦",避免闭目塞听。(4)在学校建立议政制度。太学设祭酒,当推大儒担任。每月朔日,祭酒讲学,上自天子,下至宰相、六卿等朝廷大臣都到太学听讲。"政有缺失,祭酒直言无讳。"地方郡、县学则于每月朔望讲学,当地绅士皆须入学听讲。无故缺席者当罚之。学官对"郡县官政事缺失,小则

---

① (清)黄宗羲:《明夷待访录》,《原君》,中华书局,1959年。

② (清)黄宗羲:《明夷待访录》,《原君》,中华书局,1959年。

③ (清)黄宗羲:《明夷待访录》,《学校》,中华书局,1959年。

④ 梁启超:《中国近三百年学术史》,朱维铮校注,《梁启超论清学史两种》,第146页。

纠绳,大则伐鼓号于众"①。如此一来,学校便集讲学和议政于一身。

很显然,黄宗羲"公其非是于学校"的教育主张体现了要求政治民主、言论自由的呼声,对中国近代资产阶级反对封建君主专制、反对封建教育起了积极的启蒙作用。

（三）论取士

前文曾提到,明朝的科举制度已经在很大程度上影响,甚至左右了学校教育对于人才的培养。对此,黄宗羲感慨道:"取士之弊,至今日制科而极矣……向若因循不改,则转相模勒,日趋浮薄,人才终无振起之时。"②在学校中,"科举嚣争,富贵熏心",士子求学唯登科是瞻,思维囿于八股文,对于真正的学问却漠不关心,"而士之有才能学术者,且往往自拔于草野之间,于学校初无与也"③。这样,学校也就成了一个空壳。

为了不至于埋没人才,黄宗羲提出取士制度的改革措施。他认为古之取士在宽,今之取士在严。若以科举作为唯一的取士途径,就会导致"豪杰之老死丘壑者多矣","若屈原、司马迁、相如、董仲舒、杨雄之徒,舍是亦无由而进取之"④。因此,黄宗羲强调要恢复古代宽于取士的做法,提出所谓的"取士八法"。

1. 科举之法

科举不能作为唯一的方法,但是仍然可以作为众多取士方法之一。黄宗羲主张按照朱熹的建议,将科举考试分为经、子、史、时务策四场,各场又分不同的科目。考试要重视应试者的独立见解。

2. 荐举之法

每年各郡荐举1人,列为待诏,由宰相以国家疑难之事考问之,据其所答,再由廷臣反复诘难。若能自理其说,则"量才官之;或假之职事,观其所效而后官之"⑤。若为庸才,则坚决淘汰,荐举者亦要坐罪。若被荐者德才兼备,则可不拘常规,破格录用,荐举者亦受重赏。总之,要为国家选拔经世济时之才。

---

① （清）黄宗羲:《明夷待访录》,《学校》,中华书局,1959年。
② （清）黄宗羲:《明夷待访录》,《取士》(上),中华书局,1959年。
③ （清）黄宗羲:《明夷待访录》,《学校》,中华书局,1959年。
④ （清）黄宗羲:《明夷待访录》,《取士》(下),中华书局,1959年。
⑤ （清）黄宗羲:《明夷待访录》,《取士》(下),中华书局,1959年。

3. 太学之法

州、县学每年将学有所成者上报至太学,人数不限,太学对其进行考核,根据成绩,分为三等:上等者同进士,由宰相分配到各部门任职;中等者不需经过乡试,直接参加礼部会试;下等者罢归乡里。

4. 任子之法

这是对官员子弟就学所作的规定。六品以上官员子弟年满15岁者皆入州、县学;三品以上官员子弟年满15岁皆入太学。若子弟们在校学习15年而无成就者,俱退学。在黄宗羲看来,让官员子弟和庶民子弟同试,会出现徇私舞弊的情况,"贤者则困于常调,不贤者而使之在民上,既有害于民,亦非所以爱之也"①,此法即在于避免"公卿之子不论其贤否而仕之"的弊端。

5. 郡县佐之法

这是对郡县地方官员升迁所作的规定。各郡县设户、礼、兵、工、刑、吏六曹,经考试,选拔郡县学中成绩优秀者任各曹职务。而对于各曹官员,凡三次考核合格者,升入太学,其才能尤优者,直接补选为中央六部各衙门官吏;才能平庸者则罢免。

6. 辟召之法

这是关于人事权下放的规定。凡宰相、六部、方镇以及各省巡抚,皆可自辟属吏,"试以职事",如在试用中,确为才能突出,则上报朝廷正式委任。

7. 绝学之法

绝学是指历算、乐律、测望、占候、火器、水利等自然科学方面的学问。该法要求各郡县将上述相关人才上报朝廷,"政府考其果有发明,使之待诏"②。不符者,则罢免。

8. 上书之法

在下列两种情况下,适用此法:(1)国家发生重大事件或出现大奸大恶之人,朝廷群臣不敢言,而在野者敢于上书直言,"则当处于谏职"③。(2)所进之人的著作足以传世者,"则与登第者一体出身"④。此举有利于选拔关心国家大事,且能仗义执言的政论人才,以及有较高造诣的学术人才。

---

①　(清)黄宗羲:《明夷待访录》,《取士》(下),中华书局,1959年。

②　(清)黄宗羲:《明夷待访录》,《取士》(下),中华书局,1959年。

③　(清)黄宗羲:《明夷待访录》,《取士》(下),中华书局,1959年。

④　(清)黄宗羲:《明夷待访录》,《取士》(下),中华书局,1959年。

"取士八法"的核心在于强调"实用型"人才,不要那些"空华腐臭",没有实际本领的庸才。这也可看作是黄宗羲经世致用思想在人才选拔问题上的体现。

(四)论治学之道

如果说集养士、议政于一体的学校和"取士八法"能为禀气而生的理想人格创造良好的外部条件,那么,个人又该如何通过自身努力展开"功夫所至,即是本体"的过程而完成理想人格的塑造呢? 首先,我们来考察黄宗羲眼中的理想人格;其次,再考察理想人格的成才之道。

1. 理想人格的精神特质

在黄宗羲看来,从"功夫所至,即是本体"来讲的理想人格不同于传统的"醇儒",而是能"经纬天地、建功立业"的"豪杰"。他说:

> 儒者之学经纬天地,而后世乃以语录为究竟,仅附答问一二条于伊洛门下,便厕儒者之列,假其名以欺世。治财赋者则目为聚敛,开阃扞边者则目为粗材,读书作文者则目为玩物丧志,留心政事者则目为俗吏,徒以"生民立极,天地立心,万世开太平"之阔论,钤束天下,一旦有大夫之忧,当报国之日,则蒙然张口,如坐云雾。世道以是溃倒泥腐,遂使尚论者以为立功建业,别是法门,而非儒者之所与也。①

也就是说,这种理想的"豪杰"不仅善于读书、写文章,也懂得政治、经济、军事等,是一个具有创造精神的人才,而决不像道学家那样只知背诵语录,空说"为生民立极,为天地立心"之类的大话,其实一点真才实学也没有,当国家处于危难之际,只能蒙然张口,束手无策。

那么,这种"豪杰"之士是怎样成就的呢? 黄宗羲提出,首先要立志。他说:"学莫先于立志。立志则为豪杰,不立志则为凡民。……如洛闽大儒之门下,碌碌无所表见,仅以问答传注依样葫芦依大儒以成名者,是皆凡民之类也。"②

黄宗羲以为,"志之所至,气即次于其所,气亦无非理义矣"③。又说:"养

---

① (清)黄宗羲:《南雷文定后集》(卷3),《赠编修弁玉吴君墓志铭》,世界书局,2009年。

② (清)黄宗羲:《孟子师说》(卷7),载沈善洪主编,《黄宗羲全集》,浙江古籍出版社,2005年。

③ (清)黄宗羲:《孟子师说》(卷2),《浩然章》,载沈善洪主编,《黄宗羲全集》,浙江古籍出版社,2005年。

气者,使主宰常存,则血气化为义理。"①这就是说,坚持不懈地把"志"贯彻于知觉运动(即"气之流行"),便能使知觉运动一贯地合乎义理。正因如此,"养气"是非常重要的。有浩然之气者必有雄心壮志也。"持志"和"养气"是统一的。

有浩然之气和雄心壮志的人,必定会把志向坚持贯彻于言行,表现出"知"、"情"、"意"、"行"的全面、和谐发展。黄宗羲认为,"豪杰"之士的"知"和"意"是统一的,因为"意以知为体",且"养气持志"而"气亦无非理义矣";而且,"豪杰"之士的"知"和"情"也是统一的,他在论文时说"文以理为主,然而情不至则亦理之郭廓耳"②,这就是说,文章是要求情、理统一的,由此可以推及,人格上也要求情与理的统一,因为文如其人,诗文本是人格的体现。

这种壮美的"豪杰"之士在成才的道路上,该怎样走呢?是否该读书?又该用什么方法来读书呢?对此,黄宗羲从学习内容和学习方法两方面作出论述。

2. 学习内容

黄宗羲对明一代士子空谈性理、沉迷科举极为反感,"尝谓明人讲学,袭语录之糟粕,不以六经为根柢,束书而从事于游谈"③;另一方面,他也不推崇阳明心学"明心见性"、"反观自得"、不重读书的做法。从"即心即气"的世界观和"功夫所至,即是本体"的认识论出发,黄宗羲以为读书具有重要的价值。因此,他刻苦攻读,读完了家中藏书,又不断地穷年搜求图书,以"广其阅读",其结果是"愈读而愈觉求真解之不易"④,读书不多则"无以证斯理之变化"。可见,他对读书是给予肯定的。

至于学习的内容,他提出了以经学为根柢,兼读史书,辅以诗文的课程体系。首先,黄宗羲重视经学的学习,认为求学者首当通经。如此看重经学,主要是与他经世致用的思想有关,黄宗羲认为,与理学、佛学、玄学等相比较,经学更能在治国安邦中发挥作用,他说:"受业者必先穷经,经术所以

---

① (清)黄宗羲:《孟子师说》(卷2),《浩然章》,载沈善洪主编,《黄宗羲全集》,浙江古籍出版社,2005年。

② (清)黄宗羲:《南雷文定三集》(卷3),《论文管见》,世界书局,2009年。

③ (清)赵尔巽:《清史稿》,《列传二百六十七》,《儒林一》,中华书局,1976年。

④ 梁启超:《中国近三百年学术史》,朱维铮校注,《梁启超论清学史两种》,第22页。

经世。"①同时,黄宗羲也是想通过经学的学习一改明朝浮夸的学风,他说:"学必原本于经术,而后不为蹈虚。"②

其次,黄宗羲重视读史。在他看来,"不为迂儒,必兼读史。读史不多,无以证理之变化"③,也就是说,他要求学生在研习经学时"必证明于史籍而后足以应务"④,如此方不为"迂儒"。黄宗羲重视史学,亦是与其经世致用思想有关,因为他认为学习历史可以从"古今治乱"中吸取经验,"以显来世"。为此,他就史学研究提出了很多有价值的意见,值得我们注意,在此不再详述。

其三,黄宗羲还颇为重视诗文学习。这一点恐与其理想人格的塑造有直接联系。前文提到,黄宗羲眼中的理想人格是"知"、"情"、"意"、"行"全面、和谐发展的"豪杰"之士。其人格的艺术表现当可以见于诗文,而他们的诗文也在于明理("知")、达情("情"),"自胸中流出"。他说:"凡情之至者,其文未有不至者也。则天地间街谈巷语,邪许呻吟,无一非文,而遊女田夫,波臣戍客,无一非文人也。"⑤又说:"所谓文者,未有不写其心之所明者也。……故古今来,不必文人始有至文。凡九流百家以其所明者,沛然随地涌出,便是至文。"⑥可见,无论是举手投足,还是字里行间,都能显示出"豪杰"之士的真性情来。鉴于此,黄宗羲认为学习诗文忌模仿,如果一定要摹拟这一家或那一家,只会窒息自己的真性情,他说:"论诗者,但当辨其真伪,不当拘以家数。"⑦不过,黄宗羲以为有"一时之性情"和"万古之性情"的区别,"豪杰"之士当抒发"万古之性情",为此,他须有"学力才禀",尤其是能把握"即心即气"的世界观。鉴于此,黄宗羲认为学诗者须兼通经史百家之学,否则,任凭怎样跟从名人"章参句炼",也写不出好诗文来。

此外,黄宗羲还重视天文、数学、地理等自然科学知识的学习。在甬上证人书院,他亦向学生讲授"天文、地理、六书、九章至远西测量推步之学"。其学生陈讦,更是因得益于他的教授,撰成数学专著《勾股术》,而成为浙江

① (清)赵尔巽:《清史稿》,《列传二百六十七》,《儒林一》,中华书局,1976年。
② (清)全祖望:《鲒埼亭集》(内编)(卷11),《梨洲先生神道碑文》,上海古籍出版社,2000年。
③ (清)赵尔巽:《清史稿》,《列传二百六十七》,《儒林一》,中华书局,1976年。
④ (清)全祖望:《甬上证人书院记》,载黄云眉,《鲒埼亭文集选注》,齐鲁书社,1982年。
⑤ (清)黄宗羲:《南雷文定前集》(卷1),世界书局,2009年。
⑥ (清)黄宗羲:《南雷文定三集》(卷3),《论文管见》,世界书局,2009年。
⑦ (清)黄宗羲:《南雷诗历》(卷1),《题辞》,台湾影印本。

杰出人士。

3. 教学思想

黄宗羲身为人师,孜孜不倦于诲人,在长期的教学实践中,他也形成了自己富有特色的教学思想。主要有以下三点。

(1)力学致知

关于知识的来源,黄宗羲虽然认同阳明心学"天地万物之理,即在吾心之中"的说法,但是,由于他持"心即气"的泛神论观点,以及"功夫所至,即是本体"的认识论,在对待知识的获取问题上,强调"躬行实践"以求知。他说:"圣人教人只是一个行,如博学、审问、慎思、明辨皆是行也。笃行之者,行此数者不已是也。先生致之于事物,致字即是行字,以救空空穷理,只在知上讨个分晓之非。乃后之学者测度想象,求见本体,只在知识上立家当,以为良知,则先生何不仍穷理格物之训,先知后行,而必欲自为一说耶?"[①]这就好比说,你想学游泳,"扑通"一声跳到水里去,自然就学会了,若一直留在岸上,总是枉费工夫。难怪梁启超在《中国近三百年学术史》中评价道:"像他这样解释致良知——说致字即是行字,很有点像近世实验哲学的学风。"

正是这种务实的风格,使黄宗羲在学习上强调笃学,决不提倡"独于静坐参悟一类功夫"。他不仅教育和引导学生勤奋刻苦求学,自己更是以身作则,一生"嗜学不止"。此外,"躬行实践"的意思还体现在"学贵适用"这一具体方法上。

(2)学贵适用

所谓"学贵适用"是指做学问须与事功相结合,学用一致,方为真儒。他说:"道无定体,学贵适用。奈何今之人执一以为道,使学道与事功判为两途。事功而不出于道,则机智用事而流于伪;道不能达之事功,论其学则有,适于用则无;讲一身之行为则似是,救国家之急难则非也,岂真儒哉?"[②]鉴于此,为求得真正有用的知识,他主张做学问要创新,不能"墨守一先生之言"。如何创新呢? 黄宗羲又提出了以下若干读书方法。

(3)读书三法

首先,黄宗羲强调积累,他认为知识的建构是一个循序渐进的过程,

---

① (清)黄宗羲:《明儒学案》(卷 10),《姚江学案》,中华书局,1985 年。

② (清)黄宗羲:《黄梨洲文集》,中华书局,1959 年。

"未有不由积累而成者"，如果不注重积累，"非徒无益，而又害之"。

其次，黄宗羲非常重视"深湛之思"，在他看来，治学者必须把学到的书本知识和所见所闻，在自己头脑中进行加工，而不执"成说"，如此才能"不坠制举之域，不为机械之学，而成自得之学，一家之言"①。因此，在读书中，他强调"由博致精"和"异同之论"，即通过对渊博知识的分析，以及对不同观点的思考，以求有所创新，找到解决实际问题的办法。在"深思"的同时，必然要学会提问，所以，黄宗羲还强调"能疑"。他视怀疑为"觉悟之机"，认为"小疑则小悟，大疑则大悟，不疑则不悟"②。现代学习心理学研究表明，只有善于提出问题的人，才会深思，才会有所创见，因此，黄宗羲的观点也是符合学习规律的。

其三，黄宗羲还重视讨论在求学过程中的作用。他在讲学中，讨论是一种基本的教学方法。无论在证人书院还是在海宁讲席，他都"与同志讨论得失，一义未安，迭互锋气"。通过讨论，师生相互质疑问难，在学业上更能取得较大长进。这样一种教学思想也可以看作是黄宗羲民主思想在教学实践中的体现。

（五）论教师

黄宗羲身为人师，对教师这一工作有着特殊的感情，在长期的实践中，他也形成了关于教师地位和资质的看法。

首先，黄宗羲认为教师肩负着传道、授业、解惑的重任，其地位理应得到尊重。当然，教师本身具有很高的修养，值得受到人们的尊重。在《明夷待访录·学校》中，他提议各级学校学官须经"公议"产生，由大儒或名儒担任，其身份则和相应的行政官员相当，例如，太学祭酒要和宰相级别等同；郡、县学学官要和郡、县行政官相等同。这确实大大地提高了教师的社会地位，在古代社会中难得一见。

其次，黄宗羲认为教师当德艺双馨，也就是说，教师既要具有高尚的人格，还要具有真才实学。如果一个教师人格低下，不仅会得不到他人的尊重，还会使弟子受其不良影响；同样，如果一个教师学问不精，也会误人子弟，倒不如从蒙师那里学一些识字断句，或从巫医、乐师那里学一点技术，

---

① 毛礼锐、沈灌群主编：《中国教育通史》（卷3），山东教育出版社，1987年，第549页。
② 黄嗣艾：《南雷学案》，《答董吴仲论学书》，正中书局，1936年。

更来得实在。所以,教师要品行端正,学高八斗,方能为人师。

此外,黄宗羲对教师的职责也提出了更高的要求,他以为教师除了传道、授业、解惑之外,还必须从事议政,对国家大事发表意见,承担起建设更美好国家的责任。

总之,黄宗羲的教育思想在抨击封建专制教育,开拓近代教育之先河方面,产生了很深远的影响,在今天,仍然折射出其熠熠光辉。

第二编　近现代部分

概　述

1840 年爆发的鸦片战争,以《南京条约》的签订而告终。西方资本主义列强用大炮和兵舰轰开了中国的大门,有着几千年文明历史的中国从此被无情地卷入资本主义世界性扩张的旋涡中。一方面,各国殖民主义者一次次发动了旨在征服和掠夺的殖民战争;另一方面,两种不同的社会制度——以农耕经济为特征的东方封建社会和新兴的、以近代工业经济为特征的西方资本主义社会——发生了一场特殊形式的碰撞。① 其结果"使天朝帝国与地上的世界接触",中国开始了走向世界的艰难历程。正是在这样一个广阔的背景下,促成了中国传统封建教育的解体,以及近代教育的产生和发展。宁波作为在政治、经济、文化等方面向列强开放的一个前沿阵地,其教育较早地经历了痛苦的、被迫的改变,逐步向近代教育转型。

1844 年,宁波开埠通商后,随着教会组织的不断扩张,西学意义上的报馆、医院、义塾、育婴堂等文化教育机构和社会福利机构不断得以创建,这不仅在客观上影响当时的学校教育,而且也冲击人们的思想意识。在之后自上而下的"洋务运动"中,政府开始创办新式学堂,西学不仅在官学中引进,而且,开始渗透至民间,同时,留学教育也与新式学堂一起,成为掀开宁波教育近代化进程的一项标志。

1894 年中日甲午战争的失败和 1900 年八国联军铁蹄的蹂躏,使得民族危机进一步加剧,这也迫使清廷加大对传统教育的变革力度,并逐步深入到制度的层面。在这一历史转折点上,宁波教育发生了巨大的变化。维新变法时,更多官办、民办的新式学堂应运而生,而且其教育内容也与传统教育大相径庭,开设了地理、算学、农学、格物、理化、外文写作等新式课程。这一时期,西学的科学技术和价值观念可谓已经渗透到宁波普通的乡绅士子阶层,而不再停留于少数有识之士心中。传统教育向近代教育的转型似乎初露端倪。之后,在清廷于 1901 年 1 月 29 日开始的十年"新政"中,宁波迎来了新教育的勃发阶段。这一时期,宁波教育体制在结构和功能上都在

---

① 陈胜粦:《鸦片战争前后中国人对西方双重挑战的回应》,《中山大学学报》(社会科学版),1991 年第 1 期。

相当程度上与封建教育作了切割。例如,废除科举,改制书院,普设新式学堂,创办实业教育、师范教育和女子教育等,无不涉及,但"旧瓶装新酒"终究不彻底。

1912年,中华民国成立,宁波教育进入一个新的里程碑。时宁波教育遵循民国的教育宗旨,在办学思想上划清了与旧教育的界限,竖起科学、民主教育的大旗,并将这一教育理念体现在学校制度、课程设置等实践层面,同时,迅速发展初等教育,中等教育也得到全面发展,尤其是实业教育这一方面。民间捐资兴学之义举在这一时期也蔚然成风,及至延续后人。此时,宁波教育才透露出浓浓的近代化气息。

时至20世纪20年代,随着民族资本主义经济的发展和新文化、新思想的传播,宁波教育近代化经过懵懂的儿童期和青涩的少年期,步入朝气蓬勃的青年期。其间所经历的教育改革深度和广度是前所未有的。自此,近代意义上的中小学教育制度、课程内容、教学方法等深入人心,并不断得以发展、成熟。

在1927—1949年期间的中华民国国民政府时期,宁波教育分别处于相对稳定发展、抗战和恢复等三个阶段。在1927—1937年之间,宁波市县的教育经费投入增多,教育事业发展较快,义务教育、民众教育等都获得较大发展,同时,教育行政机构建设也得到加强。1941—1945年的抗战时期,宁波各县实施"战时流动教育大纲"和"战时民众教育大纲",发展了一批战时流动学校,包括许多内迁的中小学校,这在很大程度上保存了珍贵的教育资源。1945—1949年,教育事业曾经一度复苏,但随着内战的扩大,教育事业又逐渐趋于萎缩。在这22年时间里,中共宁波地方组织的各类教育也表现出进步、革命的伟大壮举。

第七章　晚清时期的宁波教育

前文已述,鸦片战争之前的宁波教育在清廷的集权型统治下,大力发展府、县学和书院,以及各种形式的社学、义学等,同时建构起相当有效的学校管理机构和取士制度。应该说,这对于一个处于封建社会中的地方教育来说,是富有成效的,即便是出现这样或那样的问题,也是一种相对短暂的现象,因为随着封建王朝的更迭,一般会逐渐得到周期性的调整,就像前朝历代一样。但是,1840 年以后西方列强的殖民主义侵入,改变了中国的命运,任何人、事、物都被卷入了这一滚滚洪流中,而宁波则是站在潮流的风口浪尖上。晚清时期,宁波教育经历了近代教育的萌芽,传统教育向近代教育的转型,以及新教育的勃发三个阶段。

第一节　宁波教育近代化的萌芽

宁波教育近代化的萌芽是艰难的。第一次鸦片战争之后,宁波被迫开埠通商,虽然当时宁波市内创建了不少教会学校,对正在走向没落的封建教育带来不小的冲击,但是它们都游离于封建教育体系之外,因此,这种对教育近代化具有一定积极意义的教育影响是有限的。第二次鸦片战争击碎了清廷幻想通过"和约"求得"太平"的美梦,政府的头脑终于清醒起来,从 19 世纪 60 年代起,进行了一场自上而下的、历时近三十年的洋务运动,兴办新式学堂,派遣留学生等,可谓是真正开始了教育近代化的萌芽,而宁波在这一进程中一直走在全国前列,其教育面貌也发生了很大的变化。

一、开埠通商后的社会变迁

鸦片战争和《南京条约》、《五口通商章程》等一系列不平等条约签订后，资本主义各国在宁波取得种种特权，使宁波社会开始半殖民地半封建化，其政治、经济和社会关系出现了很大的变化。

道光二十三年十一月十二日（1844年1月1日），宁波正式对外开埠。英、法、美、普鲁士、荷兰、挪威、瑞典、日本等国先后在宁波设立领事馆，并援引不平等条约中的条款，取得各种特权，例如领事裁判权、协定关税权等。他们还开辟宁波江北岸为"外国人居留区"，设立法院、警察、市场管理和税收机关，成为外国资本主义对中国实行政治、经济侵略的重要阵地。

凭借一系列特权，列强一方面向宁波倾销洋货，如洋纱、洋布、洋火、洋油、洋钉、洋伞等；另一方面掠夺廉价的农副产品出口，从中获得巨额利润。不仅如此，列强还争相在宁波投资建厂，例如，宁波的日资棉纺厂等，直接利用宁波廉价的原料、劳动力，掠夺财富。

通过开埠，宁波被迫迅速地与世界各国在资本、技术等方面加强了联系，促进了宁波对外交流，以及经济近代化的步伐，同时，这也导致传统的家庭手工业和手工作坊在洋货的冲击下频频破产；自给自足的自然经济也随着对外贸易的扩大开始解体；一些新兴的民生工厂在客观的工业经济刺激下诞生，如1887年慈溪人严信厚开办的通久源机器轧花厂，以及日后的纺织厂、织染厂、造纸厂、缫丝厂，等等。

开埠以后，西方的传教士也随之涌进宁波，他们创建各类教会组织，还创办富有资本主义教育色彩的近代学校，这些教会学校与经济近代化所催生的社会因素一起，使宁波近代的学校教育发生了变化。

二、教会组织的不断扩张和传教士办学

（一）教会组织的不断扩张

鸦片战争之后，西方传教士通过不平等条约规定的传教权，纷纷从通商口岸"登陆"，建立教会组织。宁波是基督教、天主教传入最早的城市之一。1842年，美国传教士米怜（William Milne）在定海建立了基督教教会，同年，法国传教士顾芳济来甬传天主教。1843年，美国浸礼会传教士来甬传教布道。1844年，美国北长老会传入鄞县。1848年，英国圣公会传入宁

波。1855年,英国内地会也传入宁波。各宗教团体不仅在城区开展教务,还不断地向宁波所属各县以及宁海、余姚传道,扩大其影响力。据《浙江教育史》记载,至光绪十九年(1893),天主教教会在宁波有12所,外籍传教人士达20人,而基督教教会则更多,有30所,外籍传教人士达20人以上[①],位居浙江省之首。

在各宗教团体兴办教会的过程中,他们还积极创办报馆、医院、义塾、育婴堂等文化教育机构和社会福利机构,虽然此举意在传递西方的价值观,却也在客观上促进了宁波的近代化进程。就教育而言,教会组织创办的教会学校对宁波的学校教育产生了很大的影响。

(二)传教士办学

1844年,英国基督教循道公会女传教士爱尔德赛到宁波传教,在城区祝都桥(尚书街东端),创办爱尔德赛女子学校。这不仅是宁波最早的教会学校,也是中国第一所女学。1845年,美国长老会传教士、医生麦嘉缔,在江北岸槐树路创办一所男子寄宿学校,名为崇信义塾,有学生30名。这是浙江省第一所男子教会学校。1847年,美国长老会传教士柯夫人在槐树路又另设一女校。1855年,美国浸礼会传教士卫克斯、罗培生在西门口真神堂设一学塾。1860年,美国浸礼会传教士罗夫人在城北江滨创办浸会女校,后改名圣模女校。同年,英国偕我公会传教士在竹林巷设学塾,时称大书房。

传教士在宁波开办的教会学校,最早多是初等小学程度,后来通过扩充、合并,向中等、高等学校发展。例如,咸丰七年(1857),爱尔德赛女子学校和柯夫人在槐树路所设的女校合并,归长老会承办,称崇德女校,初为小学,后发展为中学,分设小学部和中学部。1923年,崇德女校中学部和圣模女校中学部合并,成立甬江女子中学。又如,崇信义塾最初也相当于小学,同治六年(1867),迁入杭州,更名育英义塾,次更名为育英书院,后逐步发展成为教会大学,即之江大学。而在崇信义塾原址上创办的崇信书院(美长老会创办),也由小学发展成中学,其中学部后来和浸会中学(1855年西门口所设学塾)合并,成立四明中学。1860年创办的大书房也发展成为斐迪小学和斐迪中学。

---

①　张彬主编:《浙江教育史》,浙江教育出版社,2006年,第321—322页。

中学合并后留下的小学部基本上在原址单独设立,经过其他教徒的补充,如华人教徒创办的仁德小学,从而使教会学校从最初只有小学程度的单薄的学校教育结构发展成为相互衔接的初等、中等乃至高等教育的学校系统。

此外,一些传教士还设立孤儿院、难童院所,如宁波普济院下设的孤儿院、高桥恤孤院、难童福利所等;开办幼稚园,如宁波甬北幼稚园、圣模幼稚园等;建立各种职业技术学校和各类补习学校,如宁波英文商业学校、华美高级护士职业学校。

教会学校的办学宗旨主要在于传道,这一点非常明确。据宁波《三一书院廿五年纪》记载:"溯夫行教会所以设本书院者,专尚神道简廉之法,启迪中华教友子弟,俾将来任教会牧师助士馆师之职,以增益夫教会。"①但是,后来的办学宗旨起了变化,更为人文化,美国传教士狄考文曾作过这样的表述:"真正的教会学校,其作用并不单为传教,使学生受洗入教。我们要进而给入教的学生以智慧和道德的训练,使学生成为社会上和教会里有势力的人物,成为一般人民的先生和领袖。作为儒家思想支柱的是受过高等教育的士大夫阶层,如果我们要对儒家的地位取而代之,我们就要训练好自己的人,用基督教和科学教育他们,使他们能胜过中国的旧式士大夫,从而能取代旧式士大夫所占的统治地位。"②为此,学校的课程设置、教学管理等方面都因地制宜地作出了适当的调整。

从课程设置看,英语和宗教是学习的重心,尤以宗教为首。天主教的学校要学生读《教义回答》;基督教的学校要学生读《圣经》。例如,爱尔德赛女子学校要早晚做祷告,每周做礼拜,还要开两节圣经课;崇信义塾还设有"圣经书房";"三一书院"这一学校名称则干脆取圣父、圣子、圣灵三位一体之意而命名,且规定宗教和英文两科不及格者不能升级。另外,英文课时数也明显地多于其他科目。我们可以从育英书院附属中学堂的课程表一探究竟。详见表7-1。

---

① 转引自宁波市教育委员会:《宁波市教育志》,浙江教育出版社,1996年,第495页。
② 转引自宁波市教育委员会:《宁波市教育志》,浙江教育出版社,1996年,第495页。

表 7-1　育英书院附属中学堂课程及每周教授时数①

学年\学科	第一学年	每周时数	第二学年	每周时数	第三学年	每周时数	第四学年	每周时数
圣道	圣经	2	圣经	2	圣经	2	圣经	2
经训	春秋左传	3	春秋左传	3	春秋左传	3	周礼	3
国文	文义、文体、作文、习字	3	文义、文体、作文、习字	3	文义、文体、作文、习字	3	同上，兼讲中国历史文章名家大略	3
英文	讲读、会话、作文、写字	5	讲读、文法、作文、写字	8	讲读、文法、辨似、作文	8	讲读、文法、辨似、作文	4
历史	中国史	2	中国史	2	东洋史	2	西洋史	2
地理	地理	4					英文、地理	4
算学	数学	5	数学	4	代数	4	高等代数、平面几何	4
博物			物理化学总论	2	植物、动物	2	生理	2
理化								
合计		24		24				24

　　除了宗教和英语外，中国传统儒学也是重要的必修课。例如，爱尔德赛女子学校、崇信义塾等都开设"四书"、"五经"课。这样做，不仅可以吸引学生，使其不必因信仰而放弃当时仍然盛行的科举考试，而且也能使学校本身更能适应中国的社会文化环境。

　　从表 7-1 中还可以发现，教会学校还设置了不少自然科学和社会科学方面的科目，如数学、物理、化学、世界历史、地理、心理学、逻辑学等。又如，三一学院开设有算学、地理等科目；崇信义塾开设有算术、英语、天文、地理；爱尔德赛女子学校设有国文、算术等，并组织女孩们学习缝纫、刺绣等技术。以后，随着学校的发展，又增加了格致、音乐、体操等。这些课程的设置在客观上使学生学到了传统旧学中难以学到的近代科学知识，具有重大的启蒙意义。

　　从教学管理看，教会学校以班级授课制为主要授课方式，教师大多由传教士兼任，儒学则另聘地方上有名望的老夫子授课。学校对学生管束很

①　杭州市教育委员会：《杭州教育志》，浙江教育出版社，1994 年，第 110 页。

是严格,尤以女校为甚。例如,在崇德女校,外人探望须查问;疑似不好的信件要拆开;学生外出概由教员陪同。在当时的环境下,入学者多为贫苦子弟,因为教会学校免交学费,还供应膳食、住宿,甚至施医施药、零用。

在传教士们的努力下,教会学校客观上也培养了一批人才。如鄞县人金雅妹留学日本和美国,成为中国最早的女留学生。又如,颜料大王周宗良因得益于幼年在斐迪书院(英循道公会 1860 年创办)的学习,才进入颜料业界大显身手。

当然,这一时期宁波出现的大大小小教会学校,其本身从宁波教育近代化发展的长河来看,实属"简陋",甚至连校舍都没有,一般是暂借民房或附设于教堂内。又据《宁波通史》统计,至同治五年(1866),各国教会在宁波创办学堂 7 所,学生仅 84 人。[1] 故而,早期教会学校无论数量还是质量,都可谓无足轻重。

不过,从教会学校对传统封建教育体系的冲击而言,问题就没有那么轻松了。正如田正平教授在《中国教育史研究》(近代卷)中所指出的:

> 首先,早期教会学校毫无例外地都把传播宗教教义、培养宗教感情放在第一位,这与中国传统教育的非宗教性以及各级学校注重儒家伦理道德熏陶的办学宗旨大相径庭。第二,教会学校均不同程度地开设天文、数学、生理、历史、地理等自然科学、社会科学课程,儒家典籍和经史之学的研习被大大冷落,这对宁波,乃至中国近二千年来的教学内容格局是一种明显的突破。第三,传教士们自觉或不自觉地把西方近代教育的一些基本观念、教育制度、教学方法等运用于学校的实践活动中去,使教会学校不同程度地体现出近代化色彩,在宁波教育近代化进程中起到了开路先锋的作用。第四,早期教会学校中涌现出一批女子学校,这无疑冲击了封建教育"女子无才便是德"的观念,使国民关于女子受教育的问题有了新的认识。[2]

总之,早期教会学校对宁波教育走向近代化的影响是肯定的,它们不仅传播了科学知识,培养了人才,更重要的是,它们带来了思想上的冲击和变化。

---

[1]　乐承耀:《宁波通史》(清代卷),宁波出版社,2009 年,第 296 页。

[2]　田正平主编:《中国教育史研究》(近代卷),华东师范大学出版社,2001 年,第 10 页。

(三)华花圣经书房

编译出版书刊,作为传播福音的辅助手段,与创办学堂一样,从一开始就受到传教士们的重视。1845年,美国长老会传教士柯理等在宁波兴建了一家印刷所,名叫"华花圣经书房",编辑出版各种书籍,其内容除了基督教教义之外,还包括天文、地理、历史、经济、语言、道德、风俗等非宗教性的书籍。据《浙江教育史》记载,从1844年到1860年,传教士在宁波通过华花圣经书房出版的各类书籍有105种(另有1类图书在华花圣经书房建立之前出版),其中宣传基督教教义的图书达86种,占总数的81%;其他类图书有20种,占19%。[①]

值得注意的是,那些占19%的非宗教性图书包括:天文地理类书籍,如《日食图说》、《航海金针》、《指南针》、《天文问答》、《地球图说》、《平安通书》等;历史类书籍,如《古今万国纲鉴》、《万国纲鉴》等;综合性的科学书籍,如《博物通书》;宣讲道德的书籍,如《赌博明论略讲》、《鸦片六戒》、《孝敬父母》等;语言类书籍,如《宁波土话初学》等。这些涉及天文、地理、历史、经济、风俗、道德、语言等方面的书籍图文并茂,通俗易懂,有力地推动了西学的传播,对于改变部分知识分子的知识结构、思维方式等起到了一定的影响,并进而导致他们观念的转变。1860年,华花圣经书房迁往上海,并改名为"美华书馆"。

三、洋务运动时期的宁波教育

第二次鸦片战争的失败以及《天津条约》、《北京条约》等一系列不平等条约的签订,粉碎了清廷"万年和约"的迷梦。为了提高攘外安内能力,拯救其岌岌可危的封建统治,清政府自上而下地发起了一场以引进和学习西方先进科技为基本内容的洋务运动,具体涉及枪炮船舰的制造,新式军队的建立,厂矿、铁路、航运、电报等民用企业的发展,等等。与此相应,洋务派在文化教育上采取一些重大措施,如创办新式学堂、派遣留学生等,以培养新型洋务人才。虽然这场运动在本质上乃以"中学为体",西学仅以"艺"的面目为我所用,但客观上却在传统封建教育主体中植入了近代教育的幼芽,开启了教育近代化的进程。宁波在这一时期的教育发展虽比不上上海、天津、广东、福建等地,却也因其独特的地理位置,悄悄地发生了一些变化。

---

① 熊月之:《西学东渐与晚清社会》,上海人民出版社,1994年,第171页。

（一）新式学堂的创办

光绪五年（1879），宁波府知府宗源瀚创办辨志书院，其亮点在于开设舆地、算学等新兴学科，开新教育之先导。以后又逐步创办小学堂、宁波府师范学堂、女学堂等。民间也有若干新式学堂创设，1871 年，江南巨富叶澄衷出资 3 万两银子在老家镇海庄市创设叶氏义庄，设置英语等现代课程，供穷苦孩子免费上学。1878 年，与叶志铭等一起筹集资金，注资将其发展为两等小学堂。著名侨胞包从兴、赵安中都曾就读于该校。虽说这一时期创办的新学堂并不多，但新教育之思想的具体化说明人们已经消除了对西学的疑虑，新教育已经不再游离于传统教育之外。这不能不说是一个细微的变化。

（二）教会教育的发展

宁波开埠通商之后，教会学校的发展一直很迅速，至洋务运动时期，教会教育则通过创办、调整、补充等取得了进一步的发展。1868 年，英国基督教圣公会传教士戈柏、禄赐在城区贯桥头设义塾，后发展成为三一小学和三一中学。1869 年，英国基督教圣公会传教士在城南仁德堂、城中小校场、城西五块桥板分别创立三所女塾，后来合并为仁德女校，校址在孝闻坊。1883 年，三一书院由孝闻坊迁入新校址（今广仁街八中校址）。1893 年，英国基督教女教士华以利沙白、华路易姐妹在江东张斌桥建一教堂，并内设一书院，称华英书院。

另一方面，随着洋务派改革的进行，教会学校原先那种单打独斗、散兵游勇式的办学方式也不再适合形势发展的需要。为了充实办学力量，各教会打破了派别之间的界限，联合起来办学，使学校具有一定的规模，以与新教育分庭抗礼。1877 年，各教会学校组成"基督教学校教科书编纂委员会"，以"探求及研究中国教育事业，加强从事教学工作人员的互相合作"。1890 年，改组为"中华基督教教育会"。因此，这一时期的教会学校与前期相比，规模扩大了；办学也稳定了；在招生对象上，多数学校不再免费招收穷苦人家的孩子入学，而是尽力吸收新兴买办资产阶级子弟或其他富庶人家子弟入学，收取较高的学费。

（三）宁波留美学生

洋务运动时期，与创办新学堂一起，成为教育近代化起步重要标志的，还有派遣留学生,以求新知于世界。同治十一年(1872)始,清廷派遣 120 人分 4 批赴美留学。据《宁波通史》统计,在这 4 批官派留学生中,宁波籍有 6人,占浙江省的 75%。[①] 详见表 7-2。

表 7-2　洋务运动时期宁波籍留美学生

出国时间	姓　名	属　县	出国年龄
同治十二年(1873)	丁崇吉	定海人	14 岁
同治十二年(1873)	陈乾生	鄞县人	14 岁
同治十二年(1873)	王凤喈	慈溪人	14 岁
同治十二年(1873)	王良登	定海人	13 岁
光绪元年(1875)	沈德耀	慈溪人	14 岁
光绪元年(1875)	沈德辉	慈溪人	12 岁

资料来源:乐承耀:《宁波通史》(清代卷),宁波出版社,2009 年,第 304 页。

这些幼童在异国他乡历经磨难,学到了近代化发展所需的知识,回国后在厂矿、铁路、航运、电报等领域都作出了自己的贡献,为近代化进程添砖加瓦。例如,王凤喈充任中国政府驻伦敦使馆官员;丁崇吉在大沽炮台鱼雷队研究水雷战术达 4 年之久,后于光绪十一年(1885),充任上海各级英文译员,并兼任海关办事员,光绪三十四年(1908),署理海关监督。宁波的留学生不仅出国时间较早,而且,数量也不少的,至少在浙江省是领先的。

值得一提的,前文提及的金雅妹女士,她作为近代中国第一位留学海外的女生,开启了一道亮丽的风景线。1881 年,金雅妹在美国传教士麦加梯的帮助下,赴美国纽约医院附属女子医科大学学医。1885 年 5 月,以第一名的优异成绩毕业。此后在纽约从事科学研究,在显微镜研究中有所成就,1887 年,纽约的《医学杂志》刊出了她的学术报告《显微镜照相机能的研究》,引起同行专家的重视。1888 年,金雅妹回国,在厦门、成都等地开业行医。1907 年,在袁世凯的捐助下在天津创办了一所医科学校,并任院长,培养了一批新式医学人才。1915 年,离国赴美。后又回国,定居北平。1934年 3 月,卒于北平。

综上所述,从 1844 年 1 月 1 日宁波正式对外开埠至 19 世纪 90 年代洋

---

① 　乐承耀:《宁波通史》(清代卷),宁波出版社,2009 年,第 304 页。

务运动这一时期中,宁波教育在帝国主义列强步步紧逼的侵略过程中展开了近代化的艰难历程。在第一次鸦片战争后,教会组织以其独特的方式把近代教育的组织形式、课程内容、教学方式带到了宁波,在客观上对宁波人民的思想认识产生冲击,一定程度上为后来新式教育的发展做了舆论上的准备,但并未从根本上撼动传统教育的根基。第二次鸦片战争以后,严峻的国际形势迫使清廷发起洋务运动,采"西艺",制洋器,发展近代资本主义工业,教育随之作出相应的调整,宁波作为通商口岸,虽不如广州、天津、上海、福州、南京、北京、武昌、台北、烟台、旅顺等地创办规模大、数量多的新式教育机构,但也经受着变革的风风雨雨,开始在官学中引进西学知识,而且,对西学的认识开始渗透至民间的办学,另一重要的现象就是留学教育的发达。

虽然,萌芽时期的教育近代化步伐是缓慢的,但是,万事开头难,在此期间,宁波毕竟在教育观念、教育机构、教学内容、培养训练方法等各层面开始出现了具有近代意义的教育元素。

第二节　宁波教育近代化进程的发展

1894 年中日甲午战争的失败和 1900 年八国联军铁蹄的蹂躏,将中国近代社会推到了一个新的历史时期。前者促成了中华民族精神的剧变,后者则把中国推到半殖民地半封建社会的境地。在这种民族危机日益深重、民族精神蓬勃高涨的背景下,中国教育近代化加快了步伐,对传统教育的变革逐步深入到制度的层面,1905 年废除科举制度,1902 年、1904 年分别颁布了《钦定学堂章程》和《奏定学堂章程》,建立起新的学制系统,等等。由此,掀起了中国近代教育史上第一次大规模的兴学热潮,以及留学教育的勃兴。在世纪之交的社会转型时期,传统教育正发生着翻天覆地的变化。

宁波作为沿海开放城市,在这一过程中也历经艰辛与阵痛,在与新教育的交织中蜕变成近代教育的弄潮者,并留下深深的时代烙印。一般而言,宁波教育近代化的深入可以分成两个时期:维新变法运动时期;1901 年清廷"新政"时期。

一、维新变法运动时期的宁波教育

1894年,中日甲午战争的失败和《马关条约》的签订,给中国社会带来深重的灾难和巨大的冲击。如果说,19世纪60年代始对"数千年未有之变局"有所觉悟和行动的还主要是一批与资本主义列强接触较多的朝廷大臣和少数士人的话,那么,至甲午战争始,东瀛岛国给国人带来的耻辱使得中国民族具有群体意义的觉醒开始了。这种觉醒既包括对过去历史的深刻反思,更包括对国家前途、民族命运的思考和探求,于是,掀起了一场持续四年之久的维新变法运动,至1898年"百日维新"达到高潮。在这场运动中,教育救国成为一种思潮,由此也促成了新教育的加速发展。应该说,教育的社会功能在这里是被放大了,但是,教育近代化却也因此跨入了一个新的时期。

宁波的维新运动虽不及杭州、温州等地火热,却积极创办报刊,宣传维新;创办实业,发展民族资本主义;兴办学堂,培养英才,促进了宁波的近代化进程。

就教育而言,宁波出现了不少新式学堂,其数量大大超过洋务运动时期。最有代表性的莫过于储才学堂的创建。光绪二十三年(1897),宁波知府程稻村(云俶)与郡人严信厚、汤云鉴、陈汉章等筹建中西学堂。翌年开学,定名"储才学堂",以"革新图强,储备人才"为宗旨。是为宁波第一所官办中学堂。当时办学基本依照上海广方言馆章程,注重欧洲语言文字,并经严格程序招收学生。时聘请慈溪名儒杨敏曾为首任监堂(校长)兼总教习,开设译学、算学、舆地等新兴学科。在第一批进校的学生中,就有后来成为中国近代物理学先驱的何育杰教授、爱国诗人洪佛失、北大教授叶叔眉等。1904年,改名为宁波府中学堂。1907年,宁绍台道喻兆藩拨南郊道厂(宁绍台道船厂)基地40亩、银6万余两,建校舍110余间。[1] 1911年,改为省立第四中学。后储才学堂经过多次变迁,成为新中国的宁波一中,今为宁波中学。

此外,宁波府各属县在维新运动中也创办了不少新式学堂。光绪二十年(1894),慈溪县把观海卫胡氏尚义堂经塾改办成安定学堂,是为县级最早开办的小学堂。1896年,鄞县应维清创办了愈愚学堂;应松阳创办了密

---

① 宁波市教育委员会编:《宁波市教育志》,浙江教育出版社,1996年,第143页。

山学堂。光绪二十四年(1898),叶秉钧、史翊经在余姚创办达善学堂,以"乐育以人才"为宗旨,1900 年,改称县立高等学堂。江南巨富叶澄衷作为镇海人,出资 3 万元于光绪二十八年(1902)与同乡白季荪一起创办了镇海便蒙小学。

作为新式学堂,教育内容也与传统教育大相径庭,各家学堂基本上开设了地理、算学、农学、格物、理化、外文写作等新式课程。例如,储才学堂开设了译学、算学、经史、词章、舆地等新兴学科,而平时考试中自然科学方面的知识也比较多。

与创办学堂关系密切的,宁波的有识之士还积极创办报刊,宣传维新思想。当时影响比较大的是《德商甬报》。光绪二十四年(1898),德国人白鼎斯创办《德商甬报》,慈溪人王恭寿、王永年负责报刊日常事务,说古论今,并介绍西方先进的科学理论、政治学说等,还大量转载国内报纸或译载国外报纸,为读者提供不少新鲜内容,尤其是有关商业和流通方面的信息。这在相当大程度上为教育近代化的深入做了舆论上的宣传和准备。

维新运动虽然失败,但其对人们思想的冲击是不可忽视的,同时,也留下了一些重要的变法成果。从宁波这一时期的教育面貌看,不难发现,西学的科学技术和价值观念渗透到普通的乡绅士子阶层,而不是停留于少数有识之士心中,而且,西学也不再仅仅限于"艺"的层面,相反,它成为人们挽救民族危机、富国强兵的固本之源,获得本体论意义上的价值。因此,19世纪 90 年代是宁波教育近代化进程的一个重要转折点,宁波教育从此大踏步地向近代化迈进。

二、传统教育的转型

1900 年八国联军铁蹄的蹂躏,以及《辛丑条约》的签订,强烈地震撼着清廷。在严酷的时势逼迫下,1901 年 1 月 29 日,慈禧太后以光绪皇帝的名义在西安颁布"变法"上谕,开始了晚清最后十年的"新政",以期解救摇摇欲坠的清王朝。

(一)传统教育体制的变革

随着"新政"的推行,宁波作为地方行政单位,对各项教育作出若干调整,以期与中央保持一致。

1. 书院的改设

1901 年 9 月 14 日,清廷发布上谕:"著各省所有书院,于省城均改设大学堂,各府及直隶州均改设中学堂,各州县均改设小学堂,并多设蒙养学堂。其教法当以四书五经、纲常大义为主,以历代史鉴及中外政治、艺学为辅,务使心术纯正,文行交修,博通时务,讲求实学,庶几植基立本,成德达材,用副朕图治作人之至意。著各该省督抚、学政,切实通饬,认真兴办……一切详细章程,著政务处咨行各省悉心酌议,会同礼部复核具奏,特此通谕知之。"①

宁波传统的官学在经历维新运动之后,大多已是名存实亡。一些书院在清末"新政"实施前已经转型,如光绪二十六年(1900),奉化的锦溪书院改为龙津学堂,并购书数百种;慈溪的许士远与地方热心人士一起把柯云书院改为柯云高等小学堂,同时,还办起了洋文书馆。不过,当时更多的民间书院在 1905 年科举未废除前,因其与传统科举制相关联,在"新政"面前显得不置可否,因为"新政"宗旨与科学制大相径庭。

上谕一经颁布,宁波各地的书院就纷纷改设为小学堂,内设堂长(校长),其进程很是顺利,这从表 6-5 备注中可见一斑。尽管许多书院改制后尚有名实不符之嫌,校舍简陋、师资匮乏、课程和教学新旧参半,但是,作为传统教育体制重要组成部分,并曾有过辉煌历史的书院教育自此退出历史舞台。

2. 废科举

"新政"中影响最为深远的恐怕是废科举之措施。1905 年 9 月 2 日,清廷下诏停止科举,"著即自丙午科为始,所有乡会试一律停止,各省岁科考试亦即停止。其以前之举贡生员,分别量予出路。及其余各条,均著照所请办理"②。从此,在中国绵延 1300 年之久的选才制度终于结束了。

而宁波历史上最后一科进士是在光绪三十年(1904),共 6 人,分别是鄞县的高振霄、忻江明,镇海的吴晋夑,宁海的章梫,余姚的朱元树,奉化的竺麐祥,他们因此也就成为了宁波科举历史的句点。

科举废除后,对于新式学堂的迅猛发展起到了积极的推动作用,前述的民间书院顺理成章地转型为新式学堂。

①　(清)朱寿朋编:《光绪朝东华录》(卷 169),中华书局,1958 年,总第 4719 页。

②　(清)朱寿朋编:《光绪朝东华录》(卷 170),中华书局,1958 年,总第 5392 页。

3. 设立劝学所

在废旧立新的过程中，如何构建新的教育行政机构以主管新式学堂，以及负责教育其他事务，成为政府亟须解决的问题。为此，政府进行了相应的教育行政体制改革，设置了中央学部和省提学使司，在府、县则设置劝学所。

劝学所是负责教育调查、筹款兴学的机构。光绪三十二年（1906），学部奏定《各省学务官制、办事权限章程》23 条，并《劝学所章程》10 条。1907年，宁波各属县便普遍设立劝学所，遵照奏定章程，按规划区域，劝办小学，以期逐渐推广，普及教育。时陈汉章任象山劝学所总董期间，劝导城乡设立小学三十余所。鄞县劝学所聘张申之为总董，下设劝学员 4 人，分管城区、东、西四学区，极大地推进新式学堂的建设。

（二）新式学堂的迅猛发展

晚清"新政"的重要内容之一，便是兴学。维新运动时期的思想准备，以及"新政"的倡导，促成了新式学堂发展最为迅猛的 10 年。光绪二十九年（1903），清廷颁布《奏定学堂章程》（《癸卯学制》），提出了相当完备的 3 段 7级学校系统，以及实业类、师范类等学校构想。以此为契机，宁波府、县出现了兴学的盛况，其间，不乏民间办学之风的盛行。

光绪二十八年（1902），宁波知府高英创办宁波最早的官立东城、南城、西城、北城四所小学堂，聘请绅士为学堂董事，每校有学生 20～30 人，不收学费。1910 年，盛薪翘在城区冷静街创办轫初小学堂，袁钢德借城南社坛巷近知书屋创办袁氏崇文小学堂。江北玛瑙镇财神殿设崇敬小学堂。江东冰厂开办爽本小学堂。

光绪二十八年（1902），鄞县监生石志相捐资创办存义小学堂。光绪三十一年（1905），鄞县设时敏、箭金、开明小学堂。日湖义塾改为日湖小学堂。次年，鄞县知县高子勋借延庆寺僧舍创办县立高等小学堂。星荫义塾改为蔡氏星荫初等小学堂。屠氏义塾改为竞进小学堂。东津义学改办东津小学堂。创办崇正小学堂。至光绪三十三年（1907），鄞县全县有高等小学堂 1 所，学生 57 人；两等小学堂 15 所，学生 599 人；初等小学堂 62 所，学生 1944 人；半日制学堂 1 所，学生 15 人。[①] 1908 年，鄞县人谢天锡出资在

---

① 乐承耀：《宁波通史》（清代卷），宁波出版社，2009 年，第 299 页。

梅墟创办求精小学。宣统元年(1909),俞虞乡老庙跟创办庶德第四初等小学堂;王文通出资创建甲南初级小学堂,后其子不断续捐,坚持办学二十余年。1910年,俞虞乡朱桑创办庶德第三初等小学堂。

慈溪浒山设三山高等小学堂。天元设开智学堂。慈湖书院改办慈湖中学堂(今属江北区)。光绪三十一年(1905),宁波巨商吴锦堂在慈溪东山头辟地百余亩出资创办锦堂学校,学校规模达学生360人,于宣统元年(1909)正月开学,招生120人。① 1906年,鸣鹤乡人叶鸿年捐资创办敬乐两等小学堂。慈溪在光绪三十三年至宣统元年的3年时间里,开办高等小学堂、两等小学堂、初等小学堂、半日制学堂、女学堂等94所,学生3843人。②

1903年,镇海人樊棻捐资创办樊氏便蒙两等小学堂。1906年,方舜年、方积钰合资共同在镇海柏墅方村创建方氏培玉两等小学堂。1907—1908年,吴吉三捐资创办青峙学堂,后改称七星延陵学校。1909年,董杏荪捐资在庄市创办轫初国民学校。1910年,樊棻创办勤稼女学堂。1911年,盛炳炜募资在镇海梓荫山麓创办镇海县立中学堂。至宣统三年(1911),镇海共有新式学堂70所。③

1905年,奉化县龙津学堂改为奉化中学堂。1908年,奉化县王昌满、沈皆诚、毛毓英、竺商耀等捐资助建班溪乡剡源中学。至宣统元年(1909),奉化有中学堂2所,小学堂79所,学生达2784人,教师180人。④

象山县也积极创办新式学堂,至宣统末,有学堂18所。⑤

据《宁波市教育志》统计,1908年,宁波各县(含余姚、宁海)共有高等、两等、初等、半日制小学堂280所,学生10453人。⑥ 详见表7-3。另据《浙江教育官报》第十五期记载,1908年,今宁波市境内的中学堂有5所,学生313人。此外,教会办的斐迪学堂、中西毓才学堂、崇信书院、三一书院、养正书院、崇德女校、圣模女校等7所教会学校设有中学班。

① 乐承耀:《宁波通史》(清代卷),宁波出版社,2009年,第300页。
② 乐承耀:《宁波通史》(清代卷),宁波出版社,2009年,第300页。
③ 乐承耀:《宁波通史》(清代卷),宁波出版社,2009年,第300页。
④ 乐承耀:《宁波通史》(清代卷),宁波出版社,2009年,第300页。
⑤ 乐承耀:《宁波通史》(清代卷),宁波出版社,2009年,第300页。
⑥ 宁波市教育委员会主编:《宁波市教育志》,浙江教育出版社,1996年,第40页。

表 7-3　1908 年宁波各县(含余姚、宁海)小学堂统计表

	高等小学堂		两等小学堂		初等小学堂		半日制小学堂		合　　计	
	所数	人数	所数	人数	所数	人数	所数	人数	所数	人数
宁波府	—	—	—	—	1	51	1	37	2	88
鄞县	1	75	9	455	71	2497	—	—	81	3021
慈溪	1	30	11	585	13	486	2	46	27	1147
奉化	2	38	19	814	27	844	1	43	49	1739
镇海	1	24	9	511	39	1635	6	158	55	2328
象山	2	60	3	118	19	348			24	526
余姚	2	80	6	248	14	507			22	835
宁海	1	53	2	169	17	547	—	—	20	769
合计	10	360	59	2900	201	6909	10	284	280	10453

资料来源:宁波市教育委员会:《宁波市教育志》,浙江教育出版社,1996 年,第 40 页。

　　新式学堂的教育内容普遍加强了外语和自然科学学科的设置,例如,英文、天文、舆地、算学、博物等。按照"癸卯学制",初等小学堂的教学科目为修身、读经讲经、中国文字、算术、历史、地理、格致、体操等 8 科,另设随意科图画、手工。每周授课时间以 30 小时为上限,其中读经讲经须达 12 小时。高等小学堂改中国文字科为中国文学科,增设图画科,并根据实际情况加授手工、乐歌、商业、农业等随意科。中学堂学制五年,课程设修身、读经讲经、中国文学、外国语、算学、历史、地理、博物、物理、化学、法制以及理财、图画、体操等 12 科。可见,实学、西学的内容增加甚多。详见表 7-4。

表 7-4　各式学堂教学科目设置举例

南城小学	国文、《纲鉴易知录》、《地球韵言》、作文、英语、算术、体操等
爽本小学	修身与经学、史地、英义、算术、格致、图画、体操等
锦堂国民兼高等小学校	初等国民教育设修身、经学、国文、算术、图书、手工、歌乐、体操等;高等小学设修身、经学、国文、英文、算术、历史、地理、理科、图书、手工、歌乐、体操等
龙津学堂	英语、日语、体育、理化、算术、代数、几何、三角、解析几何、微积分等
宁波府学堂（高中部）	除了开设数理化、英文等必修课之外,增设科学概论、矿物学、无线电等选修课

资料来源:乐承耀:《宁波通史》(清代卷),宁波出版社,2009 年,第 300—301 页。

随着新式学堂的大量涌现，师资问题摆到了议事日程上。宁波的有识之士因此创办了师范类学校。光绪三十年(1904)，余姚士绅蒋怀清在县城创设余姚师范讲习所。次年，知府喻兆藩于湖西月湖书院旧址创设宁波府师范学堂，是为浙江省最早的一所师范学堂。学堂设完全科和简易科两类，前者修业年限为五年，修修身、教育学、中国文学、算学、博物、理化、习字、图画和体操等科目；后者修业年限为一年，减少读经讲经、习字等科目。学校免收学费，毕业后必须从教，若否，则赔偿学习时的学费。据统计，1907年宁波府师范学堂1所，学生95名；余姚师范讲习所1所，学生24人；1908年、1909年，象山劝学所举办两期师范传习所，学习时间均为2个月，结业26人。①

为了适应资本主义工商业的发展和新学制的要求，宁波的有识之士还积极创办实业类学校，以培养政法、农业、工商管理等专业人才。光绪三十三年(1907)，宁波法政学堂于原孝廉堂旧址(原解放北路市政协大院内)建立，以"培养立宪人才"为办学宗旨。开设人伦道德、民法、刑法、宪法、商法、国际公法、世界史、算学等科目，学制三年。1912年，改为公立四明法政专门学校。后经变迁，是为宁波高专的前身。光绪三十四年(1908)，余姚泗门镇谢宝书邀集66人入股，筹得银元13040元，创办余姚汝湖农校，并亲自任堂长，注重培养农业科技人才。学校办学一来重视师资队伍建设，曾出资派教师陶善松赴日大阪农学院求学；二来重视教材建设，除了引用现成的《水产学大意》《农业经济法规》教材外，自编许多适合本校的教材，如《裁桑法》《养蚕学讲义》等；三来重视实践教育，专门辟出柴房三间，共桑蚕科学生实习之用。宣统二年(1910)，吴锦堂把锦堂学校高等部改为初等蚕科实业学校，添设四年简易科，增收蚕桑科学生128名，并为附近农村办起了为期3个月的短期蚕桑训练班。宣统三年，吴锦堂注资锦堂学校，并扩充学校设施设备，将其改为锦堂农业中学堂，设农科、蚕科两大专业，学制为预科两年、本科三年，招生规模320人。学校聘请奉化前清廪贡生江起鲲为监督(校长)，以及学有专长的学者担任教师，培养了不少农业专业人才，如著名农学家卢守耕、童玉民、包容等。除了政法、农业类的实业外，宁波凭借其地理位置，较早地创办起商业学堂。例如，1906年，鄞县创办甬东商业学堂。1907年，成立宁波两等商业学堂，以及镇海县商业学堂。

---

① 宁波市教育委员会：《宁波市教育志》，浙江教育出版社，1996年，第150页。

在兴办新式教育的同时,政府还要求为年长失学或年幼家贫无法就学者设立简易识字学塾。宁波各属县即令照办。这些学塾一般附设在小学堂内,或借用祠堂、庙宇,由小学教师兼任塾师,晚间授课,书籍物品免费供给。至宣统元年(1909),今宁波市境内创办简易识字学塾24所。至1910年,扩大到92所,详见表7-5。这为贫苦民众子弟的入学提供了极大的帮助。

表 7-5　1910 年宁波府各属县(含余姚、宁海)设立简易识字学塾统计表

县别	余姚	宁海	鄞县	慈溪	奉化	镇海	象山	定海	总计
学塾数	12	7	16	8	10	11	20	8	92

资料来源:张彬主编,《浙江教育史》,浙江教育出版社,2006 年,第 374—375 页。

在晚清最后十年中,宁波一些思想较为开放的士绅还开办女校,专收女生入学。早在维新时期,慈溪先后在观海卫、沈师桥、鸣鹤场建有 4 所女子学堂。光绪二十九年(1903),镇海开办务实女学堂。光绪三十二年(1906),宁波府女学堂在西门口长庚庵旧址建立。宣统元年,慈溪再建浒山、三山两级女子学堂。尤其值得一提的是奉化王慕兰女士的办学热情。王慕兰幼年随父宦游。回乡后,于家乡董李设蒙馆教授学生。后至宁海马岙,奉化大公岙、石门、红瓦等地任教。光绪二十八年(1902),于奉化萧王庙孙锵家办学馆,专招女生,远近闻名。光绪三十二年(1906),出任县城作新女学堂堂长,达十七年之久。离校后,仍继续襄助家乡霞溪小学。县知事曾赠匾称其为"巾帼丈夫"。

在构建近代教育体系的同时,民间教育团体也普遍建立起来。光绪二十九年(1903),奉化教育研究会成立。光绪三十一年(1905),知府喻兆藩与张美翊、陈训正等在孝廉堂成立宁波府教育会。光绪三十二年(1906),士绅冯丙然等发起成立鄞县教育会。这些教育团体以发展教育为己任,做了大量的推进工作,对于改造旧教育,促进新教育的成长,发挥了积极的作用。例如,光绪三十四年(1908),鄞县教育会规划"四隅小学进行办法",拟定"私塾改良办法",一定程度上推动了鄞县教育的发展。

此外,时教会组织仍然组织力量办学。例如,光绪二十九年(1903),李徵五与美国长老会费佩德合办益智学堂,创中西人士合资办学之首例。同年,天主教浙江教区主教于江北岸创办中西毓才学堂。它们与先前的教会学校一起,成为了新式学堂的重要补充。

（三）留学潮流的勃兴

与传统教育体制变革同步进行的，还有留学潮流的勃兴。废科举、兴学堂、派游学，共同谱写了宁波教育近代化得以深入的交响曲。

1. 公派留学热潮

甲午战争之后，政府对西学的价值有了更为深刻的认识，尤其是日本的崛起，强烈震撼着统治阶层的神经。维新时期，光绪政府就确定了优先向日本派遣留学生的政策。维新变法失败后，留学日本的政策并未中断。陆陆续续有学生东渡日本。1900 年之后，随着清末"新政"各项措施的落实，清廷迭令各省督抚遴选在职官员和学生赴日留学，并制定、颁布关于选派、奖励等方面的相关章程。于是，各地留日人员激增，至 1906 年达到高峰。在这一浪潮中，宁波也有官派留学生。光绪二十八年（1902），慈溪人韩清泉经浙江大学堂选送赴日留学。光绪三十二年（1906），鄞县人范贤方经宁绍道台喻兆藩保举赴日留学，后在辛亥革命中为光复宁波作出了重要的贡献。据吕顺长博士在《清末中日教育交流之研究》中统计，清末浙江在日本的留学生有明确籍贯的共 570 人，其中宁波府、县有 87 人，与温州并列第三。若含余姚、宁海两县，则人数为 102 人。详见表 7-6。

表 7-6　清末留学日本的宁波籍（含余姚、宁海）人士统计表

府县	余姚	宁海	鄞县	慈溪	奉化	镇海	象山	定海	宁波	总计
人数	13	2	16	24	16	20	3	2	6	102

资料来源：吕顺长：《清末中日教育交流之研究》（浙江大学博士学位论文），第 100 页。

除了留学日本之外，不少宁波学生还留学欧美。当时，在上海浙江旅沪学会会长周晋镳的努力斡旋下，光绪三十四年（1908），浙江省经报名、考试，选派了 20 名留学欧美的学生，其中属今宁波籍的见表 7-7。

表 7-7　1908 年公费留学欧美的宁波籍学生

姓名	籍贯	年龄	考试成绩	派往国别	学习课目
胡文耀	鄞县	24	90.3	比利时	工科
严鹤龄	余姚	29	77.5	美国	法科
翁文灏	鄞县	20	74.7	比利时	铁路工科
徐名材	鄞县	19	69.9	美国	工艺化学科

续表

姓名	籍贯	年龄	考试成绩	派往国别	学习课目
包光铺	鄞县	26	69.7	美国	工艺化学科
叶树梁	慈溪	24	67.5	美国	法科
胡祖同	鄞县	20	65.1	美国	商科

资料来源:乐承耀:《宁波通史》(清代卷),宁波出版社,2009 年,第 305—306 页。

资料表明,当时考取留学欧美的宁波籍学生达 7 人,占 36.8%,为全省第一。其中胡文耀、翁文灏后来成为我国近代著名的科学家。

1908 年,美国国会通过了"庚款留美生"的提案,即美国退还中国大部分的庚子赔款,作为中国向美国派遣留学生的经费,以此培养亲美的各类人才。于是,在宣统元年(1909)和二年(1910)的两次赴美选拔考试中,全国共录取 47 和 70 人,宁波籍的分别有 4 人,详见表 7-8。

表 7-8 "庚款留美生"宁波籍学生名单

出国时间	姓名	籍贯	校别	学习专业
1909 年	王士杰	奉化	哈佛大学'09—'12	文学哲学
1909 年	徐承宗	慈溪	B. A. (Harvard)	文科
1909 年	陈庆尧	镇海	B. S. (I11)/M. S. (Columbia)'15	化学
1909 年	罗惠侨	鄞县	S. B. (M. I. T.)'13/M. S. (M. I. T.)'15	河海工程
1910 年	张谟实	鄞县	不详	电机专业
1910 年	徐志芗	定海	不详	电机专业
1910 年	周象贤	定海	不详	卫生工程
1910 年	徐志诚	定海	不详	教育、社会

资料来源:刘真主编:《留学教育》(第一册),第 174—178 页、194—196 页。

2. 自费留学逐渐兴起

在公费留学的热潮中,宁波自费留学的风气在政府的鼓励下也渐渐兴盛起来,尤以留学日美为最。例如,奉化莼湖应梦卿赴日入大阪高等商业学校;其同乡王正廷亦于光绪三十一年(1905)、三十三年(1907)先后赴日、美留学,学习法律;奉化另有周淡游于光绪三十二年(1906)入东京警监学校学习;鄞县人顾清廉、赵家艺、赵家蕃也都留学日本。这些人后来都在不同领域为国家建设、民族复兴作出重大贡献。如,王正廷后来成为外交家;

赵家艺在辛亥革命中为光复宁波起到了重要的作用。

综上所述,从甲午战争至1911年清王朝结束的这一过程中,宁波教育伴随着君民对列强的愤恨,对西学内在价值的认同,以及激烈的政治斗争不断深化着近代化的发展进程。维新运动时期,西学的价值观开始深入到寻常百姓家,促成民间兴学热情的高涨,诞生了不少的新式学堂,宁波教育近代化自此迈开大步。1901年"新政"以后,宁波传统教育的根基开始动摇,民间和官方都兴办了大量的新式学堂,这一时期,教育体制在结构和功能上都发生了巨大的变化。首先,普通教育的发展取得了显著的成果,像书院改制、废除科举、各属县普遍创建小学堂,从长远来看,这无疑对教育近代化进程具有深远的意义。其次,实业教育、师范教育开始起步,这也为宁波近代教育在社会、经济等方面功能的进一步发挥奠定了基础。其三,女子教育取得了一定的进步,这对于转变传统教育观念,提高女子的社会地位,以及促进教育近代化进程,无疑具有积极的作用。其四,留学教育的勃兴,为社会输送了大量的栋梁之材,也从侧面反映了宁波新式教育的发达,因为多数留学生正是从新式学堂走出去的。总之,这一时期的教育改革为今后的近代化进程奠定了第一块基石。

当然,宁波教育近代化取得的成就,因为封建王朝自身体系的局限性,不免涂上一层浓厚的封建色彩,使其与旧体制之间有着千丝万缕的联系。例如,新式课堂中的旧学内容,若干新式学堂因经费、教师的拮据而出现教育质量问题,官僚借兴学之名中饱私囊而招致民众毁学的事件,等等,都不同程度地延缓了教育近代化的进程。但是,无论如何,传统教育已经在国家制度层面上作出了重要的转型。

第八章　中华民国北京政府时期(1912—1927)的宁波教育

　　1912年,中华民国成立,在中国延续两千多年的封建君主专制制度终于结束,转而迎来了新生的资产阶级共和制度。这是中国历史进程中的一次重大飞跃,也是中国从封建社会向近代社会转变过程中的一个重要里程碑。

　　自此,中国教育近代化进入一个新的时期:民国初期,新政府对封建政体所支撑的教育观念、管理体制、课程内容、教学方法等各个层面予以更新,注重学生的个性发展,追求科学、民主的教育。虽然,袁世凯曾掀起一股短暂的复辟逆流,反对民初各项教育改革,但是,"青山遮不住,毕竟东流去",新文化运动和"五四"运动的狂飙大潮,使教育近代化内涵在理性思考和实践活动的两个层面上更加突现出来,于是,催生了20世纪20年代的教育改革,尤其重要的是颁布了《壬戌学制》,使教育近代化的深度和广度得以进一步推进。

　　宁波教育在上述历史洪流中不断前进,如果说清末兴学是基于开明绅商的大力倡导,那么,这一时期的教育改革很大程度上依靠知识界、教育界自身的力量而进行,尤其是受西方资产阶级思想影响颇深的归国留学生和经"五四"运动洗礼的青年学生,这也显示了新教育思想从表面向纵深发展的演进思路。一般而言,这一阶段的宁波教育近代化发展可分为两个时期:民国初期的教育改革;20世纪20年代新文化运动和"五四"运动推动下的教育改革。

第一节　民国初期的宁波教育

民国成立之初,南京临时政府为了恢复因战争而中断的各级各类学校的教育秩序,并构建与资产阶级共和政体相符合的教育体系,教育部先后颁布了《普通教育暂行办法》(14 条)、《普通教育暂行课程标准》(11 条),以及《壬子癸丑学制》等重要法令,同时,确定了"注重道德教育,以实利教育、军国民教育辅之,更以美感教育完成其道德"的教育宗旨,整顿全国各地的教育,并顺势作出相应的调整。宁波在浙江省教育司的直接领导下,各类教育都有了较大的发展:地方教育行政机构得到调整;初等教育在新式小学大量建立的同时,对旧式私塾进行了改造和利用;中等教育在注重举办普通中学的同时,师范教育、实业教育也得到相应的发展;女子受教育的机会进一步扩大。在前后不到两年的时间里,此次教育改革为宁波教育近代化增添了浓墨重彩的一页。

一、地方教育行政机构的演变

民国成立后,政府设置省、县两级教育行政机构。民国元年(1912),废宁波府。民国 3 年(1915),设会稽道驻于鄞县,会稽道尹统辖清宁绍台三府所属各县。

就地方教育行政机构而言,1912 年,宁波各县原设的劝学所一律撤销,由县公署设教育科办理其事,内设科长 1 人,科员若干人,并于各镇、乡设学务委员。科长及科员对县知事负责,不独立对外,一切县教育行政事宜,秉承县知事办理;学务委员则负责教育规划、查核及报告诸事。当时,宁波中小学校的设立、变更、废止均须经县知事办理,或核定、认可,或报送省教育行政部门。1913 年 5 月,县教育科改称第三科。1914 年 7 月,复称教育科(或教育股),改科长、科员为主任、助理之称呼,并增设县视学 1 人。

1916 年,各县恢复劝学所,办理县教育行政事务。时县公署仍设教育科及主任教育职员,但不处理教育行政事务,县公署起监督作用。县公署另设视学 1 人,负责督察教育法令的施行、核查教育经费的使用以及视察各类教育的实施情况等。劝学所办理教育行政事务,但凡重要者,须经县教育会议讨论。县教育会议由下列人员参加:县公署主任教育职员、县视学、劝学所职员、县立各校校长及其他教育职员、各学区区董及学务委员、县知事特别指定的县教育会会长及地方士绅。县教育会议无固定会期,由劝学所所长不定期陈请县知事召集。

由此可见,民国初年的宁波地方教育机构几经变更,日趋完善,其组织机构及其职能分工更为明确具体,并且加强了视察和监督的力度。

此外,学校管理体制也加以改进。改监堂(监督)为校长,改教习为教员。各校设校长 1 人,小学校长下设教务、训育、事务 3 个主任,中学校长下设学监、舍监、庶务、会计、书记等职。

二、顺应民国颁布的教育宗旨和学制体系,改革各级各类教育

1912 年 9 月 3 日,民国颁布了第一个学制,即《壬子学制》。随后,教育部又陆续颁布小学、中学、实业学校、师范学校、专门学校以及大学的相关法令。1913 年(农历癸丑年),将《壬子学制》和上述的各项法令综合起来,形成《壬子癸丑学制》。宁波的各级各类教育便是以此为蓝本,结合浙江省拟定的《对于小学教育的办法》等规程,对中小学教育、实业教育、师范教育加以改革。

(一)初等教育迅速发展

1912 年,根据民国的《小学令》和浙江省《对于小学教育的办法》,改学堂为学校,堂长亦改称校长,并对小学的设置、学制、宗旨、课程等作了如下改进:(1)小学教育以留意儿童身心之发育,培养国民道德之基础,并授以生活必需之知识技能为宗旨。(2)小学分初等和高等,各以所属性质称城镇乡立、县立和私立三大类,原则上初小由城镇乡负责设立,高小由县负责设立,但鼓励经济基础厚实的城镇或私人开办高小。(3)初小修业年限为 4年,实行男女同校;高小修业年限为 3 年。(4)废除读经科,初小的课程设修身、国文、算术、手工、图画、唱歌、体操,女子加设缝纫;高小的课程设修身、国文、算术、本国历史、地理、理科、手工、图画、体操,男子加设农业,女子加设缝纫。

是年,宁波城区新办、改办 11 所,分别是:江北佘使君庙设北隅三校;士绅乐之峰在永寿庵设北隅小学;杨韵堂在江北浮石亭杨氏宗祠设乘石初小;西郊文昌阁全公祠内设鄞县县立大卿桥小学;陈士杰女士于海曙镇渡母桥开办甘溪女子国民学校;海曙镇鉴桥头莎萝园设东北学校;在小校场

旧演武厅旧址设西北第一单级小学;县学左面文昌阁旧址设鄞县教育会附属小学;原江东忠介街广福庵育德初等工业学堂改办为单级小学校;原宁波府女学堂改办为育德第二校;呼童街黄岳义学改为黄岳初等小学堂。据《宁波通史》统计,1912年,宁波各县共有高等、两等、初等小学校511所,学生22661人。[1]　详见表8-1。

表8-1　1912年宁波各属县(含余姚、宁海)所设小学、学生统计表

属县	鄞县	慈溪	奉化	镇海	象山	余姚	宁海	总计
学校数	130	38	130	87	35	52	39	511
学生数	5668	1645	5346	5245	970	2095	1692	22661

资料来源:乐承耀:《宁波通史》(清代卷),宁波出版社,2009年,第300页。

各校课程原则上以《小学令》为准,限于条件,各校课程多有变通。如,鄞县县立第一高等小学校的课程为经学(《四书》)、国文、书法、算术、历史、地理、格致、国画、唱歌、体操等10科。

1915年,政府颁布《国民学校令》,规定6~13周岁为学龄期,"学龄儿童之父母或监护人,就儿童就学之始期至终期,有使之就学之义务"。此后,宁波各县开始筹备义务教育,但入学者不多。1922年,宁海县学龄儿童36050人,入学仅5150人,占14.3%;慈溪学龄儿童18560人,入学7311人,占39.4%。[2]

在初等教育发展的过程中,除了政府的大力推行之外,民间兴盛的捐资办学之风是一股不小的力量。像上述的陈士杰女士。1914年,鄞县孔继宗、孔继文兄弟合资开办宗文国民学校,慈溪叶鸿年捐资创办柔强女学校和两所单级小学;1916年,慈溪人秦润卿,与李寿山、王荣卿等集资创办慈溪私立普迪小学,办学至1952年;1917年,鄞县首南乡严康懋独资创办康懋小学,镇海人李光墀、李光坫捐资创办静德女子国民学校;1918年,余姚人胡莲苏捐资创办私立求实小学,同乡王昆浩、吴建昌、沈启渭均捐资万余元助学国民学校等;1920年,奉化人江良通捐资万余元助学锦沙小学,1923年,族人江良达续捐万余元;1921年,慈溪人捐资万余元助学宏达小学;1922年,鄞县莫枝人李志芳,与朱丰沛、朱丰浩兄弟合资创办志芳小学;1923年,鄞县张延钟捐资创办云龙高等小学,同乡孙鹏捐助万余元建启贤

① 乐承耀:《宁波通史》(清代卷),宁波出版社,2009年,第300页。
② 宁波市教育委员会:《宁波市教育志》,浙江教育出版社,1996年,第48页。

国民学校。据鄞县、余姚、慈溪、奉化、镇海 5 个县的不完全统计,自 1909 年至 1923 年,捐资兴学千元以上,报请政府,得到褒奖的有 74 人,其中万元以上的有 15 人。[①] 此后,宁波开明人士的捐资兴学之义举相沿成风。

(二)中等教育全面发展

1912 年 9 月,教育部公布《中学校令》,对中学的设立作了如下规定:中学校定为省立,由省行政长官规定校数及地点,经费由省支出;各县可一县或联合数县设立中学,称为县立中学;私人设立中学,称为私立中学;专教女子的中学,称为女子中学;中学的修业年限为 4 年;中学开设修身、国文、外国语、历史、地理、数学、博物、物理、化学、法制经济、图画、手工、乐歌、体操,女子中学加设家事、缝纫等。

是年,陈训正、钱保杭、陈夏常等集资创办私立效实中学,奉行"以施实学为主旨,作鼎革之先声"的办学宗旨。其校名出自赫胥黎《天演论》中的"物竞天择,效实储能"之句,取"择效于实,期在可行"之意。该校对各科要求较部定中学课程略高,以注重教学质量而闻名。学校成立的第二年,就有 4 名学生跳级进入北京大学学习。1917 年,复旦大学、圣约翰大学等高校先后与效实中学签订协议,凡效实毕业生,全部可以免试入学。长期以来,该校一直保持较高的教学质量。时宁波府中学堂已经划归省辖,改称省立第四中学。

民国初年,教会办的中学有新的进展。1912 年,英国偕我公会改斐迪学堂为斐迪学校,设初中、高中、大学预科三部,学生 200 余人。美国浸礼会迁养正书院至北门外碶桥,改称浸会中学。英国圣公会改三一书院为三一中学。美长老会改崇信书院为崇信中学校。法国天主教改中西毓才学堂为毓才中学校。美长老会圣模女校之高级班改称中学部。1920 年,英国圣公会仁德女校增设初中班,等等。这极大地补充了国人自办的中学。

在普通中学取得发展的同时,师范学校和实业学校也有进一步的发展。1912 年 9 月,教育部颁布《师范学校令》。同年,宁波府师范学堂改名为宁波师范学校,1913 年,次改称为省立第四师范学校,学制 5 年(预科 1 年,本科 4 年)。另外,同年 2 月,旧宁属六邑人士在月湖竹洲原崇正小学堂旧址创办宁属县立女子师范学校(内设中学部),"以造就小学校教员及蒙

---

① 宁波市教育委员会:《宁波市教育志》,浙江教育出版社,1996 年,第 508 页。

养园保姆为目的",开设国文、算术、伦理、教育学、生物、理化、地理、英文、法制经济、读经、图画、唱歌、体操、缝纫、烹饪等,首届招生 17 人。

1913 年 8 月,教育部颁布《实业学校令》,以"教授农工商业必需之知识技能为目的"。早在 1911 年,宁波府就已创办了宁波公立中等工业学校,校址在江北岸泗洲塘,修业年限预科 1 年、本科 3 年,先后设置机械、土木、水利、汽车道路等科目;镇海县立中学改办为县立乙种商业学校,招收初小毕业生,施以简易普通实业教育,修业 3 年。1914 年,成立宁波公立甲种商业学校,招收高小毕业生,施以完全普通实业教育,修业 4 年。1918 年,定海县成立定海渔业传习所,招收渔家子弟,"授以捕鱼良法,教制新式渔具"。同年,陈毓芬在余姚城内创办女子工业学校,设刺绣等科目。1919 年,成立植智商业学校。同年,镇海县创建樊氏便蒙乙种商业学校。1920 年,陈仲衡创办务本商业学校。

由上可见,民国初年的宁波在中、小学教育方面取得的成绩并不俗,遗憾的是,近代意义上的高等学校在宁波却寥寥无几,虽然 1912 年宁波曾把原来的法政学堂改办为公立四明法政专门学校,并新设商科、银行科等科目,却非常短暂,1914 年春即停办,改为商业学校,后又改名为宁属县立甲种商业学校,先后设有初高商科、高级银行科、银行专修科等。这种现状可能与宁波当时的城市规模和政策法令相关,也可能与毗邻上海、杭州的地理位置有关,也就是说,当时规模不大的宁波市上大学的民众数量有限,同时,因遵法令而把高校设在省城的杭州或上海等地足以吸收周边地区,包括宁波的学子。这一状况就造成宁波设立高校的不必要性。凡此种种,恐怕是宁波近代高等教育不发达的原因之一二吧。

总之,从宁波教育近代化进程看,民国初年的教育改革具有里程碑的意义,"其最大的功绩就是适应了中国社会由君主专制政体向民主共和政体转变的历史潮流"[①]。宁波教育在这一历史潮流中,遵循民国的教育宗旨,在办学思想上划清了与旧教育的界限,竖起科学、民主教育的大旗。这一教育理念体现在学校制度、课程设置等实践层面,就表现为初等教育的迅速发展和中等教育的全面发展,尤其是小学教育和实业教育。

小学教育在小学校数和在校学生数上有大幅度的增长,若拿 1912 年与 1908 年相比,其数量增加一倍,而且,在课程设置、教学方法等方面有长足

---

① 田正平主编:《中国教育史研究》(近代卷),华东师范大学出版社,2002 年,第 206 页。

的进步,即转向与教育宗旨一致的课堂教学。时人曾就小学教育状况评论说:"小学为教育之基本,不特教育家亟亟谋普及,政治家亦尽力提倡之,此我国年来之佳气象也。民国成立,国事尚在争执之秋,独小学教育骤见发达,有一校学生数倍于旧额者,一地学校十数倍于原数者,南北各省,大都如是,此又我国年来之佳象也。"①当然,短期内的大发展也带来不少问题,如教师短缺、经费不足、教育质量的参差不齐,等等。但是,小学教育的突飞猛进,从整个教育体系的结构性变革来说,应该说是合理的。

其次,实业教育的发展势头也是不错的,与清末"新政"时期相比,更具规范性,种类和数量也有所提高。但是,从总体上说,政府重视的力度还是不够,大部分实业学校多为实业界人士所办。

此外,普通中学校和师范学校也有新的发展,无论是学校数、在校学生数,还是课程、教学等方面,都较清末前进了一大步。至此,宁波的教育才真正有了"近代化"的气息。

第二节　20世纪20年代的宁波教育

1913年9月,"二次革命"失败,袁世凯窃取辛亥革命的成果。随之,北洋政府上演了一场复辟帝制的闹剧,教育上以尊孔读经为基本特征的封建复古逆流时时泛起,中国教育近代化的历史进程出现一个短暂的回潮。然而,历史是不会回头的,从一定意义上说,正是这股逆流引发了国人对数千年历史积淀而成的文化传统的总体性的理性批判,引发了中西文化的激烈辩论,促进了观念形态的深刻变革,于是,有了新文化运动和"五四"运动的狂飙大潮。在这场运动中,新文化运动的骁将们毫无例外地把批判的矛头指向封建教育的价值取向——尊孔读经。如果说清末和民初两次教育改革更多的是凭借政权的力量,而进行了制度层面的更新的话,那么,新文化运动则是从教育观念、教育思想等方面与封建教育进行了彻底的清算,进一步推进教育的民主化和科学化,其深度和广度是前两次改革无法比拟的。

新文化运动始于1915年。时宁波虽受北洋政府统治,但各界人士却也

---

① 庄俞:《小学教育现状论》,《教育杂志》,1912年第3期。

积极参与到这场轰轰烈烈的运动中,邀请开明人士来甬演讲,如孙中山、叶桂宣等,宣传新文化思想,而且,还成立学生组织,掀起一阵阵学潮。在这场运动中,宁波教育取得了丰硕的成果:树立以科学和民主为表征的新思想;改革国文教学;探讨中学教改;设立民间教育组织;贯彻《壬戌学制》;等等。

一、"五四"时期学生运动的发展和新观念的思考

新文化运动提倡"科学"和"民主",反对封建专制;提倡新道德,要求铲除封建礼教,对封建军阀的复古主义教育也进行猛烈的抨击。在这一鲜明的反封建文化的思想启蒙下,迎来了"五四"运动风暴。这一时期,新旧文化激烈冲突,荡涤着积淀深厚的污泥浊水,从而唤起民众的现代意识,也引发更深层的思想解放。

（一）学生运动的发展

民国建立以后,宁波的民族资本主义经济获得了较快发展,随之,民族资产阶级和工人阶级等新生社会力量也茁壮成长,据《宁波通史》统计,至1919年"五四"前夕,宁波有59家近代企业、36家钱庄、1000余家商铺,产业工人1万余人。[①] 与此相应,以学生、教师为主体的新式知识分子阶层也迅速成长,他们经受过资产阶级民主思想的启蒙,具有强烈的爱国精神和反封建、追求民主科学的愿望。以上各个阶层的形成为"五四"运动在宁波的发展和新思想在宁波的扎根提供了阶级和思想的准备。

就新兴知识分子群体而言,他们关心国家大事,对政治十分敏感,总是担当民主爱国运动的急先锋。早在1915年5月,为了反对签订"二十一条",宁波学界掀起广泛抵制日货的宣传活动。是年6月14日,慈东乡间骆驼桥的敬修小学召开国耻大会,提倡救国储金。

1918年2月,留日返甬学生叶桂宣在母校效实中学演讲,揭露段祺瑞政府私订"中日共同防敌军事协定"真相。省立四中、效实中学等校即于26日成立"宁波学生团",致电总统冯国璋,坚决反对中日军事协定,开展拒约反日斗争。

1919年5月4日,北京爆发了爱国反帝示威运动,要求"外争国权,内

---

① 王慕民:《宁波通史》(民国卷),宁波出版社,2009年,第61页。

惩国贼",宁波学生积极响应。9日,钟灵学校全体师生率先组织集会,沿街游行。10日下午,省立四中、效实中学、甲种工业学校、甲种商业学校、浸会中学、崇信中学、三一中学、斐迪中学、佛教孤儿院等校师生四五百人,上街示威游行,并发出宣言和通电,声援北京学生的爱国行动。时钟灵小学、甘溪小学、第一高等小学的师生也参加了游行。当日,效实中学成立"学生自助会",省立四中组建"殖群社"。

为了团结起来以增强斗争的力量,由效实中学和省立四中发起,经13所中等以上的学校学生同意,19日在后乐园召开"宁波中等以上学校学生联合会"(后改称"宁波学生联合会",简称"学联")成立大会,到会的学生代表有3000余人。会议通过"学联"章程,决定以"群策群力,扬民气以救国"、"联络感情,交换智识"为宗旨,并作出通力从事宣传演讲和抵制日货活动的决定。同时,"学联"荐举来自各校的学生代表,组成21人的领导机构,以利于开展活动。效实中学的袁敦襄、省立四中的张其昀、女师的丁菊贞等均列其中。

"学联"成立后,立即组织宣传队,以各种方式上街宣传演讲,向市民讲述巴黎和会外交失败的严重后果,以及京沪等地民众的爱国斗争。一些宁波籍的学生回甬后,以亲身经历讲述北京学生反帝斗争的情形,听者无不为之动容。宁波女师的学生还走门串户,向家庭妇女宣讲青岛事件真相,痛述亡国奴的苦难。学生们自编自演,形式多样,如双簧、哑剧、独角戏等,内容有表现爱国题材的《痛打卖国贼》、《东洋乌龟爬不动》等,也有反抗封建礼教的《父与子》、《夫妻之争》等。这些宣传深入宁波城乡,直面广大民众,收到了很好的效果。各属县的爱国师生也纷纷起来响应。如镇海轫初小学全体师生在5月29日手执旗帜,上书"勿忘国耻"、"还我青岛"等字样,"游行于街市,痛告乡人,并组织学生演说团,劝告戚属邻里,勿买日货,听者俱为动容"[①]。余姚保德一乡,也有八九所学校师生集会游行,从而使宁波的"五四"运动有了广泛的群众基础。

5月底,全国学联大会成立,以"内除国贼,外抗强权,以新思想建设新中华"为宗旨。时宁波"学联"派张其昀参加会议。此后,宁波"学联"就和其他各地的学联联合起来,一致行动。5月31日,宁波"学联"为声援京沪等地学生罢课,组织各校进行总罢课,发出"国危矣! 学生等不忍数万方里

---

① 《乡村小学救国热》,《申报》,1919年5月30日。

土地人民之见奴于异族,极力图救,死且不避,何有于操劳,何有于辍学?故北京学生首先罢课,沪杭各处继其后尘。然所要求各件,仍无完满答复,而复摧残公论。学生等不忍坐视,自五月三十一日起,一律罢课,以待政府完满之答复"①。

在组织宣传的同时,宁波"学联"还和"救国十人团"一起,开展抵制日货的活动。"救国十人团"是由记者、教师、职工、医务人员等各界人士组成的团体,从事露天演讲和撰发传单之事。"救国十人团"发展很快,自第一个"救国十人团"成立,不到半月的时间里,就达到 126 个,计 1260 人。② 5月 25 日,由钟灵学校校长金臻庠发起,成立"宁波救国十人团联合会",推选金臻庠为会长。时团员王吟雪(小学教师)上台演讲,慷慨激昂,当场咬破手指,血书"誓死抗日"四个大字,千余听众,无不感动。

宁波"学联"和"救国十人团联合会"一方面向群众广泛宣传抵制日货的行动,另一方面,组织人员到码头、车站、商店、鱼行等地查抄日货。尤其是中等学校学生,每天凌晨空腹步行到江北码头,检查沪甬商轮和内海商船有无夹带日货。有时得到线索,半夜起床,赶到码头搜查。为推动商界抵制日货,"学联"还和商会组织一起成立"宁波商学联合会",以互相协调,一致行动。他们要求各店铺也抵制日货,并分组至各店铺"要求出立不买卖日货之据",同时又明察暗访,先后查获新章、余懋、大丰昶等商铺的大批日货,予以焚毁。据当时报纸报道,五四期间,宁波焚烧日货达 7 次之多。为此,也曾发生新章洋布店店主朱如松雇凶殴打学生致伤的"新章"血案,以及大丰昶、余懋、台鹿等事件。但是,抵制日货的活动不仅打击了日本侵略者和反动政府,还对宁波民族经济的发展产生了积极影响。

值得一提的是,在宁波"学联"开展斗争的过程中,产业工人、商界等都积极投入斗争,组织开展罢工、罢市活动,与学界一起反抗反动政府,取得很大成效。这也反映了宁波各界民众的觉悟,历练了他们在政治斗争中的经验。

(二)新观念的传播

在"五四"运动的推动下,以民主和科学为表征的新思想、新文化得到

---

① 《宁波学生罢课宣言》,《申报》,1919 年 6 月 6 日。
② 毛翼虎:《五四运动在宁波》,见《五四运动回忆录》,中国社会科学出版社,1979 年,第766 页。

空前广泛的传播。"五四"时期,宁波的知识青年先后组建了效实中学学生自助会、小学联合会、师范毕业同学会、群学社、春风学社、剡社、象山正社、四明夏期讲习会、日月文学社等一大批进步社团,其中影响较大的是"宁波伙友联合会"和"雪花社"。

"宁波伙友联合会"是进步知识分子组织动员店员群众于1920年冬成立的,次年改为"宁波工商友谊会",有会员1000余人。[①] 该会专事社会募捐,开办义务学校和图书馆,订阅《唯物史观浅说》、《苏维埃研究》、《平民周刊》、《新青年》、《劳动界》、《伙友》等书刊,向会员宣传介绍包括马列主义在内的各种新思想、新文化。"雪花社"则是省立第四师范学校学生谢传茂、潘念之等7人因学潮离校后而于1921年6月组建的进步青年团体。该社订有社章、社约等规程,通过读书、通信、出版刊物等各种方式学习研讨新思想、新文化,主张加强自身修养和社会改造,并积极在青年学生和小学教员中发展社员。

此外,各进步社团,以及前述的"学联"、"救国十人团联合会"等组织积极创办报刊,以宣传新思想、新文化。时相继创刊的有《宁波学生联合会周刊》、《时事公报》、《救国》、《良心》、《民意》、《救国要览》、《自助周刊》、《天鸣》、《火花》、《宁波工厂周刊》、《明日》、《春风周报》、《宁波新报》、《宁波杂志》、《月湖之光》、《新奉化》、《新宁波》、《姚江周报》等一大批进步刊物。其中影响较大的有《时事公报》。《时事公报》是"救国十人团联合会"筹资于1920年6月1日正式创刊的政治倾向较为激进的大型日报,由金臻庠和乌一蝶分别担任社长和主笔。该报以"爱国反帝"为宗旨,编得好,很受欢迎,发行量达到日销3000份。[②]

从这些报刊的内容来看,受新思想、新文化影响的教师和学生,已经挣脱了封建思想的束缚,精神面貌为之一新。他们在反帝反封建的同时,对教育面临的问题,以及需要进行的改革,有了更深入的思考和认识,概括起来,大致如下:

第一,逐步树立劳工神圣的观念,提倡走学生与工农相结合的道路。对于当时工农群众文盲半文盲居多的情况,提出平民教育的构想,并在城区开办一批平民夜校、义务学校、通俗夜校等,招收失学民众,施以识字为

---

① 王慕民、沈松平、王万盈:《宁波通史》(民国卷),宁波出版社,2009年,第72页。

② 徐蔚藏:《近代浙江通商口岸经济社会状况》,浙江人民出版社,2002年,第79页。

主的初等教育。至 1920 年,宁波城区有义务学校 16 所。[①] 这些学校为扫除成人文盲,普及新文化、新思想作出了不可磨灭的贡献。

第二,提倡学生自治。"五四"运动考验和锻炼了宁波各校的学生。"五四"以后,学生自治的问题提到议事日程上来,各中学创建社团、创办刊物,组织撰写文章,宣传新文化、新思想等都如雨后春笋般冒出来。

第三,批判封建礼教,提倡妇女解放和男女教育平等。清末以来,宁波虽也办了不少女子学校,但在女子教育的指导思想等方面,仍摆脱不了男尊女卑、男主女从的陋习。对此,《时事公报》曾刊文批驳这一陈腐观念,并设专栏讨论妇女问题,相继发表《女子解放问题之管见》、《婚姻的真义》、《女子教育底改造》、《自由离婚之我见》等文章。

第四,消除封建教育的影响,拥护教育改革的进行。"五四"运动提出"打倒孔家店"的口号,对以尊孔读经为特征的封建教育进行了前所未有的批判,极大地推动了教育领域的思想解放和教育改革的进一步深入。时宁波教育界为此欢欣鼓舞,并主张顺应这一历史潮流。

总之,"五四"运动以后,宁波的学生、知识分子,以及工人、商民等都普遍提高了思想政治觉悟,激发起深沉的民族意识和爱国热情,这就为 1919 年之后宁波政治、经济、社会、文化教育等方面的发展准备了广泛而深刻的思想基础。

二、教育改革的试行和《壬戌学制》的贯彻实施

(一)教育改革的试行

"五四"运动中新思想、新文化的传播,为教育领域的破旧立新扫除了障碍,民众开始摆脱传统观念的束缚,以开放的姿态迎接西方现代教育思想和教育制度,从而大大地推进教育的近代化。当时,宁波教育界在以经亨颐为会长的浙江省教育会这一民间教育团体领导下,通过各种途径,如报纸,向同仁们传递国内外教育改革的信息,介绍国外进步的教育思想,如杜威的实用主义教育思想、孟禄的新教育思想等,促进人们教育观念的转变,也举办一些活动,如演讲,使新教育的实施得以推进。这一时期的教育主要以"五四"运动为契机,大胆尝试,对国文教学、教学制度、学校管理等

---

① 宁波市教育委员会:《宁波市教育志》,浙江教育出版社,1996 年,第 220 页。

方面进行改革。

首先,国文教学中用白话文取代文言文。早在 20 世纪初,宁波就有白话报刊发行,且销量颇大,很受民众欢迎。1920 年秋,教育部就下令国文科一律改称国语科,用白话文代替文言文。宁波各属县便立刻行动起来,并纷纷采取措施对教师进行语音和国语教授的培训。其次,根据教育部 1919 年的通令,有些中学根据不同情况对科目增减、教学时间等进行改革,尝试中学教育在培养目标、课程设置、学制等方面的突破,变机械为灵活,以适应学生的需求。学校管理也朝民主化方向发展。

(二)七项标准的颁布和《壬戌学制》的贯彻实施

在试行的教育改革之后,宁波则迎来了更深刻、更完善的学制改革,从而使各级各类学校更接近近代意义上的教育。

1922 年 11 月 1 日,北洋政府在觉醒了的知识界、教育界的推动下,以大总统令的名义公布了《学校系统改革案》,首列七项标准。这七项标准既是制定《壬戌学制》的指导思想,也是指导 20 世纪 20 年代教育改革的新的教育宗旨。其内容如下:(1)应适社会进化之需要;(2)发挥平民教育精神;(3)谋个性之发展;(4)注意国民经济力;(5)注意生活教育;(6)使教育易于普及;(7)多留地方伸缩余地。[1] 很明显,这七项标准所流露出的是一种“民主”气息和“科学”精神。例如,“发挥平民教育精神”、“使教育易于普及”,与新文化运动中所树立起的“劳工神圣”观念相一致,此后,大批知识青年走出校门,走向社会,办起形形色色的工学互助团、平民讲演团、平民夜校等。正是从这一时期开始,教育才真正从知识分子的专利转向民间。又如,“谋个性之发展”、“注意生活教育”,与当时世界上流行的进步主义教育思潮相吻合,体现出一种科学精神。而另外三项“应适社会进化之需要”、“注意国民经济力”、“多留地方伸缩余地”,则反映了国家对教育与社会进化、教育与经济发展之间关系的理性把握,突出“适应性”、“经济能力”、“地方性”等要素,显示出人们对近代教育的成熟理解。

依据七项标准,政府同时颁布了新的学制,即壬戌学制,又称“六三三制”。于是,在浙江省的直接领导下,宁波马上贯彻实施新学制,在短时间内小学教育有了较大的发展,学前教育开始得到一定的重视,中等教育作

---

[1]　《政府公报》,命令,第 2393 号,1922 年 11 月 2 日。

了部分调整,职业教育得到加强。

1. 接纳学前教育入学制系统

依照我国习俗,学前儿童的教育历来以家庭为场所。民国初年的学制,虽定有发展蒙养园之规划,但未将其列入学制系统。不过,宁波在此阶段的蒙养园有所创办。1922 年底之前,宁波的蒙养园共有 6 所,160 余[①]名幼儿,大致为私立和教会所办。私立蒙养园有:1918 年林黎权创办的育德蒙养园(后改称育德幼稚园)和 1922 年 2 月湖西幼稚师范学校附设的湖西幼稚园。教会办的蒙养园有:1919 年春崇德女校创办的崇德蒙养园(后改称甬北幼稚园)、1919 年 10 月创办的圣模蒙养园(后改称圣模幼稚园)和 1922 年 2 月基督教群学社创办的群学社幼稚园。另外,1918 年创办的蔡氏星荫蒙养园,因经费问题,于 1922 年移交鄞县议会续办,并改为县立星荫幼稚园。

新学制把幼稚园纳入学制系统,推动了宁波学前教育的进一步发展,先后建立了一些幼稚园。1923 年,创办县立养正幼稚园。同年,定海县女子一小附设幼稚班。1925 年春,士绅赵钵尼等在西门外贸西小学内设贸西幼稚园,范笑斋任园长。1927 年,星荫幼稚园改为市立,并迁至旧后乐园云石山房遗址。次年,改名云石幼稚园。

2. 调整小学学制,改组小学教育

宁波的小学教育在民国后已有很大的发展,1922 年,仅城区小学就达到 56 所,学生 5870 人。[②] 时规模最大的小学是鄞县县立高等小学(今镇明中心小学地址),有学生 286 人,教师 12 人。[③] 新学制颁布后,宁波开始实行小学教育六年制,分初、高两级,前四年为初级,单独设置,后两年为高级,不能独立。据此,原来三类学校中的国民学校可直接改为初级小学,而高等小学和国民高小兼设的学校只能扩充为完全小学或改办初级小学。省里为此还拟定了地方性的改组标准。宁波即刻遵照学制的要求和省拟标准,对原来的国民学校、高等小学和国民高小兼设的学校进行改组、调整,至 1923 年,各属县的小学和学生数量迅速增长到 1262 个和 71888 人。详见表 8-2。

---

① 宁波市教育委员会:《宁波市教育志》,浙江教育出版社,1996 年,第 26 页。

② 宁波市教育委员会:《宁波市教育志》,浙江教育出版社,1996 年,第 41 页。

③ 宁波市教育委员会:《宁波市教育志》,浙江教育出版社,1996 年,第 41 页。

表 8-2　1923 年宁波各属县(含余姚、宁海)所设小学、学生统计表

属县	鄞县	慈溪	奉化	镇海	象山	余姚	宁海	总计
学校数	312	120	221	162	100	228	119	1262
学生数	18960	7311	9317	15150	4250	12099	4801	71888

资料来源:《浙江教育简志》,浙江人民出版社,1988 年,第 42—45 页。

在调整学制的同时,各校遵照全国教育联合会 1922 年 12 月修订的《中小学各学科课程要旨》,在高小开设国语、算术、公民、卫生、历史、地理、自然、体育、音乐、手工(后改为工用艺术)、图画(后改为形象艺术)。初小把公民、卫生、历史、地理合为社会科,其他不变。时各校还根据条件,强化某些课程,如私立翰香小学注重国语,高年级选读《左传》《论语》《孟子》《古文观止》等,学校还自编自印教材(如《高级国语补充读物》)以开展教学。

3. 调整中学学制,改革中学教育

根据新学制要求,中学修业年限延长至六年,分初、高级,每级 3 年,初级中学可单设。据此,宁波的各类中学进行了相应的调整。1923 年,旧宁属县立工业学校附设初级中学。效实中学和省立四中也相应改 4 年学制为 6 年,并三三分段。

另外,教会中学也进行了一定的改组,1923 年,崇德、圣模两校中学部合并,于城区战船街新建校舍(原宁波市第六中学地址),定名私立甬江女子中学;崇信、浸会两所教会中学合并,定名四明中学,分别在槐树路崇信中学旧址和北门外碶桥浸会中学旧址设高中部和初中部。包括民国初发展的中学,是年,宁波城区共计 10 所中学,大致分为三类:公办中学,包括省立四中、旧宁属县立女子师范初中、旧宁属县立工业学校初中;私立的效实中学;教会中学,包括甬江女中、四明中学、三一中学、斐迪中学、毓才中学、仁德女校初中。

1925 年,中共宁波地方组织创办民强中学。同年 2 月,创办启明女子中学,1926 年停办。同年,在秃水桥办起培英女校,其实质是启明女子中学的延续。这一阶段,宁波中学校数和中学生数都有了明显的增加。

在创建、改组中学的同时,新学制要求各中学采取学分制和选科制,并公布相应的课程标准纲要,明确学分制和选科制的办法,以谋求学生个性之发展。据此,各中学进行课程、教学改革。例如,效实中学初中生在完成必修科教学后,初三增设伦理、心理、社会常识、簿记、打字、珠算等课程。高中分文、理科,其课程设置如表 8-3。

表 8-3　效实中学高中生必修科、选修科安排

	必修科	选修科	共同选修科
文科	国文、英文、体育、历史、地理、人生、哲学	第二外国语、国语、国音学、应用文、文字学、英文修辞学、中国文学史、东亚史、西洋史、世界文化史、地理通论、世界地理	生理卫生、法制、哲学概论等共计 13 门
理科	国文、英文、体育、大代数、解析几何、物理、化学	微积分、弧三角、用器画、平面测量、有机化学、应用化学、定性分析、初等力学、矿物学、地质学、科学概论、第二外国语	

资料来源:宁波市教育委员会:《宁波市教育志》,浙江教育出版社,1996 年,第 107 页。

同时,实行学分制,以每科每周授课 1 小时满 1 学期为 1 学分;无须课外预备之学科,如图画、手工、体操,以每周授课 2 小时满 1 学期为 1 学分。初中 168 分合格,高中 156 分合格。

4. 加强职业教育

随着民族工商业的发展,社会急需受过一定职业教育和训练的专业技术人才,为此,新学制强调对学生的职业教育和训练,并提出具体的做法。宁波据此对原有实业学校进行改革:把乙种实业学校改为职业学校,甲种实业学校改为职业学校,或并入高级中学分设的农、工、商等科,如同下文所述的中师合并之模式;在小学高年级增置职业准备教育,如鄞县四眼碶小学增开农业或商业,而轫初小学高小部干脆于 1922 年 7 月改为乙种商业学校。改革以后,原先的普通中小学校增强了职业教育的功能,变普通学校单一的升学目标为升学、就业兼顾的双重目标。另外,还创设若干新的职业学校,1922 年,创办私立宁波女子职业学校;1923 年,余姚泗门镇创设私立诚意商科职业补习学校。据统计,1923 年,宁波共有职业学校 6 所,学生 582 人。[①] 1925 年,美国基督教浸礼会在望京路 5 号创建华美医院附设高级护士职业学校。

与此同时,对师范教育进行改革,实行中师合并。1923 年 9 月,省立第四师范学校即并入省立四中,在四中内设三年制师范科。之后,在经亨颐的领导下,实行二二二制,即初中 2 年,公共高中 2 年,分科高中 2 年,分科高中阶段设师范科(另一科为普通高中科)。1926 年,经亨颐离任,又改为

① 宁波市教育委员会:《宁波市教育志》,浙江教育出版社,1996 年,第 171 页。

三三制,即初中三年,师范科和普通高中各 3 年。中师合并虽然有利于充分利用优质教育资源和学生的选择性发展,但是,对师范教育本身的独立发展造成不小的冲击。另外,1922 年 2 月,在张雪门、杨菊庭等人的筹备下,在湖西马衙街创办幼稚师范学校,招生 12 人。后于 1924 年停办。

5. 改革教学方法

早在民国初年,有些中小学就开始引进欧美或日本的教学方法,以改善教学质量。例如,鄞山小学就试行来自日本的"五段教学法",即预备、提示、比较、总结、运用 5 个步骤;石碶小学则在低年级试行设计教学法,中年级采用自学辅导法,高年级实行道尔顿制;中学有移植欧美、日本的"教师讲学生练"和启发式、辅导等教法。

在新学制颁行和课程改革的推动下,宁波的中小学出现了改革教学方法的热潮。时省立四中附小分别在初级部和高级部采用设计教学法、自学辅导法,道尔顿制、自学辅导法。其中学部改革更是热烈,下文再述。此外,省立第四师范学校、四明学会、鄞县教育会等单位还利用暑期在 1922 年举办设计教学法讲习会,聘请吴研因、杨卫玉、郭智方等教育名家讲授设计教学法、智力测验法等,并以几所小学为基地进行实习。[①]

新方法的运用对于调动学生的学习积极性,重视学生个性和能力的发展,转变教学模式起到了积极的促进作用。

6. 平民教育得到进一步发展

"五四"时期,宁波进步知识青年、热心教育的士民、群众团体等积极创办一批平民夜校、义务学校,招收失学民众,施以识字为主的初等教育,也开设算术、国民道德、体操等课程,有的还兼以职业技术训练。1920 年春,宁波学联发动各中等以上学校学生筹办平民义务教育,至 7 月,连同女学联合会创办的,宁波城区的义务学校达 16 所。[②]

七项标准颁布后,应"发挥平民教育精神"、"使教育易于普及"之宗旨,平民夜校进一步发展。1922 年 6 月,设在碶闸街的"群学社"开办通俗夜校。1923 年 1 月,宁波青年会在槐树路开办一平民学校。至 1923 年年底,宁波城区平民学校 8 所,夜校 4 所。[③] 这些学校的设施、教育状况未见资料。

1924 年之后,中共党组织在宁波城区、农村开办了一批工人夜校和农

---

① 1922 年,宁波教育界还利用暑期举办夏期讲习会,聘请沈雁冰、郑振铎宣讲教育改革。
② 宁波市教育委员会编:《宁波市教育志》,浙江教育出版社,1996 年,第 230 页。
③ 宁波市教育委员会编:《宁波市教育志》,浙江教育出版社,1996 年,第 230 页。

民夜校,主要通过识字教学,学习文化知识和进行政治教育。例如,1924 年秋,共产党员卓兰芳在江北余使君庙附近创办宁波历史上第一所工人夜校。1926 年 3 月,中共宁波地委农民运动委员会书记竺清旦在余姚永凝乡新华小学(今属慈溪浒山镇)召开会议,发动创办农民夜校。会后,奉化、鄞县、镇海等县农村办起一批农民夜校。

7. 学校管理体制改革

新学制颁布后,浙江省于 1923 年制定改组各校管理体制的办法,共 16 条,规定校长之下,设教务主任、科主任、级主任、部主任等。宁波遵照之。

三、经亨颐对宁波府中学堂的改革

经亨颐(1877—1938),字子渊,号石禅,又颐渊,上虞人。著名的民主主义教育家,金石画家。早年留学日本,毕业于东京高等师范学校。回国后任浙江两级师范学堂教务长,辛亥革命后,该学堂更名为省立第一师范,经亨颐任校长。1913 年,经亨颐出任浙江省教育会会长。经亨颐认为教育应"由维持而加以改造,由传达而益以增进"。"五四"时期,他高举文化革命的旗帜,大力提倡文学革命,改革学制,实行民主治校。主张"人格教育",注重感化与启发,反对压制学生。课程设置以有利于陶冶学生身心,培养正直、坚强、学识兼备的人才为目标。

1923 年 8 月,经亨颐受教育厅委托,出任省立四中校长。他一到任,就大刀阔斧地改革旧教育。首先,进行学制改革,将原来的三三制改为二二二制,即初中二年,公共高中二年,分科高中二年;分科高中设师范、普通两科;普通科又分为文理两组;高中课程还开设了不少选修课。[①] 其次,大胆聘请思想进步、学有专长的学者任教,如夏丏尊、朱自清、许杰、方光焘等,同时,邀请名人,如恽代英、杨贤江、陈望道、沈雁冰、戴季陶等到校讲学,开阔师生眼界,激发学生求知欲。其三,革新教学方法,授学生以"渔"。时四中各科教学生动活泼,没有教材自己编选,《阿 Q 正传》、《风波》等皆被选入教材。朱自清在国文教学中鼓励学生创作,师生共编刊物数几种,如《火曜》、《甬江枪声》、《嗷声》、《飞蛾》、《大风》等。其四,强调"人格教育",提倡"自动、自由、自治、自律",积极支持学生的进步活动,允许党团组织在校内公开活动。如 1925 年,省立四中创建中共省立第四中学支部;组织活动纪

---

① 1926 年,经亨颐离任后,即停止二二二制改革试验。

念五一国际劳动节;举行列宁逝世追悼会,经亨颐亲自作报告,盛赞俄国十月革命;成立"卫社"、"火曜社"等组织,编印校刊《四中之半月》;出版《宁波评论》等进步刊物。其五,改善学校设施,充实图书仪器设备,添购进步书刊。最后,建立学校规章制度,注意学生从外表到精神的整饬。

在经亨颐的领导下,省立四中的面貌焕然一新,尤其是新思想、新文化的传播,当时四种学生团体组织多达30余个,校内共产党员、共青团员发展至数十人。经亨颐任职两年有余,致力于中等教育改革,为宁波新式教育的发展书写了浓墨重彩的一笔。

四、收回教会教育权

新式教育迅速发展,这使宁波悠久的教会学校深感紧迫。为了应对来自世俗教育的挑战,保持教会学校的独立地位,在这一阶段,教会调整了自己的办学结构,或创办新的教会中学;或扩大招生规模,如斐迪中学1912年学生就增至200余人,甬江女子中学1924年学生就达到66人,四明中学1924年学生则有295人。[1] 此外,它们进一步加强教会之间的联合,并且在课程设置、学校系统方面自成一体。

随着"五四运动"的发展,民众的民族意识和爱国热情日益高涨,教会学校一定程度上也受到冲击,主要表现在进步学生和教会学校之间的摩擦时时不断。例如,辛亥革命后,三一中学学生剪去辫子参加革命军,遭到校长慕华德(英国人)的阻止和劝解,但是,学生最后还是剪了辫子,参加了革命。斐迪学校校长雷汉伯(英国人),管制学生动辄记过、开除,或者强令非信教学生做礼拜,深为学生不满。1912年1月,雷汉伯侮辱中国教员,引起公愤,造成绝大多数学生罢课。1924年,崇德女校学生因试图参加纪念"五·九"国耻的示威游行而被逼祷告直至下午两点多,连饭都不许吃。1925年,斐迪中学学生因抗议"五卅"惨案而参加全市罢课活动,与校长发生冲突,致使180余学生离校,全校仅剩40余人[2],时甬江女中不少学生也因此事而罢课离校。

与此同时,全国掀起了非基督教(后扩大为非宗教)运动,旗手余家菊率先提出了"收回教育权"的口号,要求对教会学校施行"学校注册法"。此

[1]　宁波市教育委员会编:《宁波市教育志》,浙江教育出版社,1996年,第497页。
[2]　宁波市教育委员会编:《宁波市教育志》,浙江教育出版社,1996年,第497页。

语一出,很快得到全国各地,包括宁波教育界和学生界的响应。1927年3月始,在北伐革命胜利的鼓舞下,宁波教育界便发起收回教育权运动,指出教会办学含有文化侵略的性质,国人应提高觉悟予以铲除。其间,3月5日,三一中学以国民党宁波市党部规定条件与教会办学宗旨不合为由,宣告停办。5月初,经国民党宁波市党部准许,民强中学迁入斐迪校舍接收该校。毓才中学为"避免摩擦"宣告停办。7月,由地方人士发起的宁波收回教育权急进会宣告成立,提出具体任务:收回外国人对学校的管理权,改订课程设置,审查教职员是否教会化、洋奴化,筹划经费,接办停闭之教会学校。7月7日,宁波收回教育权急进会收回甬江女子中学的教育权,组织董事会,聘沈贻芗为校长。同年秋,浸礼会将全部学校移交国人办理。1928年6月,三一中学移交浙江中华圣公会接办,聘夏松寿为校长。1929年5月,斐迪中学由该校毕业生徐学传重新开办。四明中学则在五卅运动后改由华人樊正康担任校长,以后又相继由王实铭、徐询刍等主持校务。

自此,教会学校除了还接受教会津贴、一定程度的宗教宣传,以及偏重英语倾向之外,其他各方面与一般私立中学已无多大差别。进入民国国民政府时期以后,这些学校中的教会影响逐渐减弱,课程编制也悉遵教育部所颁的标准和规则。后来,随着社会的发展,其思想的进步性、激进性不断凸现出来。

综上所述,20世纪20年代的宁波教育是随着民族资本主义经济的发展和新文化、新思想的传播而展开的,其深度和广度前所未有。深度主要体现为此次改革涉及思想层面的变化,即一方面与传统教育作了较为彻底的了断,另一方面进一步探索符合实际的、适宜的学制系统;广度主要体现在改革的影响范围和内容上,也就是说,改革的影响是广泛的、且植根于民众,而改革的内容则不仅涉及中小学学制改革,而且涉及职业教育等,因此,这是近代意义的教育制度得到实质性体现的阶段。

在这一阶段,以尊经读孔为特征的封建教育得到彻底的清除,近代意义上的中小学教育制度、课程内容、教学方法等深入人心,并取得迅速发展;职业教育得到重视和加强;平民教育也得到人们一定的认同,并不断发展。

宁波教育的近代化走过懵懂的儿童期和青涩的少年期,终于步入朝气蓬勃的青年期。

第九章　中华民国国民政府时期(1927—1949)的宁波教育

　　1927年4月,南京国民政府建立,社会政局相对稳定。就教育而言,国民政府相当重视,把它视为强化思想控制的手段,因此,在1937年抗战爆发之前的十年间,政府颁布了数量众多、门类齐全的教育法规、法令和各项规章制度,通过这些法律、制度,中国近代教育逐渐得以成熟。在这十年间,宁波由于政局稳定、教育投入有所增加、教育管理渐次完善等原因,教育获得了长足的发展,主要表现在教育行政机构的调整和各项地方规章制度的确立;中等教育格局的调整;义务教育和民众教育的有效推行等方面。抗战爆发后,宁波不少中等以上的学校被迫内迁,开始求生存、谋发展的流亡办学。沦陷区则与日伪进行针锋相对的反奴化教育的斗争,与此同时,四明山抗日根据地和中国共产党控制的游击区,有声有色地开展以团结抗战的政治教育为核心的教育改革。1945年8月,抗战胜利后,宁波各级各类教育逐渐得到恢复和发展,但内战的爆发又使教育事业限于停滞,并激发进步师生的爱国民主运动。

第一节　宁波教育的发展背景

　　1927年之后,宁波教育近代化进入比较关键的时期,当时执政的国民党不仅确立了"三民主义"教育宗旨,而且执行"以党治国"的方针,强化学校的训育。在此背景下,宁波教育一步步获得稳定的发展。其中,教育行政管理机构的制度化便是突出的表现,同时,这也为其他各类教育的发展创造了条件。

一、"三民主义"教育宗旨的确立

南京国民政府成立后,就沿用广东国民政府所施行的"党化教育"方针,并予以强化。1927年7月,浙江省教育厅厅长蒋梦麟召集全省中学校长会议,讨论通过了《浙江实施党化教育大纲》,要求以国民党的思想、纪律和训练党员的方法来施行中学教育。同年8月,南京国民政府教育委员会颁行《学校施行党化教育办法草案》,明确要求实施"党化教育"。此后,便有了按照"党义"来变更学校课程、设党义课、检定党义教师资格等一系列举措。

时浙江省立即跟进,同月就拟订了"党化教育"实施纲领,共13条。然该教育方针政治色彩太浓厚,反对意见颇多。1928年5月,第一次全国教育会议在南京召开。与会的教育专家几乎一致表示了对"党化教育"的不满,尤其是时任大学院院长(即教育部部长)的蔡元培,更是觉得"党化教育"与他所主张的教育独立之理想相悖。于是,决定废止"党化教育",代之以"三民主义教育"。

而"三民主义教育"之宗旨的表述历经1928年5月的第一次全国教育会议、同年9月的国民党中央执委会、1929年3月的国民党"三大"等数次重大讨论、修订,于1929年4月26日颁行全国。全文如下:

中华民国之教育,根据三民主义,以充实人民生活,扶植社会生存,发展国民生计,延续民族生命为目的;务期民族独立,民权普遍,民生发展,以促进世界大同。[①]

此后,该表述未曾修改或更易。从大陆来看,沿用至新中国成立;从台湾省来看,它一直实施至今。浙江省于1929年7月议定相关的教育行政纲领,以贯彻实施"三民主义教育"宗旨。宁波各县遵照执行。

二、训育制度的建立

"党化教育"方针废止后,南京国民政府仍然不放松对学生的思想控

---

① 转引自喻本伐等:《中国教育发展史》,华中师范大学出版社,2000年,第488页。

制。在颁行"三民主义教育"宗旨的同时,国民党通令普通教育以"忠孝仁爱信义和平"来陶冶儿童及青年。1929 年 7 月 8 日,通令各省市遵照国民党中央执行委员会制定的《中小学训育主任办法》,设置训育人员。于是,全国中小学开始设置训育主任,实行训育制度。

浙江省自国民政府成立之初就十分重视训育工作。自此,更是紧随国民政府出台的相关政策而不断完善训育制度。1930 年、1931 年、1934 年先后颁行《审查党义教师资格条例》、《浙江省中等学校行政组织暂行规程》、《浙江省中等学校训育暂行标准》等规程,1932 年省教育厅通令全省各地实施教育部颁行的《小学公民训练标准》。此外,还制定《善导中等学校学生思想方案》、《浙江省中等学校学生精神教育实施计划》等文件,以更好地引导学生,使之确立三民主义之信仰。时宁波各县、区学校都普遍实行训育制度。

三、宁波市政府的建立和教育行政机构的制度化建设

1927 年 2 月 19 日,北伐军进驻宁波,各界欢欣鼓舞。5 月起,根据南京国民政府的规定筹建宁波市,由省直辖。[①] 同时,废会稽道。7 月 1 日,宁波市政府正式成立,划鄞县城及郊区六七里地为市区。市、县分治。时市政府设教育局,委杨贻诚为市教育局长,下设总务、学校教育、社会教育三科及督学。不过,民国 20 年(1931),宁波市政府裁撤,并归于鄞县县政府。次年,政府设浙江省第五特区行政督察专员公署,统辖鄞县、慈谿、镇海、奉化、象山、南田、定海、上虞、余姚、嵊县、新昌、宁海等 12 个县。

10 月,市教育局改为教育科,同时,鄞县成立教育局。根据 11 月颁布的《浙江省县教育局暂行规定》,确认县视学为教育局职员,并设教育委员会,县党部代表、县长、教育局长、县视学为常务委员,另以县政府名义聘请 3~5 名委员,推选 1 人为主席。1929 年 4 月,省修正《浙江省县教育局暂行规定》,鄞县据此将县视学改为县督学,增设教育款产委员会管理教育经费。1929 年 8 月,鄞县教育局改称鄞县县政府教育局,并制定《鄞县县政府教育局组织大纲》,规定设局长 1 人,下设三课及一个指导部,各课设课长 1

---

① 就政权而言,辛亥革命后,宁波于 1911 年 11 月 15 日就成立军政分府,但不到 7 个月,北洋政府就窃取了政权。从 1912 年 8 月至 1927 年 2 月,宁波进入军人当政时期,长达 16 年,先后由朱瑞、周凤岐、杨善德、卢永祥、孙传芳等各系军阀统治。其间,没有一个相对统一而稳定的政权。

人,课员若干人,第一课掌理文书收发、卷宗图书保管、全县教育经费预决算编制、教育设备及用品购置分配、教育统计等 8 项,第二课掌理各类学校规程拟定、学校费用标准的编制和核定、教员检定及登记、教师聘免奖惩等有关学校教育事务 23 项,第三课掌理社会教育事务等 9 项。指导部由指导员、县督学(视学)、区教育员组成,设部长 1 人,掌理学校教育和社会教育等24 项事务。同时,还成立各种委员会,如鄞县义务教育委员会、鄞县民众教育委员会、鄞县识字运动委员会、鄞县县政府教育局编审委员会、鄞县县政府教育局经济审查委员会、鄞县县政府教育局教育委员会、鄞县县政府教育局管理教育产款委员会,它们行使提议、议决、审议、筹划各类相关教育事务之职责。

1931 年,因政治、经济等原因,市政府裁撤,并入鄞县行政区划,教育科亦随之并入鄞县教育局[①],掌管学校、图书馆、博物馆、公共体育馆、公园及其他社会文化事业。自此,各项教育事务仍然由各县政府直接管辖。

1932 年,鄞县教育局被确认为县地方教育行政的独立机关,组织也更趋完善。指导部改为辅导部,并制订《鄞县教育局辅导部规程》。根据规程,辅导部由局长、督学、指导员、区教育员组成,设主任 1 人。辅导部在初等教育、社会教育上就督促改进、指导实施、编审、考核及研究推进等方面都有明确的职责。

不仅如此,伴随着行政机构的制度化,教育局长、课长、课员等行政人员都有严格的资格认定,其中,局长还需要通过任用考试才能上任。

由上可见,县级教育行政机构在日益健全的过程中,是比较重视立法和规范化的。这种做法也随之渗透到行政机构对教育行政事务的处理,即注重依法治校。例如,1929 年,颁布《鄞县小学职教员任免规程》,规定了小学、初级小学校长、正教员、专科教员、助教员的任职资格,使小学和初小的校长任用、教师聘请有规可循,从而保证了办学的师资质量。鄞县先后颁布的法规还有 1929 年的《鄞县中心小学规程》、1931 年的《民众学校规则》、1933 年的《鄞县试行二部制小学办法》、1934 年的《私塾管理登记办法》等,这些地方法规和省颁的法律法规一起,对于规范鄞县教育起到了很大的作用。

在制度化建设上,最富有特色的是建立了协助教育行政机构行使管理职能的督学制和辅导制,以进一步规范教育管理。其中,督学职责重在视

---

① 南京国民政府自成立起,就实行省县(市)二级行政体制。

察和督导全县的小学教育、社会教育以及区教育员所办理的事宜,并对本县各学校及其他教育机关之做法认为不妥之处,有直接纠正之责。1929年,鄞县制订《鄞县县政府教育局督学服务细则》,详细规定了督学的设置、职责等事项。而辅导制重在"谋教学之改进",用积极鼓励之策略帮助教师改进教学方法。以后,又承担起辅导地方社会教育的具体工作,例如,鄞县县立中山民众教育馆1933年度辅导地方社会教育的计划,包括调查地方社会教育情况、拟定辅导标准、介绍各地社会教育资料、研究社会教育问题、协助解决实际教育问题等多项工作。这两项制度对全县的教育产生较为积极的影响。

1941年,宁波沦陷,鄞县县政府内迁,教育课与建设课合并,称第三课。其间,各地教育工作依靠区乡管理。区设教育指导员协助教育事务,乡设文化股主任、保文化干事(一般由乡镇中心学校校长、保国民学校校长兼任)管理学校。

1945年9月,鄞县县政府迁回县城宁波,恢复教育课。1948年8月,再改为第三课。

第二节　抗战爆发之前(1927—1937)的宁波教育

1927—1937年的十年间,宁波在浙江省政府的领导下,着力发展基础教育,整顿中等学校,突出师范学校,发展义务教育和民众教育,使教育取得较大成效。

一、调整中等教育格局

1922年学制颁布后,宁波遵照执行。中学实行综合制,将师范并入中学,一般在高中阶段设师范科或职业科、普通科。这极大地削弱了师范教育,从数量和质量两方面冲击社会对教师的要求。1927—1937年,宁波根据国民政府教育部1932年颁布的《师范学校法》、《职业学校法》、《中学法》等相关法规,以及省教育厅制定的相关整顿办法,调整中等教育格局。具体做法是:废除综合中学制,独立设置中学、师范、职业三类学校;普通中学采用三三制;高中不分文理科。这一调整使得三类教育的办学目标变得更为清晰,更有利于发挥各类教育的功能。

(一)中学教育的加强

在大学区制①时期,宁波作为试行区域,非常重视教育,市政府成立之初,就创办了一些新学校。1927年春,临时政府将培英女校与宁属县立女子师范学校合并,改办为中山公学,共产党员杨眉山任校长,学校倡导男女同校,并分设高中部和初中部于湖西竹洲和鼎新街,后因学校从事时为当局禁止的活动而遭封闭。1927年7月,在停办的中山公学旧址(即竹洲)上,创办宁波市立女子中学,聘杨菊庭为校长。同月,蒋介石投资创办奉化武岭学校。

1927年,地方人士还发起成立了"收回教育权急进会",向教会收回教育权,详见第八章第二节。

与此同时,省政府为进一步加强中学教育,出台了相关办法整顿中学。依照规定,县市设立中学必须具备下列条件:(1)全县市教育经费每年在2万元以上者;(2)全县市境内完小及高小在10所以上者;(3)全县市境内每年高小毕业生在200名以上者;(4)全县市境内最近3年中每年高小毕业生升学人数占该年毕业总数的30%以上者。宁波据此设立了鄞县县立女子初级中学、奉化县立初级中学、镇海县立初级中学。后又设余姚初级中学。1933年,省教育厅根据国民政府的法规制定了改组高中教育的规定,即"中学分初级中学及高级中学,修业年限各3年,合设者称中学,单设者称初级中学或高级中学"、"省立中学以所在地地名名之"②等,据此,改省立四中为省立宁波中学,兼设初、高中。后又设慈溪、奉化、宁海3所县立中学,兼设初、高中。

私立中学则相对比较混乱。1929年8月,教育部颁布《私立学校规程》,省、县即遵照执行。1932年6月,三一中学并入仁德女校,定为鄞县私立三一初级中学。1934年8月,原属鄞县县立高级工科中学的附设初级中学独立,改为鄞县私立正始初级中学。1935年,斐迪、四明两校合并,定为浙东中学。据不完全统计,是年,今宁波城区共拥有效实中学、甬江女中、

---

① 大学区制是以所在地的大学作为当地的教育行政领导机关,以大学校长兼任教育行政长官,合地方的学术研究、教育的行政管理为一的制度。它于1927年6月—1929年7月期间试行,浙江省即在试行之列。因此,宁波这一时期的教育改革一般可细分为2个阶段:大学区制和教育部制。

② 转引自张彬主编:《浙江教育史》,浙江教育出版社,2006年,第516页。

浙东中学、正始中学等私立中学 7 所,学生 2358 名,①有力地缓解、补充了中学教育的不足。此外,慈溪、奉化、宁海各拥有一所县立中学,余姚拥有一所初级中学。

此外,宁波各中学在大学区制和教育部制时期,分别就课程设置等方面作出具体的调整,即先后执行 1927 年的《浙江大学区初级中学科目学分暂行标准》和 1932 年的《中学课程标准》。根据前者,时初中课程分必修和选修,必修的科目和学分为:公民常识、政治训练(6 学分)、国语(36 学分)、外国语(34 学分)、数学(30 学分)、博物(8 学分)、理化(12 学分)、历史(12学分)、地理(12 学分)、生理卫生(2 学分)、音乐(4 学分)、图画(4 学分)、手工(4 学分)、体育(18 学分)、童子军训练(6 学分)。此外,初三设选修科,以适应学生个性发展。根据后者,时初中课程调整为:改第三学年的英语选修课为 3 学年的必修科目;分设植物、动物、化学、物理 4 科自然科目;取消职业选修科目。高中课程调整为:取消选修科目;增加语文、算学、史地等科目的课时时间;改党义科为公民科,并增加道德、政法及经济等知识;取消学分制,改为时数单位制。

当时的各级中学普遍执行训育制度。各中学以"四维"(礼、义、廉、耻)、"八德"(忠、孝、仁、爱、信、义、和、平)作为道德教育内容,以陶冶青年的精神世界。

(二)师范教育、职业教育的独立

1922 年之后,中学综合制下的师范教育附设在普高,受到严重削弱,直至 1931 年之前,仍然如故。同时,基础教育的发展急需教师,为弥补师资短缺状况,宁波一些属县,如慈溪、余姚等,就开始设立简易的师范讲习所培养教师。1931 年 4 月,浙江省教育厅制订了整理师范教育方案,提出两种整理办法:(1)颁布县市立师范讲习所科目学分暂行标准,整理提高讲习所办学质量;(2)颁布补助县市师资训练机关暂行办法,使已有一定质量和规模的县市师训机关获得省款补助。由此,宁波开始对各讲习所、中学内设的师范科等加以整顿。是年,设立鄞县县立乡村师范学校、省立锦堂学校(1933 年改称省立锦堂乡村师范学校),以及余姚县复办的县立师范讲习所。至 1932 年,宁波有师范学校、师范讲习所 5 所,师范生达到 232 人,教

---

① 　宁波市教育委员会编:《宁波市教育志》,浙江教育出版社,1996 年,第 93 页。

职员 49 人。①

独立之后的师范教育认真贯彻政府颁行的《三民主义教育实施原则》，注重对学生的三民主义精神熏陶；强调学校与社会的沟通，并采用教学做合一的办法实施教育，使学生对教育事业有改进能力及终身服务的态度；重视培养乡村教育所需要的人才。在课程设置、教学方法等方面都进行了调整。总之，师范教育的独立和发展，为初等教育和义务教育输送了一批合格的师资，有利于教育的良性发展。

不过，此时的幼稚师范尚未独立，仍附设于其他组织。例如，1932 年 9 月，奉化县立培本幼稚园内设 2 年制幼稚师范科 1 班，招收小学毕业女生。

在师范教育获得独立的同时，职业教育也得到政府重视，并进一步得以完善。1931 年，教育部通令各省限制设立普通中学，在普通中学内应设职业科或职业科目，县立初中应附设或改设为乡村师范或职业学校。1932 年，颁布《职业学校法》、《职业学校规程》等，规范职业学校办学。1933 年，又公布《职业补习学校规程》。以后陆续颁布 20 余项法令，以期确立以学校职业教育为主，辅之以业余职业补习；职业学校与中学分立，以单科设立为原则，高、中等普教中均渗入职教因素的职业教育体系。

据此，1931 年，奉化武岭学校增设农科。后来，该校发展为私立武岭初级农业职业学校，学制 4 年（后改为 5 年），开设公民、国文、算术、历史、地理、化学、植物、动物、英语、农业概论、代数、物理、土壤学、作物学通论、蔬菜栽培学、造林学通论、畜牧学、栽桑学、几何、日语、肥料学、作物学各论等 40 余门学科。1932 年，镇海县立初中改为县立初级商科职业学校。同年，在江北引仙桥 5 号创办国文专修学校；鄞县县立中心医院附设护士训练班，后发展为高级护士职业学校。1935 年，成立省立宁波高级水产职业学校。1937 年 7 月，俞佐宸、吴涵秋、董庭瑶等在北郊路 137 号创办宁波国医专门学校，招收高中毕业生或同等学力者，学制 4 年，但半年后因战争停办。1938 年 5 月，在正北路 115 号（今解放北路 61 号）创办鄞县私立电声无线电技术补习学校，1941 年停办。1939 年，在棋杆巷创办鄞县私立诚信商科职业补习学校。

此外，值得一提的是，当时慈溪锦堂乡村师范学校和余姚都作为乡村教育改革实验单位，在乡村师范教育、农村职业教育等方面进行改革，为改

---

① 宁波市教育委员会编：《宁波市教育志》，浙江教育出版社，1996 年，第 150 页。

造乡村教育积累了丰富的经验。

民国时期,宁波创办的一批批职业学校,当时在浙东颇有名气。这些学校的师资力量较强,多数教师执教严谨,教学工作注重实际,着意训练学生的实践能力,为发展民族经济和科教事业培养了许多人才,如著名生物学家叶毓芬就是宁属县立女子师范的高足。同时,也培养了不少投身宁波早期革命的知识青年,如鄞县的沙文汉,于1925年4月在宁属县立甲种商业学校求学时,就已经参加了中国共产党,新中国成立后曾任浙江省省长,还有宁波府师范学堂的裘古怀(1928年曾任共青团浙江省委书记,后牺牲)、宁属县立女子师范的陈逸仙等(亦都投笔从戎)。因此,他们为宁波近代教育史添上了光彩的一笔。

二、推行义务教育

早在1915年北洋政府颁布《国民学校令》后,宁波各县就已经开始筹备义务教育,但终因军阀混战、经济萧条等原因,进展缓慢,入学者不多。南京国民政府成立后,多次训令各省,特别是教育行政机关,务必推行义务教育。

1930年,浙江省成立义务教育委员会,由省长任主席,襄助省政府计划、督促、推行四年义务教育。继此,宁波鄞县、奉化等马上成立县义务教育委员会,拟定简章、计划和法规,以保障义务教育的实施。但因四年制义务教育的要求过高,儿童入学率不高,像鄞县1931年的儿童入学率仅为42.5％。[①]　其他各省、县亦如此。

1932年6月,教育部颁发《第一期实施义务教育办法大纲》和《短期义务教育实施办法》,重新规划义务教育实施计划,规定1932年8月—1935年7月为第一期,在此期间各县市应设义务教育试验区,以完全小学、简易小学、短期小学等形式来推进义务教育。1933年,鄞县兴办一年制短期小学,招收10～16岁失学儿童入学,每日授课3～4小时。是年,鄞县教育局制订《鄞县试行二部制[②]小学办法》,规范短期小学、简易小学等机构。至

---

① 宁波市教育委员会编:《宁波市教育志》,浙江教育出版社,1996年,第48页。
② 二部制是为谋教室及教师的经济而产生的一种教学组织形式,有"全日二部制"和"半日二部制"之分。前者是指一部分学生上课,另一部分学生自习,教室互换;后者则是一部分上午上学,另一部分下午上学。

1934 年,鄞县有短期小学 8 所,学生 466 人。[①] 据不完全统计,时鄞县城区学龄儿童入学率上升到 46.8％。[②]

1935 年,教育部制定《实施义务教育暂行办法大纲》及《实施细则》,计划分三期(1935.8—1940.7;1940.8—1944.7;1944.8—)逐步由一二年制义务教育而达到四年制之义务教育,并要求各省、县在第一期内应广设短期小学,改良私塾,实行二部制,试办巡回小学等。于是,宁波各县贯彻上述精神,通过多种渠道推进义务教育:第一,尽量多设初小以实施四年制义务教育;第二,通过设立短期小学等办法发展短期义务教育;第三,加大私塾改良的力度,利用原有的教育资源发展义务教育。

第一,普设乡镇初级小学推进四年制义务教育。南京国民政府成立后,宁波的初等教育发展迅速,经过 1929 年的整顿[③],至 1931 年,公立初等学校数和学生数分别上升到 459 所和 33057 人,详见表 9-1。

表 9-1　1931 年今宁波各属县公立小学校统计表

县别	初　　小		高　　小	
	学校数(所)	学生数(人)	学校数(所)	学生数(人)
鄞县	89	6977	18	602
慈溪	78	6146	10	496
奉化	3	1757	12	609
镇海	38	5426	7	420
象山	78	3684	7	296
余姚	43	1248	14	1343
宁海	53	3731	9	322
合计	382	28969	77	4088

资料来源:宁波市教育委员会编:《宁波市教育志》,浙江教育出版社,1996 年,第 41 页。

1932 年 5 月,省教育厅颁行《浙江省各县市设立乡镇初级小学办法》之后,宁波的初级小学进一步普及。至 1935 年,宁波各县小学达 1869 所(含私立初等学校),其中,鄞县 700 所(含私立初等学校),学生 51878 人,为全

---

① 宁波市教育委员会编:《宁波市教育志》,浙江教育出版社,1996 年,第 48 页。
② 宁波市教育委员会编:《宁波市教育志》,浙江教育出版社,1996 年,第 48 页。
③ 1929 年,宁波各县统一学校名称,规定办有高级者称小学,只办初级者称初级小学,县、区立小学以所在地地名名之。

省各县之冠。① 初级小学的普及对于推行四年制义务教育来说,是主要的措施之一。

第二,试办短期小学发展短期义务教育。1935—1940 年期间,鄞县、慈溪、余姚等各县大力试办短期小学,倡导一年制义务教育。尤其是鄞县,明令在此期间,一切年长失学儿童及未入学的学龄儿童至少应受一年义务教育。1935 年,鄞县还成立"儿童年实施委员会",推进儿童教育,设置代用初级小学,增加儿童入学机会。同时,鄞县把 10 个学区分设为 88 个小学区,分别设置学董(学区)和劝学员(小学区),发挥基层教育行政人员的作用,保证短期小学的设立和生源,把义务教育落到实处。并要求凡应入学而未入学者,对其家长或监护人予以一定期限必须就学之书面劝告。其不受劝告者,得将其姓名榜示示警;其仍不遵行者,得由学校报告公安机关,处以 1～5 元罚金。1935 年,鄞县短期小学增至 20 所,小学附设短期小学班 70 个,增加了 3683 名学生。翌年,鄞县短期小学增至 32 所,短期小学班 95 班,共计学生 6446 人。②

另外,慈溪、余姚等县成绩也不错。1935 年,慈溪县小学达 228 所(含短期小学 32 所),学生 19184 人,学龄儿童入学率为 60.43%,大大高于省44.94%之平均入学率。③ 余姚 1936 年小学数达 379 所(含短期小学 105所),学生 29807 人,入学率达 40%。④

第三,改良私塾。宁波民间素重教育,私塾林立。国民政府成立后,又创办了不少私立学校,如 1927 年 8 月鄞县古林人俞福谦捐资兴建的福谦小学。在政府大力推行义务教育力不从心之际,私立学校起到了不小的作用。早在 1929 年,政府统一学校名称之时,宁波就开始改良私塾,取缔不符合标准的私塾。至 1931 年,宁波的私立初等学校数和学生数分别有 1201所和 96977 人,详见表 9-2。

---

① 宁波市教育委员会编:《宁波市教育志》,浙江教育出版社,1996 年,第 42 页。
② 宁波市教育委员会编:《宁波市教育志》,浙江教育出版社,1996 年,第 48 页。
③ 宁波市教育委员会编:《宁波市教育志》,浙江教育出版社,1996 年,第 48 页。
④ 宁波市教育委员会编:《宁波市教育志》,浙江教育出版社,1996 年,第 48 页。

表 9-2   1931 年今宁波各属县私立小学校统计表

县别	初 小		高 小	
	学校数(所)	学生数(人)	学校数(所)	学生数(人)
鄞县	366	30841	67	2168
慈溪	39	6009	23	1283
奉化	212	10368	17	423
镇海	129	15412	32	1121
象山	24	1120	3	178
余姚	203	24270	10	763
宁海	71	2910	5	111
合计	1044	90930	157	6047

资料来源:宁波市教育委员会编:《宁波市教育志》,浙江教育出版社,1996年,第41页。

1932 年 7 月,省教育厅颁布一系列改良私塾的章程之后,各县再次整顿私塾,如鄞县于 1932—1933 年关闭 13 所不合要求的私塾,对未立案的私立小学限期办理立案手续,并要求提高塾师业务水平;1934 年,鄞县还制定《私塾管理登记办法》强化管理,等等。这些措施使私塾的办学标准、教学质量得到进一步提升,改良富有成效,从而为义务教育的实施提供了更宽广的平台。

三、兴办民众教育

宁波最早的民众教育可追溯到 1883 年由基督教浸礼会创办的妇女短期学校。政府倡导的民众教育则始于清宣统元年(1909)。是年,省提学司署通知各州、县开办专为年长失学及贫寒子弟无力就学而设的简易识字学塾,并于次年颁布《简易识字学塾章程》、《简易识字课本》、《国民必读课本》等规定。1909 年,今宁波市境内各县便创办 24 所[①]简易学塾,这些学塾学制 1~3 年,每日授课 2~3 小时,除识字外,还开设国文、国民道德、算术、体操等课程。不久,今宁波境内各县简易学塾便发展到 84 所,学生 2257 人,详见表 9-3。

---

① 宁波市教育委员会编:《宁波市教育志》,浙江教育出版社,1996年,第230页。

表 9-3　清末今宁波市境内各县简易学塾统计表

县别	鄞县	慈溪	奉化	镇海	象山	余姚	宁海
学塾数	16	8	10	11	20	12	7
学生数	562	148	289	410	319	285	244

资料来源:宁波市教育委员会编:《宁波市教育志》,浙江教育出版社,1996年,第223页。

辛亥革命后,平民教育运动逐渐兴起,一些群众团体、有识之士创办各类平民学校,施以识字为主的初等教育,有的兼施职业训练。至"五四"时期,该运动达到高潮,据统计,1920年,宁波城区有平民义务学校16所。[1]

南京国民政府成立后,在"训政"的名义下,推行民众教育,并在《三民主义教育实施原则》中也提出了具体的教育目标。因此,这一时期的民众教育可谓举国兴旺。民众教育的内容有识字运动、劳工教育、职业补习、通俗讲演、民众体育等。其组织形式主要有两种:民众学校和民众教育馆。

宁波在市政府成立之初,就积极筹办平民补习学校,并改称其为民众学校。首批10所民众学校于1927年11月3日开学。校址附设在小学内,每所冠以一、二、三……序次,招收对象以不识字为限,开设有识字、常识及政治、军事、党务报告等课程,每一期学习时间5个月,每夜授课时间100分钟,约40分钟听常识及政治、军事、党务报告,约60分钟识字,平均每夜识字10个左右,使学员结业时能识1500字以上。免收书、学费,但须缴纳保证金8角(毕业时发还1元,中途辍学者没收)。5个月不缺课者,奖励大洋2元。后第二期又扩大10所。

1928年8月,市政府在江北岸封仁桥创办宁波市立成年妇女补习学校。学制3年。开设普通小学主修课程,另加缝纫、编织等职业技术课。针对成年妇女特点,教学上采取"能力分组,弹性升级"的方法,注重速成,以期3年后,能达到小学毕业程度。

1929年,为了唤起民众对识字读书求知的兴趣,宁波市成立识字运动宣传委员会,组织20个宣传队,开展识字运动宣传周活动。各县也先后成立识字运动宣传委员会。经过宣传活动,民众的求学热情高涨,而对他们进行识字教育的任务主要由民众学校承担。因此,识字运动宣传刺激了当时民众学校的发展。

为了规范形形色色的民众学校,同年,省教育厅根据教育部颁布的《民

---

[1]　宁波市教育委员会编:《宁波市教育志》,浙江教育出版社,1996年,第230页。

众学校办法大纲》制订了一系列民众学校办学的规程和办法。鄞县据此还制发《民众学校暂行规程》,规定凡12~50岁之间的失学者均应入民众学校学习,修业4个月,主要是识字,兼学三民主义、常识、笔算或珠算、乐歌、史地、自然、卫生等知识;饬令三学级以上小学兼办民众夜校;停办妇女半日学校,另行筹设妇女工艺传习所,以帮助妓女独立。其他各县亦采取措施整顿与扩充民众学校,从而使民众学校的数量和质量有较大的发展。至1930年,7个县民众学校共有267学级,学员6138人。详见表9-4。1931年,鄞县再颁发《民众学校规则》、《特约中心民众学校暂行办法》等规定,进一步规范办学。

表9-4　1930年今宁波境内各属县民众学校统计表

县别	鄞县	慈溪	奉化	镇海	象山	余姚	宁海	合计
学级数(级)	76	46	10	9	39	55	32	267
就学人数(人)	1253	253	517	470	672	2211	762	6138
毕业人数(人)	229	71	136	220	264	535	—	1455

资料来源:宁波市教育委员会编:《宁波市教育志》,浙江教育出版社,1996年,第231页。

1932年,省教育厅发文公布《浙江省二十一年度各县市办理民众学校教育最低标准》,再次规范办学。按照规定,民众学校根据各县市的经济实力、教育状况、人口密度等分为8级。宁波各县民众学校办学等级参差不齐,详见表9-5。其中,鄞县办学成绩特别优秀。

表9-5　1932年今宁波境内各属县民众学校办学情况差异

县别	级别	具体标准
鄞县	甲	创办民众学校125级;筹设中心民众学校2所、实验民众学校1所;举办民众学校教育成绩展览会1次
余姚	丙	创办民众学校75级;筹设中心民众学校1所;举办民众学校教育成绩展览会1次
奉化	丁	创办民众学校60级;筹设中心民众学校1所
镇海		
慈溪	戊	创办民众学校45级;筹设中心民众学校1所
宁海	己	创办民众学校30级;筹设中心民众学校1所(可暂缓)
象山		

资料来源:宁波市教育委员会编:《宁波市教育志》,浙江教育出版社,1996年,第231页。

经过此次整顿,7 个县的民众学校得到进一步发展,数量大幅度提高,质量也得到提升。详见表 9-6。

表 9-6 1934 年今宁波境内各属县民众学校统计表

县别	鄞县	慈溪	奉化	镇海	象山	余姚	宁海	合计
学校数(所)	70	43	20	21	30	62	28	274
学级数(级)	140	57	45	40	32	72	30	416
就学人数(人)	4976	2012	1689	1639	733	2667	936	14652
毕业人数(人)	2686	526	556	1639	563	1384	333	7687
教职员数(人)	317	94	73	68	54	87	44	737

资料来源:宁波市教育委员会编:《宁波市教育志》,浙江教育出版社,1996 年,第 231 页。

上述各民众学校一般采用半日制、夜校等形式,通过简易教材进行识字教学和公民训练。

与此同时,一种称为民众教育馆的民众教育机构在省政府的推动下,也纷纷建立起来。1928 年,余姚成立民众教育馆。1929 年 10 月,宁波市立民众教育馆在城区郡庙成立。同期,其他各县也相继成立民众教育馆。1936 年 3 月,省立宁波民众教育馆在象山成立。民众教育馆的主要职能是根据民众实际生活需要施行补习教育,以使民众获得智、德、体、美等多方面发展,具体如出版各种通俗民众读物、举办和指导当地民众教育活动、组织民众教育成绩展览会、成立民众联络组织等。民众教育馆为社会教育作出了重要的贡献。

20 世纪 30 年代,随着义务教育的推行,民众教育还采取儿童、成人合校的方式教学,即试办短期小学,兼收 9 岁以上失学儿童和 16 岁以上失学成人入学。学校上下午开办儿童、妇女班,晚上开办成人班。当时,以这种方式也扫除了一批文盲。

抗战爆发后,各县实施《战时民众教育大纲》,并开办一批战时民众夜校,把抗战教育与识字、学文化结合起来。例如,鄞县妇女会创办了战时妇女流动学校、战时妇女工读班。1938 年,鄞县佛教会在白衣寺、延庆寺、施祥寺、佛会四地创办了 4 所战时民众夜校。余姚张淑贞创办了长河市妇女夜校。

从微观讲,上述各类民众学校开展的教育活动对于扫除文盲,传播科学、民主思想,启发民智,改造社会风气具有非常积极的作用。从宏观讲,民众教育的蓬勃开展,对于推动社会进一步向近现代转型具有相当大的积极意义。1941年,宁波沦陷后,民众学校及其他机构全部停办。

第三节　抗战时期(1937—1945)的宁波教育

1937年7月抗日战争爆发以后,宁波的各种政治力量进行了新的整合。以中共浙东临时特委成立为标志,宁波地区的中共组织开始恢复、发展。1941年4月,宁波沦陷后,宁波地区出现了国民党流迁政权、中共创建的浙东敌后抗日民主政权和日伪政权三者并存的复杂局面。

一、国民党流迁政权的教育

战争全面爆发后,蒋介石提出"战时须作平时看"的教育政策,在这一思想指导下,宁波一方面按照实际情况制定教育措施以推进教育事业发展,另一方面又根据战时环境适当变通以服务抗战大业,两者统筹兼顾。

首先,尽力保障教育经费。1940年,根据省政府委员会第347次会议决议,宁波各县乡镇将自收的亩谷捐改为学谷捐,每亩征谷2斤,佃户业主各半负担,由田赋征收处代征,并于店屋捐、筵席捐、置产捐等项下,各附征教育捐2~5成不等,以资补助。中央和省政府也拨款给予一定补助。据统计,鄞县当年的教育经费投入为255800元,占县财政总支出的33.36%。[①]另外,鼓励私人捐资办学。1943年6月,鄞县人王廷赓、陈秋阳等在鄞县姜山镇创办私立菫南初级中学。

其次,实施国民教育。1940年下半年起,宁波各县实施"政教合一"的新县制,并推行国民教育制度。这是一种将学龄儿童的义务教育与失学民众的补习教育合一,由学校兼负"管、教、养、卫"多重职能的制度。根据《国民教育实施纲要》,各县每乡镇设中心学校,每保(或几个保联合)设国民学校,各小学设小学部和民众部,向学龄儿童和失学民众施教。保国民学校经费自筹,乡镇中心学校教职工薪水由县经费开支。不过,战争爆发后,日机频繁空袭宁波,各小学都移乡设置,如翰香小学移至鄞西樟村办学、星荫

---

① 宁波市教育委员会编:《宁波市教育志》,浙江教育出版社,1996年,第344页。

小学迁至鄞西凤岙、崇德小学移至鄞西高桥。1940年,城区小学锐减到69所。① 1941年宁波沦陷后,更多的小学则停办。

其三,变通中等教育。抗战爆发后,不少中等学校纷纷撤退或停办,导致大批青年失学。为了使这些青年仍能继续求学,各县改变办学策略,采取转学借读、设置临时中学、创办战时补习学校等变通措施以适应战时环境。1938年始,宁波实施《战时流动教育大纲》,开办一批战时流动学校。1940年,余姚设立浙西第四临时中学,收容嘉兴、海盐、平湖、海宁等地失学青年。1941年,沦陷后,退居敌后的鄞县县政府,在宁海创立鄞县县立临时联合中学,分别由鄞县县立女子中学、鄞县县立乡村简易师范学校、鄞县县立商业学校等组成,辗转于宁海、新昌、天台等地,设普通科、师范科、商科、英训班、师训班等,招收浙东失学青年入学,并在鄞县东、西乡和黄古林设立两个分部。1942年,定海、象山两县在宁海县和平寺成立定象联中,1944年改名象山县立初级中学。1942年,因沦陷而停办的慈湖中学以补习班名义,在县东、西、北三区设4所补习学校,招收沦陷后的失学青年,共计200余人。

还有不少中等学校辗转迁往农村或内陆,坚持办学。如宁波中学曾先后四次内迁至鄞县胡家坟、嵊县太平镇、东阳和磐安大皿镇,而且,在艰苦的环境中坚持抓教学质量,在报考中央大学、西南联大、浙大等高校中,录取率名列全省前茅;甬江女中则于1937年迁往奉化亭下镇,借沈氏、单氏宗祠办学,并于鄞西接待寺设分部,1941年4月,再次迁往岩坑龙华寺、董村竺氏宗祠,1942年,又迁入上海教会中学和宁海的鄞县联中就学。镇海中学也数次迁移,1937年迁渡驾桥回向寺,1939年迁柴桥瑞岩寺,1940年迁庄市汤家庙等地。奉化中学于1941年8月迁往柏坑,后因日寇流窜柏坑,不得已于1943年8月迁往宁海里岙。

当时,上述各类战时学校学习条件相当艰苦,连最起码的教科书、文化用品都成问题,与沦陷区优越的学校环境形成鲜明的对比,但是,师生们却也毫不畏惧,反而纷纷设法离开沦陷区,奔赴山区学校,毫无怨言地风餐露宿,并想尽一切办法坚持教与学。例如,没有教学内容,就自己编教材;没有纸质的教科书,就油印;油印没有蜡纸和油墨,就用洋蜡烛和本地桑皮纸试制蜡纸,用镬煤与清油调制成油墨。学生生病无药可用,教师就化装成商人潜入敌区采购新药,以资急救。更为可贵的是,即便条件如此艰苦,学

①　宁波市教育委员会编:《宁波市教育志》,浙江教育出版社,1996年,第42页。

校仍然不忘抓教学质量。像奉中曾委派教师周克任为视察联络员,经常巡回于奉中各分部之间,以沟通被敌伪分隔的各分部教学状况,及时检验教学质量;同时,奉中的毕业班都会集中到本部举行毕业会考。

为尽力保证师资,根据省教育厅1940年制定的《浙江省师范教育实施方案》,立慈溪锦堂乡村师范学校(1938年12月迁至嵊县)为一个师范区,并负责辖区内的师资辅导。1943年,宁海县于城区创办县立简易师范学校,1945年增设普师科。1944年8月,奉化、象山两县县立初中附设1年制简师班。1945年8月,镇海开办简易师范班,并于次年(战后)单独设校。

此外,流亡外地的宁波籍学生也根据不同的地方政策到其他学校借读,以续学业。

二、沦陷区的奴化教育与反奴化教育

1941年4月20日,宁波沦陷后,在驻甬日本特务机关的策划下,日伪宁波地方统治机构建立起来。为了泯灭民众的反抗意识,巩固其在沦陷区的统治,日伪积极推行奴化宣传和奴化教育。

首先,在各级伪政权中设立专门主管宣传的机构,并根据《大东亚青年总奋起实施纲要》、《县市委员会组织通则》等文件,在宁波城区设立所谓"中国青少年团浙江鄞县总指挥部"和"浙东兴亚文化队"之类的组织,竭力宣传"中日亲善"、"东亚主义"等思想。同时,窃占宁波当时著名的《时事公报》,利用其影响力进行奴化宣传,吹嘘日寇所谓的"赫赫战果",兜售其"大东亚共荣圈"、"中日经济提携"等骗人说教,以及汪伪政权"和平反共救国"的反动理论。

其次,日伪政权加紧恢复、新建中小学校和师范学校,填补因内迁或停办而出现的"教育真空",借此作为实施奴化教育的阵地。以鄞县为例,在占领区设立8所中等学校(如1941年的公立浙东中学,1942年的浙东公立女子中学和公立浙东师范学校),9所镇中心国民学校,61所保国民学校和私立小学。在奉化、余姚新办了奉化中学(伪)和公立舜水中学(伪)。在这些学校中,日伪政权设置日语课,教唱日本国歌,规定学生须出席纪念日本天皇出生的"天长节",并经常派遣汉奸和密探监督、暗访学校教学情况,妄图以此达到其磨灭中华民族精神和瓦解中国人民反抗意志的目的。

然而,人们并未被日伪的宣传和教育所迷惑,反而激发起更加高昂的斗争意志。无论是教师,还是学生,都不愿意接受敌伪的奴化教育,想方设法离开沦陷区。例如,名重士林的前清秀才王任安执教英语于奉中;罹患肺病的画家方勃抛弃伪奉中的高薪礼遇,逃到柏坑执教;时任奉中校长的毛翼虎更是以诗回敬敌伪的拉拢:"丈夫气概冲斗牛,岂有明珠肯暗投;拼把头颅成一掷,看来胜作楚冠囚。"①在日寇不及的广阔农村和偏远地区,宁波人民开办了一批战时流动学校和战时民众夜校,尽力为流离失所的学子创造教育条件。此外,他们还设立儿童教养院,为无家可归的难童提供避难之处。其中,最为著名的难童教育机构是宁波籍爱国实业家、慈善家竺梅先及夫人徐锦华创办的国际灾童教养院。

1937年11月上海沦陷后,原在难民收容所和慈幼院的大批孤儿再次流落街头。对此,竺梅先及夫人徐锦华焦急不安,力主创办一所教养院。在宁波旅沪同乡会董事们的支持下,夫妇俩立即着手教养院的筹建,并聘请外籍友好人士和外商为董事,通过他们取得有关国家驻沪领事馆的护照,以避免或减少日军对教养院的骚扰,院址选在奉化县泰清寺,定名国际灾童教养院。教养院由竺梅先任院长,徐锦华任副院长,主要招收流落在上海无家可归或亲人无力抚养的城乡儿童。1938年4月、11月,600多名灾童先后到院,最小的才5岁,最大的也就15岁。同时,70多名专任教师也陆续应聘来院。院童的衣、食、住、睡、医全由教养院包下来。课程设置和当时中小学大体相同,特别重视抗日救亡思想教育和劳动教育,在竺梅先夫妇和全体教师的教育下,全院形成了"同是离乱人,四海皆兄弟"的相互谦让、相互友爱的好风气。为了维持600多名灾童的生活,竺梅先耗尽25万元巨资,1942年春因积劳成疾,咳血而亡。竺梅先去世后,教养院经费日趋困难,加之汪伪政权多次诱逼徐锦华,要接办教养院,在不得已的情况下,1943年,徐锦华决定停办教养院。之后,600多名儿童中有的被送去报考黄埔军校,有的被送到延安、苏北、浙东等抗日根据地,有的去竺梅先亲友开办的工厂做工,有的转入泰清中学学习,等等,从而实现了竺先生培养"抗日救国的后备力量"的愿望。

中共在沦陷区也组织开办一些学校。例如,1941年12月,中共领导通过"三青团鄞西区队"筹建黄古林补习中学,于翌年2月开学。1942年7月,中共鄞县党组织借"三青团鄞西区队"名义举办小学教师暑期训练班。同时,慈镇县工委以国民党镇海县政府江北办事处名义在龙山举办小学教

---

① 奉化县政协文史资料研究委员会编:《奉化文史资料》(第1辑),1985年,第9页。

师训练班,进行抗战、社会发展史、人生观等教育,共 4 期,至 1943 年 8 月止,历时整整 1 年。1942 年 9 月,慈镇县工委发动进步士绅在龙山创办私立凤湖初级中学,解决镇海、余姚、慈溪等地失学青年的学习问题。该校除开设文化课之外,着重进行政治思想教育,用马列主义和爱国主义思想激发学生参加革命工作的热情,以达到培养革命干部的目的。当时,语文课结合时事,学习讨论时政文章;历史课讲解中国近代革命史、社会发展简史;地理课讲述抗战形势、二战形势等。学校经常举行"时事报告会",并组织学生自治会,下设歌咏队、图书馆、墙报组等,积极开展各种抗日爱国活动。1943 年 10 月,由于日伪破坏,中学被迫解散。

除了创办新型学校外,中共党员还渗透到普通学校,组织学生直接参与抗日救亡活动。镇海小港的蔚斗小学,先后有多名共产党员任教,他们早在 1935 年下半年就主持编印了半公开的宣传刊物《镇海呼声》,联络各校进步教师,宣传抗日救国。该校高年级学生边学习边搞社会活动,在校外先后建立妇女识字班、路工识字班、盐民识字班、儿童歌咏团等,通过识字进而对群众进行抗日宣传。全面战争爆发后,有党员任教的宁波地区小学,更是注意把办学与抗日救亡运动联系起来,有的甚至成为党的机关或联络点,如慈溪县慈东区晋群小学等。

三、四明山抗日根据地和中共控制游击区的教育

1942 年 5 月浙赣战役以后,浙东沦陷,中共华中局和新四军军部派谭启龙、何克希等到浙东,与当地党组织会合,创建了浙东抗日根据地,建立浙东行政公署,辖 5 个行政区,10 余个县级政权,并与浙南党组织建立联系,成为全国 19 块抗日根据地之一。随着浙东根据地的建立,中共宁波市委领导的干部教育、社会教育和普通教育也得到发展,并表现出自己的特点。

首先,重视发展干部教育。早在 1944 年 9 月,在四明山横坎头就已经成立鲁迅学院浙东分院,浙东敌后临时行政委员会文教处长黄源兼任院长,分初级和高级两班,高级班设民政、财政、文教、民运 4 系。学院先后招收 3 期学员,办学 1 年左右,为根据地输送了六七百名干部。[①] 1944 年 10 月,浙东敌后临时行政委员会文教处组织召开了浙东第三届文化教育工作会议,确定了浙东根据地新的文教方针,即:社会教育重于学校教育;成人

---

①　宁波市教育委员会编:《宁波市教育志》,浙江教育出版社,1996 年,第 483 页。

教育重于儿童教育;干部教育重于群众教育,培养干部是文教工作的首要任务。根据这一方针,各类干部学校应时而生。10月,浙东抗日军政干部学校在余姚梁弄(后迁至横坎头)成立,浙东游击纵队司令员何克希兼任校长。学校采用部队编制,先后招收两届学员,学制为 6 个月,办学不到 1 年,为抗战和日后的解放战争培养了一批军政干部。同年 11 月,鲁迅艺术学院浙东分院在陆埠杜徐村(后迁至宣家塔村)成立,由浙东敌后临时行政委员会文教处长黄源兼任院长,林尧任教育长,前后办 3 期,开设政治、军事、文化、宣传及群众工作等课程,培养学员 7000 余名,[①]大多数为部队连排干部和地方基层干部。与此同时,浙东地区的在职干部培训也得到重视,从 1943 年至 1945 年,浙东区党委在余姚梁弄、横坎头举办过数期党员训练班和整风班。

其次,结合实际开展社会教育。早在 1942 年 12 月,今余姚境内姚南县组织冬学 30 所,受教群众达 1259 人。[②] 1944 年 9 月,第三届浙东文教扩大会召开,确定"社会教育重于学校教育、成人教育重于儿童教育、干部教育重于群众教育"的新教育方针,并规定所有公私学校向"民办公助"方向发展;学制将采用全日制、半日制、二部制等多学制;课程应侧重抗战知识和生产知识,启发民主精神,培养劳动观念和集体观念。在社会教育方面,主要是倡导冬学,即利用冬季农闲,以冬学运动的方式对广大农民进行启蒙教育,内容包括有关民主建设的常识课、与农事相关的生产常识、破除迷信的自然知识,以及注重心算、珠算、簿记、记账的算术课等。每期时间为 1 月。1944 年 12 月 2 日—4 日,四明特派员办事处召开第八次政务扩大会议,通过《关于四明地区推进冬学运动办法》。是年冬季,冬学运动达到高潮,不仅根据地各乡镇和中心小学所在地都办起冬学,游击区也办起了流动冬学,采用"灰色隐蔽"和分散上课等方法开展教育活动。除了冬学外,根据地还举办常年性夜校、巡回学校、读报会以及农村俱乐部等形式开展社会教育。这些切合农村特点的教育形式受到广大农民的欢迎,并收到了良好的办学效果。

其三,遵照开门办学的方针,中共积极进行抗战与民主的普及教育。如前述的沦陷区办学。

---

① 季学原:《姚江文化史》,浙江古籍出版社,2006 年,第 446 页。

② 宁波市教育委员会编:《宁波市教育志》,浙江教育出版社,1996 年,第 485 页。

第四节　抗战胜利之后(1945—1949)的宁波教育

抗战胜利之后,南京国民政府迁浙江省第六行政专员公署驻鄞县,统辖鄞县、慈溪、镇海、奉化、宁海、象山、定海7县。值此之际,内迁学校相继返回宁波,原停办的各中小学也逐渐恢复办学,而沦陷区学校或被接管或停办,宁波的教育事业一度得以复苏。不过,后来随着国内革命战争的爆发,教育再度趋于萎缩。

一、短暂的复苏

首先,各县逐步恢复实施国民教育制度,对学龄儿童和失学民众实施初等教育。鄞县为此于1946年9月制订"强制扫除文盲,实施民众补习教育要点",规定"各中心国民学校必须开办1～2班民教班",并制定强制入学的措施。因此,小学教育一度复苏,例如,慈溪的小学生由1941年的6677人增加到1948年的23073人;不过,随着内战的爆发,又锐减到1949年上半年的16799人。[①] 1949年5月,宁波解放后,经过调整,宁波有小学1873所,学生122942人。其中城区有小学108所,学生15408人。[②]

其次,复员、发展中等教育。1945年8月抗战胜利后,随着内迁中学的返回,以及其他中学的复员、调整,宁波市境内的中学在1946年达16所,各校概况见表9-7。

表 9-7　1946 年今宁波市境内普通中学概况

校名	班级数(个)		学生数(人)			教职员数(人)
	高中	初中	高中	初中	合计	
宁波中学	6	8	237	427	764	47
效实中学	3	9	186	491	677	36
甬江女中	3	5	137	333	470	32
三一中学	8	13	359	814	1173	52

---

① 宁波市教育委员会编:《宁波市教育志》,浙江教育出版社,1996年,第42页。
② 宁波市教育委员会编:《宁波市教育志》,浙江教育出版社,1996年,第42页。

续表

校名	班级数(个)		学生数(人)			教职员数(人)
	高中	初中	高中	初中	合计	
浙东中学	3	7	128	340	468	31
鄞县县中	4	4	124	215	339	30
正始初中	—	8	—	344	344	22
董南初中	—	6	—	255	255	15
奉化县中	3	10	134	564	698	49
宁海县中	4	7	98	348	446	34
余姚县中	6	12	122	476	698	46
慈溪县中	—	5	—	227	227	20
镇海县中	—	7	—	320	320	18
象山县中	—	7	—	281	281	21
益三中学	—		236		—	17
武岭中学	1	7	48	302	350	34

资料来源:宁波市教育委员会编:《宁波市教育志》,浙江教育出版社,1996年,第94页。

　　1947年,宁波各县区又先后成立私立大中中学(江东)、私立辛成初级中学(镇海)、私立姚江初级中学(余姚)、私立正学初级中学(宁海)。1948年,鄞东新办鄞东中学(翌年停办),鄞西同济学校增设初中补习班。1949年5月,宁波解放。经过调整,是年,宁波有中学21所,学生6542人。其中城区有中学9所,学生3716人。[①]

　　这一时期,为适应中小学教育的恢复、发展,师范教育发展较快。1946年1月,鄞县县立临时联合中学解散,其中师范科单独立校,称鄞县县立师范学校。是年,各县相继开办师范学校。至1947年,宁波有省立师范学校1所(锦堂师范学校)、县立师范学校2所(鄞县、宁海)、县立简易师范学校5所(余姚、镇海、慈溪、象山、奉化)。

　　与此同时,中等职业技术学校的数量也有所增长。1947年3月,鄞县私立育群初级商业补习学校成立。慈溪私立保黎医院附设高级护士职业学校建立。是年,章春坡在鄞县创办济喑聋哑学校,开宁波特殊教育之先

---

　　①　宁波市教育委员会编:《宁波市教育志》,浙江教育出版社,1996年,第95页。

河。1948年9月,鄞县私立崇实商业补习职业学校成立,设商科班、会计班等。1949年4月,陈觉民等开办宁波私立无线电工程学校。

二、国共内战爆发期间教育面临的困境

1946—1949年,国共爆发内战,国家经济状况急剧凋敝。在这种情况下,宁波的学校教育虽然在数量上有所扩充,但因经费困难而陷入困境。

当时,在"戡战第一"号召下,国民教育经费不再列入地方财政预算。1947年,《鄞县筹募乡镇教育经费暂行办法》公布,规定在田赋中每亩加征稻谷15斤,工商企业按营业税额带征20％,[1]收起后,与乡镇自治费对分。但加征后的费用多落入主政者腰包,区乡学校实际从中收取的办学经费非常可怜。1948年,从加征田赋中提取的教育经费仅5％,计稻谷2296石。[2]这点经费支付教师薪酬都不够,更别谈学校其他开支。事实上,时学校办学经费主要靠校产、学费和当地筹募来解决。捉襟见肘的教育经费使得学校教育面临举步维艰的窘境。

综上所述,南京国民政府时期的教育,是宁波教育近代化的成熟期,尤其在1927年至1937年的十年里。就学校教育而言,各县政府积极发展各级各类学校,并制定各种学校的规章制度,以保障、规范兴教办学,尤其是鄞县,曾因其出色的办学业绩多次受到省政府嘉奖。这也从一个侧面说明宁波当时教育法制化建设的成绩还是不错的。因此,宁波当时各级各类学校的数量和质量较之清末或北京国民政府时期,都有极大的提升,不仅学校制度,而且学校的办学观念、课程设置、教学方法都日趋多样,从而为以后教育现代化发展奠定了基础。

---

① 宁波市教育委员会编:《宁波市教育志》,浙江教育出版社,1996年,第345页。
② 宁波市教育委员会编:《宁波市教育志》,浙江教育出版社,1996年,第345页。

`

第十章　民国时期的宁波籍教育家

在南京国民政府统治时期,由于政府重视教育,提倡教育改革,不少游离于国民党和共产党两党之间的以独立自诩的知识分子,出于对国家、民族前途的责任意识和参政冲动,促使他们以各自特有的方式投身于改造中国教育的活动之中。他们积极传播西方教育理论,不断推动教育界的思想繁荣,并因此催生了一批有影响的教育理论家和实践家,其中包括宁波籍的陈训正、蒋梦麟、张雪门、杨贤江等,他们从不同角度阐述多姿多彩的教育理论,实践教育本土化的各种尝试,力图使中国教育(包括宁波)走上自我创新的道路。

第一节　陈训正的办学活动

一、生平和主要教育活动

陈训正(1872—1943),字屺怀,笔名玄婴、天婴、无邪,慈溪官桥(今属余姚)人。1901 年,赴日留学,并加入同盟会。1903 年中举人。1904 年,与卢洪昶一起创设育德农工小学堂,亲自任校长,专门吸收当地"堕民"子弟入学。1905 年,与知府俞兆藩、士绅张美翊等一起在孝廉堂创立宁波府教育会,并任副会长。其间,积极倡导兴办地方教育。三年中,宁波府各属县共兴办中、小学校百余所。1908 年,出任浙江高等学堂国文教习。1910

年,当选浙江省咨议局议员。1911 年宁波光复后,陈训正与赵家声、范贤方等组织宁波军政分府,主管财政。1912 年,赴上海与赵家艺等创设平民共济会,主办《生活杂志》,宣传民主主义,传播科学知识。不久,重返宁波,从事教育事业长达 10 年。北伐革命后,陈训正先后出任浙江省政府委员,杭州市市长,浙江省民政厅代理厅长,国民政府参事,浙江省临时参议会副议长、议长等职。晚年,终因心痛军政腐败和不胜暮年之流离,忧愤成疾,1943 年卒于浙南云和。

陈训正一生非常重视兴办教育,经他参与、创办、主持的学校有:宁波公立中等工业学校、私立效实中学、宁属县立女子师范学校等,还与佛教界人士共同发起建立僧教育会(1907 年),筹办佛教孤儿院。此外,他还致力于撰修方志,先后编修《定海县志》十六卷,《鄞县通志》六编。著有《天婴室丛稿》十卷、《论语时训》一卷、《甬谚名谓考》四卷等。

二、对宁波教育的主要贡献

陈训正兴办教育,成绩斐然,主要体现在以下三方面。

(一)积极兴办普通教育

1905 年,宁波教育会成立,陈训正任副会长。时值清末新政,政府倡导兴办新式学堂。而陈训正认为小学是基础,兴学应以小学为先,故陈训正等积极将城乡书院、私塾改为新式小学,在其影响下,宁邑六县闻风而动,至民国初年,宁波有中小学 400 余所。

随着中小学的发展,师资问题成为学校发展的"瓶颈"。在陈训正等进步乡绅的倡议下,宁波府于 1907 年 4 月建成第一所师范学堂,开设国学、数学、教育学、心理学、学校管理、历史、地理、博物、伦理学、文学史、英文、唱歌、图书等课程,为宁波地方学校的发展培养了大量合格的师资。1912 年,又与六县人士商议,在原崇正小学的旧址上创建宁属县立女子师范学校,开女子入中等学校之先河。

1912 年 2 月,陈训正与钱保杭等人一起创办私立效实中学。他与族弟陈布雷先后都担任过该校校董会主任。

(二)首创职业教育

宁波开埠之后,商业日渐发达,但工业却滞后。清末新政时期,政府强调"农工商各项实业学堂以学成后各得治生之计为主,最有益于邦本",令各省从速办理。宁波的职业技术教育就此开端。陈训正就是这个开端者。1904年,陈训正、卢洪昶一起创办育德农工小学堂2所,地址分别在西门口和江东。该校特色在于专门招收"堕民"①子弟入学,教他们识字,并掌握一两门技能,以便今后能在社会上谋生。这一举措比1912年3月孙中山颁布"堕民"令还提早8年。陈训正招收"堕民"入学反映了他主张教育平等的进步思想。后来,随着19世纪20年代初"实业救国"思潮的兴起,陈训正更是积极联络地方人士,集议创办公立中等工业学校,并自任校长。1912年,该校刚成立时,仅设一机械科,附设实习工厂,并招收艺徒班,培养贫寒子弟。后来,增设土木科、汽车道路科,以培养工程技术人才。1914年,鄞县创办甲种商业学校,陈训正也予以一定的赞助,还一度在该校银行科任教国文。

(三)重视佛教与学校教育的结合

1907年,他与佛教界人士共同发起成立宁波僧教育会。在成立大会上,他着重论述了教育对僧众、佛教的重要性,并提出"将寺产用于兴办学校、教育僧众,是保护佛教的正途"。与此同时,他与佛教界的有识之士一起创设了若干佛教小学,有计划地教育寺院僧众。1918年4月,他又与地方佛教人士在僧立普益小学旧址创设宁波佛教孤儿院,收容7～12岁的孤儿。该孤儿院原定60名额,结果增至268名。②孤儿院除了救恤这些孤儿外,还让他们接受初等教育,而且,又设工厂、商店、农场等,教授他们一定的职业技能,以使其将来能自谋职业。这种具有世俗性质的佛教小学、孤儿院机构正是体现了佛教"劝人为善"的宗旨,将其应有的社会功能发挥出来。

---

① 所谓"堕民"是指列于士、农、工、商之外,从事被社会看不起的"贱业"而谋生的贫寒阶层。他们处于社会最底层,并且,不能与平民通婚,不能参加科举考试。时城乡学堂、私塾向来都不收"堕民"子弟。

② 王慕民、沈松平、王万盈:《宁波通史》(民国卷),宁波出版社,2009年,第435页。

第二节　蒋梦麟的教育思想

一、生平和主要教育活动

蒋梦麟(1886—1964),原名梦熊,字兆贤,号孟邻,浙江余姚人,前清秀才,现代著名教育家。曾就读于绍兴中西学堂、上海教会学堂,1904 年进入著名的上海南洋公学。1908 年,自费赴美留学,先后进入加利福尼亚州大学农学院和社会科学院学习农学和教育学。1912 年,进入哥伦比亚大学研究院,攻读哲学,师从杜威。1917 年以一篇《中国教育之原理》论文获哲学博士学位,该文用现代科学方法分析了孔孟以来中国历代的教育言论、制度和措施,并与西方文化相比较。同年 6 月,蒋梦麟回国。

归国后,曾任商务印书馆编辑、孙中山秘书、江苏省教育会理事等职。1918 年 12 月,由蒋梦麟等倡议、江苏省教育会等教育团体出面的中华新教育社成立,蒋梦麟任该社主任。1919 年初,中华新教育社创办《新教育》月刊,蒋梦麟任主编,直至 1921 年。该刊主要宣传欧美资产阶级教育理论,评价欧美(尤其是杜威)资产阶级教育思想和制度,翻译欧美资产阶级教育家的著作,报道欧美各国教育情况。《新教育》在很大程度上扩大了资产阶级教育思想在国内的影响,为中国教育近代化的深化准备了思想基础。

1919 年 7 月,受北京大学校长蔡元培委托,到北大主持校务,历任哲学系主任、总务长、代理校长等职务(在 1916 年 12 月—1927 年 7 月蔡元培任北大校长时,蒋梦麟分别于 1919 年 9 月、1920 年 10 月、1923 年 1 月三次代理北大校长)。他始终遵循蔡元培的办学方针,呕心沥血,"维持北大生命,绝不让他中断",为北京大学的生存与发展作出了自己的贡献。

1927 年,南京国民政府成立,蒋被任命为浙江省政府委员兼教育厅长、之江大学校长。不久,浙江试行大学区制,蒋梦麟于此期间(1927 年 7 月—1928 年 10 月)负责浙江大学区教育行政,并兼任浙大校长。在这短短的一年多时间里,通过蒋梦麟的努力,浙江省建立了职能明确、规范有序的教育行政体系;修订了许多教育法规文件,如《浙江大学区初级中学科目学分暂行标准》、《浙江大学区高级中学科目学分暂行标准》、《浙江省教育局暂行规程》等,从而使长期受战乱影响的浙江教育事业得以逐渐恢复,也为浙江教育近代化体系的形成奠定了良好基础。同时,他积极建设师资队伍,邀请陶行知在萧山创办了一所乡村师范学校——湘湖师范,该校后来成为当时公认的仅次于晓庄师范的模范学校,为浙江乡村教育的发展培养了大批人才。另外,他为浙大校址的开辟、杭大的筹办也都作出了有益的工作。

1928年10月,继蔡元培出任南京国民政府教育部长,兼任浙江大学校长。其间,他主持拟订并于1929年7月26日颁行了《大学组织法》和《专科学校组织法》,同年8月又颁布了《大学规程》和《专科学校规程》。可以说,这些法规是有史以来最为完整的高等教育法,在教育史上具有重要的价值。

1930年12月,正式出任北京大学校长,直至1945年去职。其间,他仍然推行民主治校方针,坚持学术自由的原则,并采取一系列措施,改善办学条件,努力提高北大教学、科研水平。1937年,因抗战全面爆发,北京大学、清华大学和南开大学在长沙组成临时大学,蒋梦麟与梅贻琦、张伯苓共同组成筹委会主持校务。南京沦陷后,临时大学迁往昆明,更名为国立西南联合大学,蒋梦麟任西南联大校务常委,坚持国难时期的教育活动。

从1919至1945年,蒋梦麟在北大前后工作达26年,主持校政17年,这也使北大成为蒋梦麟高等教育实践活动的主要基地。其间,他主持设立文史、自然科学、社会科学三个研究院,并聘请教授从事学术研究以及教学工作;他提出了"教授治学、学生求学、职员治事、校长治校"的办学方针,并遵循此方针对北大进行了一系列改革;他非常注重办学条件的改善,尤其是图书馆的建设,重视西学和自然科学研究;等等。

1945年,抗战胜利后,蒋梦麟出任南京国民政府行政院秘书长,兼善后事业保管委员会主任委员。1948年8月,出任中国农村复兴委员会主任委员,转向农村教育工作。1949年10月,随蒋介石到台湾,一方面继续主持"农复会"工作,从事农村教育;另一方面兼任台湾"故宫"理事会理事,从事文化研究工作。70岁时,被台湾"教育部"授了"当代儒宗"荣誉称号。1964年6月18日病逝,享年79岁。

蒋梦麟一生奋斗于教育事业,并作出比较重要的贡献,尤其是高等教育方面。著有《西潮》、《新潮》、《文化的交流与思想的演进》、《过渡时代之思想与教育》、《孟邻文存》、《谈学问》等书。

二、科学人文主义教育观

蒋梦麟兼通中西之学,由此领略到东西方文化的巨大差异。在他看来,中国古代思想始终局限于道德范畴,而源于希腊的西方近现代哲学则有敏锐深刻的理智;科学之果只能在理智之园成长,在基督教或中国的道德观念下,不可能产生任何科学。① 因此,他大力提倡科学和理智。另一方面,他又认为"科学是心智探究自然法则的表现,艺术则是心灵对自然实体所感所触的表现。艺术是人生的一种表现,它使人生更丰富,更美满;科学是心智活动的产物,旨在满足知识上的欲望,结果就创造物质文明。在现代文明里,艺术与科学必须携手合作,才能使人生完满无缺"②。因此,他提倡用科学和人文两条腿走路。虽然,他对此的论证显得不够严谨,但对于教育而言,这一思想对当时的教育实践很有价值。

1920年,蒋梦麟在北大校庆演讲中就提出北大发展的三个方面:(1)研究西学,并提倡"西学为体,中学为用";(2)整理国学,要出一部"国学丛书";(3)注重自然科学研究。这无异于在课程设置上取中西合璧之举。为此,蒋梦麟采取学分制解决文理学科不通畅的局面,要求文科生有一定的科学知识,而理科生有一定的文史知识;又以"文理兼通"原则设置院系;还在《学则》中制订入国文系者须外语佳,入外语系者须国文佳的规定。这种种措施无非是要在教育中贯彻科学人文主义的教育观。不仅如此,在下文一系列的教育理论思考和实践探索中都渗透着这种科学人文主义的视野。

三、个性化教育思想

受杜威"儿童中心说"的影响,蒋梦麟提倡个性化教育。因为在他看来,个人主义新道德代替家族主义旧道德,是近代社会发展进化的必然结果,个性独立和个人价值的提高实为社会进步的标志。③ 那么,何谓个性化教育?他说:"以个人固有之特性而发展之,是为近世教育学家所公认,教育根本方法之一也,无或持异议者矣。"④蒋梦麟进一步指出,个性化教育的根本精神在于确立个人的价值;而且,具有价值的个人负有对国家的责任。在他看来,正是个性化造成了西方绚烂的工业文明。⑤

① 蒋梦麟:《西潮·新潮》,岳麓出版社,2000年,第252页。
② 蒋梦麟:《西潮·新潮》,岳麓出版社,2000年,第178页。
③ 王慕民、沈松平、王万盈:《宁波通史》(民国卷),宁波出版社,2009年,第437页。
④ 曲士培:《蒋梦麟教育论著选》,人民教育出版社,1995年,第75—76页。
⑤ 朱宗顺:《试析蒋梦麟的个性教育思想》,载《湖北民族学院学报》,1996年第3期,第69页。

（一）个性化教育的目标

个性化教育的目标在于培养"健全之个人"。1912年2月，蒋梦麟在《新教育》创刊号中明确提出"以教育为方法，养成健全之个人，使国人能思、能言、能行，能担重大之责任"。而这种"健全之个人"主要体现在三个方面，即：养成精确明晰之思考力；充满丰富的感情和活泼的精神；具有改良社会的能力。

在比较中西方文化的差异中，蒋梦麟发现，中国人最缺的是思考力。"凡遇一事，或出于武断，或奴于成见，或出于感情"，"其断事也，不曰大约如此，则曰差不多如此"，[①]而"希腊哲学家则有敏锐深刻的理智"[②]。为此，他把"思考力"的培养放在"健全个人"第一要素。于是，在教育、教学中，他就提出要有怀疑的精神，并要让学生学会思考的方法。

再者，他也发现，中国传统的家族式教育把儿童都变成了一个个"小老头"，因此，他要求"健全个人"还必须是"富于感情、富于思想、富于体力活泼泼底一个人"[③]。为此，他十分强调美育、体育的作用。美育"使人的感情融和，理想高尚，精神活泼"[④]，而体育使人的"筋血充实"。

第三，"健全之个人"要有改良社会之能力，因为蒋梦麟认为，个人和社会是互助的。"若我但把个人发展，忘却了社会，个人的幸福也不能存在。"[⑤]为此，他要求学校教育要讲生产，学生则要四体勤劳，同时，他提倡"学生自治"，以练习改良社会的能力。

（二）个性化教育的方法

"健全之个人"是如何培养的？蒋梦麟提出"以个人固有之特性而发展之"的思路。也就是说，教育方法的要点在于发展个人固有的能力。他认为，近现代教育的原则是建立在心理学基础上的，而"教育是人类本能的指导者，扶助他，带领他，使他向正路上去，像大禹治水一般"[⑥]。这就是说，儿

---

① 蒋梦麟：《过渡时代之思想与教育》，商务印书馆，1933年，第121页。
② 蒋梦麟：《西潮》，（台南）大夏出版社，1994年，第77页。
③ 蒋梦麟：《过渡时代之思想与教育》，商务印书馆，1933年，第56页。
④ 蒋梦麟：《过渡时代之思想与教育》，商务印书馆，1933年，第75页。
⑤ 蒋梦麟：《过渡时代之思想与教育》，商务印书馆，1933年，第132页。
⑥ 蒋梦麟：《过渡时代之思想与教育》，商务印书馆，1933年，第176页。

童固有之特性是发展的基础,我们可以通过心理学加以认识,但是,这些特性的进一步发展却是依靠教育发挥作用的。而且,蒋梦麟进一步指出,教育经营固有特性不可强抑蛮施,"教小孩贵在因势利导,固不可强施抑束,也不可揠苗助长"①。

很显然,这一方法与杜威的机能主义心理学有着直接的师承关系。杜威把心理理解为本能的活动,诸如人的情绪、习惯、冲动等生物性的本能是心理的基本内容,它们是通过遗传留下来,而现实中心理活动的实质就在于有机体采取一定的行动来适应环境,并满足自己的需要。以此作为教育的理论依据,就要求教育须按照儿童本能生长的不同阶段提供给他适当的材料,促进他本能的表现和发展。蒋梦麟的教育方法正体现了这一思想。鉴于此,蒋梦麟对中国传统的旧教育方法提出严厉批评,认为它们违背儿童天性,把儿童束缚在毫无生机的教室里。他提出,要将儿童从刻板的规范下解放出来,诱导儿童自行思想,并根据儿童的、而非成人的需要解决问题。

从这一基本方法出发,蒋梦麟进一步提出发展儿童固有之本性的途径,即通过"种种健全的活动"养成"健全之个人"。他提出的健全活动可分四类:一是学术活动,即知识的学习,与旧教育不同,这种学习是以科学人文主义思想为指导的;二是美育活动,即开展图画、音乐、戏曲、金、石、字、雕刻等活动,以活泼精神、陶冶情操;三是体育活动;四是"改良社会"的活动,包括学生自治、社会研究、平民夜校、破除迷信陋习,等等,藉此养成改良社会的能力。其实,这也是杜威经验自然主义教育思想的中国化。

(三)个性化教育的价值

如此倡导个性化教育,其意义何在?蒋梦麟从杜威"社会个人主义"的社会学思想出发,阐明其价值,即增进个人价值和创造民主社会。众所周知,杜威把人类社会形成的基本原因看做是带有人类原始本性的个人的结合。他指出,"人性中有利他和利己的倾向"②。社会既然是人性的结合,那么,教育在改进社会中就有决定性的意义。因此,杜威主张"使社会改革尽可能通过教育的方法而不是通过斗争来实现"③。很明显,这种社会观强调通过对个人的教育达到改良社会的目的。

---

① 蒋梦麟:《过渡时代之思想与教育》,商务印书馆,1933年,第248页。

② 哈利·威尔斯:《实用主义——帝国主义的哲学》,三联书店,1955年,第184页。

③ 赵祥麟、王承绪:《杜威教育论著选》,华东师范大学出版社,1981年,第308页。

蒋梦麟根据中国的现状,首先强调了个性化教育的个人价值。与同时代的许多知识分子一样,蒋梦麟看到了传统的以"三纲五常"为核心的中国旧教育对人性及其尊严、价值的严重束缚与压迫,可怜的中国百姓"人生微贱"、"几同牛马",毫无个人价值可言。因此,他寄望于用个性化教育重树人的尊严和价值。只有个人价值得到提升,才可能进一步建设更美好的民主社会。他希望健全个人具有改良社会的能力,用意正在此。

蒋梦麟将个性化教育所培养的健全个人视为民主社会的基石,无论为民、为工、为农、为商还是为官,首先是一个能言、能思、能行的个人;没有健全个人,社会就没有合格的公民。他指出:"强国之道,不在强兵,而在强民。强民之道,惟在养成健全之个人,创造进化的社会。"[1]这样,个性化教育的功用便经由它所培养的健全个人对民主社会的推助而体现出来。

四、具有中国特色的实用主义教育探索

蒋梦麟是实用主义教育思想在中国的积极传播者之一,他十分注重用杜威的思想、方法去观察、分析中国教育的现实问题。

（一）职业教育

1918 年 6 月,蒋梦麟出任中华职业教育社的专职总书记,同时担任社刊——《教育与职业》的主编。其间,他在《教育与职业》上发表了一系列文章,探讨职业教育问题,如《教育与职业》、《职业界之人才问题为教育界所当注意者》等,逐渐形成了独特的职业教育思想。

蒋梦麟认为,就当时的中国而言,实施职业教育是大势所趋。首先,他看到职业教育的重要性,他说:"职业教育为二十世纪工业社会之一大问题,吾国青年之立身,国家之致富,多是赖焉。举学校而尽排除职业教育,则偏矣。"[2]其次,他也看到中国与欧美各国在职业教育上的巨大差距,"以国家之力,补助地方实业教育者,美国也。以地方小民汗血之力,供国家之政客武人挥霍者,中国也"[3]。再者,金字塔形的教育结构使绝大多数小学生、中学生无一技之长便进入社会,很难谋取生计,"然以今日社会之状况而论,受四年初等小学教育后,能入高等小学者有几人乎? 高等小学卒业

---

①　蒋梦麟:《过渡时代之思想与教育》,商务印书馆,1933 年,第 110 页。
②　曲士培:《蒋梦麟教育论著选》,人民教育出版社,1995 年,第 2 页。
③　曲士培:《蒋梦麟教育论著选》,人民教育出版社,1995 年,第 64 页。

后,能入中学者有几人乎? 中学卒业后,能入大学者,又有几人乎? 夫由初小、由高小、由中学而直达大学卒业之学生,其大多数固能养成高等专门之学,然其余不能由下级而达上级者,皆无一技之长,以谋独立之生计,此种学生,听其自然乎?"①为此,蒋梦麟主张发展职业教育。

当时,由于实业学校的课程设置重理论轻实践,科目设置则囿于教育系统而忽视社会需求,课堂教学也是重知识传授轻技能训练,于是,职业教育领域出现了"有求而无适当之供"的怪现象。对此,他提出两点改进建议:首先,提出知识与技能相结合教授的建议。"知识以科学为主,技能以系统的实习为主",而且,实习的时间要占课程的一半以上。否则,"若无科学的知识,又无系统的学习,则实业学校之不能应用,与普通学校等耳,或且更不如也"。其次,他力主职业教育与实业界加强沟通。蒋梦麟认为,由于职业教育界与实业界之间缺乏沟通,导致毕业生就业渠道堵塞,从而出现了"观今日中国,学校之毕业生,无论习文学、习商科、习工科,在社会上求一职业,不可得也"之窘状,出现了"求人者与求事者无沟通机关,则求人者终不得相当之人,求事者终不得相当之事"之无奈。只有两者沟通后,才有可能通过教育解决实业上的人力资源问题,否则,教育是教育,职业是职业,绝无解决问题之日。

(二)历史教育

1918 年 1 月,蒋梦麟在《教育杂志》第 10 卷第 1 期发表了论述中国中小学历史教育的文章《历史教授革新之研究》,在中国历史教育发展史上,第一次借鉴杜威实用主义教育思想探讨历史教学问题。关于教学内容,蒋梦麟提出,"教授历史,当以学生之生活需要为主体也"②,"教授历史,当以平民之生活为中心点也"③,于是,民宅之布置、公共卫生之保护、风俗、职业、农林、家制、宗教、娱乐、法庭、学校等都成为教学内容;以及"表扬伟人,政治家与科学家、发明家并重也",以此引起儿童"求真理、习勤劳之心"④。

在教学方法上,蒋梦麟强调用联系的方法讲授中外历史的发展,他说:"若但讲中国史,必不能明现时吾国重要问题之意义。""若不授西史之重要

---

① 曲士培:《蒋梦麟教育论著选》,人民教育出版社,1995 年,第 2 页。
② 曲士培:《蒋梦麟教育论著选》,人民教育出版社,1995 年,第 8 页。
③ 曲士培:《蒋梦麟教育论著选》,人民教育出版社,1995 年,第 9 页。
④ 曲士培:《蒋梦麟教育论著选》,人民教育出版社,1995 年,第 9 页。

时代及人物,与乎人民生活,欧美各国特点,其能明之乎?"①同时,蒋梦麟注重历史与生活的有机结合,以解决现实问题为宗旨。如若不然,"则历史与生活离,失其本意矣"②。

（三）平民教育

受杜威实用主义的民主教育思想影响,蒋梦麟积极倡导平民教育。他所谓的平民教育,就是让平民享有平等的教育权利,并在教学组织形式、教育内容方法等方面平民化、通俗化,以便平民真正获得文化知识,改变自己的生存状况。很显然,这种平民教育具有改良社会乃至救国的论调。事实上,蒋梦麟的平民教育思想确实与共产党人的平民教育主张有所不同。后者的平民教育以"劳工"为重点,并以政治意识的启蒙为当务之急,因为共产党人并不认为教育可以解决社会的政治、经济等诸多问题,而是先改造好社会,才可以解决教育问题。

1919 年 1 月,蒋梦麟在《教育杂志》上撰写了《和平与教育》一文,呼吁"故今日欲得真正之和平,当一反吾国向日之所谓牧民政治",进而明确提出平民政治的主张。他说:"平民主义,首以增进平民之能力知识为本,使人民咸成健全之个人,倡造进化的社会。于是一方以健全之个人,进化的社会,而为和平之保障;一方以个人之才智,社会之能力,而扫除强暴不良之政治。如此,则熙攘往来,咸与升平,真正之和平至矣。"③这种平民政治与杜威的"社会个人主义"社会学理想是一致的。

据此建设平民化的政治,其基础自然是平民教育。蒋梦麟风趣地指出:"一个社会里边,少数的人,天天讲文化;多数的人,不知道地球是方的或是圆的;一个社会里有了两个世界,彼此不通声气,社会怎样能进化?"④尤其是中国的社会状况,很不乐观,"在四万万人民中,有三万万九千万还不知道有什么一回事;其余一千万中,有固执不化的,有关了门不管闲事的,有若知若不知的,有一味盲从的"⑤。在此种状况下,中国社会根本谈不上进化。他以"五四"时期民众的表现为例说明问题,当时,不少民众由于

---

① 曲士培:《蒋梦麟教育论著选》,人民教育出版社,1995 年,第 17 页。
② 曲士培:《蒋梦麟教育论著选》,人民教育出版社,1995 年,第 17 页。
③ 曲士培:《蒋梦麟教育论著选》,人民教育出版社,1995 年,第 66 页。
④ 曲士培:《蒋梦麟教育论著选》,人民教育出版社,1995 年,第 160 页。
⑤ 曲士培:《蒋梦麟教育论著选》,人民教育出版社,1995 年,第 167 页。

缺乏知识，所以对学生的牺牲无法了解，对进步知识分子的疾呼也感到莫名其妙；而且，蒋梦麟通过与英国、美国、德国、印度等国的比较研究，发现中国与各国在教育普及、成人识字等方面差距甚远。鉴于此，平民教育便成为改良社会的主要手段。

而要实施平民教育，在蒋梦麟看来，最好的办法就是社会运动教育，准确地说，这其实是一种以运动形式推进的成人扫盲教育。其方法主要是开办平民夜校，蒋梦麟认为此类夜校有三种形式：(1)借高等学校的校舍开设平民夜校。蒋梦麟在主持北大校政期间，就举办了多期平民夜校。夜校的教员是大学学生，教科书是大学生捐钱买来的。夜校的学生有男有女，有长有幼。(2)联合商界，举办平民夜校。这主要是通过具有社会责任感的商业人士捐钱，提供房租、器具、书籍等所需费用而举办的夜校。(3)组织"社会进化促进团"，开办夜校。"社会进化促进团"是由至少三个有识之士组成的一个社会团体，宗旨在于开办平民夜校，并负责教授。社团里三人每人要游说三个朋友再组成另一社团，以此类推，一团生三团，三团生九团，不久便使平民夜校遍布全国。

蒋梦麟以为，通过这种途径，就能解决中国教育落后问题，扫除文盲，并改良社会。

值得一提的是，蒋梦麟倡导的平民教育和他的个性化教育其实也是一脉相承的。他说："吾国昔日之教育，牧民政治之教育也。……近世西洋之教育，平民之教育也，曰自治也，独立也，自由平等也，发展个性，养成健全之个人也，皆所以增进个人之价值，而使平民发达而无疆也。"①这就是说，平民教育的目标就是培养具有精确明晰之思考力、丰富之感情和活泼之精神以及改良社会之能力的新人。

五、高等教育思想与实践

从1919年7月到1945年8月，蒋梦麟在北大断断续续工作长达22年(1926—1930年12月除外)。其间，不管时局如何动荡，他都坚守、发展恩师蔡元培的高等教育管理思想，从"兼容并包、思想自由"的办学方针、"学术至上"的大学理想，到"教授治校"的民主管理模式，蒋梦麟为北大的现代化发展作出了不懈的努力。

① 曲士培：《蒋梦麟教育论著选》，人民教育出版社，1995年，第68页。

（一）"兼容并包、思想自由"的办学方针

作为弟子,蒋梦麟对蔡元培所推行的"兼容并包、思想自由"的办学方针肯定有加。他明确表示,"学术自由之权,所以求思想与学术自由之发展,不受外力之挠也"①,"研究学术而有所顾忌,则真理不明"②。因此,无论是协助蔡打理北大,还是独执北大牛耳,在日益严酷的环境下,蒋梦麟始终坚守着蔡师"兼容并包、思想自由"的余绪。

例如,1923年,北大发生了著名的"玄学派"代表梁启超、梁漱溟、张君劢和"科学派"代表丁文江、胡适的学术之争,足以证明当时"思想自由"之风气。

又如,19世纪20年代,北大讲堂上依然有《马克思的经济学说》、《唯物史观》、《工人的国际运动》等课程,一批"过激主义"的教授依然活跃于北大讲坛,共产党人李大钊一直到1926年发生"三一八"惨案时才离开北大。

再如,19世纪30年代,当蒋梦麟以中国国民党中央政治会议委员的身份主持北大校务时,北大仍把"马克思主义"作为一种学术在讲坛上讲授,当时开设的课程还有《社会主义之理想及其系统》、《社会主义与社会运动》等。这与当时蒋介石的南京政府对共产党人的血腥围剿是有明显不同的。

当然,后来由于时局的急剧变换,蒋梦麟不得不采取审慎的"学术自由"措施,以免给学校和师生招惹不必要的麻烦。

（二）"学术至上"的大学理想

在教育理想上,蒋梦麟不仅赞赏蔡元培提出的"大学者,研究高深学问者也"的观点,更是受到杜威"社会个人主义"社会学思想的影响,他力主"学术救国"。他说:"学术衰,则精神怠;精神怠,则文明进步失主动力矣。故学术者,社会进化之基础也。"③对教育而言,"有真学术,而后始有真教育;有真学问家,而后始有真教育家"④。但是,"吾国自有史以来,学问之堕,于今为甚。今不先讲学术,而望有大教育家出,是终不可能也。无大教

---

①　曲士培:《蒋梦麟教育论著选》,人民教育出版社,1995年,第234页。

②　曲士培:《蒋梦麟教育论著选》,人民教育出版社,1995年,第231页。

③　蒋梦麟:《过渡时代之思想与教育》,商务印书馆,1933年,第121页。

④　蒋梦麟:《过渡时代之思想与教育》,商务印书馆,1933年,第98页。

育家出,而欲解决中国教育之根本问题,是亦终不可能也"①。这种学术救国、学术立国的理念,使他把学术视为北大的生命。

为此,他采取了各种措施提升学校的学术质量。例如,重视师资的选聘,精心挑选国内一流的学者充任教师队伍,像胡适、刘树杞、周炳琳、李四光、饶毓泰、张景、孙云铸等都被聘为北大教授;积极扶持师生组织各种学术研究团体,如化学会、经济学会、教育学会等;改进研究所的设置,如前所述;重视学术交流,邀请国外学者讲学,杜威等也就是在这一时期来到中国,这无疑对于推动北大乃至中国学术的发展有积极的作用。

(三)"教授治校"的管理模式

1919 年 9 月,蒋梦麟出任北大总务处处长。1920 年,他总结蔡元培的管理实践经验,参照仿效欧美模式,为北大设计了一个完整的管理体系。蒋梦麟要求在校长之下设评议会、行政会、教务处、总务处,专责相关事务;基层各系由教授互举系主任;系与校级上层组织之间,设各种事务委员会。他解释说:"教务会议仿欧洲大学制。总务处仿美国市政制。评议会、行政会两者,为北大所首倡。评议会与教务会议之会员,由教授互选,取德谟克拉西(democracy 音译——引者注)之议也。行政会议及各委员会之会员,为校长所推举,经评议会通过,半采德谟克拉西主义,半采效能主义。总务长及总务委员为校长所委任,纯采效能主义,盖学术重德谟克拉西,事务则重效能也。"②这一设计对完善 20 世纪 20 年代北大的管理产生了很大作用,而它的核心即是坚持了"教授治校"的原则,同时辅以健全的组织。30年代北大的组织结构调整也是贯彻"教授治校"的基本原则。1929 年,他主持制订的《大学组织法》,也是非常强调"教授治校、民主管理"的管理原则。

此外,蒋梦麟在北大的课程设置、办学条件改善等方面也进行了有益的探索,凡此种种,都为北大乃至中国高等教育的现代化发展奠定了基础。在这个意义上,蒋梦麟在中国高等教育史上应该占有一定的地位。

①　蒋梦麟:《过渡时代之思想与教育》,商务印书馆,1933 年,第 98 页。
②　蒋梦麟:《过渡时代之思想与教育》,商务印书馆,1933 年,第 459 页。

第三节 张雪门的教育思想

一、生平和主要教育活动

张雪门(1891—1973),原名显烈,字承哉,浙江鄞县人,我国近代教育史上著名的幼儿教育专家。张雪门早年就读于私塾,后毕业于浙江省立第四中学。1912 年,就任鄞县私立星荫小学首任校长。1917 年,星荫小学附设星荫幼稚园。这是宁波第一所由中国人自己开办的幼稚园。1918 年 8月,张雪门被聘为该幼儿园园长。从此,张雪门开始了他毕生的幼儿教育事业。当时,张雪门对幼儿教育并不十分专业。为此,从 1918 年起,他先后调查了北京、天津、苏州、无锡、上海等地 30 所幼稚园,对当时的幼儿教育现状加以分析研究,力图改造不适合儿童身心发展的幼稚园教育。其间,他认识到幼儿师资的重要性,认为幼儿园办得好坏的关键在于师资。因此,1920 年 4 月,他还在星荫幼稚园任职期间,就与杨菊庭等教育人士在鄞县城西创办了两年制的湖西幼稚师范学校,并被推选为校长。这是中国人创办的最早的幼儿师范学校之一。1924 年,张雪门赴北京大学研究幼儿教育,得到教育系主任、中共党员高仁山先生的指导。不久,他的译著《福禄倍尔母亲游戏辑要》和《蒙台梭利及其教育》相继问世。1926 年发表在《新教育评论》上的"幼儿园第一季度课程"引起同行关注。1928 年,张雪门主持北平孔德学校幼稚师范科教学、管理工作。其间,他创办了艺文幼稚园,作为幼儿教师的实习场所,并组织成立了北平幼稚教育研究会。1930 年秋,他应北平香山慈幼院院长熊希龄之邀,出任北平幼稚师范学校校长。其间,他编辑了幼稚师范丛书,进行了教育见习、实习的改革实验。1934年,他聘请陶行知的学生戴自俺到北平幼师任教,由戴自俺带领三年级师范生与北大农学院合作,在北平阜成门外罗道庄开办了"乡村教育实验区"。同时,张雪门开始了幼稚园行为课程的研究,并应北平民间大学、中国大学、天津女子师范大学之邀,讲授幼稚教育课程。

抗战爆发之后,张雪门与熊希龄一起将北平幼师南迁广西、重庆。1938 年 2 月,南迁幼师在广西桂林东华门大街成立,招 2 个班,1942 年又招了 4 个班。当时广西省 99 个县 1 个市均有该校毕业生从事幼教工作,为广西播下了幼教的种子。其间,他编著了《幼稚园行政》、《儿童保育》等书籍。1944年,幼师迁往重庆。在特殊时期,张雪门领导师生一方面组织师范生辅导委员会,拟订保育员培训规程,招收战时儿童保育院毕业生进行保育员训练,另一方面进行儿童福利制度实验。为适应抗战的需要,他规定了教育的重点在于加强幼儿的民族意识和爱国观点,培养幼儿吃苦耐劳的习惯等。在他的推动下,当时重庆附近各地均成立了作为实验机构的幼儿团,仅重庆一地就成立了4个幼儿团。

抗战胜利后,张雪门于1946年1月返回北平,为恢复北平幼师四处奔波,却得不到政府的支持。此时,恰逢台湾民政处电邀他赴台办理儿童保育院,他于同年7月中旬前往台湾。1947年,该院更名为台北育幼院,张雪门出任院长,竭力肃清由日本帝国主义统治台湾50年而造成的奴化思想之影响,向幼儿进行爱国主义教育,培养孩子的民族自尊心。1948年,育幼院得到著名华侨胡问虎及其夫人资助,建起了从婴儿部、幼稚园到小学的完整育儿机构。

1952年,张雪门因日益加重的眼疾而离开育幼院。不过,他仍然热心幼教工作,出任台南幼师科顾问、全省幼儿团教师暑期讲习班班主任、侨民教育函授学校教育科主编;出席台湾幼教业务研讨会;作幼稚教育专题演讲;主办《中华日报》之《幼教之友》专栏。

1960年,他突患脑疾,半身不遂。在眼睛几乎失明,手脚失灵,耳朵失聪的情况下,仍然撰写了《幼稚教育》、《幼稚园课程活动中心》、《幼稚园行为课程》等十几部专著,为幼儿教育理论的建设作出了重要的贡献。

1973年,张雪门因脑疾复发,抢救无效而去世,享年83岁。张雪门一生致力于幼儿教育事业60余年,鞠躬尽瘁,严谨治学,在幼稚教育目的、课程和师资培养等方面进行了卓越的研究和探索,撰写了200余万字的书稿,为后人留下了丰富的教育遗产。1994年,北京少年儿童出版社出版了《张雪门幼儿教育文集》(上、下卷)。

二、论幼儿教育的目的

张雪门对幼稚教育目的的看法经历了两次转变。第一次是着重阐述幼稚教育应以发展儿童个性为目标;第二次则是从儿童本位的观点转向以造就中华民族新一代为目标的幼稚教育目标。

在第一次转变中,张雪门根据幼稚教育现状,批判了以培植士大夫为目标的封建幼稚教育，以及以培养宗教信徒为目标的教会幼稚教育。首先，他认为清末仿效日本办理的蒙养院向孩子们灌输陈腐的知识和忠孝的道德意识，完全是为造就士大夫而服务。他在《我国三十年来的幼稚教育的回顾》一文中，对这类日本式蒙养院曾作了如下的揭露："他们将谈话、排板、唱歌、识字、积木等科目，一个时间一个时间规定在功课表上，不会混乱而且也不许混乱，教师高高地坐在上面，蒙养生端正地坐在下面。教师教一样，学生学一样，全部活动不脱教师的示范，儿童不能自己别出心裁。至于各种工具和材料，如果教师不给，儿童自然不能自由取用，且放置的地方很高，儿童虽欲取而不得……在这种教育之下，儿童是被动的，双方都充满了压迫的苦闷。所学的全部是零零碎碎的知识技能，都是浮面的、虚伪的，日子稍久就立刻忘怀了。"[1]

其次，他指出，教会办的幼稚园，宗教本位，试图把幼儿培养成为虔诚的教徒和帝国主义温顺的奴仆。张雪门深感痛心，对此他也给予了深刻的抨击。他认为教会幼稚园不顾儿童的天性，完全把他们当做教徒来看待，教职人员只是为教会尽职，而不是为教育服务，并尖锐地指出教会幼稚园作为帝国主义文化侵略的工具，它所起的作用"消极的是在减弱中国民族的反抗，积极的是在制造各国的洋奴"[2]。

鉴于此，他提倡以发展儿童个性为目标的幼稚教育。他认为："幼稚教育的目的，应完全以儿童为本位；成就儿童在该时期内身心发展的规律，并培养其获得经验的根本习惯，以适应环境。"[3]而且，他进一步指出，这种以儿童本位的教育是借鉴意大利和美国等进步主义教育的经验。

第二次转变发生在20世纪30年代初，随着社会政治经济形势的变化，张雪门认识到儿童本位思想已经完全不适应当时的国情和时代需要，认为教育如果不考虑社会需要，就没有多大效果。由此，他开始树立了以造就中华民族新一代为目标的幼稚教育思想。他认为教育是改造中华民族贫、弱、愚、私和唤起民族意识及反帝国主义意识的关键，而幼稚教育应居其始。他强调目前的儿童便是下一代的民族，凡现时代中华民族应负的使命，儿童虽小但不例外。为此，他提出了"改造民族的幼稚教育"思想，并拟定了四项具体目标："铲除我民族的劣根性；唤起我民族的自信心；养成劳

---

① 转引自王莉娅等主编：《中外学前教育史》，高等教育出版社，2006年，第96页。
② 转引自王莉娅等主编：《中外学前教育史》，高等教育出版社，2006年，第97页。
③ 转引自王莉娅等主编：《中外学前教育史》，高等教育出版社，2006年，第97页。

动与客观的习惯态度;锻炼我民族为争中华之自由平等而向帝国主义作奋斗之决心与努力。"①基于上述教育目的,张雪门提出了相应的创建中国特色之幼稚园的三条原则:一是中国的传统文化;二是国家民族的需要;三是儿童心理发展的需要。通过这样的幼稚教育,培养有健康体魄,有劳动习惯,有自治能力,有不畏强暴抵御外来侵略的民族自信心,而又能适应新生活的新一代国民。

三、论幼儿园的课程

关于幼儿园课程建设问题是张雪门教育思想的主要部分。张雪门指出:"课程是经验,是人类的经验。用最经济的手段,按有组织的配置,用各种方法,以引起孩子的反应和活动。"②因此,他认为不应当把课程仅仅看做是知识的载体,而应当把"技能、知识、兴趣、道德、体力、风俗、礼节种种经验,都包含在课程里。换句话说,课程是适应生长的有价值的材料"③。对于幼稚园的儿童来说,"生活就是教育,五六岁的孩子们在幼稚园生活的实践,就是行为课程"④。生活和实际行为构成课程的两大要素。由此,张雪门提出了幼稚园行为课程理论,其要点在于三句话:"生活即教育";"行为即课程";"做学教合一"。

(一)生活即教育

在张雪门看来,幼稚园课程"完全根据于生活,它从生活中来,从生活而展开,也从生活而结束,不像一般地完全限于教材的活动"⑤。也就是说,课程完全融合在儿童的生活中。他还进一步强调:"在幼稚园中,各种科目都变成儿童生活的一面,不能分而且不必分,不独这科与那科不分,有时候甚至一种科目当作儿童自己生活之表现,科目与人都无法分了。"⑥可见,行为课程贯穿了教育以生活为中心,教育生活化的思想。

---

① 转引自王莉娅等主编:《中外学前教育史》,高等教育出版社,2006年,第97页。
② 转引自王莉娅等主编:《中外学前教育史》,高等教育出版社,2006年,第97页。
③ 转引自王莉娅等主编:《中外学前教育史》,高等教育出版社,2006年,第97页。
④ 转引自王莉娅等主编:《中外学前教育史》,高等教育出版社,2006年,第98页。
⑤ 转引自王莉娅等主编:《中外学前教育史》,高等教育出版社,2006年,第98页。
⑥ 转引自王莉娅等主编:《中外学前教育史》,高等教育出版社,2006年,第98页。

(二)行为即课程

"行为即课程"则是"生活即教育"的深化,张雪门认为幼稚教育要生活化,须注意儿童的实际行为。他断言,课程未经实际行为,其所得到的经验,不过是表面的、机械的,绝不是有机的融合。他说:"凡扫地、抹桌、熬糖、爆火花以及养鸡、养蚕、种玉粟和各种小花等,能够让幼儿实际行动的,都应该让他们实际去行动。"[①]因为"从行动中所得的认识才是起初的认识;从行动中所发生的困难,才是真实的制驭环境的能力"[②]。同时,幼儿只有通过这种实际行为,才能使个体与环境接触,从而产生直接经验,这种经验也可以说是人生的基本经验。至于游戏、故事、唱歌等教育形式,虽然也可以给予幼儿模仿和表演的机会,然而并不能代表人类的实际行为。所以,他要求教师一定要常常运用来自生活的力量。他认为教师若真做到了,这便是行为课程了。

根据上述思想,张雪门探讨了行为课程编制原理。他认为幼稚园课程的组织与小学、中学和大学各级学校的课程不同,它有自己的特点和要求,第一,"幼稚生对于自然和人事没有分明的界限,他看宇宙间一切的一切,都是整个儿的"[③],所以课程编制时如果分得太清楚、太有系统,反而不能引起儿童的反应;第二,"当幼稚生的时期中,满足个体的需要,实甚于社会的希求"[④],所以,课程编制时更应该满足儿童个体的需要;第三,"幼稚园的课程,须根据儿童自己直接的经验。虽然这种经验不如传授式的经济和整齐,但对于幼儿来说,意义重大"[⑤]。20世纪70年代,在其出版的《中国幼稚园课程研究》一书中,张雪门进一步提出了组织幼稚园课程的一些标准和要求:课程必须和儿童的生活联络;课程是有目的、有计划的活动;事前应有准备,应估量环境,应有相当的组织,且有远大的目标;各种动作和材料必须合乎儿童的经验能力和兴趣;动作中须使儿童有自由发表创作的机会;各种知识技能兴趣习惯等全由儿童的直接经验中获得;等等。据此,他结合实践,拟定了《各月活动估量表》,将全年的课程分为自然环境、社会环

---

① 转引自王莉娅等主编:《中外学前教育史》,高等教育出版社,2006年,第98页。
② 转引自王莉娅等主编:《中外学前教育史》,高等教育出版社,2006年,第98页。
③ 转引自王莉娅等主编:《中外学前教育史》,高等教育出版社,2006年,第98页。
④ 转引自王莉娅等主编:《中外学前教育史》,高等教育出版社,2006年,第98页。
⑤ 转引自王莉娅等主编:《中外学前教育史》,高等教育出版社,2006年,第98页。

境和儿童三大类活动。自然环境类包括节气、动物、植物和自然现象;社会环境类包括节日、纪念日、家庭、店铺、职业、风俗、公共机关、学校等;儿童类包括了游戏和疾病等活动。

（三）做学教合一

行为课程的要旨是以行为为中心,以设计为过程。倘若只有行为,而没有计划、实行和检验的步骤,算不上是有价值的行为;反过来,行为课程也如空中楼阁。因此,从教学方法上讲,"做"是教和学的中心,张雪门说:"……在做上教的是教师;在做上学的是学生。教师能在做上教,拿做来教,做的就是教的,那才是真正的教;学生能在做上学,拿做来学,做的就是学的,那才是真正的学。……我们根据自然生长原则的人,到幼稚园实际去服务,更不能不采用做学教合一的方法。"①也就是说,解决行为课程教学问题的办法"只有一条路,就是和他的生活发生关系"。

具体而言,行为课程教学法采取单元设计的方法,它有两个要点:首先,教师根据教育宗旨、教育政策、社会需要以及幼儿的能力选择特定的单元,并设定具体的单元教学目标,据此确定行为课程的内容,如上述各类估量活动。其次,在活动中,教师要打破各学科界限,选择与学习单元有关的材料加以运用,适当配合幼儿实际行为的发展,使各科教材自然地融合于幼儿生活中。以这种方式教学,教师在教学前要准备材料、布置环境、详拟计划;在教学中,要随时巡视指导,不重讲解,而着重指导幼儿行为;在教学后,要评估、检验教学过程,以了解幼儿在知识、思考、习惯、技能、态度、兴趣等方面的表现,作为教学改进的依据。

四、论幼儿师范教育

张雪门自从教以来,一直非常重视幼稚园师资的培养、培训。他认为:"师资的由来,实由于师范教育的培植。如果我们研究幼教仅限于幼稚园的教育,抛弃了师范教育,这无异于清溪流者不清水源,整枝叶者不整树本,绝不是彻底的办法。"②这在他对于北平幼稚师范学校的热衷中可见一斑。在长期的幼稚师范教育中,他总结提炼了"半日授课半日实习"的幼师

① 张雪门:《幼儿教育概论》,商务印书馆,1931年,第63页。
② 转引自王莉娅等主编:《中外学前教育史》,高等教育出版社,2006年,第99页。

培养思路,凸显其注重实践的教育理论特色。

（一）见习、实习的时间、内容安排

鉴于张雪门注重实践的思想特色,他把师范生见习、实习放到了非常突出的地位,提出了"半日授课半日实习"的教育培养模式。他规定第一学年每周实习 9 学时,分 3 次进行。先参观本校中心园的园址、园舍、设备、教具,了解教师的态度、技能、兴趣、习惯、仪表以及教师对幼教问题的处理等,使幼师生对幼稚园有个基本概念。然后参观各个类型的幼稚园,使师范生开阔眼界,扩充知识,研究、比较、探讨适合国情的幼稚教育。最后是参与实习,每周 3 个上午到中心园实习,培养幼师生的基本观念和教学能力。

第二学年的实习时间由学生自由支配。在平民幼稚园里,从建园到管理,都让学生独立完成。

第三学年第一学期的实习分两半时间,一半在婴儿园实习,另一半在小学实习,使学生对幼稚园的两端都有所了解,知道如何使各阶段的教育相互衔接。第二学期则要下乡开办农村幼稚园,确立其为城乡幼稚园教育献身的远大志向。

（二）见习、实习的场所

与幼师生见习、实习时间、内容安排相适应,张雪门对见习、实习的场所也作了规定。他认为幼师生的见习、实习地方有四种:(1)中心幼稚园。幼稚师范设立的中心幼稚园是供幼师生获得教育幼儿的实际经验的重要实习场地。中心幼稚园的教师,既是幼儿的老师,也是幼师生的老师。幼师生通过在中心幼稚园的实践,可以奠定学习、热爱幼稚教育的基础。(2)平民幼稚园。这是幼师生第二学年实践的主要场地。它是借用正规幼稚园的园舍,由幼师生从商借园舍、生源调查、宣传动员经济贫困家庭送幼儿入园等活动开始,然后通过幼师生自主管理幼儿园而让他们实践幼儿园教育、教学、保育、后勤、行政管理等一系列工作的免费幼儿园。在平民幼稚园里,幼师生能学到独立从事幼稚园各项工作的能力。(3)婴儿保教园。这是幼师生第三学年第一学期实践的主要场地之一。在这里,幼师生能够学到零至三四岁儿童的保健、营养和教育等方面的知识。(4)小学。这也是幼师生第三学年第一学期实践的主要场地之一。在这里,幼师生可以了解"幼儿在入学前应该如何准备"等方面的知识,以更好地为幼儿入学打好基础。

此外,他还主张组织学生下乡举办乡村幼稚园,使幼师生了解农村幼稚教育情况,明确幼稚教育的社会价值,从而增强其职业道德素养。

从上述情况看,张雪门的见习、实习模式与我们当下的幼师实习有很大的差异:(1)空间上,张雪门把幼师生的实习场所从幼稚园扩大到婴儿园、小学,从校内到校外,从城市到农村;(2)时间上,张雪门在每个学期均安排有见习、实习,大大地增加了实践的机会;(3)在内容上,张雪门把幼稚教育延伸至婴儿保育、小学教育两端,从单纯的幼儿教育、教学问题拓展到幼儿园管理等方面。因此,这种"半日授课半日实习"的幼师培养模式极大地提高了师资的质量,从而为幼儿教育的发展打下扎实基础。

第四节　杨贤江的教育思想

一、生平和主要教育活动

杨贤江(1895—1931),字英甫,笔名李浩吾、叶公朴,出身于余姚运和乡杨家村(今属慈溪长河镇)一个贫寒的成衣匠家庭。中国最早的马克思主义教育理论家,杰出的青年运动领导人。1907 年,进郑巷溪山初小读书,后到泗门诚意学堂读高小,1911 年毕业留校任教。1912 年,考入浙江省第一师范学校,受到经亨颐、夏丏尊、李叔同等名师的教诲。1917 年毕业后,由校长推荐到南京高等师范学校任职,同时入商务印书馆附设函授部英文科学习,开始翻译国外教育论著。1919 年,加入少年中国学会,编辑《少年世界》、《少年社会》等刊物。1920 年 9 月,应邀到广东高要县国民师范补习所任教务主任。1921 年起,担任商务印书馆《学生杂志》编辑,长达 6 年。这一时期,他发表了大量的短评和教育论文,开始研究青年教育问题,并逐渐接受了马克思列宁主义。1922 年 5 月,加入中国共产党,次年当选中共上海地方兼上海区执行委员会候补委员,先后在上海大学及其附中、上海景贤女中等学校执教,一度协助恽代英编辑《中国青年》,并以饱满的热情参与党组织的各项活动。其中,对青年学生的爱国运动和人生教育问题尤为关注,并循循启发知识分子和广大青年的革命觉悟。"五卅"运动时,参

加组织"教职员救国同志会",并任上海市学生会会长。1926 年被选为国民
党左派组织的上海特别市党部委员,参加了工人武装起义的领导工作。
1927 年国民革命失败后,根据中共中央指示东渡日本。留日期间,仍然积
极从事教育理论研究和翻译工作。1928 年完成《教育史 ABC》,这是第一
部从唯物史观视角考察教育史的著作,它运用阶级分析的方法,按照马克
思主义关于社会发展形态的理论来阐述世界教育发展的历史进程。1929
年 5 月回到上海,担任中共中央文委委员,组织开展工作。同时,还参与了
"中国社会科学家联盟"的组织和纲领制定工作。1930 年,完成《新教育大
纲》,这是我国最早的马克思主义教育学著作,对传播马克思主义教育思想
具有积极作用。1931 年 8 月,病逝于日本长崎。

杨贤江一生除上述两部著作外,还译有《家族、私有财产及国家之起
源》、《世界史纲》等。另有大量的教育论文发表,如《中国教育状况的批
评》等。

二、论教育的本质和功能

教育的本质是什么? 它具有什么功能? 这是教育作为独立研究领域
无法回避的问题。对这一问题的不同说法正是造成教育理念差异的根源。
杨贤江从马克思主义视角较为系统地阐述了"教育是观念形态的劳动领域
之一,即社会的上层建筑之一"[1]这一命题。

为了让人们对教育的本质有一个客观的了解,杨贤江依据唯物史观首
先探讨了教育的起源。他认为,教育并非从天上掉下来,亦非人的主观意
识的产物,而是起源于人的实际生活需要。他说:"教育是怎样起源的? 是
根据于什么人性吗? 是根据于教育者的意识吗? 或是根据于什么天命
吗? ——即所谓'作之君,作之师',都不是的。教育的起源并不在于这样
玄妙的处所。教育只是一件'日用品',是与社会的生活过程、物质的生产
关系有密切联系的;而且是以这种现实的社会经济生活为基础的,只要是
现实的经济关系变了,它是必然地跟着变的。若说教育是与现实的经济生
活无关心地单凭某个人头脑中的思索所得决定,从来就没这样一回事。"[2]
又说:"教育的发生,就只根于当时当地的人民实际生活的需要;它是帮助

---

① 《杨贤江教育文集》(卷 3),河南教育出版社,1995 年,第 265 页。
② 《杨贤江教育文集》(卷 3),河南教育出版社,1995 年,第 266 页。

人营社会生活的一种手段。这所谓生活,一方面是衣食住的充分获得,他方面是知识才能的自由发展;还有,这种生活是集体的、社会的,决不是孤立的、个人的。"①

不难看出,杨贤江十分明确地肯定了教育必须以社会经济生活为基础,从而坚持了唯物主义的基本精神,而且,他还兼顾到"生活"的精神层面。这比"教育起源于劳动说"更接近教育的本相。

如果说教育是基于人类实际生活需要而产生的,那么,它的本质自然是"观念形态的劳动领域之一"。他说:"照唯物史观来说,社会的经济构造是现实的基础,而法律上、政治上、宗教上、艺术上以及哲学上——简言之,就是观念上——的各种形态(即所谓观念形态)都是建立在这个基础上的上层建筑;教育就是这样的上层建筑之一,也就是这样的观念形态之一。"②

但是,教育有不同于其他上层建筑的特点。它"不像别的精神生产各有各的内容,而是以其他的各项精神生产的内容为内容的。譬如,学校里的课程,无论是科学,是哲学,是艺术,这种种学科的内容,没有不和当代社会的一般科学的内容、一般哲学的内容、一般艺术的内容相同的"③。这也就是说,教育除了受制于经济构造之外,还"在资料和方法上受制于其他各项精神生产"④。教育的这一状态决定了它只是一种工具,它的作用和任务就是把"单纯的劳动力"转变为"复杂的劳动力"。

正是基于对教育工具性意义的考察,杨贤江断言"教育"无非是"帮助人营社会生活的一种手段"。教育的这种实用性特征在原始社会是非常单纯的,但是,进入阶级社会以后,教育的工具性就"变味"了——(在很大程度上)它成为阶级统治的工具。在杨贤江看来,这种"变味"的教育存在五大特征,即:教育与劳动分家;教育权跟着所有权走;教育专为支配阶级服务;两重(统治阶级和被统治阶级——笔者注)教育权的对立;男女教育的不平等。

为此,杨贤江进一步分析教育与经济、政治的关系,以阐明"变味"的教育的实质。关于教育与经济的关系,他说:"教育这种上层构造,自是依据

----

① 《杨贤江教育文集》(卷3),河南教育出版社,1995年,第266页。
② 《杨贤江教育文集》(卷3),河南教育出版社,1995年,第265页。
③ 《杨贤江教育文集》(卷3),河南教育出版社,1995年,第271页。
④ 《杨贤江教育文集》(卷3),河南教育出版社,1995年,第271页。

经济构造以成形,且跟随经济发展以变迁的。"①例如,进入资本主义社会,机器大工业生产要求劳动者具有一定的文化知识,为此,推动产业教育的发达,班级授课制、义务教育制等应运而生,这使得教育成为"支配生产的行为,改进技术的效用,而达到资本增值的目的"②。毋庸置疑,经济势力对教育发挥了无可辩驳的支配作用。另一方面,教育也积极地影响经济。例如,"自然科学是'用表示生产过程的进路,提高它的效果,规制它的行程,建立它的秩序'。这就是科学对于生产力及经济关系所生的影响。资本家社会要特别奖励自然科学的研究,自然是为了这种研究可有助于生产事业的发展……"③在《新教育大纲》中,杨贤江还着重分析了资本主义经济造成的"教育商品化"的若干特征:拿金钱计值(指按受过教育的阶段来定薪水的高低);大量生产(指无政府状态的生产);学校的工厂化;公平交易;把发明完全看做商品,可用金钱买卖;体育的营业化。

关于教育与政治的关系,杨贤江指出,教育"虽和政治同为上层建筑之一,但它是较为第二义的,较为派生的。因为它不仅由生产过程决定,也由政治过程所决定"④。在他看来,政治制约教育的情形在阶级社会中比比皆是,例如,"中国自汉以来的教育,要尊孔子,宗儒经;日本自有历史以来的教育,要崇拜天皇,尊敬皇室"⑤。古代如此,近现代尤甚。另一方面,教育反作用于政治,有积极的,也有消极的。例如,"在辛亥革命之前,有许多地方的学校已在宣传革命思想,黄花岗七十二烈士的英勇行为,尽可说是这种宣传的产物"⑥。因此,杨贤江反对当时所谓教育超阶级、超政治的观点。

根据教育与政治、经济之间的密切关系,杨贤江批驳了当时社会上流行的"教育神圣说"、"教育清高说"、"教育中正说"、"教育独立说"等观点,指出它们的错误就在于混淆了教育与经济、教育与政治的关系,抹杀了教育的阶级性。

此外,针对当时流行的关于教育功能的改良主义观点,如"教育万能说"、"教育救国说"、"先教育后革命",杨贤江都一一给予了批判。关于"教

---

① 《杨贤江教育文集》(卷3),河南教育出版社,1995年,第415页。
② 《杨贤江教育文集》(卷3),河南教育出版社,1995年,第421页。
③ 《杨贤江教育文集》(卷3),河南教育出版社,1995年,第421页。
④ 《杨贤江教育文集》(卷3),河南教育出版社,1995年,第424页。
⑤ 《杨贤江教育文集》(卷3),河南教育出版社,1995年,第426页。
⑥ 《杨贤江教育文集》(卷3),河南教育出版社,1995年,第323页。

育万能说",他指出,诚然近代教育比之旧教育进步了许多,发挥了广泛而深刻的社会影响,但是,这种新教育并非人人都能享受得到,因此,如果不去谋求经济政治的变革而一味迷信教育的功能,社会的近代化发展最终是难以突破的。关于"教育救国论",他指出,中国如不推翻帝国主义在中国的统治,不肃清封建势力,就不能脱离现在半殖民地半封建状况,因此,靠教育救国简直就是笑话。但是,"不能救国"并不意味着"不必救国",也就是说,教育可以参与到社会政治、经济变革中去,并发挥一定的作用。至于"先教育后革命说",更是骗人的话,很难想象在两重教育权对立的社会中,统治阶级会允许你在他支配的学校里"实施革命的教育,普遍地养成革命的人才"①,"这样的主张是叫大家走上合法运动之路,走上取消主义之路,这不仅是'后革命',简直是'不要革命'、'放弃革命'"②。

由上可见,杨贤江从历史唯物主义角度,结合对其他种种观点的批判,透彻地分析了教育的本质和功能,使处于迷惘中的革命知识分子和青年及时掌握马克思主义教育理论,认清教育与政治、经济的辩证关系。值得一提的是,杨贤江的论述,对于今天的教育理论仍然具有重要的意义。

三、论教育发展的历史过程

1929 年 5 月,杨贤江撰写的《教育史 ABC》由世界书局出版。在这本书中,杨贤江通过对"先史时代的教育"、"古代的教育"、"中世的教育"、"近代的教育"的考察,说明这么一个真理:"人类历史自入于文明期,即社会有了阶级以来,教育总是阶级的,为供支配阶级'御用'的;无论重道德(在封建社会)或重知识(在资本主义时代)都是为了支配阶级的利益。"③其中,他着重通过对资本主义教育的分析,展望了一幅社会主义教育蓝图,并表达自己对共产主义的憧憬和必胜的信念。

首先,杨贤江考察了原始社会的教育。他指出,原始社会生产力低下,人们通过渔、猎等集体劳动而维持生存;财产共有,没有阶级、国家的概念。与此相应,教育与生产、生活紧密相联,"一是获得生活资料的'实用教育',一是安慰精神的'宗教教育'"④。

---

① 《杨贤江教育文集》(卷3),河南教育出版社,1995 年,第 330 页。
② 《杨贤江教育文集》(卷3),河南教育出版社,1995 年,第 332 页。
③ 中央教科所、厦门大学合编:《杨贤江教育文集》,教育科学出版社,1982 年,第 401 页。
④ 《杨贤江教育文集》(卷3),河南教育出版社,1995 年,第 338 页。

进入奴隶社会以后,财产私有制产生了,阶级、国家也应运而生。与之相应,教育被深深地烙上了阶级的印痕,成为统治阶级的特权,带有十分明显的贵族性、等级性。

而在封建社会,教育则是为土地占有者的利益服务,因为"封建社会是以土地所有为中心要素的一种社会"①。因此,一般平民很难有机会受教育。封建教育的宗旨仅在于培养治术人才。

资本主义社会是继封建社会之后的另一种社会形态。就教育而言,杨贤江认为,资本主义社会教育比封建社会教育有了很大的进步,主要表现在:封建社会对庶民不施教育,而资本主义时代要对全体国民施以强迫教育,乃至义务教育;封建社会教育几乎以道德教育为全部,而资本主义教育扩大了范围,以传授日常生活上的知识技能为目的。但是,杨贤江并不认为资本主义教育是突破阶级局限的理想教育,通过对吹捧资本主义教育是所谓的"劳动化、科学化、社会化、中立化、国际化"的批判,以及资产阶级教育的本质分析,他认为,资本主义教育仍然是为本阶级利益着想的,它既要从未来的劳动者身上榨取更多的利润,又要使之顺应资本主义制度。尤其是到了帝国主义阶段,其独断专制的色彩愈加明显。所以说,资本主义教育一方面确实带来了"进步";另一方面,又令人遗憾地阻碍"进步"的深入发展,因为它绝对不允许本阶级的利益受到损害,这也就是说,资本主义教育所谓的"进步"仅仅局限于能为其带来巨额利润的那部分教育。

正是基于上述分析,尤其是对资本主义教育的考察,杨贤江正确地指出,中国教育的前进方向应该是社会主义社会教育,而且,苏联社会主义社会教育便是中国效法的榜样。之后,杨贤江便凭借共产主义显现的曙光和马克思主义理论,描绘了未来社会主义教育的蓝图。

四、论社会主义教育蓝图

根据历史唯物史观,杨贤江认为未来的社会主义社会并不是这个人或那个人头脑中空想出来的,而是历史的、必然的产物。关于未来的社会主义教育,杨贤江一方面以马克思、恩格斯在《共产党宣言》、《哥达纲领批判》等著作中关于教育的论述为参考;另一方面,根据资本主义国家内部的无产阶级教育运动和当时唯一的社会主义国家苏联的教育实践,勾勒出社会

---

①　《杨贤江教育文集》(卷 3),河南教育出版社,1995 年,第 358 页。

主义教育的一幅蓝图。

杨贤江指出,马克思、恩格斯所描绘的新社会不可能在一朝一夕就能实现,从资本主义社会到这种理想社会,其间必然要经历一个过渡时期,即无产阶级专政时期。这个时期的教育,仍然是有阶级性的。但是,其时的政权、教育权不在资产阶级手中,而在无产阶级手中。在无产阶级专政下的教育,"以养成无产阶级忠实斗士,且由此以准备将来的无产阶级社会为目的"①。无产阶级专政时期的教育要旨,主要有如下几点:

第一,"对于学校问题也将同对于其他一切领域一样,不仅有创设的任务,也还有破坏的任务。"需要破坏的是学校的资产阶级的阶级性。

第二,"在新的学校里,要利用学校为实施社会主义教育与启蒙之工具。"学校要铲除资产阶级思想的影响,在儿童和成人中培养适合新的社会关系的思想意识。

第三,"对于儿童的观念将有大的变迁。"儿童不再被看作是父母的所有物,而是属于社会,属于人类,儿童教育的最根本的权利也属于社会。

第四,"到了八岁至十七岁——据现行苏联的规定——是一切儿童青年受平等而且免费的公共教育之时期。施行这种教育的学校应该是统一的劳动学校。"

第五,"至十七岁以后,学生就变为劳动者……通常仅仅在劳动时间仅可缩至八小时七小时六小时以下……一切成员尽有充分的时间供受专门教育之用。"

第六,"社会主义之下,专门或大学具有如何性质,此刻尚不能作正确的预想。所可说的是,学生将以劳动者为主……而教授与学生间的一切界限,也将消灭。"

第七,"除学校外,要有种种成人的教育机关及娱乐机关……不仅普遍,而且完全公开,让所有文化利器都变成大众共有共享之物,更让社会主义精神浸润在大中心里。"

在杨贤江所处的时代,尚无成熟的社会主义教育经验,不可能对社会主义教育有较为全面的认识,但他对共产主义的信念,以及对马克思主义教育思想的传播,极大地启发了青年学生。潘懋元先生曾指出,杨贤江对

---

① 李浩吾编:《新教育大纲》,上海南强书局,第 238 页。另注:李浩吾即为杨贤江当时的笔名。

于当时许多教育工作者和知识青年觉悟的提高起到了很大的作用,而且,他的理论对于倾向进步的学者也有很大的影响。①

五、论"全人生指导"

探讨教育的本质,分析教育的发展过程,归根到底是为了更好地培养人才。在杨贤江眼里,德智体各方面和谐发展,个性与群性有机统一的人,才是教育要塑造的理想人格。

首先,他强调个性培养。他说:"……一个理想的完人,是不怯弱的、不卑屈的、不嫉妒的、不随俗的;乃是自尊的、自信的、自己表现的、独立独行的。教育为要教成这种完人,学者为要学成这种完人,所以都要重视个性。若不这样,教育勉强定出一个范型,学者勉强适应一个范型;在教育为压迫,在学者为屈从,结果只能制成做奴隶的材料,万万不会产生自由的人格的。"②另一方面,"人是永远而且必然的是个人群中的人,人的生活也是永远而且必然的是个群性的生活"③。从这个意义上讲,理想的人格应该是个性与群性的协调发展。他说:"夫吾人类生于世界,能造成文化、能促进社会者,果赖何种力量乎? 则人间个性与群性之调和发展,实有以致之。个性尚异,群性尚同;个性主离,群性主合。于分道扬镳之中,不失其维系联络之所,此实两性之妙用,所为当谋平均发达者也。新思潮既趋重于'人'之问题,则又安可不致意于人类之两性? 如此两性有被束缚、阻碍之处,即宜赖'解放'与'改造'之功,以完成其发展。"④在杨贤江看来,这种群性人格对于纠正国人过于利己的劣根性具有特别重要的意义,而且,与近代社会的民主精神相一致。

那么,如何塑造这种理想人格呢? 杨贤江提出"全人生指导"的思想。他说:"他们把整个的人生分割了,以为'德、智、体'三育是分立的,不相干涉。故要讲训育,则必须高标'人格'、'德性'一类特殊的名目;而任训育者,又必须'道貌岸然',以期感化于无形。其实,要知道讲解伦理是训育,而养成早起习惯何尝不是训育;纠正行为是训育,而引起学习动机何尝不是训育;训育主任要负训育责任,难道别科教员可以不负训育责任? 总之,

① 孙培青等编:《杨贤江教育思想研究》,华东师范大学出版社,1989年,第35页。
② 《青年与个性》,见《杨贤江全集》(卷1),河南教育出版社,1995年,第795页。
③ 《怎样讲修养》,见《杨贤江全集》(卷2),河南教育出版社,1995年,第32页。
④ 《学生与思潮》,见《杨贤江全集》(卷1),河南教育出版社,1995年,第158页。

过去的教育从训育一方面看,已是把人生割裂了,没有'指导全人生'的观念存在,可以说是畸形的或蹩脚的教育。"①具体而言,杨贤江要求教育工作者要全面关心青年学子的求学、交友、生理现象、生活态度、婚姻、择业等种种现实问题,其中,如何为中华民族谋幸福的人生观问题无疑更当密切注意,并予以真诚的指导。

在"全人生指导"中,最重要的原则是实践原则,即让青年做自己的主人。杨贤江认为,教育只能居于指导地位,不应包办或强制,因为每个人都是自己的主人,青年如何成为"完全的人",只能依靠青年自己去开拓、自己去深化、自己去完成。而指导中最重要的方法和内容便是通过有计划、有组织的团体训练,去养成学生积极向上的人生观,把他们引向为中华民族谋解放的革命道路上来。正是在他的"全人生指导"下,一批批热血青年树立了为民众服务的决心,走上了革命的征途。

总之,杨贤江关于"全人生指导"的思想和实践,不仅对于当时一代青年的健康成长产生积极的影响,而且,对于当前青年学生的教育也有重要的现实意义,仍然值得今天的教育工作者学习和借鉴。

---

① 《中学训育问题的研究》,见《杨贤江全集》(卷2),河南教育出版社,1995年,第325页。

第三编　当代部分

概　述

　　1949 年 5 月,宁波解放。6 月 5 日,撤浙江省第六行政专署,成立浙江省第二区专员公署,统辖鄞县、余姚、慈溪、镇海、奉化、象山、定海 7 个县。6 月 24 日,宁波市人民政府成立。10 月 10 日,浙江省第二区专员公署改称浙江省人民政府宁波专员公署。时地市合一,直至 1950 年。后来,宁波市划区历经数次变迁,下文以今宁波市行政区划为准加以叙述。

　　新中国成立后,宁波进入一个新的历史发展时期,宁波教育也随之进入一个新的历史阶段。从宁波市人民政府成立到 1976 年"文化大革命"结束,宁波的教育发展以马克思主义教育理论和实践为基本特征,当然,随着国家在政治、经济、文化等领域呈现出的若干阶段性特征,宁波教育也有所不同。在短短的 27 年时间里,宁波的教育发展可以划分为 3 个阶段:以改造旧教育为主要内容的改造旧教育、创建社会主义教育阶段(1949—1957);探索社会主义教育发展道路阶段(1957—1966);"文化大革命"阶段(1966—1976)。

　　1949—1957 年,主要根据新民主主义的方向改造旧有学校教育,使之为新社会建设事业服务。1957—1966 年,主要在毛泽东思想的指引下,根据国内外政治形势的发展,探索社会主义教育的发展路径,基本特征以中间向左为主。1966—1976 年,"文化大革命"时期,宁波教育陷入全面混乱局面。

第十一章 改造旧教育、创建社会主义教育时期的宁波教育

新中国成立初期,百废待兴,而宁波市学校经过八年抗战和三年解放战争,大多已变得校舍残缺、设备简陋、经费困难。对此,党和政府首先以恢复和发展人民教育事业为主要任务,既要接管新解放区的学校教育,使之能迅速地恢复正常的教育工作,不致造成教育秩序的紊乱;同时,又要按照新民主主义的方向改造旧有学校教育,使之为新社会建设事业服务。这项过渡性质的工作相当繁重,一直持续到 1957 年底。

第一节 接管、调整、改造旧学校

接管旧有的学校教育是一项重要的工作。1949 年 5 月 25 日,宁波解放,如何接管好城市,使之尽快恢复各项工作,成为中共的中心任务,而接管学校教育是接管城市工作的一个组成部分。在城市里,学校教育包括公立学校、私立学校,以及接受外资津贴的学校,在接管中需要区别对待,采取正确的策略,有序地进行。

5 月 28 日,中国人民解放军华东军区宁波市军事管制委员会(以下简称宁波市军管会)成立,下设文教部,车文仪任部长,开始办理学校和流亡学生的登记调查工作。该机构成为接管学校教育的主要单位。当时,军管会还与浙江省人民政府宁波专员公署下设的文教局(中共浙江省第二地委委员、宣传部部长薛驹兼任局长)合成一个班子,处理文教事务。

一、对公立、私立学校的接管、接办

（一）接管、接办普通公立中小学校

考虑到国民党政府垮台后，原公立学校已经没有经费来源和主管领导部门，因此，首先接管公立学校。1949年5月25日后，市军管会本着"维持现状，逐步改造"的方针，开始接管原国民党政府办的公立学校。6月13日，宁波中学率先由市军管会接管，其他公立中学随后陆续完成交接，各校成立校务委员会，实施民主管理。8月，镇明、海曙、江东、江北等中心小学，以及宁波市市立中学（今宁波二中）完成交接，任命了学校负责人。就小学而言，它们只是当时1873所①小学（其中老市区②108所）中的极小部分。9月开始，接管公立幼儿园，不久便接管完毕。

20世纪50年代初期兴办重点中小学的时候，时宁波市市立中学（今宁波二中）、宁波中学③被列为省重点中学，把它们作为新中国教育、教学改革的实验基地，借此获得经验，以指导其他学校的工作。

（二）接管、整顿普通私立中小学校

旧社会，私立学校在教育体系中所占的比重比较大，而且，各种私立学校在教学质量、经费来源、办学渠道等方面参差不齐。因此，宁波市军管会遵照党和政府提出的"积极维持，逐步改造，重点补助"的方针，采取不同的方法，接管、整顿各类私立学校。所谓"积极维持"是指除去个别性质反动的学校予以取缔之外，一般私立学校都要维持下去，这一方面靠学校自身的努力，另一方面靠政府适当的资助；所谓"逐步改造"是指私立学校要接受新政府的领导，并逐步改革学校制度、教育内容和教学方法，使之纳入国家建设的轨道；所谓"重点补助"是指政府拨付专款资助办学优秀的私立学校。据此，市军管会对私立学校进行了整顿。

但是，当时不少私立学校因为政治因素或农村减租反霸、土地改革等社会运动而出现经费上的困难，不得不停止办学，严重挫伤了民间办学的热情。尤其是农村地区的私塾，不少地方采取了完全排斥的态度，一律加

---

① 宁波市教育委员会编：《宁波市教育志》，浙江教育出版社，1996年，第42页。
② 老市区是指海曙、江东、江北三区。
③ 此外，还包括后来经过改造的宁波女中。

以封闭。这是值得我们思考的地方。

1952年下半年始,市军管会在"包下来"思想的指导下,接管市区59所①私立、民办小学,全部改为公立。

1956年,随着农业合作化高潮的到来,政府再次接管了市区16所私立小学。同年,政府接办效实、大中、崇实(由私立崇实商校演变而来)3所私立中学,分别命名为市第五中学、第一初级中学、第二初级中学。至此,全部私立中小学转为公立,使国家办学成为宁波教育事业的主体。是年,市政府还接管了原归口于市工商联的宁波市济喑聋哑学校,改名为宁波市聋哑学校。

(三)接管、调整中等职业学校和中等师范学校

对中等职业学校和中等师范学校的接管也经历了上述类似的过程。在这一过程中,宁波市军管会和人民政府在不同时期还对此进行了调整。

1949年5月始,市军管会先后接管省立宁波高级工业职业学校、鄞县县立商业职业学校和省立宁波医院高级护士职业学校。同时,登记备案私立崇实商校(1954年改为私立崇实中学,1956年为政府所接收)、私立无线电工程学校(1952年停办)。同年9月,鄞县县立商业职业学校更名为宁波市财经学校。1950年3月,省立宁波高级工业职业学校迁往杭州,和杭州部分学校合并为浙江工业干部学校。同年9月,在奉化溪口创办宁波农业技术学校。1951年2月,省立宁波医院高级护士职业学校和慈溪保黎医院高级护校合并为省立宁波医院医事技术学校。后该校于1952年9月,和私立华美护校合并为宁波卫生学校。1951年10月,遵照政务院颁布的《关于学制改革的决定》,确立各类职业技术学校的地位,并将原高级职业学校一律改为中等技术学校,时宁波有中等技术学校4所。

与此同时,市、县人民政府接管师范学校,并进行整顿,调整布局。1949年秋,镇海、慈溪、奉化、余姚4所简易师范学校分别并入各县县立中学。象山县县立简易师范学校停办。鄞县县立师范学校并入浙江省慈溪锦堂师范学校。宁海县县立简易师范学校改为宁海中学师范部。1950年,各县附设在中学的师范部、班全部并入省立锦堂师范学校。1951年,遵照省文教厅颁布的《浙江省初级师范学校暂行实施办法》,宁波市大力发展初

---

① 宁波市教育委员会编:《宁波市教育志》,浙江教育出版社,1996年,第42页。

级师范学校。1951—1952 年期间,余姚、鄞县、慈溪、宁海、奉化以及市区先后创办初级师范学校 6 所。

(四)收回教会教育主权

抗美援朝战争开始后,中美关系紧张,美利用其在华机构进行破坏活动,新中国理所当然采取措施,予以回应。在这一背景下,新中国拟收回教会学校的教育主权。1951 年 1 月 10 日,中央人民政府教育部发布《关于处理接受美国津贴的教会学校及其他教育机关的指示》。总的精神是要"将这一接收国家教育主权的重大工作做好"。根据该指示,市军管会对在甬的教会学校实施收回教育主权。1951 年 7 月,开始接管受外资资助的四明、崇德、圣模、崇信、伯特利等 5 所教会小学。同月,接收美基督教会办的甬江女子中学,改为公立。1952 年 5 月,该校改名为宁波女子中学。1952 年 12 月,分别接收了英国圣公会所办的三一中学以及美英法各国教会合办的浙东中学,改为公立,名为市第三中学、市第四中学。

二、对旧学校的改造

在接管旧教育的过程中,政府同时对旧学校进行改造,以便为今后新民主主义学校教育体制的建立奠定基础。具体内容包括如下。

(一)确立新的教育方针

1949 年 9 月中国人民政治协商会议通过了《中国人民政治协商会议共同纲领》,规定了新中国基本的文化教育政策:"中华人民共和国的文化教育为新民主主义的、民族的、科学的、大众的文化教育。人民政府的文化教育工作,应以提高人民的文化水平,培养国家建设人才,肃清封建的、买办的、法西斯的思想,发展为人民服务的思想为主要任务。"据此,新教育必须对旧教育的教育制度、教育内容和教育方法等进行改革。

1949 年 12 月,教育部在北京召开第一次全国教育工作会议,确立了新教育的总方针:"教育为国家建设服务,教育为工农开门。"在此基础上,对各级各类学校的办学宗旨、任务等都作了明确的规定。

中学的教育宗旨在 1951 年规定为"使青少年一代在智育、德育、体育、美育各方面获得全面发展,使之成为新民主主义社会自觉的、积极的成员"①。1954年4月,又进一步提出:"中学教育的目的,是以社会主义思想教育学生,培养他们成为社会主义社会全面发展的成员。"②中学教育的任务是"用马克思列宁主义的理论与中国革命实践相结合的毛泽东思想和普通文化知识教育青年一代,使他们的身心获得全面发展,以便为升入高等学校或参加建设工作打好基础"。中学教育的培养目标是"要使学生能正确运用本国语文,得到现代科学的基础知识和技能,养成科学的世界观;发展学生为祖国效劳、为人民服务的思想,养成其爱祖国、爱人民、爱劳动、爱科学、爱护公共财物的国民公德和刚毅勇敢、自觉遵守纪律的优良品质;培养学生体育卫生的智能和习惯,以养成其强健的体格;陶冶学生的审美观念,并启发其艺术的创造能力"③。

而小学教育则规定要"给儿童以全面的基础教育,使他们成为新民主主义社会热爱祖国和人民的、自觉的、积极的成员"④。小学教育要"实施智育、德育、体育、美育全面发展教育","使儿童具有读、写、算的基本能力和社会、自然的基本知识","使儿童具有爱国思想、国民公德和诚实、勇敢、团结、互助、遵守纪律等优良品质","使儿童具有强健的身体,活泼、愉快的心情以及卫生的基本知识和习惯","使儿童具有爱美的观念和欣赏艺术的初步能力"。⑤ 1954年之后,注意加强对小学生劳动观念、劳动习惯的培养和生产知识的传授。培养目标规定为:"使学生具有爱祖国、爱人民、爱劳动、爱科学、爱护公共财物等品德,拥护社会主义,拥护共产党;使学生具有初步的阅读、写作和计算的能力,具有初步的自然常识和社会常识,培养良好的习惯;使学生的身心得到正常的发展,具有健康的体质,培养良好的生活习惯和劳动习惯。"⑥

(二)对旧学校的改造

根据上述教育方针,政府采取多种措施,改造旧学校。具体如下:

① 转引自张彬主编:《浙江教育史》,浙江教育出版社,2006年,第671页。
② 转引自张彬主编:《浙江教育史》,浙江教育出版社,2006年,第671页。
③ 转引自张彬主编:《浙江教育史》,浙江教育出版社,2006年,第671页。
④ 转引自张彬主编:《浙江教育史》,浙江教育出版社,2006年,第671页。
⑤ 转引自张彬主编:《浙江教育史》,浙江教育出版社,2006年,第671页。
⑥ 转引自张彬主编:《浙江教育史》,浙江教育出版社,2006年,第671页。

（1）取缔国民党、三青团和其他反动组织。

（2）选派党员干部充实到学校，逐步改组领导班子，建立校务委员会，确立共产党在学校的领导；改革课程设置，取消公民、党义、童子军、军训等课程及各科教材中的反动内容，开设"新民主主义论"、"社会发展史"、"中国革命常识"等马克思列宁主义、毛泽东思想的新课程。

（3）废除训育制度，建立教导合一的组织管理制度。

（4）以老解放区经验为基础，制订教育、教学与学校管理的各项规章制度。

（5）加强学生的德育工作。例如，成立共青团、少先队组织，并开展丰富多彩的活动，树立他们为人民服务的思想；组织学生参加一定的生产劳动，像宁波中学、效实中学、浙东中学等学生曾到栎社、莫枝堰等参加垦荒劳动；1950—1952年，各校还围绕土地改革、抗美援朝、镇压反革命等政治运动开展大规模的思想改造运动，对学生进行阶级斗争、爱国主义和国际主义教育，时有大批学生报名参军、参干，投入革命和建设事业。

（6）禁止体罚。

这样，通过以上措施，使刚刚得到解放的学校迅速地纳入新民主主义教育的轨道。

第二节　争取、团结、改造教师队伍

学校工作的顺利开展，离不开教师队伍的建设。为了适应当时教育形势的发展，市政府一方面清理教师队伍中地主、富农、反革命分子、反动党团骨干分子等阶级敌人，另一方面，根据中共中央"争取、团结、教育、改造"的知识分子政策，调整、充实教师队伍，并逐步改善教师的社会地位和经济待遇，同时，加强教师的思想改造。

一、调整、充实教师队伍

在接管、改造旧教育的同时，市政府根据中共中央"争取、团结、教育、改造"的知识分子政策，取消聘任制，并留用全部知识分子（除了极少数反革命分子以外），即当时所谓的"包下来"的政策，从而解除了教师内心的失业忧虑，迅速稳定了教职人员的生活和思想。另一方面，为了使旧教育过来的教师能较快地满足新教育的发展需要，政府采取多种形式，开辟多种渠道,培养、培训教师,加强教师队伍建设。

（一）加强教师的培养、培训

市政府根据教育形势的发展,一方面通过发展师范学校,为中小学输送合格教师,充实教学力量;另一方面,还利用各类培训机构培训教师。

1. 创办师专,调整中师,培养合格新教师

1955 年 11 月,市文教局创办小学教师业余进修学校,招收初中肄业文化程度的小学教师 213 名,开设 4 个班级,配备 5 名专职教师。翌年 3 月,增设中学教师进修班,即后来的宁波市教师业余进修学校,有 803 名中小学教师参加学习。[①]

1956 年 9 月,在海曙区西北街成立了宁波师范专科学校,首任副校长苏滋禄。创办初只设中文专修科,学制 2 年,学生 140 余人,教职工 30 人左右。[②] 以后,逐渐增设数学、生化、体育、外语、物理等系科。直至 1962 年,因贯彻"调整、巩固、充实、提高"八字方针,停止招生。

此外,中等师范学校也进行调整。1954—1957 年期间,原来在 1951—1952 年创办的初级师范学校先后因故停办。1956 年 7 月,新建余姚师范学校。同年 8 月,在孝闻街双池巷成立了宁波师范学校。以后又陆续重建了奉化、宁海、慈溪等师范学校。不过,这些学校也在 1961 年、1962 年先后停办,仅留宁波师范学校。

2. 办培训班,建教研室,帮助教师提高业务水平

1950 年 9 月,慈溪锦堂师范学校首设小学教育研究班,每期半年,培训 140 人。[③] 1953 年,办班培训小学教师 108 人,初中教师 36 人。[④] 是年,鄞县初级师范学校办小学教师轮训班,有计划地轮训学历不足初师毕业水平的小学教师,轮训按照不同对象分为 1～3 年。

与此同时,宁波市、地于 20 世纪 50 年代中期先后建立教研机构,把教师的业务学习和教学研究活动结合起来进行。例如,1954 年,市小学体育教研组成立,老市区 10 余名体育专任教师定期学习和研究苏联体育大纲和教材,拟定体育考查标准。

①　宁波市教育委员会编:《宁波市教育志》,浙江教育出版社,1996 年,第 321 页。
②　宁波市教育委员会编:《宁波市教育志》,浙江教育出版社,1996 年,第 213 页。
③　宁波市教育委员会编:《宁波市教育志》,浙江教育出版社,1996 年,第 321 页。
④　宁波市教育委员会编:《宁波市教育志》,浙江教育出版社,1996 年,第 321 页。

时各教研机构学习内容主要有教育方针、各科教学大纲等,并围绕改进教学方法开展研究观摩活动。例如,1956 年,省教育厅、市文教局总结推广宁波女中化学教师孙佩兰、宁波五中物理教师裘谒稼的课堂教学经验。

(二)重视教育行政干部培训

1951 年 3 月,宁波专署创办文教干部学校,轮训在职小学教师,每期时间 3 个月。1957 年 3 月,宁波专署在慈城镇创办宁波专区教育行政干部学校,轮训小学校长、教导主任,以及部分的骨干教师。学习内容主要包括马列主义基础理论、教育学原理、教学业务等。每期 3 个月左右。共办 5 期。人数共计 741 人。[1]

二、改善教师社会地位和经济待遇

新中国成立后,市、县人民政府贯彻知识分子政策,尊师重教。社会上尊称教师为"人类灵魂的工程师"、"人民教师"。1949 年 9 月,宁波市召开第一次各界人民代表大会,有 17 位教师参加该大会,占会议代表的 10%。[2] 1950 年 7 月,宁波市教育工作者工会筹备委员会成立,于是,教师成为工人阶级的一部分。1956 年 4 月,宁波市各级各类学校按照新颁的工资标准进行改革,调整后,公立学校教职员工的工资都有所提高;此外,政府还先后颁发了一系列有关教职员工福利待遇的规定,使得教师的管理调配、医疗待遇及其他福利均与政府机关工作人员相同,教师明确为国家工作人员。但是,农村教师、民办教师经济待遇还是相对偏低。

三、加强教师的思想改造

旧学校接管之后,对旧知识分子和青年知识分子的思想进行改造,使之符合新形势的发展,是教育事业发展的关键,为此,政府高度重视这一项工作,对他们施以革命的教育,并结合土地革命、抗美援朝等政治运动,或教学改革进行,帮助教师克服从旧社会带来的思想影响,提高思想觉悟。

1949 年 7 月 2 日至 8 月 9 日,宁波专署文教处举办了中等教育研究会,参加培训的中学教师达 180 人[3];同年 10 月至 1950 年 11 月,宁波专署

---

①　宁波市教育委员会编:《宁波市教育志》,浙江教育出版社,1996 年,第 324 页。
②　宁波市教育委员会编:《宁波市教育志》,浙江教育出版社,1996 年,第 326 页。
③　宁波市教育委员会编:《宁波市教育志》,浙江教育出版社,1996 年,第 324 页。

与宁波市人民政府联合举办 5 期小学教师训练班,人数达 1917 名[①],学习内容为时事形势、社会发展史、文教方针政策等。

除此以外,政府还组织教师在日常工作、生活中开展学习活动。据亲历者回忆,当时,教师们一般都住校,因此,早晨起床后第一件事情就是参加工会组织的"天天读"活动,学习时事政治。中学教师还先后三次利用暑假时间到天竺山上进行思想改造,人称"三上天竺"。

第三节　贯彻教育向工农开门的方针

1949 年 12 月召开的第一次全国教育工作会议明确指出:"学校要为工农子女和工农青年开门。创办人民大学、工农速成中学,培养建设人才。大办工人补习教育。"据此,宁波市采取各项措施,如向工农及其子女开放各级学校、举办工农干部文化补习学校、大力开展工农群众业余文化教育等。

一、各级学校向工农子女开门

为了普及初等教育,宁波市各小学采取向工农子女倾斜政策,优先吸收并动员工农子女入学,并减免学杂费等多种措施,以解决工农子女入学困难。据统计,市区工农子女入学率从 1949 年占学生总数的 8.7% 上升到 1953 年的 28.2%。[②] 1956 年,为满足学龄儿童入学,老市区普遍推行二部制,在 606 个班级中有 250 个班实行二部制,学生达 12600 人。是年,学龄儿童入学率升至 80%。[③]

其他学校也向工农子女开门。例如,1951 年,宁波市贯彻省文教厅《师范学校学生保送暂行办法》,实行保送入学,全部为工人、贫农、雇农、中农、革命干部子女及烈属子女,年龄在 15～25 岁之间。1952 年,则以保送和考试相结合的办法,招收具有高小毕业文化程度的工农子弟。

---

① 宁波市教育委员会编:《宁波市教育志》,浙江教育出版社,1996 年,第 324 页。
② 宁波市教育委员会编:《宁波市教育志》,浙江教育出版社,1996 年,第 49 页。
③ 宁波市教育委员会编:《宁波市教育志》,浙江教育出版社,1996 年,第 49 页。

二、举办各类工农干部学校

在机关、部队和各类团体中有不少工农出身的干部,他们是建设新中国的骨干。为了培养、提拔他们,中共宁波市委或市政府举办了不同类型的干部学校,有计划地提高他们的政治、文化、业务水平。

1949年6月,宁波市军事管制委员会创办干部学校,时22驻军军长、军管会主任孙继先兼任校长,车文仪、薛驹任副校长,校址设在城区观宗寺,向社会招收知识青年1000名[①],设财政经济科、文化教育科、普通科。至8月14日学员结业后停办。1949年9月至12月,宁波市财政学校设立财政干部训练班。12月,又设立宁波市干部学校和公安学校,分别招收知识青年230名和500余名。[②] 1950年5、6月学员结业后停办。[③] 上述学校基本上属普通教育性质,在教学上贯彻速成的、联系实际的、正规的策略。

1950年9月,宁波市机关干部文化补习学校创办,招生4班(其中初中1班)。其后,各县也先后建立机关学校。1951年7月,在鄞县邱隘成立宁波干部文化学校。这类学校主要招收在职干部。至1952年年末,宁波市区、鄞县、镇海、奉化、余姚、慈溪、宁海7县区干部在学人数达933人,其中,初中班学员达100人。[④] 另外,对于那些未去干校学习的干部,组织他们在职学习,建立每周2个半天的政治学习制度,有计划地学习党和国家制订的路线、方针和政策;对文化、业务学习,提出"干什么,学什么;缺什么,补什么"的方针,根据本职工作需要,在业余时间组织学习。

1954年,宁波市机关干部文化补习学校在江东大中中学(今宁波七中)、江北宁波四中设立分部,各开设2个初中班级。1956年,宁波干部文化学校设初中2个班。同年,市机关干部文化补习学校响应中央"干部向科学文化进军"的号召,扩招学员至1500余人,开设40多个[⑤]班级。学校除了设置循序渐进的高中文、理科各班外,还开设高中物理、化学、数学、电工、无线电、英语、俄语、应用文写作、经济地理、中国古代史等单科班。

---

① 宁波市教育委员会编:《宁波市教育志》,浙江教育出版社,1996年,第242页。
② 宁波市教育委员会编:《宁波市教育志》,浙江教育出版社,1996年,第242页。
③ 宁波市干部学校在1951年5月、1953年6月两次分别予以重建,教育对象也由工农积极分子向基层干部转变,之后发展为中共宁波地、市委党校。
④ 宁波市教育委员会编:《宁波市教育志》,浙江教育出版社,1996年,第242页。
⑤ 宁波市教育委员会编:《宁波市教育志》,浙江教育出版社,1996年,第243页。

据《宁波市教育志》统计,至 1957 年年底,宁波市干部文化学习达 7631 人,其中老市区 3762 人,初中班 2494 人,占 66.3%;高中班 366 人,占 9.7%。各县、区学习人数如表 11-1 所示。

表 11-1 1957 年宁波市机关干部入学学习人数统计表

地区	老市区	鄞县	镇海	奉化	余姚	慈溪	象山	宁海	合计
入学人数	3762	761	577	487	624	538	182	700	7631

资料来源:宁波市教育委员会编:《宁波市教育志》,浙江教育出版社,1996 年,第 243 页。

三、开展工农群众业余文化教育

(一)扫盲教育

新中国成立初期,宁波城区青壮年有 65713 人,其中文盲、半文盲占 48.6%,达到 31906 人。[1] 农村地区文盲更是众多。因此,扫除青壮年文盲,提高工人、农民的文化水平,变成一项刻不容缓的重大政治任务。

1949 年 5 月,宁波市就开始兴办职工、干部、市民业余学校,农村则掀起冬学运动。其时都以扫盲教育为主要任务。至 1949 年下半年,市区兴办职工业余学校 13 所,学员 301 人,教职员 15 人;街道办市民业余文化补习学校 29 所,学员 1727 人,教职员 53 人;郊区办农民业余学校 24 所,学员 1697 人,教职员 62 人。各县则建立起县、区、乡、村四级冬学委员会,开展冬学运动。1949 年冬季,各县区农民入冬学人数达 10540 人。[2]

1950 年,扫盲教育进一步发展。是年 3 月,市文教局举办职工业余学校教师、失业教师学习班,以速成方式向职工学校输送一批教师。8 月,市、县先后成立职工业余教育委员会。10 月 18 日,市职工业余教育委员会召开第二次扩大会议,规定职工学校的学习对象以产业工人为主,其次包括有组织的工人;学习内容以文化为主,并适当结合生产技术教育;教学计划以教育部门规定的为准;教材采纳省编文化课本或全日制中小学课本。至1950 年冬,老市区有职工业余学校、市民业余学校 43 所,学员 2273 人。[3]

同年,市郊和各县兴办冬学 2096 所,学员达 153490 人。详见表 11-2。

---

[1] 宁波市教育委员会编:《宁波市教育志》,浙江教育出版社,1996 年,第 224 页。
[2] 宁波市教育委员会编:《宁波市教育志》,浙江教育出版社,1996 年,第 233 页。
[3] 宁波市教育委员会编:《宁波市教育志》,浙江教育出版社,1996 年,第 224 页。

文化学习设初级班和高级班,初级班主要识字,高级班开国语、算术、常识课,用全日制小学课本,吸收已完成初级班课程或同等学力者入学,达到高小毕业程度;政治教育主要以反霸、减租、土地改革、抗美援朝为主要内容。是年,冬学运动成绩斐然。在1951年4月召开的省首届冬学模范代表会议上,宁波共有20人出席会议,另有3人分别被评为办学、教学和学习模范(时各类模范共34人)。[①]

表 11-2　1950 年宁波市郊、各县冬学概况

	奉化	镇海	慈溪	余姚	鄞县	象山	宁海	市郊	合计
冬学数	359	223	227	500	516	—	252	19	2096
学员数	26776	14806	14954	36321	26621	14337	17948	1727	153490

资料来源:宁波市教育委员会编:《宁波市教育志》,浙江教育出版社,1996年,第224页。

1952年11月,宁波专区扫除文盲工作委员会成立,提出扫盲工作方针:"典型试验,由点到面,稳步前进,既速又成。"是年下半年,推行速成识字法,开展群众性扫除文盲运动。因其有脱离实际、忽视质量的偏向,次年起,停止速成识字法的实行,改用适合群众生产、生活特点的教学方法,使扫盲工作健康发展。

1956年,在社会主义农业、工商业改造取得巨大胜利的形势下,扫盲教育又有了新的发展。是年,宁波地、市均制订了扫除文盲规划,召开扫除文盲工作会议,成立县、区、乡三级扫盲机构,掀起一个规模空前的扫盲热潮。学习形式多样化,除了冬学、夜校外,还有以生产队、家庭为单位组成的识字小组、妇女午后班;学习方法也丰富多彩,民校教师和扫盲积极分子创造了见物识字、送字上门、包教保学等扫盲法。据统计,1956年宁波7县1市参加扫盲学习人员达20余万人。[②]

1957年1月,宁波市成立扫盲协会,制订三年扫盲规划,重点为40岁以下的青壮年。据统计,1957年宁波7县1市入学职工达15157人,其中老市区学员8183人;入常年民校农民218291人,其中市郊区入学农民2346人。[③] 到1958年年底,又扫除文盲27040人,时老市区文盲率下降

---

① 宁波市教育委员会编:《宁波市教育志》,浙江教育出版社,1996年,第233页。
② 宁波市教育委员会编:《宁波市教育志》,浙江教育出版社,1996年,第225页。
③ 宁波市教育委员会编:《宁波市教育志》,浙江教育出版社,1996年,第233—234页。

到 22%。[1]

(二)农民业余文化教育

在识字教育的基础上,对农民继续进行高小程度和中等程度的文化教育,结合一定的实用知识和农业技术教育,是农民业余文化教育的主要任务。承担这项工作的主要是农民业余学校中的高小班、农民夜校以及由以农业生产合作社和常年互助组为单位的冬学机构转换而来的常年民校。

常年民校由以农业生产合作社和常年互助组为单位的冬学机构转换而来,据统计,1950 年,宁波市郊和各县的冬学机构转为常年民校的达 254 所。[2] 详见表 11-3。

表 11-3 1950 年宁波市郊、各县的常年民校数

	奉化	镇海	慈溪	余姚	鄞县	象山	宁海	市郊	合计
冬学数	359	223	227	500	516	—	252	19	2096
转为常年民校数	47	19	37	58	74	—	—	19	254

资料来源:宁波市教育委员会编:《宁波市教育志》,浙江教育出版社,1996 年,第 224 页。

农民业余学校中的高小班开设国语、算术、常识 3 门功课,采用全日制高小相应的课本,吸收已完成初小班课程或同等学力者入学,实行平时集中学习、农忙分散学习的办法,在 2 年内学完相应课程,达到高小毕业程度。据统计,1952 年宁波市农民业余学校达 39 所。[3]

在农业合作化后期,农民夜校开始举办初中文化及农业技术教育班,后者包括农业会计、农村应用文课程,以及选种、除虫等关于水稻、棉花栽培知识的学习。1957 年末,市郊农民夜校学员 2346 人,其中初中班 70 人。1958 年,全市农民业余学校达 359 所,入学 82016 人,其中初中 19973 人,高中 3663 人。[4]

(三)职工业余文化教育

职工业余文化教育的任务是为职工提供文化补习教育,内容以识字教育为主,其次是高小和初、高中教育,同时,适当结合政治与生产技术教育。

---

[1] 宁波市教育委员会编:《宁波市教育志》,浙江教育出版社,1996 年,第 225 页。
[2] 宁波市教育委员会编:《宁波市教育志》,浙江教育出版社,1996 年,第 224 页。
[3] 宁波市教育委员会编:《宁波市教育志》,浙江教育出版社,1996 年,第 32 页。
[4] 宁波市教育委员会编:《宁波市教育志》,浙江教育出版社,1996 年,第 240 页。

承担这项任务的主要是城区职工业余学校、市民业余学校,由职工业余教育委员会领导。具体情况参见"扫盲教育"。

第四节　旧教育体制的改造

旧中国自 1922 年学制颁布以后,至 1949 年没有重大变化。新中国成立后,为了维持现状、稳定教学秩序,允许旧学制存在了一段时期。但旧学制与新中国的教育方针、政策之间存在一些不协调。如"初等学校修业年限六年并分为初高两级的办法,使广大的劳动人民子女难于受到完全的初等教育";"技术学校没有一定的制度,不能适应培养国家建设人才的要求";等等。为此,教育部组织了学制改革研究委员会,搜集各方面意见,拟定了改革学制的方案。1951 年 10 月,政务院颁布《关于改革学制的决定》,对我国各类教育的学制及有关事项作出了规定。

时宁波为新学制的贯彻实施开展了广泛的宣传工作,并组织教育工作者进行学习和讨论,为新学制的试行做了大量准备工作。新学制的颁行,使宁波教育走上正规、有序的轨道,保证了新的教育政策、教育理念的贯彻执行。

一、执行新学制

（一）幼儿教育

新学制规定实施幼儿教育的机构为幼儿园,收 3～7 足岁的幼儿,使他们的身心在入小学前获得健全的发展。从此,幼儿教育逐步得到重视,市、县陆续创办了一批幼儿园,或在小学附设幼儿班,把幼儿教育列入学制。

1956 年,幼儿教育实行公办与民办并举的方针,工厂企业、机关团体、街道居民区和农业生产合作社纷纷兴办幼儿园,民办幼儿园兴起。是年,老市区有幼儿园 36 所,其中教育部门办 12 所,民办 20 所,其他部门办 4 所,入学幼儿 2045 人,教职员 188 人,在园幼儿比 1949 年增长 16 倍以上。[①]

---

① 　宁波市教育委员会编:《宁波市教育志》,浙江教育出版社,1996 年,第 27 页。

(二)初等教育

实施儿童初等教育的机构为小学。1949 年 8 月,宁波军管会接管极小部分中心小学,但 9 月起,因国民党飞机狂轰滥炸,许多小学停课或半停课。是年年底,老市区小学生锐减至 7732 人[①],他们白天疏散到郊区,晚上回城上课。这种状况持续到 1950 年 5 月。1951 年,随着经济的恢复和群众生活的改善,小学教育有了较快的发展,老市区小学生增至 21547 人。[②] 随着接管工作的推进(见上文),以及 1953 年的教育整顿工作(见下文),1956 年,老市区公立小学数占总数的 96%。[③] 1957 年开始,为满足学龄儿童的入学要求,老市区的湖西、苍水、铁锚、槐中等 10 个街道,发动群众创办 10 所民办小学。是年,全市小学 2652 所,学生 332445 人,其中老市区 89 所,学生 33703 人。[④]

另外,规定实施青年和成人初等教育的机构为工农速成初等学校、业余学校和识字学校。

(三)中等教育

实施中学教育的机构为普通中学、工农速成中学和业余中学,其中普通初级中学招收小学毕业生或具有同等学力者,12 足岁入学,学制 3 年;普通高级中学招收初中毕业生或具有同等学力者,15 足岁入学,学制 3 年;工农速成中学,年限 3~4 年;业余中学分初、高两级,年限各为 3~4 年。

就普通中学而言,经过前期的接管、整顿之后,到 1955 年,今市境各县、区有中学 28 所(初中 19 所,高中 9 所)。[⑤] 1956 年,原灵塔中心、偃月街、西郊路、槐树路、庄桥区中心等 5 所小学办戴帽初中,分别定名为第三、第四、第五、第六、第七初级中学。1957 年,又先后改办或兴办民办青年中学、民办江东中学、华光中学。经过一系列的调整,至 1957 年底,今市境各县、区有中学 68 所(初中 50 所,高中 18 所),学生 32658 人[⑥],其中,老市区 16 所

---

① 宁波市教育委员会编:《宁波市教育志》,浙江教育出版社,1996 年,第 42 页。
② 宁波市教育委员会编:《宁波市教育志》,浙江教育出版社,1996 年,第 42 页。
③ 宁波市教育委员会编:《宁波市教育志》,浙江教育出版社,1996 年,第 42 页。
④ 宁波市教育委员会编:《宁波市教育志》,浙江教育出版社,1996 年,第 42 页。
⑤ 宁波市教育委员会编:《宁波市教育志》,浙江教育出版社,1996 年,第 101 页。
⑥ 宁波市教育委员会编:《宁波市教育志》,浙江教育出版社,1996 年,第 101 页。

（初中 8 所,高中 8 所）,学生 12666 人。[1]

中等专业教育分为三大类型:技术学校（如交通、运输等）;师范学校;医药、贸易、艺术等其他专业学校。这三类学校都分两级,如初级技术学校和技术学校,前者招小学毕业生,修业 2~4 年,后者招初中毕业生,修业 2~4 年。据此,宁波确立了各类职业技术学校的地位,并将原高级职业学校一律改为中等技术学校,时宁波有中等技术学校 4 所。

（四）中等师范教育

1951 年,省文教厅颁布《浙江省初级师范学校暂行实施办法》,初级师范学校开始发展。是年 8 月,余姚在最良桥孤儿院旧址创办余姚初级师范学校。9 月,鄞县建立初级师范学校。次年,宁波城区、慈溪、宁海、奉化分别创办初级师范学校。这些学校的创办为中小学校的发展提供了师资保证。

新学制的执行特别确立了工人、农民的干部学校和各种补习学校、训练班在学校系统中应有的地位。

二、执行各级各类学校的规程,实行新的课程设置

在规定学制系统的基础上,新中国对于如何办好各级各类学校又进行专门性的规范。20 世纪 50 年代初期,陆续公布了各类学校规程,与宁波教育联系密切的有:《幼儿园暂行规程（草案）》、《小学暂行规程（草案）》、《中学暂行规程（草案）》、《师范暂行规程（草案）》、《中等技术学校暂行实施办法》。现列举一二。

（一）《幼儿园暂行规程（草案）》

教育部于 1952 年 3 月 18 日颁布。规程规定:“幼儿园对幼儿进行初步的全面发展的教养工作,其主要目标如下:一、培养幼儿基本的卫生习惯,注意其营养,锻炼其体格,保证幼儿身体的正常发育和健康。二、培养幼儿正确运用感官和语言的基本能力,增进其对于环境的认识,以发展幼儿的智力。三、培养幼儿爱国思想、国民公德和诚实、勇敢、团结、友爱、守纪律、有礼貌等优良品质和习惯。四、培养幼儿爱美的观念和兴趣,增进其想象

---

① 宁波市教育委员会编:《宁波市教育志》,浙江教育出版社,1996 年,第 103 页。

力和创造力。"又规定:"幼儿园以整日制为原则,整日制幼儿园,幼儿每日在园时间,以 8～12 小时为准。"

当时,宁波市各幼儿园根据上述精神,普遍开设体育、语言及认识环境、图画、手工、音乐、计算等课程,使用的是北京师范大学编写的教材。

(二)《小学暂行规程(草案)》

教育部于 1952 年 3 月 18 日颁布。规程规定,小学教育的宗旨是:"根据新民主主义的教育方针和理论与实际一致的教学方法,给儿童以全面的基础教育,使他们的智育、德育、体育、美育得到全面发展,成为新民主主义社会的热爱祖国和人民的、自觉的、积极的成员。"

在执行部颁规程之前,宁波小学教育的学制沿袭新中国成立前的"四·二制",课程上取消公民和童子军训练,并设政治、语文、算术、自然(高小)、历史(高小)、体育、美工、音乐等科目。初小语文包括常识,算术从四年级起加珠算,美工包括图画和劳作。

1952 年秋季,老市区小学一年级试行五年一贯制,执行教育部《小学教学计划》,设语文(含阅读、说话、作文、语法、写字)、算术(含珠算)、自然(含卫生常识)、历史、地理、体育、美工(含图画、劳作)、音乐等 8 个科目。1953 年 12 月,停止五年一贯制试行,恢复"四·二制"。是年秋,执行部颁《四·二制教学计划》,中低年级设语文、算术、体育、唱歌、图画、手工劳动等科目,高年级加历史、地理和自然。各县农村和市郊小学高年级增设农业常识课,城镇小学增设周会课。1955 年 9 月,执行教育部新颁布的《小学教学计划》,除语文、算术、历史、地理、自然、体育、唱歌、图画之外,增设手工劳动课,以实施基本生产技术教育,加强劳动教育和体育教学。第一至第四学年体育课从 1 节增加到 2 节;三至六年级每周上课时数减 2 节。

同时,宁波各小学进行教学方法改革,力求正确地结合小学生生活经验和社会自然实际,运用实物进行教学。

(三)《中学暂行规程(草案)》

教育部于 1952 年 3 月 18 日颁布。规定中学教育的任务是:"用马克思列宁主义的理论与中国革命的实践相结合的毛泽东思想和普通文化知识教育青年一代,使他们的身心获得全面的发展,以便为升入高等学校或参加建设工作打好基础。"

　　规程列有教学计划,并规定采用教师责任制,由教师负责各项教学工作和学生思想行为之指导。关于成绩考核、升级、留级、转学、休学、退学及毕业都有明确规定。各学科设教学研究组。

　　在课程设置上,宁波各中学自1953年始,停止执行1951年浙江省的新学制实施方案,改为执行部颁中学教学计划。初中设语文、数学(算术、代数、几何)、物理、化学、生物(植物、动物)、卫生常识、历史(中国古代史、外国古代史)、地理(自然地理、中国地理、世界地理)、中国革命常识、外语、体育、音乐、图画。高中设语文、数学(代数、几何、三角)、物理、化学、生物(人体解剖生理学、达尔文主义基础)、历史(中国近代史、世界近代史)、地理(中国经济地理、外国经济地理)、社会科学基础知识、共同纲领、外语、体育、制图。是年,随着以学习苏联教学模式为主的教育教学改革的进行,宁波中学、效实中学高中英语改授俄语。次年秋,遵部通知,初中外语停开。1956年至1957年,汉语、文学分别开设,初中第三年增设工业基础课。直至1957年,初中恢复外语,同时,第三学年增设农业基础课。

　　(四)《师范暂行规程(草案)》

　　教育部于1952年7月16日颁布。规定:"师范学校的任务是培养具有毛泽东思想的初步基础,中等文化水平和教育专业知识、技能,全心全意为人民教育事业服务的初等教育和幼儿教育的师资。"

　　时宁波初级师范学校招收高小毕业生,修业3年。学生一律享受人民助学金,毕业生统一分配工作,服务于教育工作至少3年。

　　(五)《中等技术学校暂行实施办法》

　　1952年3月31日,政务院发布了《关于整顿和发展中等技术教育的指示》。随之,8月29日,教育部发布了《中等技术学校暂行实施办法》。这两个文件对中等技术教育的一些基本问题作了一些原则性规定。

　　中等技术教育的任务是培养工业、农业、交通、运输等方面的中级和初级技术人才,按照程度分为高级技术人才(相当于高级中学程度)和初级技术人才(相当于初级中学程度)。在国家急需情况下,可举办各种速成性质的技术训练班,或在各工矿企业或技术学校附设业余的技术训练班,以满足国家建设需求。

　　此外,文件对各级各类技术学校的领导、办学经费、教学计划的制订,以及学校的设置、招生、业务课程等行政事宜都作了规定。

上述各项《规程》或《办法》的制发,成为宁波各级各类学校进行规范化办学的依据,促进了学校教育的发展。

三、建立学校工作的制度

在上述《规程》或《办法》中,还对学校的教学工作、政治思想以及学校日常管理作出了原则性的规定。概述如下。

(一)政治思想教育工作制度

新中国成立后,在接管、改造旧学校的过程中,人民政府取缔了国民党时期的训育制度,取消了公民、党义、军训等课程及各科教材中的反动内容,并禁止三青团等反动组织在学校中的活动。同时,在学校中逐步建立了思想教育工作的制度。

1. 实行教导合一

按照规程规定,各级各类学校实行校长负责制。校长既要负责组织教学,又要负责对学生进行政治思想教育,不能偏废。具体做法是在学校设置教导处,统一安排学校的教学和政治思想教育。教师也要管教管导。

2. 开设政治课,对学生进行政治理论教育

政治课在各级各类学校中都是必修的,在教学计划中占有一定的比例,务必使学生受到必要的政治理论教育。

3. 经常性的时事政策教育

4. 加强德育工作,对学生进行共产主义道德教育

新中国成立后,中小学不断加强学生的德育工作。小学校对学生普遍进行反对帝国主义、封建主义、官僚资本主义三大敌人的教育,把"五爱"教育(爱祖国、爱人民、爱劳动、爱科学、爱护公共财物)作为学校德育的重要内容,并结合土地改革、抗美援朝、"三反"、"五反"[①]等政治运动进行教育。1953年,贯彻毛泽东主席的"身体好、学习好、工作好"的指示,开展争"三好"活动。1954年,贯彻省教育厅《关于加强共产主义道德教育,反对资产阶级思想侵蚀的通知》,各小学加强了爱国主义教育、劳动教育和自觉纪律

---

① "三反"是指"反贪污、反浪费、反官僚主义";"五反"是指"反行贿、反偷税漏税、反盗骗国家财产、反偷工减料、反盗窃国家经济情报"。

教育。1955 年,又教育小学生遵守部颁的《小学生守则》,作为德育的重要内容,其中特别强调共产主义道德教育。

中学校除了对学生进行"五爱"教育外,还要进一步肃清学生的封建、买办、法西斯主义的思想,发展为人民服务的思想。1950—1952 年期间,各中学校围绕土地改革、抗美援朝、镇压反革命等政治运动开展大规模的思想改造运动,对学生进行阶级斗争、爱国主义和国际主义教育。1954 年,与小学一起贯彻省教育厅《关于加强共产主义道德教育,反对资产阶级思想侵蚀的通知》。1955 年,贯彻执行部颁的《中学生守则》。

5. 组织学生参加政治运动以及各项社会活动

各级各类学校都从学校和学生的实际出发,组织学生参加各种各样的政治运动。如土地改革、抗美援朝、"三反"、"五反"等政治运动。此外,各级各类学校还组织学生参加各种社会活动,例如冬学、扫盲、慰问解放军、组织军民联欢、参观工厂等。这样,使学生广泛接触社会,了解社会,提高了政治思想觉悟。

6. 新民主主义青年团和少年先锋队的活动

在学校恢复正常秩序以后,各校都普遍建立青年团和少年先锋队。团、队成为团结青少年的核心,配合学校进行政治思想教育,保证了学校教育任务的完成。

(二)教学工作制度

规程对日常教学工作的正常开展,也作了不少规定。主要有:

(1)学校必须执行经审核的教学计划和教学大纲。

(2)教育的基本方法是理论与实际相一致。

(3)教学以课堂教学为主要形式。

(4)严格执行升级、留级、转学、毕业等各项制度。

(三)学校管理制度

新中国成立初,宁波各级各类学校贯彻集体领导、民主管理原则,实行校务委员会制。校务委员会充分发扬民主管理的精神,由主任、副主任、教导主任、总务主任、教师代表、学生代表组成,研究学校发展中的重大问题,为决策提供咨询。主任、副主任由各级人民政府任命。1954 年,老市区中学先后建立中共学校支部,并改校务委员会制为党支部领导下的校长分工负责制。

各私立中学普遍设立董事会，行使如下职责：提出校长任免人选，报经政府批准后聘任或解职；研定办学方向；筹集资金；审核预决算；监督财务等。

以上各项制度的建立，使得政府加强了对学校的领导，提高了效率，大大地推进了当时新中国教育事业的建设。但对于教育这项特殊的"育人"工作而言，"行政化"的教育管理如果运用得不科学，在一定程度上会限制学校工作的自由度，不利于教育本身所具有的内在优势的发挥，也不利于教师等各方面积极性的调动。因此，如何科学地搞好制度建设，是"育人"事业发展进程中的重要工作。

第五节　加强和改进学校教学工作

1953 年，在中国历史上是极为重要的一年，是年 1 月 1 日，中共中央宣布开始实施发展国民经济的第一个五年计划。与此相应，在 1953—1957 年这段时间内，教育面临着如何向社会主义教育过渡，以及如何加速、搞好学校教育工作的问题。

时宁波贯彻中共中央"整顿巩固，重点发展，提高质量，稳步前进"的文教方针，认真学习苏联的教育经验，在中小学教学领域进行了一系列改革，初步构建起凯洛夫教学模式，为提高教学质量，培养社会主义建设人才奠定基础。

一、改进中小学教学工作

这一阶段教学改革的突出倾向便是全面学习苏联的教学模式，这不仅因为苏联和新中国具有相同的意识形态，而且苏联的教育模式在当时确实具有相当大的影响力，尤其是在苏联的卫星于 1957 年上天之后。就宁波而言，其改革力度尤以中学为甚。

（一）中小学课堂教学改革

1953 年始，宁波各中小学全面学习苏联的教育经验，学习凯洛夫教育

学和普希金①教授法,突出"使学生全面发展"的教育目标。具体体现在以下几方面:

(1)学习和推广课堂教学 5 个环节,即组织教学、复习旧课、教授新课、巩固练习、布置作业,加强课堂教学计划性。

凯洛夫教育学体系最有特色的便是其课堂教学的计划性,因此,在经验学习中首先引进课堂教学的 5 个环节。1953 年,市文教局强调提高课堂教学质量,提倡集体备课、相互听课和观摩评议,授课时注意根据不同课型安排教学环节,使得以往授课中随意性较大的情况得到纠正。

(2)废除百分制,采用五级记分法,强调对学生的定性评价。

(3)教学方法强调"直观法"。

在教学方法上,比较强调直观教学。改革中要求教师根据学生实际确定直观性的教学方法,提倡自制教具。1954 年,在宁波市中小学自制教具展览会上中学展品计有 321 件。②

在这一学习过程中,也出现不少脱离实际的形式主义做法。例如,教学"牛"这一字,教师为了使学生对"牛"有深刻的理解,就把真牛搬到课堂上,引起课堂秩序的混乱。

(4)调整教学内容。

另外一个较大的改变就是中小学教学内容的调整,调整的总体趋势是削减内容,放慢进度,减少习题、作业。例如,小学数学课,原本与新中国成立初程度相近,但学习苏联后,程度就大幅度降低。1953 年部颁的小学数学教学大纲规定:主要学算术中的整数;分数、百分数都学得很少;繁分数、比例、最大公约数、最小公倍数都不学;分数加减法部分,只学同分母和分母有倍数关系的部分,异分母的加减不学。1953—1958 年,小学数学程度大体上比以前降低了一年的水平。③

中学数学课的教学内容也是如此。在初中阶段,代数仅学到一次方程,平面几何仅学一半,只到相似形为止,其余延迟到高中学习。而高中的代数也减少了行列式、概率论、级数以及速分式等内容;平面解析几何全部取消,改学立体几何、平面三角。1953—1958 年,初中、高中数学程度大体

---

① 时为苏联的一位教育专家。
② 宁波市教育委员会编:《宁波市教育志》,浙江教育出版社,1996 年,第 110 页。
③ 毛礼锐、沈灌群主编:《中国教育通史》,山东教育出版社,1989 年,第 100 页。

上比新中国成立初降低了一年的水平。^①　直到 20 世纪 60 年代初才逐渐恢复到新中国成立初的水平。

又如,中学英语课,新中国成立初期一直未得到足够的重视。至 1954 年,初中一律停授英语课;而高中则于 1953 年停授英语,改授俄语。

再如,1956—1957 年,学习苏联俄语和文学分科的教学经验,分别开设汉语、文学。

（二）课外活动丰富多彩

新中国成立初,老市区各小学广泛开展课外学科活动,内容之一是联系各项政治运动组织故事会、演讲比赛、作文比赛,把优秀作文选登在各班的习作园地或学校墙报上。1953 年,在青年团浙江省委的倡导下,老市区和慈溪等县一批小学开展"小五年计划"活动,内容有农作物和花卉栽培、饲养小动物等,少数城镇小学组织工艺、科技等兴趣小组。

1956 年,配合基本生产技术教育的实施,广泛开展种植、养殖课外活动。例如,江北区慈城一小、鄞县百梁小学、建江小学,种出了大南瓜、蓖麻王、多穗玉米、向日葵王等。有些小学还成立米丘林小组,进行无性杂交、有性杂交试验。时科技、航模等兴趣小组活动也开展得热热闹闹,1956 年 10 月,老市区举行第一次航模比赛,第二中心小学（原镇明中心小学）获小学组第一名,该校学生周康信以 5.9 秒成绩获个人弹射类第一名。^②

中学的课外活动在内容、形式等方面与小学大同小异,有区别的只是因年龄特征而产生的差异。新中国成立初期,宁波中学、三一中学等学校的文娱活动十分活跃,跳秧歌舞、演活报剧、唱《你是灯塔》等革命歌曲,宁波中学排练的歌剧《刘胡兰》还在全市公演,颇受好评。浙东中学还每隔两周举行一次学术讲演。另外,各中学还举行写作比赛、讲演比赛等活动。1952 年,中学普遍组织学生阅读《卓娅与舒拉的故事》、《普通一兵》等进步文艺书籍,举办文艺讲座。在英雄形象的熏陶下,时涌现出不少先进班级和先进人物。

二、组织教师学习苏联教学理论和经验

在进行教学改革的同时,宁波各学校掀起学习苏联教育经验的热潮,

---

① 毛礼锐、沈灌群主编:《中国教育通史》,山东教育出版社,1989 年,第 100 页。
② 宁波市教育委员会编:《宁波市教育志》,浙江教育出版社,1996 年,第 62 页。

以便更好地开展工作。宁波市、地教育行政部门于寒暑假期间多次组织中学教师集中备课或搞教学活动,学习苏联教学理论和经验,从苏联翻译过来的《教育学》、《心理学》、《儿童年龄特征》、《班主任》等书籍成为教师重要的学习资料。小学则由市、县先培训骨干,再分区、乡进行教研活动。

这一时期的教学改革主要是模仿苏联的教学模式。这对于新中国迅速构建社会主义教育体系,使教育、教学工作更加符合社会主义教育规律作出了重要的贡献。但是,不问国情差异,盲目模仿带来的却是教育措施的不通行、某些学科教学质量的下降等问题。宁波小学学制在"四·二"分段制取消后不久,因五年一贯制在实践中行不通,马上又恢复"四·二"分段制,在一定程度上造成教学的混乱;数学课内容的删减、汉语和文学的分设、对英语课的忽视等等,带来了一系列教学质量问题。更为严重的是,在苏联模式中强调统一、正规、教师主导等思想影响下,普通教育所培养出来的人才缺乏创造性和独立工作能力。这一切对宁波教育的发展带来了一定的消极影响。

总之,从1949年宁波解放到1957年年底,宁波政府基本上完成了对旧教育的改造,各级各类的教育都得到了很大的发展。首先,教师队伍发展壮大,为教育事业的发展奠定了基础。据统计,1956年全市已有幼儿园教职员254人,小学教职员8777人,中学教职员1717人,中等专业学校教职员343人。[①] 其次,扫盲工作取得重大胜利。到1958年年底,老市区青壮年文盲率下降到22%。其三,各级学校和学生数迅速增长。据统计,1957年的全市小学数达2652所,小学生计332445人[②];中学数至1957年年底,达68所,学生32658人[③];中等技术学校至1957年发展到3所,学生1454人[④];师范教育则由中级发展到大专,成立了宁波师专。这一阶段不失为我国教育发展的黄金时期。

但是,这段时间的教育也出现了不少问题,主要表现在:教育事业发展由国家统包,超越了国民经济的承受能力;在学习苏联的过程中,取得了一定成绩,却也存在机械照搬的弊病,产生了形式主义的办学现象。

---

① 宁波市教育委员会编:《宁波市教育志》,浙江教育出版社,1996年,第306页。
② 宁波市教育委员会编:《宁波市教育志》,浙江教育出版社,1996年,第42页。
③ 宁波市教育委员会编:《宁波市教育志》,浙江教育出版社,1996年,第96页。
④ 宁波市教育委员会编:《宁波市教育志》,浙江教育出版社,1996年,第177页。

第十二章　探索社会主义教育发展道路时期的宁波教育

1956—1966 年,中国处于社会主义建设探索阶段,国内外形势错综复杂。1958 年始,中国实施第二个五年计划。这一时期,在毛泽东强调阶级斗争的政治路线指引下,党制定了"鼓足干劲、力争上游、多快好省地建设社会主义"的总路线,并提出了一系列建设的高指标。同期,还提出"大跃进"的口号。在教育领域,中共中央和国务院发布了《关于教育工作的指示》,提出了建设社会主义教育的纲领,发动了教育事业的"大跃进"和以教育与生产劳动相结合为中心的教育"大革命"。

后来,"左倾"路线持续发酵,终使社会主义经济受到严重创伤,"屋漏偏逢连阴雨",时值三年自然灾害(1959—1961 年)和苏联毁约(1959 年),新中国面临成立以来的艰难时期。1961 年 1 月,中共八届九中全会决定对国民经济、文化教育等各方面实行"调整、巩固、充实、提高"的八字方针。同时,采取一系列措施,全面落实知识分子政策,制订并试行大、中、小学的"三个条例",迅速扭转局势,使教育重新走上健康发展的轨道。

然而,1962 年 9 月,在党的八届十中全会上,毛泽东针对赫鲁晓夫的批判,再次重提国内的阶级斗争问题,把党内的一些认识上的分歧视为阶级斗争,提出阶级斗争要年年讲、月月讲,从而使"以阶级斗争为纲"的"左倾"错误进一步扩大化、绝对化。于是,1963 年以后,城乡基层逐步开展了所谓的"社会主义教育运动",掀起了一场大规模的阶级斗争。这一运动在乡村称"四清",即清理账目、清理仓库、清理财物、清理工分;在城市称"五反",即反对贪污盗窃、反对投机倒把、反对铺张浪费、反对分散主义、反对官僚主义。同时,在意识形态领域也开展了过火的斗争。

宁波教育正是在这一大背景下,经历着曲折发展,并有所提高的历程。

第一节　社会主义教育方针的实施和"反右"扩大化

1956年社会主义改造基本完成以后,毛泽东于1957年2月系统地提出了社会主义教育方针,为社会主义建设时期的教育发展指明了方向。但与此同时,在全社会开展的整风运动、"反右"斗争的扩大化给教育事业带来了极大的冲击。

一、社会主义教育方针的实施

1957年2月27日,毛泽东在最高国务会议上作了《关于正确处理人民内部矛盾的问题》的讲话,指出:"我们的教育方针,应该使受教育者在德育、智育、体育几方面得到发展,成为有社会主义觉悟的有文化的劳动者。"这一教育方针对新中国全面地建设社会主义教育事业起着根本的指导作用,具有重大的现实意义和深远影响。

时宁波各级党政部门和各级各类学校认真贯彻教育方针,其中所采取的重大措施之一便是加强思想政治教育。首先,中等学校都建立了党的基层组织,又先后成立工会和共青团基层组织;小学则设立少先队总辅导员,从而健全思想政治教育的管理体制。其次,纠正学习苏联教育经验过程中忽略政治教育的做法,提出要在"初中、高中增加政治课,编政治课本",从而加强政治教育。其三,采取一系列措施,推动学校劳动教育和勤工俭学的开展,从而加强劳动教育。

二、"反右"斗争的扩大化

1957年始,宁波市委、市政府在党中央和省委的领导下,兴起一场以正确处理人民内部矛盾为主题的党的整风运动。在整风运动初期,市各级各类学校的党政干部和师生大多怀着一颗赤诚之心,以良好的愿望帮助党整风,提出了党在工作中所存在的缺点和不足。虽然他们的言语有时或偏激,或尖刻,或误解了一些政策,但这些意见大多是善意的。当然,也有极少数人借此攻击社会主义制度。面对这种复杂的情况,毛泽东和党中央作出了过于严重的估计,并指示要严厉打击这些知识分子。于是,不少教师被打成"右派",成为了反党、反社会主义分子,而他们的上述言语也被当做"右派"向党进攻的证据。"反右"斗争扩大化了,这对学校教师队伍的建设产生了消极的影响。

接着,中共中央在1957年9月至10月召开的八届三中全会上,改变了八届一次会议关于我国社会主要矛盾的判断。毛泽东指出:当前我国社会的主要矛盾仍然是无产阶级和资产阶级、社会主义道路和资本主义道路的矛盾。会议还宣布我国社会有两个剥削阶级,即右派和被打倒的地主买办阶级和其他反动派是一个剥削阶级;"正在逐步接受社会主义改造的民族资产阶级和它的知识分子"是另一个剥削阶级。这样,知识分子实际上是被划入第二个剥削阶级的范畴。这一判断不仅影响知识分子的命运,而且直接改变了今后社会主义建设的进程。据不完全统计,1957年,宁波市老市区有125名教师被划为"右派"分子,受到不公正待遇。[①]"大跃进"运动开始后,有266名中小学教师,去农村、盐场劳动。[②] 1960年,中学、城镇小学和农村区、乡中心小学校长中,非共产党员的大部分被免去校长之职。直至1961年开始的教育事业大调整,才对这些教师中的部分落实政策。

"反右"斗争扩大化的直接后果就是伤害了一大批有思想、有真才实学的教育工作者,给他们带来了极大的长期的痛苦。其间接结果体现在刚刚起步的社会主义建设道路已然露出"左倾"端倪,并由此发展起来。

第二节　教育"大跃进"和1958年的教育"大革命"

1958年7月30日,市人民委员会召开会议,讨论学校向工农开门的方针及大力动员劳动人民子女入学问题,至1960年,宁波的教育事业在"左倾"路线指引下,盲目冒进。1958年,全市中小学教师、中等学校以上学生参与的大炼钢铁运动;1960年,老市区18所大、中学校师生参与技术革命;大办各级各类学校;等等。时各级各类学校进行了"种种改革",掀起一场教育领域的"大跃进"。这场运动致使教育质量急剧下降,浮夸之风到处盛行,以至于不得不在后来的1961年进行一次大规模的调整。

---

① 宁波市教育委员会编:《宁波市教育志》,浙江教育出版社,1996年,第327页。

② 宁波市教育委员会编:《宁波市教育志》,浙江教育出版社,1996年,第327页。

一、教育事业的"大跃进"

（一）幼儿园

1951年新学制颁行后，宁波市、县幼儿教育得到逐步重视，陆续创办了一批幼儿园，并列入学制体系。至1956年，宁波老市区有幼儿园36所，入学幼儿达2045人（较1949年增长16倍之多），教职员工188人。[①]

1958年9月，中共中央、国务院《关于教育工作的指示》提出，全国应在3～5年的时间内，使学龄儿童大多能入幼儿园和托儿所。据此，宁波各地大办托幼机构。至1959年，老市区幼儿园猛增到92所，入学幼儿人数达5436人，教职工487人。[②]但是，新建的幼儿园大多设施简陋，场地拥挤不堪，保教人员也未曾接受最起码的训练，其中有不少是文盲半文盲的妇女，素质不合要求。

（二）小学教育

小学教育从1958年下半年始，也贯彻执行中共中央、国务院《关于教育工作的指示》，采取多种措施，发展小学。据统计，1956年，宁波市有小学2652所，学生332445人，其中老市区89所，学生33703人。[③]但是，在"大跃进"中，全市小学猛增到3348所，学生达439277人，其中老市区111所，学生37925人。[④]虽然小学数量急剧增长，但是，办学条件却未得到相应改善，小学的校舍、设备与师资均严重不足，导致教育质量的大面积下降。

（三）普通中学

至于普通中学，则是采取小学戴帽办初中，初中戴帽办高中的做法，大力开办中学，致使中学校数量大增，据统计，1958年，宁波市中学校数达238所，较之1957年增加3倍之多。[⑤]普通中学得到发展的同时，却也带来了一系列问题，例如，教育结构失衡，主要表现为普通中学的发展与滞后的师范教育之间的矛盾。

---

① 宁波市教育委员会编：《宁波市教育志》，浙江教育出版社，1996年，第27页。
② 宁波市教育委员会编：《宁波市教育志》，浙江教育出版社，1996年，第27页。
③ 宁波市教育委员会编：《宁波市教育志》，浙江教育出版社，1996年，第42页。
④ 宁波市教育委员会编：《宁波市教育志》，浙江教育出版社，1996年，第43页。
⑤ 宁波市教育委员会编：《宁波市教育志》，浙江教育出版社，1996年，第96页。

（四）师范教育

为了解决中小学师资短缺问题，宁波各县纷纷建立师范学校。1959年，奉化、象山（时象山、宁海两县合并）、慈溪、鄞县、镇海、慈城镇都先后建校，培养师资。[①] 针对初中教师奇缺现状，宁波师范学校、余姚师范学校于1958年，也开始培养初中教师。1961年，宁波专署文卫办公室还专门发文称，宁波师范、余姚师范设师专部，招初中毕业生，学制4年，分科培养初中教师；其余各县师范学校均试办3年制分科专业班，培养初中或农中教师；小学教师的培养以举办1年制速师为主，招初中毕业生或业余初中毕业生。

（五）中等职业技术教育

1. 农业中学

普通中等职业技术教育也出现"大跃进"局面。1958年4月始，为适应农业生产发展需求和高小毕业生的升学要求，宁波市出现了大办农业中学的热潮：鄞县210所，慈溪131所，宁海149所，象山109所，余姚312所，奉化159所，镇海仅大碶公社就办了8所。农业中学是由农民群众集体举办、实施办耕半读的学校，这也是当时贯彻党中央"教育与生产劳动相结合"方针的一项重要举措。不过，由于缺乏必要的办学条件，当年年底，许多农业中学就不得不停办，像象山仅留19所、慈溪4所。至1960年，全市农业中学共留存93所。同时，城里则举办半工半读的职业技术训练学校，1960年，城区共有职业学校16所，学生1840人。[②]

农村农业中学和城镇职业训练学校的创办改变了中等教育的结构，尤其是初中。它们打破了原来单一的由国家主办的普通初级中学的教育结构，转而成为全日制与半耕半读（半工半读）并存、国家与集体办学共存、普通教育与职业技术教育共处的局面。

2. 技工学校

另一方面，宁波诞生了一批技工学校。1958年，市劳动局工人技术学校创建，是为宁波最早的技工学校。同年，还创建宁波电力技工学校。至1960年，老市区有技工学校10所，专业设置达17个，在校学生1233人。[③]

---

① 上述学校1961年、1962年先后停办。

② 宁波市教育委员会编：《宁波市教育志》，浙江教育出版社，1996年，第173页。

③ 宁波市教育委员会编：《宁波市教育志》，浙江教育出版社，1996年，第176页。

3. 中等技术学校

受"大跃进"影响,宁波中等技术学校也如"雨后春笋"般冒出来。1958年始,鄞县水产技术学校、宁波林业学校、宁波航务学校相继建立,同时在城乡新办中(初)等专业(技术)学校14所。嗣后,再次新办市建筑技术学校、市会计学校、梅山制盐工业学校、市商业学校。但是,不少新办的学校,尤其是农村的学校,办学没有一定的教学计划,劳动时间占了2/3,如鄞县林校开学后163天,课堂教学仅53天。加上师资、校舍、经费等问题,生源极为不稳,如鄞县初级农校95名新生一次就流失25人。为此,1959年3月,中共宁波市教育局党组发出《关于新办中(初)等专业(技术)学校整顿意见(草案)》。经整顿,至1960年底,老市区有中等技术学校10所,学生3989人。①

以上普通中等职业技术教育的"大跃进"远远超过了国民经济的负担能力,特别是农业生产水平,也超过了教育事业本身的发展条件,使得教育质量普遍不高。

(六)高等教育

在"大跃进"背景下,宁波的高等教育也跟着大发展,形成了以师、医、农、工为主的高校格局。1958年,余姚师范学校、慈溪中学、奉北第一中学相继附设师专班,鄞县、镇海则建立师范专科学校。而原来的宁波师范专科学校改名为宁波师范学院。鄞县、镇海师范专科学校及宁波体育专科学校于1959年并入宁波师院。至1960年,宁波师院规模扩至1000名学生,系科设置增至6个。②

1958年9月,原宁波卫生学校在中专基础上也戴帽创办了宁波医学专科学校,并于1960年6月改为宁波医学院。

1958年8月,原宁波农业学校改办为宁波农业专科学校。1960年,与宁波农科所和宁波农具研究所合并,创建宁波农学院,设置4个专业,学生达1000人。③

1960年9月,在江东宁穿路上还建立了宁波工学院。至此,宁波高校由1所猛增至4所。

---

① 宁波市教育委员会编:《宁波市教育志》,浙江教育出版社,1996年,第178页。
② 宁波市教育委员会编:《宁波市教育志》,浙江教育出版社,1996年,第210页。
③ 宁波市教育委员会编:《宁波市教育志》,浙江教育出版社,1996年,第178页。

（七）成人教育

1958 年兴起的"大跃进"运动，把宁波的成人教育也卷入其中，时各级各类工农学校高速发展。

首先，以扫盲为主的成人初等教育迅速发展。1958 年，宁波市工农业余小学班学员为 54714 人，1960 年激增到 293835 人，较之 1958 年增长达 537％。① 当时，教师是严重不足的。1961 年，又因经济困难，这些工农学校大多数停办，小学班人数锐减至 22255 人，仅为 1960 年的 8.3％。② 在这种大起大落情况下，扫盲质量可想而知。据市教育局 1960 年 5 月份的调查，时回生复盲的比率约在 35％～40％之间。③

其次，职工中等教育也加快步伐。据 1960 年的统计，老市区有职工中专 25 所，职工中学 164 所，其中职工中专学员 1687 人，职工高中学员达 5368 人。④

其三，宁波的成人高等教育犹如"平地起高楼"，一下子取得前所未有的成绩。1958 年 4 月，宁波师专附设中国语言文学专科夜大。1960 年，在崔衙街 52 号，宁波市职工业余大学成立，是为独立建制的第一所成人高校。不久，又创办了宁波市财贸职工业余大学、化工业余大学等 16 所业余大学。加之各县兴办的职工业余大学，宁波市的成人高校有 43 所，学生 2640 人。⑤

此外，城乡还发展了一批工农文化技术夜校，又称红专学校。1958 年底，宁波市有农民文化技术夜校 377 所，学员 24371 人。⑥ 这些夜校大多数开设小学语文、数学、政治、农业（工业）技术等课程，有些学校还配备试验田、畜牧场，贯彻教育与生产相结合的教学原则，培养各类技术人才和管理干部。城镇也创办一批文化技术学校，如镇海久丰纱厂 10 年坚持文化教育；新建的农具机械厂、农药厂都兴办夜校培训工人；市商业红专学校也是一所不错的培训学校。

但是，这些学校的创办和发展皆因违背了教育客观发展的可能性，在不久之后，都不得不停办。

---

① 宁波市教育委员会编：《宁波市教育志》，浙江教育出版社，1996 年，第 234 页。
② 宁波市教育委员会编：《宁波市教育志》，浙江教育出版社，1996 年，第 234 页。
③ 宁波市教育委员会编：《宁波市教育志》，浙江教育出版社，1996 年，第 225 页。
④ 宁波市教育委员会编：《宁波市教育志》，浙江教育出版社，1996 年，第 236 页。
⑤ 宁波市教育委员会编：《宁波市教育志》，浙江教育出版社，1996 年，第 244 页。
⑥ 宁波市教育委员会编：《宁波市教育志》，浙江教育出版社，1996 年，第 246 页。

二、各级各类教育的"大革命"

为了贯彻实施"教育为无产阶级政治服务,教育与生产劳动相结合"的方针,"使受教育者在德育、智育、体育方面得到全面发展",学校教育自身也进行了一场"大革命",其主要任务是纠正前几年学习苏联教育经验中所出现的教育脱离生产劳动、脱离实际、忽视思想政治教育、忽视党的领导等教条主义倾向。

(一)教育与生产劳动相结合

教育与生产劳动相结合是教育"大革命"的重要内容。

1. 将生产劳动正式纳入教学计划

宁波各级学校自 20 世纪 50 年代起,就十分重视劳动教育,培养学生热爱劳动的态度和习惯。1955 年 9 月,宁波执行教育部新颁布的《小学教学计划》,从一年级到六年级,增设手工劳动课。1958 年,根据中共中央、国务院《关于教育工作的指示》,将生产劳动列入学校的正式课程,一、二年级进行手工劳动,三、四年级进行校内生产劳动和手工劳动,五、六年级进行生产劳动并教授工农业生产常识。

1958 年始,宁波各中小学普遍把生产劳动作为课堂教学的主要内容。当时,老市区各中学不仅在鄞县和郊区都建立农场,而且,有的中学甚至把操场改造为农场或工场,以加强农业生产知识教学和劳动锻炼,强化学生以工农为基础的思想意识。余姚师范学校还规定,如果劳动成绩不合格,品行成绩就列为丙等或丁等,这就面临着不能毕业的困境。

据亲历者回忆,1958 年老市区多数中学师生上金峨山等地开荒办农场;镇海中学还提出"白天参加农业劳动,晚上补习文化课"的办学策略;苍水街小学校办工厂办起了"红领巾制药厂";等等。在当时背景下,中小学生普遍存在劳动时间过多和体力负荷偏重的情况,有的学生每周劳动达十多小时。宁波师范学校还组织师生去工厂、农场和工人农民同吃同住同劳动,培养劳动观点、阶级观点、群众观点。至 1959 年起,各中学遵照中央的精神调整学生劳动时间,规定高中生一般为每周 8 小时,初中生一般为每周6 小时。

宁波各高校自教育"大革命"开始后,学生参加生产劳动和社会活动的时间也大大增加,原教学计划安排的课程体系被打乱。

另外,前述的农业中学和城镇职业训练学校也可以说是"教育与生产劳动相结合"的产物之一。

2. 勤工俭学的蓬勃开展

勤工俭学、校办工厂(农场),是教育"大革命"的重要内容。1958年初,宁波的不少中学就响应共青团中央《关于在学生中提倡勤工俭学的决定》之号召,因地制宜,组织学生参加农业劳动和手工业劳动。例如,奉化中学等校组织少数贫困生参加理发、洗衣、织毛衣等服务性劳动。6月,在省教育厅的统一领导下,各中学掀起了勤工俭学的高潮。活动内容包括组织学生参加农业、副业、工业、手工业等生产劳动,校内外公益劳动,服务性劳动等,尤其突出的是农业生产劳动。9月,随着党中央《关于教育工作的指示》的发布,各级各类学校勤工俭学活动进一步发展。当时,各中学普遍增加了参加劳动的时间,导致学生劳动时间过多和体力负荷偏重,从而影响正常的教学秩序,甚至停课。小学师生也投入到勤工俭学的热潮之中,办起了小工厂、小农场、试验地等。凡此种种,都不同程度地影响到正常的教学。高校更是不例外。

(二)教学领域的"大破大立"

教育"大革命"在教学领域,集中表现为"大破大立",即彻底破除教学工作中严重阻碍贯彻教育方针的一切旧东西,建立起充分体现教育方针的新的课程与教学体系。

1. 精编课程,使用省编的中小学教材

针对20世纪50年代初期学习苏联教育经验所带来的弊病,宁波根据中央和省的指示,对课程设置和教学内容进行改革。在中学课程设置方面,"生产劳动"被列入正式教学计划;"汉语"、"文学"合并为"语文";"三角"、"代数"、"几何"合并为"数学";政治课改为"社会主义和共产主义教育课";等等。1959年起,各中学执行省颁教学计划,将科目设置分为三大类,即:政治思想教育,占19%;文化科学知识教育,占55%;生产劳动和体育,占26%。农村初级中学大多数选择第二类科目设置,实行2个月休息、3个月劳动、7个月学习的制度。

该时期,小学课程和教学计划也有较大的变动。1960年起,执行省颁的《1959—1960年全日制小学教学计划》,将小学课程分为思想政治教育(包括政治课);文化科学知识教育(包括语文、算术、自然、农业常识、手工劳动、地理、历史、唱歌、图画、体育);生产劳动三大类。课外活动和自修课都列入教学计划。课外活动包括班队活动、文娱体育、游戏活动、课外阅读等,有条件的学校还可以组织课外兴趣活动小组。

为了配合教学计划的贯彻落实,当时,省教育厅组织人员花4个月左右时间编写了一套中小学课本。内容涉及中小学各年级、各学科,共计635万字。推广全省各地使用,宁波也不例外。这套教材注重政治思想教育和教育联系生产劳动的内容,但是知识结构不够严密,基础知识和基本技能被削弱。在使用中,一边使用一边修改,直到1966年上半年。同时,省还编有中学历史、地理两课的乡土教材,投入各地使用。时宁波有些学校也自己编制(校本)乡土教材,如宁波师范学校史地教学中补充了张苍水、黑水党、定海人民抗英斗争、浙江与宁波等真正本乡本土的内容,对学生进行教育。

2. 教学结合政治,结合生产,结合实际,提倡学生上讲台,"能者为师"

在教育"大革命"中,各级各类学校在教学形势和方法上也进行了种种革新。归纳起来,大致如下:试图"解决理论联系实际问题"的,有现场教学、调查访问、表演教学等;试图"贯彻群众路线,调动学生主动性、积极性"的,有课堂讨论、学生批改作业、请工农兵上课,甚至学生上课;试图"加强课内外结合,扩充学生知识"的,有开展课外辅导活动、课外专题研究等;试图"加强各科联系,减少并进学科"的,有各科大协作,即打通政、史、地、文界线,以及单科独进、他科让路等方法。

以上方法对于教育脱离生产劳动、脱离实际、脱离思想政治而言,或许有很大的促进作用,但是,不少方法尚需论证,如现场教学等;还有些则被实践证明是不适用的,如表演教学、学生上课、各科大协作等;此外,以群众运动的方式组织教学,也是值得斟酌的。对此,宁波时有"抓了2亩地,丢了2只'鸡'(指基础知识和基本技能)"的说法。

3. 中小学学制改革试验

1958年,《关于教育工作的指示》明确指出:"现行学制是需要积极地和妥善地加以改革的,各省、市、自治区的党委和政府有权对新的学制积极进行典型试验。"自此,部分中学本着"大胆试验,稳步改革"的方针,进行缩短学制的试验。例如,前述的若干重点中小学都参与了教改试点。1960年4月,国务院副总理陆定一在二届人大二次会议上作《教学必须改革》的发言,提出在全日制中小学教育中"适当缩短年限,适当提高程度,适当控制学时,适当增加劳动"的设想。据此,宁波市委于5月召开文教工作会议,讨论教学改革方案,决定进一步扩大改革的试点面,确定 13 所小学、中学、中专进行教改试点。1960 年 9 月新学期伊始,开展中小学教学改革。时宁波五中(今效实中学)实施十年一贯制试验,宁波一中实施十二年一贯制试验,均为省第一批学制改革的试验点。鄞县樟村中学、慈溪浒山中学试行中小学十年一贯制。同时,小学实行五年一贯制。1963 年,除宁波五中外,其余学校都停止试验,中小学仍分设转为六年制。

综上所述,宁波这一时期的教育注意调动社会各方面的积极性,形成全日制、半日制和业余学习并举,多种形式办学并存的局面,对于普及小学教育、兴办农业中学、发展城乡职业技术教育、扫除青壮年文盲、发展成人教育起到一定的积极作用。据统计,1960 年较之 1957 年,普通小学从 2652 所增加到 3249 所;普通中学从 68 所增加到 231 所;中等专业学校从 6 所增加到 30 所;新办技工学校 10 所;新办高校 3 所,原师专升格为师院;幼儿园从 70 所猛增到 1958 年的 1690 所;成人初等学校学员近 30 万,较 1958 年增长 5 倍多;扫盲人数达数十万人。[①] 但是,上述教育事业的发展却也远远超越了当时社会、经济以及教育自身的承受能力,于是,相当一批学校的教育设施、设备简陋,师资水平很低,同时,这也造成学校教育质量差、流生众多的教育"烂摊子"。

同期,在"教育为无产阶级政治服务,教育与生产劳动相结合"的教育方针指导下,宁波各级各类学校探索以"教育与生产劳动相结合"为主要内容的教育"革命"道路。中小学校将生产劳动列为正式课程,通过自办工厂、农场,师生下乡、下厂参加生产劳动,开展科技活动,实行勤工俭学、半工(耕)半读等措施,纠正之前教育与生产相脱离、理论与实际相脱离的教条主义倾向。但是,矫枉过正,在"大跃进"运动影响下,学校劳动过多、社会活动过多、政治运动过多,打乱了正常的教学秩序,从而使基础知识、基本技能的学习大幅度削弱,教学质量大面积滑坡。在这过程中,还出现了要"普及幼儿教育"、"普及小学教育"等不切实际的口号,导致浮夸风、压指标等简单粗暴的工作作风,这些都对宁波学校的发展产生了不良影响。

---

① 宁波市教育委员会编:《宁波市教育志》,浙江教育出版社,1996 年,第 6 页。

第三节　1961 年的教育事业调整

1958 年以来教育事业的大发展,明显地超过了国民经济的承受能力,特别是农业生产水平的负担能力,也超过了教育事业本身的发展条件。为了改变这种局面,中央决定对国民经济、文化教育事业等各方面进行调整。1961 年 1 月,中共八届九中全会决定全面贯彻实施"调整、巩固、充实、提高"的八字方针。同时,采取一系列措施,落实知识分子政策,制订并试行大、中、小学校的"三个条例",迅速扭转局势,使教育重新走上健康发展的道路。

一、教育事业的调整

3 月初,市教育局根据"调整、巩固、充实、提高"的八字方针,制订调整方案。月底,从各级技校、农业中学中整编出 3407 人,从农村小学 14 足岁以上的超龄生中整编出 2566 人,以及 1958 年以来从农村招收的 95 名教职工,共计 6088 人支援农业生产。[①] 同时,宁波各级各类学校遵照党政部门的要求,对"大跃进"、"大革命"中出现的问题,进行深入反省,基本形成以下几点共识:(1)全日制学校应该以教学为中心;(2)学校要注重劳逸结合,全面安排教学、生产劳动和休息时间;(3)对教师决不能采取简单粗暴的方法;等等。并认为贯彻"八字方针",需要着重把握两个根本问题:一是适当控制学校数量;二是着重提高教学质量。在市委的领导下,宁波对各级各类学校进行调整,尤其是中等学校和高等学校。

1961 年,一批在小学、初中上戴帽的初中、高中纷纷下马,城、乡农业中学全部停办。至 1962 年,全市[②]境内中学仅保留中学 129 所,其中老市区20 所。[③] 同时,"大跃进"时期上马的若干县级师范学校也在 1961、1962 年停办,仅留宁波师范学校。各类中等技术学校除了保留农业学校、卫生学校,航务学校迁杭并入省交通学校,以及会计学校改为训练班之外,其余的也都撤销。"大跃进"时期创建的技校在 1961 年 3 月,除了市劳动局工人技

---

① 宁波市教育委员会编:《宁波市教育志》,浙江教育出版社,1996 年,第 37 页。

② 指宁波 11 个县(市、区)。

③ 宁波市教育委员会编:《宁波市教育志》,浙江教育出版社,1996 年,第 96 页。

校、动力机厂技校改为培训基地外,其余技校全部撤销。当时来自农村的665 名学生全部回乡支农,来自城市的 545 名学生由市统一分配到手工业系统和饮食服务行业。[①]

1961 年,宁波 4 所大专院校也相继进行调整。宁波工学院因专业教师、仪器设备缺少,于 1961 年 3 月从 4 个系精简为 2 个科,8 个专业减为 2 个专业,并更名为宁波工业专科学校,但最终于 1962 年 7 月停办。宁波农学院于 1961 年 4 月改为宁波农业专科学校,但在 8 月,撤销溪口分部,大专停办,立即改为宁波农业学校。宁波医学院则于 1961 年改为宁波医学专科学校,不久,在 1962 年 6 月,因师资、设备等原因撤销专科身份,所有教师及仪器设备并入宁波卫生学校。宁波师范学院也于 1962 年停止招生,8 月,始改组为宁波地区教师进修学院。

此外,小学的调整主要通过将农村的公办初级小学转为民办的方式进行,1962 年 5—6 月,宁波郊区农村 7 个区(时含镇海县),只剩 190 所公立小学,另有 463 名教师转为民办(生产大队办)。至 1962 年底,全市小学精简为 3200 所。[②] 在这一过程中,农村学龄儿童的入学率显著降低,对此,宁波市、县在 1963 年贯彻《全日制小学暂行工作条例(草案)》时,通过兴办耕读小学等给予了调整。

在调整过程中,宁波还注重办好一批重点学校,以带动其他学校的发展。宁波市四眼碶小学、宁波第一中学、宁波第五中学、镇海中学、樟村中学、邱隘中学、余姚一中、宁波师范学校等皆被列为省重点学校。

关于受到不公正待遇的知识分子,1962 年 2 月,中共宁波市委召开知识分子问题会议,决定落实知识分子政策。3 月 13—23 日,市、县人民政府根据市委会议精神,对 1958 年以来在反右倾、"拔红旗"、整风整社等政治运动中,因"左倾"思潮而受到伤害的 287 名[③]干部、教师进行甄别、平反,并对1960 年因非共产党员身份而被免职的部分学校领导恢复职务。

综上所述,经过调整后的宁波各级各类学校数大幅度下降,教学质量有了一定的稳定。至 1962 年,全市有小学 3200 所,中学 129 所,中专保留5 所,大专院校和技工学校全部撤销,幼儿园剩下 62 所,成人初等学校学员

---

① 宁波市教育委员会编:《宁波市教育志》,浙江教育出版社,1996 年,第 176 页。
② 宁波市教育委员会编:《宁波市教育志》,浙江教育出版社,1996 年,第 7、43 页。
③ 宁波市教育委员会编:《宁波市教育志》,浙江教育出版社,1996 年,第 37 页。

减至 1960 年的 8.3％。① 调整后，教育事业规模与国民经济水平大体持平，教育内部的结构也得到改善。同期，对在历次运动中受到错误批判和处理的一些干部、教师进行甄别、平反。

二、三个《条例》的实施

在贯彻落实"八字方针"期间，中共中央在 1961 年 9 月批准试行《教育部直属高等学校暂行工作条例（草案）》。之后，在 1963 年 3 月又批准试行《全日制中学暂行工作条例（草案）》和《全日制小学暂行工作条例（草案）》。这三个《条例》总结了新中国教育工作的经验，特别是学习苏联过程中存在的教条主义和 1958 年、1960 年"左倾"错误等方面的教训，对于学校教育的规范化作出相应的指示。

三个《条例》重申了教育必须在中国共产党的领导之下，贯彻"教育必须为无产阶级服务，教育必须与生产劳动相结合"的教育工作方针；坚持德智体全面发展，知识分子与工农相结合，脑力劳动与体力劳动相结合，高等学校要建立教学、生产劳动、科研三结合的教育体制，学校必须以教学为主，以课堂教学为基本形式，发挥教师在教学、科研中的主导作用；建立尊师爱生的良好风尚，为提高教育质量创造条件，加强各级学校的思想政治工作，对学生进行"五爱"教育，树立为人民服务的思想等。这在当时的历史条件下，对于稳定学校秩序，提高教学质量，起了积极的作用。

浙江省在教育调整阶段就已经注意到学校教学问题，并制定了《浙江省全日制中小学暂行工作条例（草案）》。据此，宁波早在 1962 年 2—3 月，就由市教育局组织全市中小学教师研究实施《浙江省全日制中小学暂行工作条例（草案）》。4 月，中共宁波市委文教部召开贯彻《浙江省全日制中小学暂行工作条例（草案）》试点工作座谈会，交流试点工作情况。

至 1963 年 3 月，中共中央颁发《全日制中小学暂行工作条例（草案）》，原省颁的中小学工作条例停止执行。时中共宁波地、市委制定了分批试行中央颁发的《全日制中小学暂行工作条例（草案）》的规划。各校则根据《条例》总结经验教训，纠正许多"左"的做法，明确学校工作必须以教学为主，必须发挥教师的主导作用。

时市、县确定了一批教改试点学校和重点学校，以点带面，使学校教育

---

① 宁波市教育委员会编：《宁波市教育志》，浙江教育出版社，1996 年，第 7 页。

工作健康发展。例如,镇明中心、江北中心小学、宁波一中、宁波五中等皆被定为教改试点单位。在农村,则针对农村生产和农民生活实际,兴办了一批耕读小学,提高了因前期调整所带来的学龄儿童入学率降低的现象。1963 年,市教育局还特别调查郊区乍山、半浦等公社初等教育普及率不高的原因,总结出"流生多,而导致农村学校普及率不高"的弊病,对症下药,试办牧童班、半日班,从而使初等教育普及率有所提高。

各中学根据《条例》,实施教育任务、培养目标。规定中等教育的任务是为社会主义建设事业培养劳动后备力量,为高一级学校培养合格的新生。培养目标是:使学生具有爱国主义和国际主义精神,具有共产主义道德品质,拥护共产党的领导,拥护社会主义,愿意为社会主义事业服务,为人民服务;逐步培养学生的工人阶级的阶级观点、劳动观点、群众观点、辩证唯物主义观点,使学生在小学教育的基础上进一步掌握语文、数学、外国语等课程的基础知识和基本技能,并且具有一定的生产知识;使学生的身心得到正常的发展,具有健康的体质,培养良好的生活习惯和劳动习惯。

此外,各中学的课程设置执行部颁的新教学计划,主要是对政治课和生产知识课两课进行一定的调整。政治课按照年级分别设政治常识、经济常识、辩证唯物主义常识、时事政策教育;初三设生产知识课,讲授农业生产知识;高三设农业科学技术知识选修课。为了避免历史、地理、生物三门课的重复,生物课的安排如下:初一设植物,初二(上)设动物,初二(下)设生理卫生,高中设生物学;地理课的安排如下:初一设中国地理,高一设世界地理;历史课的安排如下:初二、初三设中国历史,高三设世界历史。

1963 年,市教育局还进一步要求各校努力改进和摸索适合各学科各年级学生的教学方法,认真贯彻执行理论与实际统一、循序渐进、因材施教等教学原则。语文课要处理好文与道、讲与练的关系,精讲多练;数学课要讲清概念,锻炼思维,加强练习,把住"关口";外语课要加强听、说、读、写的训练。时各校均积极改进课堂教学。宁波女中的语文课加强字音、字形的辨认和正确书写教学,学生作文中错别字因此明显减少;数学课则注重概念、定理、法则的讲解,并加强课外练习。宁波四中特别注重教师的基本素质训练,以及数学教师教学的正确性、技术性。

其他中等学校也进行类似的改革。例如,宁波师范学校要求运用直观教学原则,加强讲课语言的形象性,重视对学生独立思考能力的培养,减轻学生过重的作业负担。要求运用"精讲多练"的教学方法,加强辅导,狠抓

"中下游"学生。

1961—1963 年,宁波教育通过对三个《条例》的贯彻,纠正了过去学校任意停课的做法,以教学为主的原则得到落实,教学秩序逐渐稳定,课堂教学更加规范化,学生基础知识、基本技能的学习得到强化,教学质量有所回升。但是,应试教育现象有所抬头。

第四节　1964 年的教育改革和"社会主义教育运动"对学校的影响

1963 年以后,伴随着国民经济情况的好转,教育事业也重新走上稳步发展的轨道。1963 年,宁波相继开办一批中等技术学校。8 月,新办了市工艺美术学校、宁波动力机厂技术学校、宁波电力技术学校、宁波农业职业中学。但是,毛泽东对于意识形态领域内阶级斗争的关注,以及党内意识形态斗争与和平演变危险的警惕,[①]把知识分子和学校教育再度推到政治的前沿阵地,促成了 1963 年之后进行的社会主义教育运动和 1964 年以后的教育改革。

1964 年春起,毛泽东对教育表现出较多的关注,尤其是三个《条例》实施后学生学业负担过重的问题。自 1964 年至 1966 年 5 月,毛泽东就教育工作中的一些问题和接班人问题,发表了多次谈话和指示。其中,主要有"春节谈话"、"三·一〇指示"和"七·三指示"。[②] 在毛泽东和党中央有关教育工作指示的影响下,宁波教育界在市委的领导下,对教学工作进行了一系列改革,而不久之前制定的三个《条例》自此至 1966 年 5 月"文化大革命"发动时,实质上早已经不起作用。

一、"两种教育制度"的推行

"两种教育制度"是指全日制大、中、小学教育与半工半读、成人业余教

---

① 陆有铨:《躁动的百年》,山东教育出版社,1997 年,第 856—858 页。
② "春节谈话"是指 1964 年 2 月 13 日在人民大会堂召开的一次教育工作座谈会,毛泽东在这次会议上发表关于教育工作的重要讲话;"三·一〇指示"是指 1964 年 3 月 10 日毛泽东《对"北京一个中学校长提出减轻中学生负担问题的意见"的批示》;"七·三指示"是指 1965 年 7 月 3 日毛泽东《对"北京师范学院一个班学生生活过度紧张,健康状况下降"材料的批示》。

育并举的教育制度。前者与 8 小时的劳动制度配套,后者则与半工半读的工厂劳动制度配套。这种思想最早是由刘少奇于 1958 年 5 月在中共中央政治局扩大会议上提出的,在同年的"大跃进"运动中,全国各地,包括宁波,都出现各类半工半读学校,后来,在 1961 年的教育调整中,或裁撤或合并或转型。1964 年,"春节谈话"之后,刘少奇重提"两种教育制度"的推广,于是,这类学校又获得发展。

1964 年,市教育局推广乍山、半浦等公社创办耕读小学的经验,促进普及初等教育。时耕读小学学习年限 4 年,语文、算术达到小学四年级水平。例如,甬江公社湾头大队小学有早班、午班、晚班、夜班,共有小学生 156 名,入学率从 48.1% 提高到 83.6%。至 1965 年底,市郊耕读小学发展到 189 所,学生 4218 人。[①] 农村学龄儿童入学率都得到大幅度提高。余姚县钱库岭大队学龄儿童入学率高达 98.9%。详见表 12-1。

表 12-1　1965 年宁波市、县初等教育普及率

地区	老市区	奉化	余姚	镇海	鄞县	慈溪
入学率	91.77%	86.3%	91.4%	87.03%	79.1%	94.4%

资料来源:宁波市教育委员会编:《宁波市教育志》,浙江教育出版社,1996 年,第 49 页。

同年,一批全日制普通中学,改制为半工(农)半读中学,一批工厂和农场创办半工(农)半读学校。宁波市第四中学为改制试点。翌年原市劳动局技工学校并入,高中部单独建校改名为宁波市第一工业技术学校。1964 年底,民办青年中学迁往镇海县三官堂,以原农场 360 亩土地为基地,实行半农半读。江北区人民公社中学与甬江印刷厂、宁波木材厂挂钩合办半工半读学校。至 1965 年下半年,老市区有普通中学 12 所,学生 12208 人;另有半工(农)半读中级职业技术学校 15 所,就读学生 2241 人,占高中段学生总人数的 57.8%。全大市有中学 98 所,学生 41400 人。[②]

另外,宁波师范学校也于 1964 年改为半农半读师范。老市区的 7 所青少年补习学校改为半农半读初级农业职业学校,若干工厂则试办半工半读职业学校。同时,也发展和改办了一批半工(农)半读中等技术学校。至 1965 年,宁波地、市共有中等技术学校 16 所,详见表 12-2。

---

① 宁波市教育委员会编:《宁波市教育志》,浙江教育出版社,1996 年,第 49 页。
② 宁波市教育委员会编:《宁波市教育志》,浙江教育出版社,1996 年,第 96 页。

表 12-2　1965 年宁波地、市中等技术学校概况

学校	创办年月	班级数（个）	学生数（人）	专任教师（人）	校址
宁波农业学校	1950.9	4	160	15	鄞县邱隘回龙桥
宁波地区农林学校	1958.9	7	300	32	余姚四明山甘竹岭
宁波卫生学校	1952.9	10	478	42	广济街 56 号
宁波农业职业学校	1963.8	7	330	30	永丰路 1 号
宁波动力机厂技术学校	1963.8	4	188	6	江北岸槐树路
宁波电力技术学校	1963.8	3	88	6	北郊永耀电厂内
市工艺美术学校	1963.8	3	125	8	庄家巷 16 号
宁波和丰纱厂技术学校	1964.1	2	108	7	江东和丰纱厂内
市第一工业技术学校	1964.12	4	203	11	江北区玛瑙路 63 号
宁波渔轮修造厂技术学校	1965.8	2	90	5	江东外塘巷 1 号
宁波印染织厂技术学校	1965.8	1	50	4	鄞奉路印染织厂内
市第二工业技术学校	1965.8	6	252	15	江东忠介街 37 号
市第一医院护士学校	1965.8	1	26	—	第一医院分部
市第二医院护士学校	1965.8	1	28	—	望京路 5 号
市联合诊所卫生学校	1965.8	2	88	4	紫金巷 8 号
市商业职业学校	1960.9	8	244	8	共青路 6 号
合　计		65	2758	193	

资料来源：宁波市教育委员会编：《宁波市教育志》，浙江教育出版社，1996 年，第 178 页。

　　总之，1964 年，宁波贯彻中央提出的"两种教育制度、两种劳动制度"指示，在农村兴办耕读小学、农业中学，在城镇试办一批半工半读学校，工农业余教育和扫盲工作也得到相应的发展。

二、教学改革

　　毛泽东若干次谈话的核心是，批判应试教育，要求使学生各方面的素质生动、活泼、主动地得到发展。为此，教育部对学制、课程、教学方法、考试制度等各方面进行了研究。1964 年 7 月 14 日，教育部发出通知，强调适当减少课程门类，精选教学内容，改进教学方法和考试方法。宁波市在浙江省省委的领导下，采取一系列措施落实上述精神。

对于普通初等教育,市教育局作出《关于考试、作业等问题的几点规定》:"小学语文、算术可以适当布置作业,其余学科不要布置作业";"小学语文、算术可以进行期中考试,其余各科不进行期中考试,只进行期末考试,各科单元测验一律取消"。教学方法则提倡"启发式"。时各小学都进行了有益的尝试,如江东区中心小学总结了《减轻学生负担,提高教育质量》的经验,改变"多而杂"、"填鸭式"的教学方法,代之以"少而精"、"启发式"的教授法。

对于普通中等教育,市教育局发出《关于考试、作业等问题的几点规定》:"语文、数学、外语、政治、高中物理和化学,可适当布置课外作业,可进行期中考试,其余学科不要布置课外作业,不进行期中考试。"

为了提高学生的身体素质,在减轻课业负担的同时,还加强体育卫生健康教育。各中小学均开设体育课。每日除早操、课间操外,还增添了眼保健操。课外活动因校制宜,开展篮球、田径、体操、游泳、踢毽子、跳绳、跳橡皮筋等活动。

学生的卫生健康也引起了教育界人士的关注。1964 年,市教育行政部门遵上级指示,要求各中学控制作业量,保证初中生 9 小时、高中生 8 小时睡眠时间。是年,宁波二中的卫生工作以"守两口(眼睛、嘴)"、"管三关(食堂、厕所、蚊蝇孳生地)"为中心任务,广泛发动群众,提高学生健康水平。1964 年病假比 1963 年减少了 100 人。[①]

针对当时学生近视率上升的趋势,市教育局还制发《关于中小学保护学生视力的若干规定》,主要有 8 条要点:(1)不使学生学习负担过重。(2)教育学生养成"二要"、"二不要"用眼习惯(读书写字姿势要端正,且眼睛与书本的距离保持 1 市尺;连续看书半小时后要休息片刻或向远处眺望一会儿;不要在光线暗弱或直射光线下看书写字;不要躺在床上、走路或在晃动的车厢里看书)。(3)课桌椅必须按照学生身高配备使用。(4)教室要有充足的光线。(5)每天做眼保健操。(6)每学期两次视力检查。(7)学校应有一位领导分管。(8)加强与家长的联系。

三、"社会主义教育运动"对学校的影响

1962 年 9 月,中共八届十中全会召开,毛泽东重提阶级斗争,发展了他

---

① 宁波市教育委员会编:《宁波市教育志》,浙江教育出版社,1996 年,第 134 页。

在 1957 年反右斗争以后提出的"无产阶级同资产阶级的矛盾仍然是我国社会主义的主要矛盾"的观点,进一步把一定范围内存在的阶级斗争扩大化、绝对化。当时,宁波教育界在 1961 年的教育调整之后,各项教育事业均有一定的起色,毛泽东此时有关阶级斗争问题的论述,对全国包括宁波的教育事业产生了极大的影响。

本来,阶级和阶级斗争一直是新中国各级各类学校进行政治思想教育的重要内容。1963 年以后,学校中"阶级"和"阶级斗争"这两个关键词的使用频率越来越高,逐渐成为学校政治思想教育的中心,学校的一切政治活动和社会活动,甚至包括一些教学活动,以及政治教材、语文教科书等,都蒙上了"阶级"和"阶级斗争"的色彩。1963 年始,以阶级斗争为纲,在部分农村和少数城市基层开展了"社会主义教育运动"。

在这种形势下,宁波市教育界在省、市委,以及各级教育部门的领导下,也开始强调学校教育中开展阶级教育的重要性。时中小学组织开展多种多样的阶级、阶级斗争教育。如"访五老"、"谈四史"、"和爸爸妈妈比童年"、新旧社会的比较、"忆苦思甜"、参观"四清"运动、阶级斗争形势展览、参加斗争阶级敌人大会等等。有的中学还开展"用阶级观点分析所想、所为、所见、所闻"的活动,旨在引导学生从自己的生活实际中具体看到阶级斗争的客观存在,从而学习用无产阶级的立场、观点、方法识别并抵制资产阶级思想的影响和腐蚀。全日制小学还设置了"周会"课,通过"周会"进行以阶级斗争教育为中心的思想政治教育和时事政策教育。

由于扩大化、绝对化的阶级斗争向教育领域的渗透,各级各类学校正常的教学秩序被打破,科学文化知识的学习也被阶级斗争的教育挤占了,教育质量出现严重滑坡。此时,其他领域的工作也出现了不少失误,"文化大革命"的先兆已然出现。

第十三章 "文化大革命"时期的宁波教育

1966 年 5 月至 1976 年 10 月,中国发生了一场史无前例的"文化大革命",整个国家陷入空前的劫难中,社会主义教育也因此遭到严重破坏。

在极"左"路线的指引下,全国各地包括宁波的教育系统出现了前所未有的混乱:各级各类学校纷纷停课闹革命,还要踢开党委闹革命;师生中派别林立,大打派系仗;"打倒一切,全面内战"成为口头禅,教育领域陷入全面动乱的境地。1971 年,在以"两个估计"为依据而发动的"教育革命"中,以全盘否定"文革"之前 17 年教育工作的成绩为前提,缩短中学学制并删减课程、教材,大幅度降低文化课要求,代之以"学工、学农、学军"与批判"资产阶级",严重损害了学生德、智、体等方面的全面发展。在这场浩劫中,知识分子再次受到冲击,不少领导干部和教师遭到残酷的批判斗争。此外,很多学校的校舍、校产惨遭破坏,使国家财产蒙受巨大损失。不过,富有正义感的广大教师和干部也进行了不同方式的抵制。

第一节 发动学校,开展"文化大革命"

"文化大革命"是从教育战线开刀的。1966 年 5 月始,宁波各级各类学校陆续停课"闹革命",一批半工(农)半读学校、成人学校停办,大多数学生和许多教职员工都被卷入了运动,各级教育行政部门和学校党政领导机构也瘫痪了,学校陷于混乱状态。

一、停课"闹革命"

1966年5月16日,中共中央政治局扩大会议在北京通过了《中国共产党中央委员会通知》(即《五一六通知》)。该《通知》明确指出:"高举无产阶级文化革命的大旗,彻底揭露那些反党反社会主义的所谓学术权威的资产阶级反动思想,彻底批判学术界、教育界、新闻界、文艺界、出版界的资产阶级反动思想,清洗混进党里、政府里的资产阶级代表人物,夺取在这些文化领域中的领导权。"由此,揭开了"文化大革命"的序幕。

《五一六通知》发布之初,宁波市教育系统就组织学校骨干学习中央决定。6月13日,市委向宁波五中派遣"文革"工作组。至8月,陆续派出四批工作组,进驻老市区101所中小学。时宁波五中等若干学校已经停止学业。8月21日,宁波五中首先成立"红卫兵"组织,并旋即席卷全市学校。与此同时,来自北京的"六高校"来到宁波搞串联,使得原来"散兵游勇"式的红卫兵组织一下子成了规模。8月下旬,"红卫兵"组织开始上街扫"四旧"(旧思想、旧风俗、旧文化、旧习惯),其间,很多文物、古迹、文献、古籍遭到破坏。9月起,全市各中小学、各级各类职业学校和师范学校普遍停课"闹革命",大批"红卫兵"奔向北京,或去各城市"串联"。首批去北京"大串联"的是9月2日市青年中学的50余名师生。

至此,宁波的"文化大革命"可谓全面铺开。学生红卫兵上街扫"四旧",揪斗"走资派"和"反动学术权威",并开展大串联,斗争的锋芒开始直指社会。例如,9月4日,宁波一中"红卫兵"40余人,"押着"校长游行至中共宁波市委机关,要揪出所谓的"黑后台"。当时,遭到市委机关干部的抵制。此后,不少学校领导和教师遭到批斗。在这种形势下,学校的教学秩序和社会秩序都相当混乱,而且,在武斗中,人民的生命、国家的财产均有重大损失,其影响极为恶劣。

二、复课"闹革命"

1967年2月始,中央提出复课"闹革命"的问题。于是,宁波各校外出串联的师生基本返校。时市革委会①要求学校动员师生复课"闹革命",学习内容以毛主席语录和毛主席著作为主。例如,4月,宁波五中复课,并成

---

① 1967年3月14日,宁波专区、宁波市革命委员会成立,取代党政领导机构。

立"五七公社"。这一时期,宁波各校在"一月风暴"[①]的影响下,纷纷举起造反的旗帜,这些红卫兵组织在学校夺取党政大权后,一方面在学校继续批判"资产阶级反动路线",打击各级领导干部和教师;另一方面,他们继续杀向社会,介入社会上的"打、砸、抢"活动。同时,在这造反和夺权过程中,由于各红卫兵组织意见的不一致,开始分裂为若干相互对立的组织和集团,从而形成派系斗争,挑起武斗。例如,3月下旬,宁波专区、市革委会就受到群众组织冲击垮台。另外,在教育问题上,宁波市开始了一场所谓的"教育革命"。

三、向学校派驻"工宣队"和"贫宣队"

早在"工宣队"进驻学校之前,就有"军宣队"派驻学校。如1967年2月,"军宣队"进驻宁波五中,实行军训。后来,随着"教育革命"的展开,"工宣队"开始作为学校日常工作管理机构进驻学校。1969年3月6日,市革委会(1969年1月30日,重新成立)派出第一批"工人毛泽东思想宣传队"(简称"工宣队")进驻城镇,同期,组织"贫下中农毛泽东思想宣传队"(简称"贫宣队")进驻农村中小学,实行"工人阶级领导"和"贫下中农管理"。6月和8月,又分别派出两批"工宣队",分别进驻老市区中小学。是年,郊区和各县农村公办小学下放到人民公社、生产大队接办,公办小学教师回原籍任教,教师工资实行工分加补贴。

四、知识青年"上山下乡"运动

时至1969年,"文化大革命"运动需要解决一个很棘手的社会问题,即66、67、68三届中学生(俗称"老三届")。由于大学不招生,工厂不招工,商业和其他服务业也处于停滞状态,整个社会缺乏容纳岗位,致使上万名初高中毕业生成为"无业游民"。对此,毛泽东于1968年12月发出号召:"知识青年到农村去,接受贫下中农的再教育,很有必要。要说服城里干部和其他人,把自己初中、高中、大学毕业的子女,送到乡下去,来一个动员。各地农村的同志应当欢迎他们去。"于是,宁波很快掀起了知识青年上山下乡的热潮。

---

① "一月风暴"是指1967年1月,上海的"造反派"在江青、张春桥的指使下掀起的一场"夺权"风暴。

1969 年 4 月 21 日和 28 日,老市区 1600 余名知识青年出发去黑龙江省插队落户。至 1972 年 7 月,先后有 16 批 13100 余名知识青年去黑龙江省、内蒙古和浙江生产建设兵团安家落户。如果以全大市统计,当时的人数更多。1969 年上半年,全大市就达 3 万名。[①] 其间,涌现出不少先进人物,例如,1971 年 6 月 14 日,宁波八中毕业生孙妙芬,在浙江萧山农业建设兵团围塘劳动中因跳水抢救战友而英勇牺牲,后被授予烈士称号,并追认为共产党员。宁波五中 67 届初中毕业生陈越玖扎根"北大荒",在改造"北大荒"的七年中,表现优异,贡献突出,成为一代青年的楷模,人称"北大荒人",1976 年,《人民日报》《光明日报》《解放军报》《文汇报》《浙江日报》等全国二十几家大报都专门报道了她的光辉事迹。

知识青年上山下乡,和农民结合,接受贫下中农的再教育,对于培养他们吃苦耐劳品质和艰苦创业精神是有一定帮助的,同时,他们把自己学到的知识应用到经济欠发达地区,对社会也是有一定贡献的。但是,这场运动也造成了国家建设人才的断层;从知识青年本身来说,失去了一生中最美好的继续深造的学习光阴,使得他们中很多学力较低或体弱多病者日后就业困难、生活清贫。

五、残酷迫害学校干部、教师

"文化大革命"开始后,全国范围内就掀起了"横扫一切牛鬼蛇神"的运动。时宁波教育界不少干部、教师横遭人身凌辱和伤害。当时,宁波某中学有三位教师分别被诬为"反动学术权威"、"修正主义教育路线代表"、"三反分子"(指反党、反社会主义、反毛泽东思想),人称"三驾车"[②]。

1969 年 2 月 25 日—3 月 4 日,市革委会召开"清理阶级队伍"工作会议,开始了"清阶"运动。此后,大批学校干部、教师遭受审查和揪斗。时有些教师被逼自杀。这场运动历时近一年,可谓是冤案遍校。

同期,根据毛泽东关于"广大干部下放劳动"的指示,开办"五·七"干校,并把一批一批的知识分子送到干校学习,"接受贫下中农再教育",这也可以视为是对学校干部、教师的打击、迫害的另一种形式。时宁波某中学全体师生于 10 月在白岳、岐阳两个公社学农 40 天。此后,各校师生经常不

---

① 宁波市教育委员会编:《宁波市教育志》,浙江教育出版社,1996 年,第 40 页。

② 参见《效实中学校史》。

定期地下乡、下厂学农学工。

1970年8月1日,市革委会举办老市区中小学教师"毛泽东思想学习班",为期40天,开展"一打三反"运动,教职员工队伍中有110人被定为"阶级敌人"。宁波某中学一位教师为此而自杀。①

1974年,受"马振抚公社中学事件"②影响,宁波各校开展"反复辟"运动,再次大规模地清理了一批干部和教师。当时,宁波某中学有一个叫周建国的学生在1971年12月在家自杀,此事被重新翻腾出来,视为宁波的"马振抚公社中学事件",是"被修正主义教育路线迫害致死"的典型案件。由此,一大批干部和教师被打成"复辟"的典型。时很多学校领导不敢抓文化课教学,不敢进行文化考查,教师也不敢管理学生,学校纪律松弛,学校秩序再度混乱。

第二节 所谓的"教育革命"

1967年2月始,中央提出复课"闹革命"的问题。自此以后,中小学校等逐渐复课。不过,面对新的革命形势,旧的管理体制、学制、课程、教材、教法等都已不适应。为此,全国各地进行了一场所谓的"教育革命"。随着革命形势的发展,这场"教育革命"以1971年4—7月期间《全国教育工作会议纪要》所作出的"两个基本估计"为指导思想,即"教育战线推行了一条反革命修正主义路线,毛泽东的无产阶级教育路线基本上没有得到贯彻执

---

① 参见《效实中学校史》。
② "马振抚公社中学事件"是江青为篡党夺权,混淆是非,颠倒敌我,蓄意制造的一起骇人听闻的大冤案。事情是这样的:河南省唐河县马振抚公社中学有一个叫张玉勤的同学,由于受"读书无用论"影响,许多功课考试都不及格。1973年7月10日下午,学校进行英语期末考试,张玉勤答不上来,在试卷背面写了六句话:"我是中国人,何必要学外文,不会ABCD,还能当接班人,接好革命的班,还埋葬帝修反。"班主任杨老师即找其谈话,讲了学外语的重要性,并让她在班上作检查。张玉勤不作检查。校负责人在全校不点名地批评了她。就在这天,张玉勤称病让同学代为请假,并离开学校,投水自尽。1974年1月,江青从《人民日报》一个内部情况中看到了这个材料,大做文章。不久,中共中央发了文件,批转了关于马振抚公社中学事件的报告,并提出:"请河南省委认真复核,严肃处理这一修正主义教育路线进行复辟的严重恶果,并迅速将处理情况上报。各地区也应注意,检查有无类似情况。"1974年2月2日,河南省委以"推行修正主义路线逼死革命小将"的罪名将马振抚公社中学校长和班主任杨老师逮捕法办。河南和其他许多省市,都纷纷组织师生检查、揭露修正主义教育路线的"回潮"、"复辟"。

行;原有的教师队伍的大多数世界观基本上是资产阶级的,是资产阶级知识分子"。宁波紧跟潮流。

一、改变学校管理体制

1967年,市中小学校陆续复课,学生们回到学校后,继续开展"无产阶级文化大革命",继续对"资产阶级修正主义教育路线"大加批判。但是,原来的管理体制并不适合当前形势的发展,为此,教育管理体制的改革提上议事日程。

1968年,宁波市革委会政工组教育革命办公室在《关于工厂管理城市中小学的规划方案报告(讨论稿)》中指出:工厂管理学校,主要由工厂对学校进行政治上的管理,实施无产阶级的政治领导;成立以工人为主体,解放军参加,并配有师生代表的三位一体的教育革命领导小组,以主持日常工作,领导学校"斗、批、改"活动的开展。厂革委会派出副主任或常委担任领导小组组长,且任实职,并派少而精的工宣队进校。工宣队主要负责同志任革命领导小组组员;小学和近郊区的学校,可吸收街道干部和贫下中农代表参加革命领导小组。

1969年,"工人毛泽东思想宣传队"、"贫下中农毛泽东思想宣传队"分别进驻城镇和农村中小学,实行"工人阶级领导"和"贫下中农管理"。其中,农村小学下放给大队领导,大队建立贫下中农管理小组管理学校,农村中学大部分由县、社领导,戴帽子的中学(班)多由公社、大队领导管理。

二、盲目发展普通中学

1967年8月26日,《浙江日报》发表文章批判"两种教育制度",各类职业技术学校被诬蔑为资本主义双轨教育制度的产物,随之,一大批半工(农)半读农、职业技术学校停办。同时,普通中学迅速发展起来。

1968年,长征、江东、江北、湖东4所农业中学改为普通中学。1969年起,一批市属其他性质的学校,改办为全日制普通中学,如宁波农业职业中学改办为市第十二中学;市教师进修学校改办为市第十三中学;筹建中的云石街半工半读初级职业中学改办为第十一中学;市第一工业技术学校改建为市第十四中学;市干部职工业余中学改办为市第十中学。同年秋,响应"学校办到家门口,队队办初中,社社办高中"的号召,不少小学、初中分别升级为初中、完中,普通中学和学生数猛增。至1971年,今市境内普通中

学达 732 所,学生 116513 人。① 其中,老市区 57 所,学生 27341 人。② 1972
年,继续发展普通中学,例如,把民办的青年中学、东恩中学、江东中学、红
旗中学改为公立,并分别改名为市第十六、十七、十八和二十中学。同年,
把江东中心、忠介街小学、四眼碶小学、演武巷小学 4 校戴帽的初中,合并改
办为第十九中学。在这种形势下,宁波的中等教育结构由"文革"前多类型
转变为单一型。时普通高中学生数占高中段学生总数的 98.4%。③

　　在盲目发展普通中学的同时,鄞县、慈溪、宁海等县于 1971 年始陆续创
办了一批具有职业学校性质的工农学校、五·七学校、共产主义劳动大学。
1972 年,鄞县 3 所工农学校在校生 777 人,教职员工 43 人。④ 1975 年,全
国推广"朝阳农学院教育革命经验"⑤,宁波市、县应时创办了一批五·七大
学、五·七工农学校。是年 7 月 18 日,宁波动力机厂首先办起了"七·二
一"工人大学,其他单位纷纷效仿,至 1976 年 10 月,该类大学竟发展到 62
所。⑥ 1976 年,慈溪县有 5 个公社举办学制 1 年以上的五·七中学、五·七
学校,在校生 409 人。⑦ 是年,宁海县有农业中学性质的五·七学校 53 所,
共 72 个班级,4070 名学生。⑧ 但是,上述这些学校的创办本身具有浓厚的
政治性,其教学质量低下,就连所谓的大学充其量也就是中专水平。1977
年之后,这些学校都停办。

三、缩短大、中、小学学制

　　随着学生的回校,中央又下达了缩短中小学学习年限的文件。小学多
数为五年,1971 年起,一律实行五年制。与此相应,宁波各小学的教学计划
也作出相应的调整。以老市区为例,学校按照毛泽东"以学为主,兼学别
样"的指示,每学期设文化课时间一、二、三年级为 40 周,四、五年级为 38

---

　　①　宁波市教育委员会编:《宁波市教育志》,浙江教育出版社,1996 年,第 97 页。
　　②　宁波市教育委员会编:《宁波市教育志》,浙江教育出版社,1996 年,第 97 页。
　　③　宁波市教育委员会编:《宁波市教育志》,浙江教育出版社,1996 年,第 7 页。
　　④　宁波市教育委员会编:《宁波市教育志》,浙江教育出版社,1996 年,第 173 页。
　　⑤　"朝阳农学院教育革命经验"是"四人帮"炮制的,以强调所谓的"政治意义"、"战略意
义"为主的"社会主义农业大学"典型。当时主要肯定的是该校实行社来社去,教学从农村需要
出发,以科研促教学的做法。
　　⑥　宁波市教育委员会编:《宁波市教育志》,浙江教育出版社,1996 年,第 244 页。
　　⑦　宁波市教育委员会编:《宁波市教育志》,浙江教育出版社,1996 年,第 173 页。
　　⑧　宁波市教育委员会编:《宁波市教育志》,浙江教育出版社,1996 年,第 173 页。

周;学工、学农、学军时间一、二、三年级为 2 周,四、五年级为 4 周;暑假 6 周,寒假 2 周。可参见表 13-1。

表 13-1　1971 年老市区小学教学计划表

	一年级	二年级	三年级	四年级	五年级	说　明
政治	1 课时	1 课时	1 课时	2 课时	2 课时	1. 每周班级活动 1 课时,四、五年级自修 1 课时。 2. 每天读报或写毛笔字 20 分钟。 3. 一、二、三年级每周劳动 1 课时,四、五年级每周劳动半天。
语文	11 课时	11 课时	11 课时	9 课时	9 课时	
算术	6 课时	6 课时	6 课时	7 课时	7 课时	
常识	—	—	—	2 课时	2 课时	
体育	2 课时	2 课时	2 课时	2 课时	2 课时	
唱歌	2 课时	2 课时	2 课时	1 课时	1 课时	
图画	1 课时	1 课时	1 课时	1 课时	1 课时	
合计	23 课时	23 课时	23 课时	24 课时	24 课时	

资料来源:宁波市教育委员会编:《宁波市教育志》,浙江教育出版社,1996 年,第 56 页。

中学多数为二二制。有段时间则只有 2 年的初中学习,如 1968 年的宁波五中。1973 年起,根据省颁《浙江省中小学教学计划(试行草案)》,正式规定中学为 4 年制,即初、高中各 2 年。也就是说,宁波的中小学校实行五二二分段的学制。

此外,中等专业学校学制也由原来的 3～4 年减少为 2～3 年,或者只进行短期培训。以培养初中教师为主的具有高等院校性质的宁波师范学校学制缩短为 2 年。

四、改革课程、教学

"文化大革命"开始后,学校里充斥着"以阶级斗争为纲"、"横扫一切牛鬼蛇神"的形而上学的意识形态,像"课堂中心"、"教材中心"、"教师中心"、"智育第一"、"师道尊严"等观点都先后遭到批判,代之以"阶级斗争"成为学校的"主课",强调教育为无产阶级政治服务的功能。在这种情况下,宁波各地小学的课程较乱,有的学校把语文、政治合并;有的则以毛主席语录为教材;有的将图画、音乐合为革命文艺;有的将体育改称为军体。1969年,浙江省本着突出政治、结合生产的原则,在工宣队的领导下,花了几个月的时间,重新编印了一套中小学教材,供各地使用。其内容突出:狠抓活学活用毛泽东思想,使思想革命化;大破大立,彻底批判旧的教材;坚持与工农兵相结合的道路。

中学的课程大量删减,一度取消历史、地理、动物、植物、生理卫生等学科;把数理化分科体系打乱,设置工业基础知识和农业基础知识科目。同时,把毛泽东著作列为必修课,有单独开设的,也有与语文合开的。1973年,执行省教学计划。初中一般设毛泽东思想、语文、数学、物理、化学、英语、军体、音美。

在教学方法上,各中小学也进行相应的改革,主要是有利于调动学生为革命而学习、教师为革命而教的积极性。最典型的莫过于1973年发生的"张铁生"事件对宁波各校教学的影响,一时间,学生中刮起了一股"交白卷"的歪风,"反潮流英雄"迭起。

总体来看,"文革"期间,学生的知识水平严重下降,当时,流传着"高中学历,初中水平;初中学历,小学水平"这样一句话,这足以反映教学质量状况。

五、改变招生制度

革命形势的发展,对招生制度提出了新的要求,像"彻底废除年龄、考试、升留级等限制","学生随到随收","允许中途转学","取消寒暑假,改放农忙假"等措施都提到议事日程。一般而言,中小学具体做法是:新生招收实行贫下中农或街道推荐、社队或街道领导批准,不问年龄,允许插班。

大学招生办法类同,1970年9月,浙江省有6所高校于"文革"开始后首次在宁波老市区招收新生,时有250名工农兵学员经"群众推荐、领导批准、学校复审"的办法而入学。[1]

第三节 粉碎"四人帮"

"实践证明,'文化大革命'不是也不可能是任何意义上的革命或社会进步。它根本不是'乱了敌人'而只是乱了自己,因而始终没有也不可能由'天下大乱'达到'天下大治'。"[2]

---

① 宁波市教育委员会编:《宁波市教育志》,浙江教育出版社,1996年,第41页。

② 中共中央文研究室:《关于建国以来党的若干历史问题的决议注释本》,人民出版社,1983年,第30页。

一、"文化大革命"对宁波教育事业的影响

在"文化大革命"动乱的十年中,宁波文化教育遭受严重创伤,新中国教育工作者苦心经营的学校教育也受到严重的破坏,包括校舍、图书、仪器、设备等。

十年"文革"期间,幼儿园纷纷停办,1972 年,老市区幼儿园仅存 6 所,在园幼儿 1162 人,教职工 108 人。[①]

"文革"开始后,原来一批耕读小学被作为资本主义的双轨制教育而遭到批判,普及小学教育工作受到挫折。直至 1971 年,在周恩来总理的指示下,这项工作才得以重新开展起来,从而使学龄儿童的入学率有所上升。

中学教育因其盲目发展而畸形。在"文革"中,原来通过"两种教育制度"而建立起来的各类中等职业技术教育遭到严重破坏。

宁波中等师范学校自"文革"一开始,就停止招生。1970 年,与宁波唯一一所具有高校性质的宁波教师进修学院合并,承担培训中学教师的任务。1973 年起,合并后的宁波师范学校恢复招生,对象是高中毕业生,学制 2 年,开设中文、数学、物理、化学等专业,培养初中教师,并在奉化、鄞县、慈溪、余姚、象山等地设置教学点或分校。

唯一的一所高校宁波教师进修学院自"文革"一开始,就停止招生,并于 1970 年和宁波中等师范学校合并。

各类成人学校在"文革"中也全部停办,校舍被占,教师转业。1971 年,虽然开始逐步恢复,但是,"四人帮"反革命集团以所谓的"革命大批判"取代文化技术学习,把成人夜校变成了政治夜校,其真正意义上的教育作用也相当有限。

此外,一大批学有所长、兢兢业业工作的专家、教授、大中小学教师以及干部遭到诬陷、打击,其中许多人被迫害致死,大多数教师在"资产阶级知识分子"这顶帽子的压制下,接受名目繁多、没完没了的"再教育"、"思想改造",精神压抑。宁波当时有多少知识分子被打成"右派",现在已经无从统计。尤其可悲的是,把教师视为"革命"对象,读书"无用"、"知识越多越反动"等谬论流毒甚广,学生的思想道德和文化知识水准严重下降,贻误一代青少年。

---

① 宁波市教育委员会编:《宁波市教育志》,浙江教育出版社,1996 年,第 27 页。

二、时隐时现的曙光

然而,即使在当时"黑云压城城欲摧"的情势下,仍然存在着时隐时现的希望和曙光。在"文化大革命"后期,尤其在林彪死后,更多的教师、学生、干部开始认真思索"文化大革命"发生的原因,以及出现的一切不正常现象。1974年以批判周恩来为目标的"批林批孔"运动和1976年以批判邓小平为目标的"反击右倾翻案风",逐渐使广大师生认识到:"文化大革命"是一场为了错误的目的,用错误的方法,发动的一场错误的运动。[①] 因此,师生中普遍存在一股抵制和反对"文化大革命"的积极力量。他们或采取软磨硬泡的办法,消极地抵抗极"左"路线对教育的干扰;或利用一切有利的机会,排除干扰,坚持教学,抓教学质量,将极"左"路线带来的破坏降低到最低限度。

1976年1月8日,周总理逝世,宁波人民出于对总理的敬爱,自发举行各种形式的悼念活动,各校也积极响应。但是,江青一伙对吊唁周总理的活动下了各种禁令。尽管如此,宁波有些学校师生还是走上街头,戴上黑纱,冲破阻力,抬着花圈,列队游行,沿途的人们则都在马路两旁肃立,表示无声的支援和敬仰。4月4日前后,老市区不少师生在校内外进行悼念周总理、反对"四人帮"的活动。"天安门事件"[②]发生后,广大师生仍旧采取种种方式抵制所谓的"追查工作"。9月10日,毛主席逝世,全市师生亦自制花圈,设灵堂,沉痛哀悼。

1976年10月6日,"四人帮"被粉碎。同月,全市各级各类学校师生欢欣鼓舞,庆祝"四人帮"反革命集团的灭亡。之后,宁波教育战线做了大量拨乱反正工作,经过恢复、整顿,宁波教育进入改革、发展的新时期,获得了新的生命。

---

① 毛礼锐、沈灌群主编:《中国教育通史》(卷6),山东教育出版社,1989年,第250页。
② 天安门事件,亦称四五运动,是1976年4月5日发生的以天安门事件为代表的反对"四人帮"的全国性的群众强大抗议运动。

参考文献

古籍类：

[1]（汉）司马迁：《史记》，中华书局，1998 年。

[2]（汉）赵晔：《吴越春秋》，江苏古籍出版社，1986 年。

[3]（汉）班固：《汉书》，中华书局，1962 年。

[4]（汉）袁康：《越绝书》，上海古籍出版社，1992 年。

[5]（晋）陈寿：《三国志》，中华书局，1982 年。

[6]（唐）房玄龄等：《晋书》，中华书局，1974 年。

[7]（五代）刘昫：《旧唐书》，《四库全书》文渊阁本。

[8]（南朝·梁）萧子显：《南齐书》，中华书局，1972 年。

[9]（宋）王溥：《唐会要》，外华书局，1955 年。

[10]（宋）王安石：《临川文集》，《悼王致处士》，《四库全书》文渊阁本。

[11]（宋）王应麟：《四明文献集》，《四库全书》文渊阁本。

[12]（宋）王应麟：《玉海》，江苏古籍出版社，1988 年影印浙江书局刊本。

[13]（宋）王应麟：《小学绀珠》，中华书局，1987 年影印本。

[14]（宋）王应麟：《通鉴答问》，《四库全书》文渊阁本。

[15]（宋）朱熹：《石鼓书院记》，《金华丛书》本。

[16]（宋）吕祖谦：《白鹿洞书院记》，《金华丛书》本之《吕东莱文集》。

[17]（宋）沈焕：《定川遗书》，《四明丛书》本。

[18]（宋）吴潜修、梅应发、刘锡等：《开庆四明续志》，《宋元方志丛刊》

本,中华书局,1990 年。

　　[19](宋)陆九渊:《象山全集》,《四部备要》本。

　　[20](宋)杨简:《慈湖遗书》,《四明丛书》本。

　　[21](宋)杨简:《先圣大训》,《四明丛书》本 。

　　[22](宋)《宝庆四明志》,《宋元方志丛刊》本,中华书局,1990 年。

　　[23](宋)戴表元:《剡源文集》,《四库全书》文渊阁本。

　　[24](宋)张津等:《乾道四明图经》,《宋元方志丛刊》本,中华书局,
1990 年。

　　[25](宋)袁燮:《絜斋集》,《四库全书》文渊阁本。

　　[26](宋)袁燮:《袁正献公遗文钞》,《四明丛书》本。

　　[27](宋)袁文:《甕牖闲评》,《四库全书》文渊阁本。

　　[28](宋)楼钥:《攻媿集》,《丛书集成初编》本。

　　[29](宋)舒璘:《舒文靖公类稿》(附录卷),上海书店出版社,1994 年。

　　[30](宋)高闶:《春秋集注》,《四库全书》文渊阁本。

　　[31](元)马泽修、袁桷:《延祐四明志》,《宋元方志丛刊》本,中华书局,
1990 年。

　　[32](元)马泽修、袁桷:《至正四明续志》,《宋元方志丛刊》本,中华书
局,1990 年。

　　[33](元)袁桷:《清容居士集》,《丛书集成初编》本。

　　[34](元)脱脱等:《宋史》,中华书局,1985 年。

　　[35](元)程端礼:《读书分年日程》,《四部丛刊·续编》本。

　　[36](明)方孝孺:《逊志斋集》,《四部丛刊》本。

　　[37](明)王阳明:《王文成公全书》,上海古籍出版社,1992 年。

　　[38](明)宋濂:《元史》,中华书局,1976 年。

　　[39](明)严端:《弘治十二年记》,《敬止录》(第五册),《学校考》,浙江
图书馆抄本影印本。

　　[40](明)高宇泰:《敬止录》,浙江图书馆藏四明冯贞群伏跗室校钞本
影印。

　　[41](明)桂彦良:《送崔斯立序》,《敬止录》(第三册),浙江图书馆抄本
影印本。

　　[42](明)《明太祖实录》,1940 年影印江苏国学图书馆传抄本。

　　[43](明)钱德洪:《阳明年谱》,浙江书局,清光绪间刻本。

[44]（清）王先谦:《东华录》,上海古籍出版社,2008年。

[45]（清）王逋肱:《蚓庵琐语》,清刻本。

[46]（清）永瑢等:《四库全书总目》,《子部·类书类一》,中华书局,1992年影印本。

[47]（清）全祖望,朱铸禹汇校集注:《鲒埼亭集外编》,上海古籍出版社,2000年。

[48]（清）全祖望:《鲒埼亭集》（内编）,上海古籍出版社,2000年。

[49]（清）全祖望:辑补《宋元学案》,中华书局,1989年。

[50]（清）朱寿朋编:《光绪朝东华录》,中华书局,1958年。

[51]（清）朱舜水:《朱舜水集》,中华书局,1981年。

[52]（清）李卫等:雍正《浙江通志》,中华书局,2001年。

[53]（清）严可均编:《全齐文》,商务印书馆,1999年。

[54]（清）张之洞:《劝学篇》,中州古籍出版社,1998年。

[55]（清）张廷玉:《明史》,中华书局,1974年。

[56]（清）张廷玉:《清朝文献通考》,浙江古籍出版社,1988年。

[57]（清）赵尔巽:《清史稿》,中华书局,1976年。

[58]（清）曹秉仁等:雍正《宁波府志》,成化本。

[59]（清）黄宗羲:《明夷待访录》,中华书局,1959年。

[60]（清）黄宗羲:《明儒学案》,中华书局,1985年。

[61]（清）黄宗羲:《宋元学案》,中华书局,1986年。

[62]（清）黄宗羲:《南雷文定前集》,世界书局,2009年。

[63]（清）黄宗羲:《南雷文定后集》,世界书局,2009年。

[64]（清）黄宗羲:《孟子师说》,载沈善洪主编,《黄宗羲全集》,浙江古籍出版社,2005年。

[65]（清）黄宗羲:《南雷文定三集》,世界书局,2009年。

[66]（清）黄宗羲:《南雷诗历》,台湾影印本。

[67]（清）黄宗羲:《黄梨洲文集》,中华书局,1959年。

[68]（清）《清会典事例》,台湾影印本。

[69]（清）《奉化县志》,《中国地方志集成本》,上海书店出版社,1993年。

[70]（清）光绪《慈溪县志》,《中国地方志集成本》,上海书店出版社,1993年。

[71]（民国）《镇海县志》,《中国地方志集成本》,上海书店出版社,1993年。

[72]（民国）《余姚六仓志》,《中国地方志集成本》,上海书店影印本,1992年。

今著作类：

[1]［日]小南一郎:《〈观世音应验记〉排版本跋》,见孙昌武点校,《观世音应验记三种》,中华书局,1994年。

[2]《马克思恩格斯选集》(卷1),人民出版社,1972年。

[3]方东美著,匡钊译:《中国哲学之精神及其发展》,中州古籍出版社,2009年。

[4]《中国近代教育史资料·鸦片战争时期教育》,上海教育出版社,1990年。

[5]中共中央文研究室:《关于建国以来党的若干历史问题的决议注释本》,人民出版社,1983年。

[6]中央教科所、厦门大学合编:《杨贤江教育文集》,教育科学出版社,1982年。

[7]田正平主编:《中国教育史研究》(近代卷),华东师范大学出版社,2001年。

[8]毛礼锐、沈灌群主编:《中国教育通史》,山东教育出版社,1987年。

[9]孙培青等编:《杨贤江教育思想研究》,华东师范大学出版社,1989年。

[10]宁波市教育委员会:《宁波市教育志》,浙江教育出版社,1996年。

[11]曲士培:《蒋梦麟教育论著选》,人民教育出版社,1995年。

[12]李国钧等总主编:《中国教育制度通史》,山东教育出版社,2000年。

[13]李国钧等:《中国书院史》,湖南教育出版社,1994年。

[14]陈剩勇:《浙江通史》(明代卷),浙江人民出版社,2005年。

[15]陈晓兰:《南宋四明地区教育和学术研究》,凤凰出版社,2008年。

[16]陈学恂主编:《中国教育史研究》,华东师范大学出版社,2009年。

[17]陈寅恪:《隋唐制度渊源略论稿》,上海古籍出版社,1980年。

[18]奉化县政协文史资料研究委员会编:《奉化文史资料》(第1辑),1985年。

[19] 范文澜:《中国通史》,人民出版社,1994年。

[20] 杭州市教育委员会:《杭州教育志》,浙江教育出版社,1994年。

[21] 季学原主编:《姚江文化史》,浙江古籍出版社,2006年。

[22] 林华东:《河姆渡文化初探》,浙江人民出版社,1992年。

[23] 政协宁波市委文史资料研究委员会编:《宁波文史资料》,1983年12月。

[24]《杨贤江教育文集》,河南教育出版社,1995年。

[25] 张彬主编:《浙江教育史》,浙江教育出版社,2006年。

[26] 张鸣岐主编:《辽金元教育论著选》,人民教育出版社,1991年。

[27] 张瑞璠主编:《中国教育哲学史》,山东教育出版社,2000年。

[28] 张正藩:《中国书院制度考略》,江苏教育出版社,1985年。

[29] 徐蔚藏:《近代浙江通商口岸经济社会状况》,浙江人民出版社,2002年。

[30] 哈利·威尔斯:《实用主义——帝国主义的哲学》,三联书店,1955年。

[31] 赵祥麟、王承绪:《杜威教育论著选》,华东师范大学出版社,1981年。

[32] 曹屯裕主编:《浙东文化概论》,宁波出版社,1997年。

[33] 梁启超:《中国近三百年学术史》,朱维铮校注,《梁启超论清学史两种》。

[34] 傅璇琮主编,张如安、刘恒武、唐燮军著:《宁波通史》(史前至隋唐卷),宁波出版社,2009年。

[35] 傅璇琮主编,张伟、张如安、邢舒绪著:《宁波通史》(宋代卷),宁波出版社,2009年。

[36] 傅璇琮主编,钱茂伟、毛阳光著:《宁波通史》(元明卷),宁波出版社,2009年。

[37] 傅璇琮主编,乐承耀著:《宁波通史》(清代卷),宁波出版社,2009年。

[38] 傅璇琮主编,王慕民、沈松平、王万盈著:《宁波通史》(民国卷),宁波出版社,2009年。

[39] 蒋梦麟:《过渡时代之思想与教育》,商务印书馆,1933年。

[40] 蒋梦麟:《西潮》,(台南)大夏出版社,1994年。

［41］蒋梦麟:《西潮·新潮》,岳麓出版社,2000年。

论文类:

［1］计文渊:《论〈汉三老碑〉》,《余姚文博》,2004年第1期。

［2］吕顺长:《清末中日教育交流之研究》,浙江大学博士学位论文,2007年。

［3］庄俞:《小学教育现状论》,《教育杂志》第5卷,1912年第3期。

［4］朱宗顺:《试析蒋梦麟的个性教育思想》,《湖北民族学院学报》,1996年第3期。

［5］陈胜粦:《鸦片战争前后中国人对西方双重挑战的回应》,《中山大学学报》(社会科学版),1991年第1期。

［6］张如安:《略论北宋"庆历五先生"对宁波的文化贡献》,《中共宁波市委党校学报》,2008年第2期。

［7］镇海县志编委:《北仑文史资料》,1990年第1期。

报纸类:

［1］《乡村小学救国热》,《申报》,1919年5月30日。

［2］《宁波学生罢课宣言》,《申报》,1919年6月6日。

［3］《政府公报》,命令,第2393号,1922年11月2日。

图书在版编目(CIP)数据

宁波教育史 / 辜筠芳著. —杭州:浙江大学出版社,2011.8(2020.3 重印)
 ISBN 978-7-308-08985-2

 Ⅰ.①宁… Ⅱ.①辜… Ⅲ.①教育史－宁波市 Ⅳ.①G527.553

中国版本图书馆 CIP 数据核字(2011)第 161611 号

宁波教育史

辜筠芳 著

责任编辑	吴伟伟 weiweiwu@zju.edu.cn.
封面设计	十木米
出版发行	浙江大学出版社
	(杭州市天目山路 148 号 邮政编码 310007)
	(网址:http://www.zjupress.com)
排 版	浙江时代出版服务有限公司
印 刷	虎彩印艺股份有限公司
开 本	710mm×1000mm 1/16
印 张	20.75
字 数	351 千
版 印 次	2011 年 10 月第 1 版 2020 年 3 月第 4 次印刷
书 号	ISBN 978-7-308-08985-2
定 价	60.00 元